新版

経済思想史

社会認識の諸類型

大田一廣
鈴木信雄
高哲男
八木紀一郎
編

名古屋大学出版会

新版へのはしがき

若い人々の間で思想への関心が薄れてきている現状を憂慮し、若き読者の関心を経済思想史へと誘うための一助になればと願って旧版『経済思想史』を刊行したのは、いまから一二年ほど前の一九九四年一二月のことであった。幸い、多くの読者に恵まれ、この間、六刷まで増刷することができた。今回、名古屋大学出版会からの要請もあり、執筆者の皆さんの協力を得て各章に多少手を入れるとともに、新たにポール・サミュエルソン、J・K・ガルブレイス、アマルティア・センに関する三章を加えて新版として刊行することにした。

旧版と同様、本書は、経済学史あるいは経済思想史に初めて接する人々を念頭において、経済思想の歴史を形づくってきたデヴィッド・ヒュームからアマルティア・センまでの二五人の人物の理論と思想を可能な限り平易な文章で解き明かすことを課題としている。旧版を刊行したときに比べ、いっそう若い人々の読書離れ、思想離れが深刻化している現在、本書が若き読者の関心を思想史へと誘うための一助になればとの願い切なるものがある。

本書の構成については、好評であった旧版のそれを引き継ぎ、全体をいわゆる限界革命以前と以後に分ける二部構成にし、また各章をおおむね「生涯と著作」「理論的特質」「思想的背景」という三部構成にすることにより、読者の統一的で立体的な理解を助けるように心がけた。また、読者の便宜を考えて、章末に「読書案内」と「理解を深めるために」を付けた。

編者としては、本書がこれからも経済思想史のよき入門書であり続けることを願うものであるが、また同時に経済思想史に造詣が深い人々の「読み」に耐えうる作品になるよう心がけたつもりである。編者の意図を諒とされ協力してくださった執筆者の皆さんに、とりわけ新たに加わっていただいた三人の執筆者の皆さんに心より感謝を申し上げたい。旧版の出版に際してはすでに名古屋大学出版会を退職された後藤郁夫氏に、また今回の出版に際しては同会の三木信吾氏に大変お世話になった。記して感謝の意を表する次第である。

二〇〇六年七月一二日

編者代表　鈴 木 信 雄

目次

序章　「経済学」と経済思想史

近代社会における思想的課題と経済学の生誕　新しいヨーロッパ社会を模索した哲学（科学）者たちは、人間の自己保存のための事実的条件の探究を研究の中心に据え、「隣人の暴力による非業の死」と「餓死」から人類を救済するための実践的方策を探究した。つまり、「暴力」と「貧困」の問題をどう克服するかを自らの思想的・実践的課題とした。無論、この問題は、人類にとって深刻な永遠の思想的テーマであり、古今東西を問わずこの問題をめぐって多くの思想が語られ実践されてきた。したがって、問題自体としてはヨーロッパ近代に固有なものではない。近代ヨーロッパにおいてこの問題が格別の意味を持つのは、この問題の取り組みを通じて、諸々の近代科学が、否、それどころか近代そのものが生み出されてきたことにある。

近代の揺籃期であるルネサンスの思想家たち、たとえば、N・マキャヴェッリが、「権力と安全」を社会哲学上の主要テーマとして、「隣人の手による非業の死」を政治的に防ぎ、生命の再生産を政治的に保障するシステムを「君主」の備えるべき資質を明らかにするという仕方で探究したのは、「暴力」と「貧困」の克服を思想的テーマとしていたからに他ならない。また、社会契約という仮説を立てて人間の自己保存の可能性＝社会秩序の成立を説くT・ホッブズやJ・ロック、あるいは私有財産制に伴う階級的収奪に社会的貧困の原因を見たJ-J・ルソーといった近代市民革命の理論的先駆をなした思想家たちも、同様な問題を思想的・実践的課題として設定していたといってよい。

経済学が生誕したのは、まさにこうした思想的・実践的営みの直中においてであった。こうした営みにおける経済学の際立った特徴は、宗教的行為や政治的行為ではなく、生産活動や商業活動といった人々を富裕化させる経済的行為が、秩序と安全の確立に決定的な役割を担うとした点にある。つまり、富裕の問題と秩序形成の問題は密接不可分の関係にあるという認識こそが、宗教的言説や政治的言説から独立した学としての経済学の成立を可能ならしめたものであった。経済学を生誕させた代表的人物であるA・スミスが、商業活動がもたらす秩序形成機能に関するD・ヒュームの洞察を高く評価し、この機能は「商業と製造業との一切の成果のなかで、ずばぬけて最大のものである」としていたことが、何よりもこのことの証左である。スミスとならんで経済学を生誕させた人物であるF・ケネーもJ・ステュアートも同様な認識に立っている。たとえば、ケネーは、農業改革のヴィジョンを示すと同時にアンシアン・レジームに代わる社会の自然的秩序を提示せんがために『経済表』を書いた。また、ステュアートは社会を統合する最善の方法である社会構成員の「全般的依存」関係は、市場機構を基盤にして初めて成立すると考えていた。エコノミーの世界は富と秩序を産出するシステムであるという認識こそが、経済学という近代的知の成立する基盤であったのである。経済学の歴史の中で、あらゆる社会現象を演出する根本的原理は経済過程にあると見る「経済決定論」と呼ばれる考え方が有力であるのはこうした理由による。

だが、こうした認識を共有しているということと、エコノミーの世界が産出する秩序のあり方や安定性に関して同一の認識に到達するということとは、自ずから別問題である。エコノミーの世界が編成する富の産出と分配のメカニズムをどのように評価するのか、あるいはそこに積極的な価値を見出すのか否かという「当為」の問題をめぐる見解の対立は残らざるを得ないのである。経済学の歴史を、ただ単に理論の修正・発展の歴史として理解することができない理由は、経済理論の背後にはつねにある特定の価値判断が介在しているからである。だが、現代の「経済学」に直接的に繋がりを持つ一九世紀末以来の経済学者たちは、この価値判断と科学との切断を試みることになる。

彼らが手本とした学問は数学をツールとして用いる自然科学であった。イデオロギー的立場がいかなるものであろうとも万人が認める経済理論の構築、これこそが彼らの共通したスローガンとなる。彼らは言う、「経済学が、もし全き意味での科学であるとするならば、それは数理科学であらざるを得ない」と。こうして経済科学の中立性という神話が成立することになる。だが、経済学をできるだけ自然科学に近づけ、経済現象を数学という「驚くほど緊密かつ精密な言語で明白に表現できるよう」になったからといって、それは価値判断を排除したことを必ずしも意味するものではない。だからこうした方向での科学の中立化という作業は、彼らの主観的な思いとは別に、価値判断の排除というかたちでの特定の価値判断の強制という側面を帯びている可能性は充分にあり得る。

この問題は、M・ヴェーバーが「価値自由」の問題として議論したところのものである。ヴェーバーにおける「価値自由」とは、社会科学における価値判断の排除や放棄を意味するものではなく、またそのような方法的態度によって認識の客観性が獲得されうることを主張するものでもなく、客観性は主観的前提のうえに成り立つという自覚の上に恣意的な価値判断を抑制できる自由な精神を指すことは、ヴェーバー研究が教えるところである。したがって、安易に社会科学における価値判断の排除を主張することは、かえって特定の価値判断による拘束を招来する可能性が大きいといってよいであろう。だから、経済学が、価値判断の排除という原則を掲げ、自らは中立的立場で理論構築を行っていると確信しているときでさえ、結果として見れば、一九世紀以来の産業社会のイデオロギーの数学的緻密化に汲々としていることは充分にあり得ることなのである。

経済学のノーマル・サイエンス化　一九五〇年代以降アメリカでは、P・サミュエルソンが指摘しているように「経済学の職業化」が進行し、経済分析上の精度が著しく高まったと言われる。しかし、この「経済学の職業化」は、同時に「経済学のノーマル・サイエンス化」を促進させた。経済学のノーマル・サイエンス化とは、ある特定の経済学説上の主張が、パラダイムとして経済学者や経済学徒を支配している事態を指す。また、パラダイムという概念は、トーマス・クーンが考案した概念であり、それは学界で承認された科学的業績を意味し、暫くの間、研究者の間で問いの立て方や解法の仕方のモデルとなるものである。だから一度、パラダイムが形成されると、経済学のモデル化が進行し、それをモデルにして同じようなタイプの研究が続いて現れる。この時期を学のノーマル・サイエンス（通常科学）化と呼ぶ。しかし、いったんでき上がったノーマル・サイエンスの伝統の中で説明できない現象が現れたり、説明が著しく複雑になったりすると、パラダイムに対する信頼が揺らぎはじめ、再び科学の基礎に対して疑いが持たれ論争が起こる。これを、科学革命と呼ぶ。科学革命の結果、パラダイムにまつわる基本的な信仰、言語（概念体系）、教育方法（教科書）などが一新されることになる。

現在、日本の多くの大学で教えられているミクロ経済学やマクロ経済学は、アメリカにおいてノーマル・サイエンス化され教科書化された「エコノミックス」というパラダイムに他ならない。このパラダイムを支える基本的な考え方は、要素還元主義と数量的世界観であるといってよい。要素還元主義とは、個人を社会を構成する最小単位と考え、その個人の行動や主張の集計によって社会全体を把握しようとする立場である。また数量的世界観とは、経験的観察の結果を数量的関係に置き換え、事物相互の因果的関係を数量的に把握し、法則として数学的に定式化する立場を指す。これらはいずれも、一七世紀以来の近代諸科学の有力な潮流を形成している考え方に共通する立場であるが、前者は、自然科学の分野ではR・デカルトの原子論、社会科学の分野ではホッブズの個人主義を嚆矢とする。また後者は、実在的世界を認識する一般的方法として数学を考えるG・ガリレイの数学的合理主義によってその立場が確立され、デカルトやI・ニュートンに継承されることになるが、後に「精神の世界」におけるニュートンたらんと欲したJ・ベンサムによって社会認識の領域に導入されることになる。

要素還元主義のうえに成立しているこのパラダイムの基本的社会認識のあり方として、合理的で利己的な個人としての「ホモ・エコノミクス」＝「経済人」という人間像を挙げることができる。この経済人という人間像は、「経済学」が独自に考案したものというよりは、近代の諸学の提起した諸々の人間把握をひとつの像として纏めあげたものであるといってよい。その意味で、経済人という人間像は近代的なモノの考え方や行動様式を集約的に体現しているものである。経済人として類型化されている人間は、財を多く獲得しうる知性の持ち主であることがその重要な要素となっている。「経済学」は富裕化とそれを通じての秩序形成を思想的・実践的課題としているのであるから、人間の基本的要件として財を獲得する能力を挙げるのは当然のことであるといってよい。この人間観は知識による対象の支配と利用を主張するベーコン主義にその思想的基盤を置いているといってよい。しかも、研究史が教えているように、科学技術による人間の生存条件の改善を主張するベーコン主義は産業社会を律する支配的なイデオロギーを構成しているものである。「経済学」は産業社会のイデオロギーを肯定的に受容していることを意味することになるであろう。さらに、能力に応じた等しい処遇という業績主義と、敗北の責任を個人に帰属させるという自己責任の原理との下で生起する個々人の間の競争は近代社会の基本ルールであるといってよいが、「経済学」はこのルールを人間社会を律する原理としてことさら高く評価する。それは、優勝劣敗に帰着する競争が社会の進歩と資源の適正配分を可能にするとされているからである。しかも、この競争の担い手として、合理的で利己的な個人が想定されている。それは、利己心が双方有利化にもとづく交換を可能にし、合理的判断が資源の適正配分と効用の極大化を可能にすると考えられているためである。

また、このパラダイムが実在的世界を認識する一般的方法として数学が決定的な役割を担うと考える数量的世界観に立っているのは次のような理由による。第一には、数学は、空間的・時間的形式で経済的世界を理論化することを通じて、理念的かつ客観的な経済世界を創造し得たという点である。このことにより、経済現象を公理体系としてペーパーの上で議論することができるようになる。第二には、関数的方法が帰納主義の難点を克服し得たことである。というのは、帰納の目的が複数の個物から普遍性を抽出して一般性を取り出すことにあるならば、帰納の結果得られるもっとも普遍的なものは差異が全て捨象されたもっとも空虚なものにならざるを得ないのに対して、関数は共通性を関係そのものとして、また差異性を自在に値を変える変数として統合し、論理的に言えば具体的普遍を表現することができるからである。第三には、数学は測定術と結合して現れることにより、経験的・直観的世界における事象と、純粋に理論的世界における理念的な対象とが近似的に関係していることを示し得たことである。

ここに、理論的世界における計算問題が、現実の経済世界における諸問題の解決に有効であるという確信の生まれる基盤が成立する。そしてこのような確信の下で、エコノミーの世界におけるあらゆる事物や事象は常に数学的に指標化され、数学は経済的世界を認識するための一般的方法（言語）となる。つまり、エコノミーの世界は数学的な論理形式によって把握されることになる。そして、この数学的論理は、現在・過去・未来の未知の点に関して、仮説を立てたり、演繹をしたり、予見をしたりするのに非常に有効な手段として扱われる。結局、制度化された「経済学」は、機械論的自然観を基礎にもつ近代自然科学が、事物の感覚的性質や事物のもつ本性への探究をほとんどすべて捨象し、時間的・空間的な拡がりや、色・音・味といったような所謂事物の第二性質を剝奪された粒子どうしのあいだの関係をクローズ・アップしたのと相即的に、経済現象における第二性質的なものの排除という同じ途を歩んでいるのである。そして、この方法的態度が経済学の数学的モデル化の場を与え、さらに経済学の数学的モデル化がこの「経済学」が方法論的基盤にしているポパーの反証理論と相俟って、科学と価値判断の峻別という信念を確信にまで高めるのである。

制度化された「経済学」に大きな影響を与えているポパーの反証理論は、「無知の知」というソクラテス的命題と、「全体として社会を設計し直す方法があるとは信じない」という全体主義に対する懐疑とに立脚し、しかも社会科学における理論の検証には多くの困難な問題が介在していることの自覚の下に、どのような検証手続きを探ろうとも、その理論が反証され得ない限りそれはイデオロギー的主張や宗教的教義であり得る可能性を指摘したものである。だから、この立場においては、厳密な意味での科学は、理論が反証された瞬間、科学であったというかたちで事後的に確認されるにすぎない。つまり、反証された科学理論の墓場の上に科学者集団による科学研究の王道が敷かれているのである。彼がピースミール・エンジニアリング（漸次工学）を主張し、社会全体のトータルな考察を歴史主義やユートピア的狂信と呼び、社会科学は部分的問題の微調整（部分知―部分工学）の考察に徹するべきであるとするのはそのためである。厳密な認識は部分的かつ漸次的にしか進展しないということの主張は、パラダイムの理論的修正・補強に専心するという学問的態度を喚起すると同時に、知の際限のない断片化を帰結させることになる。制度化された「経済学」の「他の事情にして一定ならば」という限定の下での部分知の数学的厳密性の追究は、ピースミール・エンジニアリングというポパー的主張の忠実な実践であるといってよい。

だが、ポパーの主張は「経済学」を限りなくピースミール・エンジニアリングに近づけたという意味で大きな効果を持ったとしても、彼の反証理論がそこにおいて大きな意味を持っているようには思えない。というのは、すでに述べた数学的モデル化を可能にしているような経済世界に関する前提を認めてしまえば、残るのは数学的論理そのものの世界であって、それはおよそ反証されるようには思えないからである。だとすれば、ポパー的な意味で、制度化された「経済学」が科学であることはかなり難しいことになるであろう。だから、恐らく実際の問題として、制度化された「経済学」の理論研究は、反証の問題ではなく、理論の論理的均一性・整合性・単純性の問題をめぐるコンクールに終始しているように思われる。そして、このコンクールによって、パラダイムの理論的修正・精密化が進行することになる。だとすれば、ポパー的な意味で、制度化された「経済学」が科学であるか否かということよりも、「経済学」が前提にしているモノの見方や考え方がいかなるものであるかということの方がより重要であることになる。なぜならば、経済的であれ、何であれ、諸々の事実の発見を可能にしてくれるものは、「設問と回答の仕方を暗黙の裡に強制する特定」のモノの見方や考え方であり、「経済学」的モデルはその前提の上に成立している数学的論理にすぎないからである。

6　経済思想史を学ぶ意義

オイル・ショックの年に、A・レイヨンフーヴッドというアメリカの経済学者が「エコン族の生態」と題された刺激的な一文を発表した。エコン族とは制度化された「経済学」を研究している経済学者の集団を指す。彼は、こうした経済学者の集団をエコン族という民族に擬えて、その生態を寓話として描きだした。彼が描き出すこの民族の風習や信仰、階層秩序などは「制度化された経済学」の本質を誠に見事に描写するものであり、当時大いに話題になった。彼は、この寓話の中で、エコン族は特定のモドゥル（経済学的モデル）をトーテムとして崇拝する「信仰システム」を打ち立てていると述べた後で、次のように書いている。すなわち、「極北の広大な地域に居住する民族」であり、「その土地は、よそ者の目には、荒涼かつ陰欝で旅することさえ困難だが、長い間適応しているうちに、すっかり生計の術を、そこで身につけてしまっている」エコン族は、経済学的モデルを成り立たせている前提について何の想いも馳せることなく、数学的才を尽くした経済学モデル作りがかつてない美的水準に到達していると自惚れ、エコン芸術の最盛期を謳歌していると。

無論、この寓話が書かれたのは三〇年ほど以前のことであった。だから現在でも、この信仰が同様な強靭さでエコン族を支配しているかどうかは疑問の余地なしとは言えない。だが、制度化された「経済学」が現に存続しているという限りでは、何ほどかこの信仰が継承されているとみるべきであろう。こうした信仰を共有している立場からすれば、様々な論争を通じてイデオロギー的残滓が払拭され、理論的に淘汰され、人類の共有財産になったと考えられている経済理論が「いま・ここに」提示されているのであるから、今更、すでに乗り越えられた経済理論や経済思想を省みる必要があるのかという疑問がでてくるかもしれない。己れの学説の優越性に強い信頼を寄せている立場からすれば、古典的著作を無視もしくは軽視し、最新の研究成果が経済学説上もっとも優れていると信じることも自然な成り行きであろう。経済思想史や経済学説史研究に発せられたこのような疑念に対してすでにいくつかの回答が与えられてきたが、恐らく、経済理論や経済思想の歴史を学ぶことのもっとも積極的な意義は、現代の経済学説が拠って立つモノの考え方＝見方の妥当性や根拠を不断に問い返すことを我々に要求するところにあるのではあるまいか。言い換えれば、理論と不即不離の関係にある価値判断や考え方の中身を抉り出し、知らず識らず囚れてしまっている考え方を自覚し相対化するためには、他の理論＝価値判断と対峙させることが是非必要なように思われる。理論は、他の理論という鏡なしには、己れの姿（イデオロギー的立場）を認識することはできないからである。

我々は、科学や思想の歴史を学ぶことを通じて、我々を支配しているものとは全く異なったモノの考え方や見方が構想され、人々の生活を支えたり、それを大きく変えたりした事実を知ることができる。自然や社会や人間についての理解の仕方や内容というものは、必ずしも画一的で不動なものではなく、時代や社会とともに常に揺れ動いているものであることを、科学や思想の歴史は我々に教えてくれる。この科学や思想の歴史の考察を通じて得られる様々なモノの見方や考え方との出逢いは、現代という「時代と社会」の考え方に馴染んでしまっている立場からすれば、一種の異文化体験を構成するといってよい。この異文化体験は、一方で、その原因となった考え方や制度を、「異常」もしくは「遅れ」として排除しようとする我々の精神的態度を喚起する。だが他方で、この体験に伴う「驚き」は、我々の探究心を引き起こし「差異」の原因を探究しようとする態度をも導く。こうした精神的態度が、我々の慣れ親しんでいる考え方の前提や根拠についての反省を促すのである。アリストテレス以来「驚き」こそが学的探究を導く原理であると言われるのもこのためである。そして、こうした精神的態度を共有することによってはじめて、たとえば、「経済学」は生産ではなく人間や自然に対する破壊が近代文明の生産性を支えている可能性を考慮しないし、また経済成長自身が不平等や自然破壊の関数になっていることに関しても寡黙であるとか、あるいは「経済学」は豊かさの観念を「経済学的豊かさ」に特定化することによって、豊かな「豊かさの観念」を矮小化し貧困なものにしてしまったといったような批判を、批判として理解できるようになるのではあるまいか。

D・ヒュームからA・センまでの二五人の思想家の「理論と思想」が、それぞれを研究している研究者によって、可能な限り平易な文章で説き明かされている本書を、教科書化された「経済学」が拠って立つモノの見方＝認識の地平を再考するための入門書にしていただきたいと思う。読者は、本書を通じて、経済学の歴史の中に、思想の驚くべき多様性を発見するであろう。また、経済学の歴史は、必ずしも理論的修正が繰り返され連続的に発展して「ひとつの理論」に収斂してきたわけではなく、思想的基盤という点でも、また分析する理論的道具立てという点でも種々様々であることを了解されることと思う。その多様性は、これらの思想を経済学という言葉でくくることが不可能であると思えるほどである。まず個人主義か全体論かという論争がある。また古典物理学を手本とする議論があるかと思えば、生物学的進化論を手本としている議論もある。あるいは、合理主義に基礎をおく経済学があるかと思えば、経験主義に方法的基盤を求める経済学もある。市場への介入に懐疑的な経済的自由主義の流れがある反面、大きな政府を目指し積極的介入主義を主張する管理主義の系譜もある。さらに市場システムによる資源の配分の公正性を否定する論者もいる。読者が、こうした議論を自由に学ぶことによって、制度化され教科書化された「経済学」の呪縛を解き放ち、近代的知の一形態である経済学の帯びている両義性を踏まえ、それをいたずらに肯定することも否定することもなく、限定するという平衡の立場に立って、己れの腑に落ちる「眼鏡」＝「経済理論」を探し出し、自前の「経済を見る眼」というものを手に入れるための一助に、本書がなればと念ずる。

（鈴木信雄）

第Ⅰ部　経済学の古典的世界

I—1

デヴィッド・ヒューム

近代文明社会の哲学的・社会科学的基礎づけ

(David Hume 1711〜1776)

▼生涯と著作

スコットランド人ヒューム　ヒュームは今日、イギリスが生んだもっとも偉大な哲学者として広く認められている。しかし、「イギリス」という言葉が「イングランド」の誂りだとすれば、この表現はあまり正確とはいえない。なぜなら、ヒュームは、まず何よりも、スコットランド人であったからである。アングロ・サクソン系のイングランドに対してケルト系の住民を多数とするスコットランドは独自の歴史と伝統とをもち、今もなお、スコットランド独立運動の火が消えないほどであるが、ヒュームもまた、終生、スコットランド人としての自覚と誇りとを失うことはなかった。

現在のいわゆる「イギリス」はイングランド、スコットランド、ウエールズ、そして北アイルランドの連合体であり、その基礎は、一七〇七年のイングランドとスコットランドとの統一(合邦)によって確立した。一六〇三年以来、国王を共有する同君連合の関係をイングランドと結びながら、固有の議会をもつ準独立国であったスコットランドは、合邦の結果、その議会を失い、深い政治的危機に直面するが、これを救ったのが、合邦法によってその存続が認められた三つの伝統的諸制度(ローマ法準拠の法体系、長老派カルヴィニズムの教会、固有の歴史をもつ大学)であった。

一八世紀の後半以降、エディンバラ、グラスゴウなどの諸都市を中心として、哲学、自然科学、社会科学の全般にわたって繰り広げられた一大運動としてのスコットランド啓蒙は、これらの伝統的諸制度の上にはじめて開花し得たものであった。それが後世に残した学問・思想の遺産は、フランス啓蒙のそれに比べても優るとも劣らない豊かなものであり、ヒューム、スミスの二人はその頂点を築いた人物であった。

ヒュームの父は、当時のスコットランド社会のエリート層を代表する法曹地主であり、合邦体制を支持するウイッグであった。当時としてはやや早く、一二歳でエディンバラ大学に入学したヒュームは、アリストテレスからJ・ロックまでの哲学・論理学、I・ニュートンの物理学・天文学、S・プーフェンドルフらの近代自然法学の基礎などを学んだ。当時のスコットランドの諸大学が、程度の差はあれ、オックスフォード、ケンブリッジというイングランドの二大学よりも先進的なカリキュラムを採用していたことは、ヒュームにとって幸運であった。

大学を出た後、法律家としての自立を周囲から期待されていたヒュームであったが、彼はどうしても、無味乾燥な法律の技術的学習に打ち込むことができなかった。彼は、親の目をぬすむように哲学、文学の古典に没頭し、しだいに、文筆家としての自立を夢見るようになった。精神的放浪と知的な自己探究に明け暮れた、八年間にもわたる浪人生活はなま易しいものではなかった。J・S・ミルの精神的危機にも似た苦しい体験をへて、ヒュームの人生に大きな転機が訪れる。それは、二三歳から三年間におよぶ、フランスはラ・フレーシュにおける生活であった。

ヒュームはこの地で、『人間本性論』（全三巻、一七三九～四〇年）の執筆を開始し、帰国後、裁判官としてスコットランド啓蒙運動の指導者であり、親戚でもあったヘンリー・ヒューム（ケイムズ）の支援を得ながら、また、彼の紹介によって知遇を得た、グラスゴウ大学の道徳哲学教授で、同じくスコットランド啓蒙の代表的思想家であったF・ハチソンの助言を受けつつ、その出版にこぎつける。しかし、処女作にして、今日、ヒュームの最高傑作と言われるこの著作の反響は乏しく、後に、著者自身をして、「印刷機から死産した」と言わせる結果となったのであった。

『人間本性論』は、F・ベーコン、ロック以来の経験主義哲学の伝統を批判的に継承し、これを徹底させて、近代的な社会・人文科学（「人間学〔the science of man〕」）の基礎を打ち立てようとする著作であったが、その商業的な失敗は、ヒュームにひとつの教訓をあたえた。それは、文筆家として身を立て、世間的にも成功しようとするなら、何よりもまず、平易な文体と誰にも分かる議論の形式を身につけなければならないということであった。この反省の結果、その後のヒュームの著作は、厳密な学術的スタイルの作品としてではなく、D・デフォーやJ・アディソンの市民的な文学作品にも似たエッセイ集として、相次いで出版されていくことになる。

知の独立生産者　その最初の成果は、『道徳・政治論集』（全二巻、一七四一～四二年）であった。ヒュームはここで、処女作で提示した「人間学」の方法を実際に駆使し、応用して、現実、具体の生々しい政治と道徳をめぐる諸問題を、誰にも分かる文体と形式で、しかも、公平かつ透徹した哲学者の分析眼をもって、縦横に論じたのである。結果として、この作品は一定の成功を勝ち得ることができたが、それはいまだなお、ヒュームの文筆家としての名声を確立するにはいたらなかった。彼自身も、大学教授としての安定した立場を手に入れたいと望んでいた。

しかし、そうしたヒュームの期待は見事に裏切られる。一七四四年、彼は、エディンバラ大学の道徳哲学教授のポストを得るべく積極的な働きかけをするが、結果は失敗であった。『人間本性論』に表れた強い懐疑主義的主張が、大学の人事権を握っていた聖俗両界の有力者を警戒させたのである。ヒュームが師と仰いでいたハチソンが反対にまわったことも、彼の心を傷つけた。ところが、三五歳になってなお文筆家としての社会的、経済的自立の道を模索していたヒュームに、思いもかけないチャンスがやってきた。それは、セント・クレア将軍からの従軍秘書官就任の要請であった。

重要なことは、ヒュームが、オーストリア継承戦争の終結にともなう条約締結のため、将軍とともにイタリアのトリノに滞在したことであった。とくに、そこに向かう途上に観察したオランダ、ドイツ、オーストリアといった国々の現実は、人々の風俗・習慣の違いや貧富の格差をヒュームの眼に焼きつけ、文明社会の成長における政治と経済との関係、諸国の現実に見られる富裕の発展のスピードの格差の原因などについての彼の思索をつよく刺激した。ヒュームのトリノ滞在中に、彼の問題関心と酷似したテーマをもつモンテスキューの『法の精神』（一七四八年）が出版されたことも、彼の思索を促進せずにはいなかった。

帰国後のヒュームの旺盛な執筆活動は眼を見張るものがあった。彼はわずか三年のあいだに、『道徳原理研究』（一七五一年）、そして、ここでの主題となる『政治論集』（一七五二年）を相次いで出版し、彼の思想家、哲学者としての地位は揺るぎないものとなった。ヒュームは、ブリテンはもとより、モンテスキューなき後のヨーロッパを代表する思想家となったのであった。彼はようやく、青年時代以来の夢であった、独立・自由の富裕な文筆家としての地位を手にすることができた。

この後、およそ四半世紀にわたるヒュームの人生は、小さなさざ波はいくつか立ったものの、基本的には順風満帆であった。彼はエディンバラに居を構え、スコットランド啓蒙運動を担う多くの若き思想家たちのリーダーとしての尊敬を集め、スコットランドとりわけエディンバラを、ブリテンにおける学問・思想の中心地とすることに貢献した。この時期のヒュームの研鑽は歴史の探究に向けられ、『イングランド史』（全六巻、一七五四〜六一年）を生み出した。この大作は、ヒュームに哲学者というより、E・ギボン、W・ロバートソンとならぶ歴史家としての名声を与え、一九世紀の中頃まで、この分野における標準的なテキストとなった。

いまや、現存するヨーロッパのもっとも偉大な思想家、歴史家となったヒュームは、一七六三年、七年戦争明けのフランスを訪れ、D・ディドロ、ダランベール、ビュフォン、チュルゴなど、フランス啓蒙運動の立役者たちと親交を深め、パリの社交界では一種のスター的扱いを受けたばかりでなく、駐仏代理大使としての公職をも担った。彼は、危険人物として官憲に追われていたJ-J・ルソーをかばってブリテンに連れ帰り、隠れ家までも提供したが、恩を仇で返すかのようなルソーの疑心暗鬼から、「裏切り者」呼ばわりされたこともあった。

一七七〇年代のヒュームの最大の関心は、国内の議会改革運動とアメリカ植民地の独立運動に向けられていたが、一七七六年、アメリカ合衆国の成立やフランス革命の勃発を知ることなく、彼は六五年の生涯を閉じた。ヒュームを人間として思想家として敬愛してやまなかったアダム・スミスは、その追悼文のなかで、彼を「人間本性の弱さが許容する限界のなかで完全に賢明で有徳な人物」と評した。

▼ヒューム経済思想の理論的特質

古代・近代人口論争　ヒュームが経済学的な探究を本格的に開始したのは、おそらく、彼が大陸旅行から帰った一七四八年頃からと思われる。そのひとつのきっかけは、古代と近代の諸国民の人口の相対比較という問題に、彼がつよい興味を抱いたことであった。ヴォッシウス、モンテスキューらによって喚起されたこの問題へのヒュームの回答は、出版された『政治論集』の論説「古代諸国民の人口について」である。この論説は、現代の人口史研究者によっても、厳密な資料批判の方法にもとづく実証的研究として高く評価されているが、それは同時に、ヒューム経済思想のいわば生誕地としての方法的意義をもつものであった。

この論説の主題は、ローマ帝国崩壊以降のヨーロッパ社会では持続的な人口の減少が生じているという当時広く見られた見解を、根本から批判することである。こうした通説を代表するモンテスキューは、『ペルシャ人の手紙』（一七二一年）のなかで、一八世紀当時の世界の人口はカエサル時代のそれの五〇分の一と推定していた。こうした極端な人口減少の原因は、ローマ共和制の平等な小土地所有制が領土の拡大と帝政への移行とともに消滅したことである。ゲルマン人の侵入によるローマ帝政の崩壊と封建制の確立は、小規模な封建諸国家の分立による一時的な人口増加をもたらしたものの、封建制の崩壊による巨大な近代国民国家体制の出現が、ペストその他の自然的原因も重なって、近代ヨーロッパの人口減少をもたらしたというのであった。

これに対して、ヒュームの歴史的研究の結論は、「全体を比較してみると、世界が古代において近代においてよりも人口稠密であったという、いかなる正当な理由も示すことはできないように思われ」、「この主題について普通に流布しているものとは反対の見解を支持するように思われる」というものであった。たしかに、古典古代における財産の平等と小共和国の分立体制は、それ自体としては人口の増加に寄与したであろう。「各人が小さな家と畑とを自分自身のものとしてもち、各州が自由で独立した首都をもつ場合に、人類は何と幸福な状態にいることであろうか。またそれは、勤勉と農業、結婚と繁殖に何と好都合であろうか」。

しかし、そうした利点を打ち消すに十分な古代社会の根本的欠陥として、第一に奴隷制度の存在、第二に商工業の欠如という事実を忘れてはならない。しかも、これら二つの欠陥は、同時に、古代社会の財産平等の基礎にあり、これを支える前提でもあった。まず、家内奴隷の所有者は、家畜の所有者と同じように、自分の利害関心から奴隷数の増加に努めるだろうという当時の通説は誤っている。なぜなら、人口が集中した古代の都市共和国において奴隷の結婚と出産を奨励し、子供の養育を認めることは、主人（市民）にとって多大の経費負担となるからである。ロンドンの牛の大半が都市部で飼育されずに、物価の安い地方から買われているのと同じく、古代の市民たちは遠隔地から安価な奴隷を輸入することを選んだであろう。

すなわち、奴隷制度はそれ自体が人間性の蹂躙にもとづく残酷な制度である点を別としても、経済的合理性の観点から人口破壊的とならざるをえない。これに対して、奴隷制度が廃止され、すべての人間が自分自身の主人となった近代社会では、人口は経済的な打算によってではなく、種の保存に対する自然の本能（利己心）によって増殖する。ヒュームはこうした推論を詳細な歴史的事実によって検証しているが、その結論は、それ自体としては人口の増加に有益な古代社会における財産の平等の本質が、奴隷所有者たる市民間の平等にすぎず、それは市民階級の人口増大には寄与したとしても、奴隷がその圧倒的部分を占める古代社会全体の人口増大と幸福とに何ら貢献するものではないという点であった。

農本主義の批判と農工分業の理論　ヒュームによれば、奴隷制の上に成り立つこのような市民間の平等は、古代社会のもうひとつの欠陥である商工業の欠如によってもまた支えられていた。古代社会は発達した商工業を欠いた農業中心の社会である点にその本質があった。たしかに、古代のギリシャや初期ローマの諸都市は一見すると商業的に繁栄したようにも見えるが、その商業は風土の多様性に依存した特産物の交換にすぎず、決して製造業の発達にもとづく社会的分業の結果ではない。「私は、ある都市の成長が製造業の確立に帰せられている、どんな古代作家の一節も思い出すことができない」。

そして、農本社会の不可避の結果は農業生産力の停滞であり、それこそが、市民間の経済的平等を維持する一方で、奴隷をふくむ古代社会全体の人口を頭打ちにした根本原因であった。ヒューム経済学の理論的支柱であるいわゆる農工分業の理論が、こうして、古代・近代人口論争の一系論として導き出される。

『政治論集』の冒頭におかれた「商業について」によれば、農業はたしかに人口の維持・増大に不可欠の産業であるが、農業部門の持続的な成長のためには、人々の欲求を刺激するような奢侈的な製造業が農業の内部から自立し、独立の産業部門として確立されることが絶対に必要である。「耕作を促進するもっとも自然な方法は、第一に、その他の種類の産業を振興することであり、それによって農業生産者に、彼の生産物に対する即時的市場と、彼の快楽と愉悦に貢献するような生産物の見返りとを提供することである。この方法は間違いがなく、普遍的である。そして、この方法が近代的な政府において、古代の政府においてよりも支配的であるので、前者の人口が後者よりも優っているという推定が生まれるのである」。

こうしたヒュームの議論は、ある決定的な点で、当時の経済学的な通説ないし常識に挑戦するものであった。それは、農業こそが人間社会の経済的基盤であり、人口増加の鍵だという農本主義の考えである。よく知られているように、一八世紀のブリテンでは、都市の人口増加に対応するため、議会立法による農民保有地の強制的な囲い込みの運動が進行し、先祖伝来の土地を奪われた大量の小農民たちが浮浪者群を形成していた。この第二次囲い込み運動による大農経営の展開は、歴史の帰結からみれば、農業の資本主義化にとって不可欠のプロセスではあったが、当時の社会状況においては、民衆の貧困と社会全般の荒廃をもたらすものとして、知識人のあいだで深刻な社会問題と考えられていたのである。

R・ウォーレスの『古代と近代における人口』（一七五三年）は、このような危機意識から書かれ、近代における農業の軽視と奢侈的な商工業の繁栄とが、近代の人口を古代のそれに対して減少させていると指摘するものであった。ウォーレスは、その対策として、独立自営農民の保護による土地財産の平等化と奢侈的商工業の抑制とを主張したが、これに対してヒュームは、ウォーレスが評価する古代社会の平等の欺瞞性を奴隷制との関連で暴露するとともに、近代における商工業の農業からの自立が、農業者の欲求を開花させることによって、さらには、農業への科学技術の応用によって、直接・間接に農業生産力を上昇させることを主張したのである。

農工分業を起点として展開する商品経済は、たしかに、所有の不平等と貧富の格差を社会のなかに生み出すが、この商品経済が同時にもたらす生産者の欲求の開花と生産力の飛躍的増大は、結局のところ、生産的大衆の富裕を、全体として、古代や中世の社会では考えられないような高水準にまで引き上げる、と、ヒュームは考えたのである。

文明社会における奢侈と人為的欲求　ヒュームの農本主義批判の特徴は、それが農業に代えて商工業を重視するのではなく、農業それ自体の順調な発展にとって、商工業の確立が決定的な意義をもつことを説く点にある。ウォーレスらが、製造業の拡大による農業の衰退を恐れたのに対して、ヒュームは、製造業の順調な成長こそが農業繁栄の鍵だとみたのである。とりわけ、農業に対する商工業一般ではなく、精巧な手工業的技術（mechanic arts）に裏打ちされた奢侈的製造業の確立を重視する点に、ヒュームの著しい特徴がある。その背景に、ブリテンにおける資本主義の形成という歴史の現実があることはすでに見たとおりであるが、『政治論集』の「奢侈について」（後に「技芸の洗練と進歩について」と改題）には、ヒューム独自の富と欲求にかんする思考がうかがわれる。

一般的にいえば、農業が生存のための自然の欲求にもとづくのに対して、生存の必要を超える快適さや愉楽の追求から生まれた奢侈的な製造業は、より人為的な欲求から生まれたものであるから、それは無限に発展し拡大する可能性をもっている。農本社会の生産力が停滞的であるのに対して、農工間分業が確立した社会の生産力が無限の発展可能性をもっているのは、このためである。さらに、社会の産業構造が農業から製造業、製造業から商業へと拡大・発展していく過程では、人間の欲望はますます人為的で多様なものになるから、製造業の確立は、農業者の人為的欲求を開花させることによって、結局のところ、社会全体の欲求を自然的なものから人為的なものへと変質させてしまう。

「世界のあらゆるものは労働によって購買される。そして、我々の諸情念が労働の唯一の原因である」とヒュームが言うように、社会的分業が高度に発達した文明社会では、人々は食糧をはじめとする必需品を手に入れるために働くばかりではなく、便益品や奢侈品を手に入れたいという消費欲求から働くようになる。これを、私有財産と商品経済にともなう人類の堕落の過程とみなし、文明社会における人為的欲求のあくなき追求のなかに道徳の腐敗をみたのは『人間不平等起源論』(一七五五年)の著者J-J・ルソーであったが、ヒュームの立場はこれと基本的に異なるものであった。生存に不可欠とはいえない便益品や奢侈品に対する欲求は、それがどれほど人為的なものとはいえ、文明社会においては、真実の欲求であることに変わりはない。

「いかなる感覚の満足であれ、また、肉、飲物、衣類におけるいかなる繊細さへの惑溺であれ、それらをそれ自体として悪徳だと想像することは、熱狂がもたらす乱心によって混乱していない頭にはとうてい考えられない」。そうだとすれば、奢侈が悪徳となるのは、洗練された消費欲求の自由な追求が地位や財産にふさわしい社会的義務の履行に悪影響をおよぼし、寛大さや慈愛心など、別の道徳義務を怠らせる場合だけであった。ここでヒュームは、ある人物の同額の消費支出が、自分の取るに足りない欲望の満足に向けられる場合と、貧しい人々の救済に向けられる場合とを比較し、後者が前者より多量の幸福を生み出すと述べており、これは限界効用逓減についての先駆的な言及とされている。

文明社会の発達は消費欲求のいっそうの洗練と高度化をうみ、それはともすると、利己主義的な快楽の追求をもたらさないとはいえないが、文明社会の推進力である製造業の発達は、種々の学問・技術の成長を支える広範な生産者大衆の知性の洗練と結び合っており、また、商品交換の展開は人々の社交性と道徳性を成熟させるから、そこにおける感覚と奢侈の洗練が道徳的悪徳とむすびつく可能性はむしろ減少する。「勤労、知識、人間性は不可分の連鎖で結ばれている」とするヒュームにとっては、B・マンデヴィルの「私悪は公益」という逆説的奢侈肯定論は、受け入れがたいものであった。

貨幣とは何か　このように文明社会における消費欲求の洗練を肯定し、それを推進力とする社会的分業の展開を近代社会の基本構造として解明したヒュームは、もうひとつの重要問題を抱えていた。それは貨幣の本質をいかに理解するかという問題である。社会的分業にもとづく商品経済の展開は、貨幣の媒介なしには絶対に起こりえない歴史のプロセスである。しかも、農業から製造業が独立する過程で開花した人々の人為的欲求は、貨幣の出現によって、ある種の抽象的欲求へともうひとつの変質をとげる。発達した文明社会では、農業者、製造業者、商人のいずれもが、洗練された感覚を満足させたいという具体的で人為的な欲求に動かされて働くというよりも、貨幣的富としての所得のために働くことになるのであるから、そこにおける貨幣の役割が明らかにされなければならない。

『政治論集』の「貨幣について」、「利子について」に展開された貨幣論、および、「貿易差額について」、「貿易をめぐる警戒心について」におけるその政策論的応用は、経済学史上、ヒュームのもっとも重要な貢献として評価されてきた。「貨幣とは、正しくいえば、商業の主体のひとつではなく、人々がある商品と他の商品との交換を促進するために同意した道具にすぎない。それはなんら商工業の車輪ではなく、その車輪の運動をより円滑で容易にする潤滑油である」「貨幣が労働と商品との代表物にほかならず、それらを尺度したり評価したりするひとつの方法として役立つだけであることは、じつに明白なことである」などの言葉に現れたヒュームの貨幣観は、素朴な金属主義のそれに近いものであり、単純かつ明快である。

しかし、より重要なのは、ヒュームのこうした貨幣観そのものというより、そこから必然的に導き出されるいくつかの経済学的な結論である。

第一に、貨幣そのものが商品交換の道具にすぎないとすれば、それは真の富ではないことになる。真の富とは貨幣を媒介として交換され、必需品、便益品、奢侈品などとして消費欲求の対象となる諸商品それ自体であり、また、それらを生産する人間の労働である。したがって、より多くの貨幣を追求することが経済的に有意味となるのは、獲得した貨幣によって真実の富である商品や労働を購入する場合だけである。ヒュームはここで、抽象化された貨幣への欲求が、それでもなお具体的な消費欲求とむすびついて現れることを指摘し、そうした形態での貨幣の追求が、文明社会の健全な発展と矛盾しないと考えている。

第二に、貨幣が個人にとって真実の富ではないとすれば、それは一国民全体にとっても同じであり、ある国民が保有する貨幣の量は、その国民の真の物質的豊かさの尺度ではない。ある国民がどれほど大量の貨幣を獲得したとしても、その結果は、国内の商品交換において、同量の商品や労働がより多くの貨幣と交換され、その名目上の価格が比例的に上昇するだけであり（貨幣の中立性の認識と貨幣数量説）、真実の富の量は何も変化していないのである。

第三に、もしそうだとすれば、前世紀以来、政治家や立法者たちが国富の増大と国力の増強をめざして体系的に展開してきた一連の諸政策（いわゆる重商主義政策）は、まったく無意味なものとなる。これらの政策の基本は、輸出奨励金や戻し税などによって自国製品の輸出を促進し、高率の関税や数量規制によって競合する外国製品の輸入を抑制することにより、貿易差額のプラスを確保し、それによって自国の保有する貨幣量を増加させようとすることであった。それでは、なぜ貨幣量の増加がもとめられたのか。ヒュームによれば、それは、貨幣の豊富を国富と国力そのものではないにしても、その象徴とみる根深い富観念のゆえであり、そこから生まれる「貨幣の流出に対する理由のない恐怖」や「貨幣に対する法外な蓄積欲」のためであった。

しかし、ヒュームの貨幣数量説によれば、貿易差額のプラスによって国内で増加した貨幣量は、それに比例した物価水準の一般的上昇をもたらすにすぎず、それは自国商品の国際競争力の低下による輸出の減少と外国製品の輸入増大をまねき、それは結局、貨幣の流出に帰結するほかはない。一国に流通する貨幣量は、その国で生産され交換される商品の総量に対応した「自然的水準」にとどまるようにできている（地金の自動流出入作用の認識）。貨幣の本質が商品交換の媒介物としての役割にある以上、商品や労働といった交換の主体とは無関係に、貨幣それ自体の数量を政策的に増やすことは、商品と貨幣との自然の運動を力ずくでねじ曲げようとする無理な政策である。

最後に、第四として、当時のブリテンでは、貴金属貨幣の代替物としての紙券（銀行券や公債）が貨幣不足を補うなどの名目のもとに大量に発行され、流通していたが、これらは、真の富である商品や労働の量とは無関係に、他の政策的目的のために発行されるから、国内の物価水準を押し上げ、貴金属貨幣の海外流出をもたらさざるをえない。結果として、それは、商品交換のためばかりでなく、政府の政治的諸目的のために国内に本来とどまるべき、必要最小限の貨幣量すら維持できなくなる結果をまねいている。

かくして、ヒュームの政策的提言はこうである。「ようするに、政府は、その人口と製造業とを注意ぶかく保持するべき大いなる理由をもっている。その貨幣については、政府は、恐怖や警戒心なしに、人事のなりゆきにまかせておけば安全であろう。また、もし、政府が後者〔貨幣〕に注意するとするならば、それは前者〔人口と製造業〕に影響する限りにおいて、そうすべきであろう」。

▼ヒューム経済思想の思想的・哲学的背景

人間本性の学としての社会科学　『政治論集』を中心として展開されたヒュームの経済思想の基本的な特徴とは何か、それは同時代に書かれた数多くの経済学的な作品と比べて、どのような独自性をもつものであろうか。

ヒュームの経済学の最大の特徴は、何よりも、それが彼の「人間学」体系の有機的な一部分として構想されたということである。『人間本性論』において提示された「人間学」の方法は、ベーコン、ニュートンによって開拓された経験主義の方法を、一方において、人間の知性、精神、感情の働きに適用し、他方においては、そうした人間が形成する社会や歴史の探究に応用しようとするものであった。ヒュームの「人間学」は、哲学に対応する「論理学」、道徳に対応する「道徳学」、芸術に対応する「批評学」、そして、政治、経済を中心とする社会科学的探究に対応する「政治学」とから構成されるが、彼は、『人間本性論』以降の作品において、このプログラムをひとつひとつ着実に実行していった。

これまで見てきたようなヒュームの経済学的議論が、『政治論集』という書名のもとに刊行されたことは、現代の読者から見れば不自然にも見えよう。ヒュームのいう「政治学」とは「社会において相互に依存し合う諸個人」を主な考察の対象とする。それは、人間の複雑な知的・精神的作用や情念・感情の微妙な動きなど、ようするに、人間の内面的世界を取り扱う「論理学」や「道徳学」とは異なり、人々が毎日の社会生活のなかで取り結ぶ諸関係を、それらが時間の流れのなかで形成する制度や機構といった客観的な側面から探究しようとする点に、その最大の特徴をもっている。

こうして、ヒュームのいう「政治学」は物理学、天文学をはじめとする自然科学的探究とある共通点をもつことになる。なぜなら、あらゆる自然現象は物理的現象として現れ、少なくともニュートン以降の近代自然科学は、観測器具や実験装置によって客観的に観察され、測定されうる現象のみを、固有の主題として設定するからである。実際、ヒュームは、「政治学」の方法と自然科学の方法との共通性を指摘し、それらと「論理学」、「道徳学」との違いを指摘するばかりでなく、「政治学」上の理論や仮説の妥当性を検証する唯一の方法を、自然科学と同じ「経験と観察」にもとめている。

ところが、社会科学としての「政治学」は、自然科学には見られないひとつの重大な困難をクリアしなければならない。それは実験の不可能性という問題である。政治や経済の世界は無数の人々が多様な動機や理由によって行為する結果の総体として成立するから、物理学をはじめとする自然諸科学のように、観察者がある現象が生起する条件を作為的・理想的に限定し、ある仮説や理論の正しさを検証することはできないのである。

「事物の一般的なりゆき」の方法的意味　そこで、ヒュームは、この方法上の難点を克服する唯一の手段として、「事物の一般的（自然的）なりゆき」に即した注意深い観察という方法の重要性を指摘する。それは、経験的事実の大量観察をつうじて、より普遍的で規則的な事象とより例外的な事象とを区別し、前者のなかに、あらゆる状況において貫徹する因果法則性を認識しようとする方法である。そして、こうした『人間本性論』の議論は、『政治論集』の冒頭におかれた方法論的な考察のなかでそのまま継承されるとともに、経済学上の問題に即してより具体的に説明されている。

それによれば、一般人の浅薄な思考と哲学者の強靭な思考との違いは、後者が特殊個別的な事例にのみ眼を奪われることなく、対象となる事象の全体を広く深く観察することにより、「無数の個別的事例をそのもとに包括し、ひとつの科学を一個の定理のなかに包含するような普遍的な諸命題」に到達することである。これらの諸命題はしばしば精密すぎて、一般人の眼には奇異に映ったり、常識はずれとも見えることがあるが、「一般的諸原理は、どれほど精巧に見えようとも、もし正しく健全でさえあるならば、たとえ個別の場合に妥当しないことがあっても、事物の一般的なりゆき（the general course of things）においてはつねに貫徹するに違いないことは確実であり、事物の一般的なりゆきに配慮することが哲学者の主要な仕事なのである」。

すなわち、歴史的・経験的諸事実の収集によって「事物の一般的なりゆき」を観察すると同時に、そこに貫徹する普遍的諸原理・諸命題を確立していくこと、この二つの一見相反する方法を同時に、かつ、意識的に適用することこそが、社会科学としての「政治学」の基本的方法である。こうして、ヒュームの社会科学は、歴史的実証と理論的分析との有機的な総合として展開されることになる。実際、同時代において、ヒュームほど、諸文献の堅実かつ広範な調査・研究の上に首尾一貫した理論的分析を展開しているものは少ない。それでは、こうしたヒューム社会科学の特徴は、より具体的に、彼の経済学的議論のなかでどのように表れていたであろうか。

こうした意味でとくに注目されることは、ヒューム経済学の結論が多くの点で当時の常識に反するものであった、ということである。その典型は、古代社会は農本社会であるがゆえに、商業的な近代社会よりも人口稠密な社会であったという、モンテスキューやウォーレスらも受け入れていた通念に対する批判である。ヒュームはこうした通念に対して、発達した製造業の独立こそが農業生産力を増大させ、ひいては社会全体の人口を増やすという普遍的命題を提起したのであり、そこから、彼の経済学的探究が始まったことは、すでに指摘したとおりである。

ヒュームが、ウォーレスとの論争のなかで古代的な土地所有の平等を批判し、近代の大土地所有と不均等な富の分配を擁護した背景には、囲い込み運動とともに進行する農業の資本主義化という歴史の歩みがあった。ヒュームにとってはこれこそが「事物の一般的なりゆき」であった。近代の不平等な所有制度が、諸個人の自由にもとづく商工業の発達の不可避の帰結だとすれば、これを見失って、そこにふくまれた一部の悲惨な現象に眼を奪われてはならない。

ヒュームは、近代の文明社会が社会全体の富裕を達成しつつある事実を冷静かつ学問的に認識することによって、没理論的でイデオロギー的な近代社会の批判と古代社会の賛美を否定しようとしたのであった。同じように、いわゆる重商主義政策に対するヒュームの理論的批判も、当時なお支配的であった貨幣的富を国富と国力の源泉とする通念の批判から出発し、貨幣流出の危機にかんする国民的な不安や警戒心の根拠なきことを説きながら、貨幣数量説という普遍的命題を提起するという形で展開されたものであった。

したがって、「事物の一般的なりゆき」への注目を特徴とするヒュームの経験主義は、決して、素朴な常識への追従ではなく、また、眼前の諸事実をただ漫然と記述することでもない。彼の経済学は「人間学」の一部として明確に位置づけられることによって、広範な歴史的研究と明晰で常識やぶりともいえる理論的分析との総合として展開された点に、その最大の特徴があった。このような方法的統一のなかでヒュームの個別具体的な議論は意味をもち、一見すると断片的とも見える『政治論集』の経済思想は、ある種の体系性を獲得しえたのである。

しかし、ヒュームの理論的分析は、場合によってどれほど精巧で新奇なものになっても、決して、歴史と日常生活が形成する経験的諸事実の世界から遊離するものではなかった。数学の定理の証明がもつ絶対的な確実性をはじめから主張しえない「人間学」の一環としての社会科学においては、いかに普遍的で一般的な命題といえども、その妥当性は蓋然的なものでしかありえないことを、ヒュームはよく知っていたのである。彼は、「事物の一般的なりゆき」の観察から引き出された普遍的命題を適用すべき条件や限界をつねに意識し、一般理論の個別ケースへの適用にあたっては、その理論と矛盾するようにも思われる修正をすらあえておこなった。

その典型的な例は、貨幣数量説の具体的適用に際しての「貨幣流出入の連続的影響」(いわゆるカンティロン効果)についての分析である。すなわちヒュームは、貨幣数量説の純粋理論としては、「一夜にして」起こると仮定された貨幣量の増加や減少が、実際には、貨幣の漸次的流出入の時間的プロセスのなかでのみ起こること、その過程で、貨幣量の増減が商品の生産や消費、商工業者の投資や雇用に実質的な影響を与えること、したがって、貨幣量の増減は一般的物価水準の比例的騰落をのみ引き起こすという、貨幣の中立性認識にもとづく数量説の結論は、近似的にしか妥当しえないことなどを明らかにしたのである。

この点は、経済学史上、ヒュームにおける貨幣数量説と連続的影響説との「矛盾」の問題として捉えられ、長い論争の的となってきたが、この問題のひとつの解決方法は、社会科学的理論ないし仮説の蓋然的推論としての本質についての彼の認識にもとめることができよう。事実、カンティロン効果についてのヒュームの分析は、貨幣数量説の明快な定式化以上に、F・A・ハイエク(『価格と生産』一九三一年)、J・M・ケインズ(『雇用・利子および貨幣の一般理論』一九三六年)らによって高く評価されることになるのである。

▼ヒューム経済思想の遺産

従来の諸研究が明らかにしているように、ヒュームの経済理論的分析のほとんどすべてには、彼が知っていたものと知らなかったものとをふくめて、多くの先駆者たちがいた。J・ヴァンダーリント、J・マッシー、R・カンティロンなどは、そうした先駆者たちのごく一部である。J・A・シュンペーターの遺作『経済分析の歴史』(一九五四年)によれば、ヒューム貨幣理論の経済学史上の功績は、「先行業績の諸成果を定式化した際の力強さと手際のよさ」にあり、「彼の達成は、重商主義の遺産の断片から誤りのホコリを取り除き、これらの断片を集めて適切で均整のとれた理論に仕上げた」ことにあった。

しかし、まさに、この「力強さと手際のよさ」ゆえに、ヒューム貨幣理論の影響力ははるか後世にまで及び、同じシュンペーターが言うように、「今世紀の二〇年代まで、実質的な挑戦を受けることなく生き延びた」のである。ヒューム以前に活動した数多くのすぐれた先駆者たちをさしおいて、ひとりヒュームの名前だけを、アダム・スミスの最大の先駆者として記憶させることに貢献したこの「力強さと手際のよさ」とは、たんなる技術的な巧妙さのことではない。

それは、人間学の有機的な一環として社会科学としての「政治学」を展開しようとする確固たる方法意識の産物であると同時に、近代文明社会の基本構造を経済的合理性と道徳的正当性との両面から、擁護しようとする強靭な歴史感覚のなせるわざでもあった。ヒュームは、自らの経済学的認識を、先行する、また同時代の無数の経済書とは一線を引くような形で、社会科学的認識の可能性をめぐる哲学的反省の上に、一貫した方法論的戦略のもとに展開する一方で、当時きわめてつよい影響力をもっていた農本主義や重商主義の理論とイデオロギーとを根本から批判する思想的立場をも示したのであった。

もとより、ヒュームの経済学的分析は、資本と労働と土地所有とから構成される資本主義社会の確立途上にありながらも、いまだ産業革命以前的な技術と生産力の水準に規定された一八世紀中頃の歴史的限界を超えるものではなく、また、その限界内でもなお十分なものではない。社会的分業の発展における技術や資本蓄積の固有の役割については、チュルゴやスミスによる貯蓄と投資の理論の展開を待たなければならなかったし、貨幣・貿易・信用などの諸問題については、ジェイムズ・ステュアートによる独自の理論的総合の道が準備されていた。

ステュアート、スミスという二人の卓越したスコットランド人たちは、ヒュームの学問的遺産をそれぞれ独自の形で継承するなかで、それぞれの経済学体系を構築したのであり、ヒュームなくして、これらの巨大な体系は築かれえなかったであろう。彼らがヒュームから学んだものは、農工分業や貨幣・貿易の理論だけではない。その最大の遺産は、経済学の言葉による近代文明社会の思想的擁護にあった。奴隷制の上に成り立つ農本社会としての古代社会とも、感覚の洗練を罪ないし悪徳として抑圧した中世社会とも異なる、自由で豊かな社会としての近代社会の正当性についてのヒュームの歴史的メッセージをこそ、彼らはそれぞれの形で継承し、人類社会の未来のなかで守ろうとしたのである。また、それこそが、科学としての経済学の方法理念とともに、現代にいたるまで及ぼされてきた、ヒューム社会科学の強靭な影響力の秘密なのである。

読書案内

日本語で読めるヒュームの著作を本章の主題の範囲内でみれば、『政治論集』の翻訳として、田中敏弘訳『政治経済論集』（御茶の水書房、一九八三年）、小松茂夫訳『市民の国について・上下』（岩波文庫、一九五二、八二年）が、『人間本性論』の翻訳として、大槻春彦訳『人性論』（全四冊、岩波文庫、一九四八〜五二年）、土岐邦夫訳『人性論』（抄訳『世界の名著・第二七巻』中央公論社、一九六八年、所収）がある。

ヒュームについての日本語で読める研究文献としては、入門的なものとして、A・J・エア『ヒューム』（篠原久訳、日本経済評論社、一九九四年）、泉谷周三郎『ヒューム』（清水書院、一九八九年）、中才敏郎編『ヒューム読本』（法政大学出版局、二〇〇五年）があり、それぞれヒューム思想の全体を扱っている。やや専門的な社会科学的観点からのヒューム研究としては、経済学史的観点からの田中敏弘『社会科学者としてのヒューム』（未来社、一九七一年）、ヒュームの歴史論を中心とする大野精三郎『歴史家ヒュームとその社会哲学』（岩波書店、一九七七年）、ヒュームにおける政治学と歴史論との関連をめぐる舟橋喜恵『ヒュームと人間の科学』(勁草書房、一九八五年)、ヒュームとスコットランド啓蒙の関連を論じた田中敏弘『ヒュームとスコットランド啓蒙』(晃洋書房、一九九二年)、ヒュームの社会科学体系を文明社会論として捉える坂本達哉『ヒュームの文明社会――勤労・知識・自由』(創文社、一九九五年)などがある。

ヒューム研究の国際的水準を表すような外国文献が翻訳されていないことは残念であるが、I・ホント/M・イグナティエフ編『富と徳――スコットランド啓蒙における経済学の形成』(水田洋/杉山忠平監訳、未来社、一九九〇年)にふくまれた諸論文をつうじて、海外のヒューム研究の一端にふれることはできる。また、現代におけるヒューム復興の立役者のひとりであるF・A・ハイエクの論文集『市場・知識・自由――自由主義の経済思想』(田中真晴/田中秀夫編訳、ミネルヴァ書房、一九八六年)も必読文献のひとつといえる。

理解を深めるために

一、ヒュームの人口論は彼の経済思想にとってどのような意味をもっていたか。
二、ヒュームの農工分業論の理論的特徴は何か。
三、ヒュームの奢侈論は彼の近代社会観とどのように結びついていたか。
四、ヒュームの貨幣・貿易論と彼の社会科学方法論との関連を述べなさい。

(坂本達哉)

I―2

ジェイムズ・ステュアート

市場制御の経済学

(James Steuart 1713～1780)

▼生涯と著作

一八世紀後半の五〇年代から七〇年代にかけては、近代経済の構造を原理的に把握しようとした三つの著作が相次いで刊行された時期であり、経済学の歴史において特別の意義をもっている。三つの著作とは、フランソワ・ケネーの『経済表』（一七五八年）、ジェイムズ・ステュアートの『政治経済の原理』（一七六七年、以下『原理』と表記する）、アダム・スミスの『国富論』（一七七六年）である。だが経済学の成立期を飾るこのトリオの中で、ステュアートの『原理』はときに「忘れられた古典」と言われるほど、ケネー、スミスの著書と比べればマイナーな存在であり続けてきた。同国人であるステュアートとスミスの経済学は対照的な運命を辿ったのであるが、ステュアートが送った生涯もまたスミスとは異なって波乱に富んでおり、しかもそれは『原理』の性格に深い影を落としている。

ステュアートはスコットランドのエディンバラに法曹貴族の子として一七一三年に生まれ、一七八〇年に没したから、生年、没年はともにスミスよりも一〇年早いが、二人はほぼ同時代人と考えてよい。エディンバラ大学で法学を学び、法律家として活動していた青年ステュアートの運命を狂わせたのは、一六八八～八九年の名誉革命によって打倒された王朝の復活をもくろむ人々が一七四五年に起こした「ジャコバイトの乱」であって、それに加担したステュアートは反乱の失敗により、一七六三年まで実に一八年にもわたってヨーロッパ大陸を移り住む流転の亡命生活を余儀なくされたのである。イギリスに帰国が許されてからのステュアートは、スコットランドのコルトネスで領地の経営に従事するかたわら著述にも励む生活を送った。彼の『原理』はこの隠棲の生活の中で完成された著作である。

ステュアートの著作には、当時の経済問題や哲学、神学に関するいくつかの論文もあるが、並みはずれて大部な『原理』こそ彼の生涯をかけた研究の結晶であり、ステュアートに対する現代の解釈と評価もほとんどこの本をめぐってなされるのがつねである。この大著の構想はステュアートの大陸滞在中にさかのぼり、彼自身が「本書は旅行に費やした多年のあいだに継続的に執筆された」と述べているように、全五編から成る『原理』の三編までは大陸亡命中に草稿が完成していたのである。この点はステュアートの経済学の基本的性格を理解するために重要であり、『原理』は急速な経済発展によって産業革命の開始に近づきつつあったイギリスを背景としてではなく、より後進的な状態にあった大陸諸国での見聞と観察にもとづく思索の成果なのである。それはまた、母国イギリスのナショナリズムから解放された「世界市民」であろうとした亡命貴族の時代との格闘の産物としての性格ももっている。

もちろんステュアートを経済学の研究へと向かわせたのは、大陸滞在中の経験や見聞だけではない。彼が著書によって接した様々な思想家たちも大きな刺激と示唆を与えたであろう。ステュアート自身、「私は、政治経済の主題に関する多くの人の著作を読み、それからできる限りの教示を引き出そうと努めてきた」とそれを認めている。なかでも小林昇も指摘するように、ステュアートが「政治経済論の巨匠」と呼んだモンテスキューとデヴィッド・ヒュームの二人は大きな影響を与えたと思われる。ヨーロッパ各地域の経済状態の多様性、各国民の経済生活の独自性へのステュアートの着眼は、風土などの影響による法の地域的多様性を説くモンテスキューの『法の精神』（一七四八年）から大きな示唆を受けたであろう。また諸国の経済の多様性だけでなく、それを貫いてヨーロッパ全体を巻込みつつ進行している歴史の変動についてもステュアートは見逃さず、鮮明な歴史意識のもとに自己の経済学を構想したが、この点でイギリス人のヒュームが『政治論集』（一七五二年）で展開した近代社会観から非常に多くのものを摂取したに違いない。なお、ステュアートがモンテスキュー、ヒュームという思想史上の巨人から多くの影響を受けているとしても、彼は二人の単なる追随者ではなく、批判者でもあったことについては後述しよう。

このように大陸亡命中に歴史と社会についての思索を深めていったステュアートが、いま挙げた思想家を初めとする多くの人々によって提出されていた、近代経済社会についての知見を批判的に総合し、経済社会の考察を「正規の科学」にまで昇華させようとした努力から『原理』は成立したのである。

▼市場経済の構造と問題性

市場経済の基本構造　ステュアートが経済問題の考察を一個の独立した科学（学問）として確立しようとする意図をもっていたことは、『原理』の副題が「自由な諸国民の国内政策の科学に関する試論」（傍点引用者）とされていることに明らかである。本書で展開されているステュアートの経済学の方法的特徴のひとつは、経済現象の普遍と特殊への両面的接近にある。ステュアートは、一方ではモンテスキューの影響のもとに、各国にはそれぞれ独自の「国民の精神」とそれによって規定された固有の経済現象があるとし、経済政策は各国の国情の特殊性に合致したものでなければならないと主張するが、他方ではヒュームの近代社会形成論に触発されて、ヨーロッパ全体で過去三世紀にわたって進行した社会変動の普遍性に注目し、ヨーロッパ社会が「封建的、軍事的なものから、自由な、商業的なものへ」変化し、そこに「政治経済のまったく新たなシステム」が形成されたと認識している。この「まったく新たなシステム」は、今日いう商品経済ないし市場経済にあたるが、ステュアートはそれの構造を二段階で分析する。まず『原理』の

第一編で人口と農業の問題を論じつつ、市場経済の基礎をなす生産と分配の機構が産業・階級構造の分析を通して考察される。ついで発達した市場経済の循環にとって不可欠な流通過程の役割が、商業と工業について論じる第二編の初めで分析される。近代の市場経済の基本的特徴は、近代以前から存在する農業だけでなく、それの発達が生み出した余剰農産物によって農業以外の経済活動が可能となり、商業や工業が発展したこと、またその結果として農工分業を基軸とする経済循環が成立したこと、さらに非農業階級の人口の増大により社会の人口構成が変化したことにあるとされる。非農業者の階級は、その生活条件が土地への束縛から解放されるため一括して「フリー・ハンズ（free hands）」と呼ばれ、さらに二つの階級に区分される。第一は、資産によって生活しうる人々であり、農業生産の余剰部分を地代として取得する地主と貨幣資産の所有者とが属する。フリー・ハンズにはこれら不労階級の他に工業製品を生産する製造者が含まれる。ステュアートにおいて近代社会を構成する基本的諸階級は、地主を中心とする富裕者、農業者、製造者であり、F・ケネーに近い階級構成のモデルとなっている。市場経済の循環は、生産者である農業者の農産物、製造者の工業製品が両者のあいだで相互に供給され、また消費者である地主、貨幣所有者に分配されることによって実現するのである。

しかしステュアートの場合、発達した市場経済の生産と分配の円滑な進行のために流通過程が担う役割が重視され、それが貨幣と商人の機能に即して分析される。市場経済の流通の原点は物々交換にあるが、人間の「欲望が増大すると、物々交換は……もっと困難になる。ここに貨幣が導入される」。貨幣はまた「すべてのものに共通する価格」を表示する機能も果たすとされるから、貨幣の発生は商品の交換手段としての機能と価値尺度としての機能から把握されている。商人の機能も本質的には貨幣と異なるものではないとされる。というのは、生産者から購買して消費者に販売する商人は、「購買と販売の活動において貨幣をさらに効果的なものにする」からである。こうして市場経済では商人もフリー・ハンズの一員であり、商業は農業、製造業とともに重要な経済部門のひとつとなる。またステュアートは、市場経済における農業、製造業、商業を一括して「勤労（industry）」の概念で表現するが、これは近代の経済活動が自由意志による利益追求としておこなわれることに着目し、それを奴隷の場合のように強制を伴いうる前近代的な「労働（labour）」から区別するためである。ここにはステュアート経済学の重要な特徴のひとつである歴史主義的方法の適用を見ることができる。近代経済の形成を農業の余剰生産物の発生を基盤とする農工分業の発達として把握するのはヒュームからの影響を物語るが、近代経済をそれ以前の経済（とりわけ古代の経済）と比較することでそれの歴史的独自性を明らかにしようとする歴史主義的方法はステュアートに特有の要素をなしている。

ステュアートはまた、近代の商工業の発展とともに伝統的な自給自足的農業が崩壊して商業的農業へと転換してゆくこと、さらにその結果として、自給自足的農業を営んできたために何らの「剰余」も社会に提供せず、近代社会にとっては「余分な人口」と見られるべき農民が「土地から追放」され、フリー・ハンズへ編入されて商人や製造者になることを指摘している。こうした前近代的なものから近代的なものへの経済形態の質的転換に関するステュアートの洞察は、一八世紀では比類ないほどに明晰であり、カール・マルクスも高い評価を与えている。しかしステュアートによる農民の商人・製造者への転化の論述を、マルクスが資本制生産の成立の前提とした資本の「原始蓄積」過程の先駆的認識と理解するのは無理がある。ステュアートが農民の土地からの「追放」について語っているとしても、それは土地という生産手段から分離した農民が賃金労働者へ転落することが意味されているわけではなく、むしろ近代的な勤労を遂行する商人・製造者の一員として、自由で独立した主体になることが含意されているからである。

したがってステュアートは、近代市場経済の総合的・体系的分析をなしとげたとはいえ、そこでの生産様式として資本制生産モデルを設定してはいない。『原理』においては、製造者も農業者も基本的には自己の生産手段と自己の労働によって生産をおこなう独立生産者の性格をもち、他者の労働力を雇用する資本家ではない。そのため『原理』では「資本」という概念は使用されてはいるが独立した生産要素の意味ではなく、また「利潤」も「勤労に対する利潤」という表現が示すように、資本への報酬を意味する概念として確立されてはいない。『原理』が想定する世界においては、市場経済の発展の結果として資本制生産が成立するという展望も与えられてはいない。これらの点はステュアート経済学のひとつの重大な制約となっている。『原理』のわずか九年後に現れたスミスの『国富論』が資本制生産モデルによる経済理論を全面的に展開した事実を考えると、『原理』のこの制約は、それがイギリスよりも後進的な経済状態にあったヨーロッパ大陸諸国での観察と思索の中から生み出されたという事情によるところが大きいと言えよう。

市場経済と貨幣　ステュアートが貨幣の発生を交換手段および価値尺度としての機能に認めていることはすでに見たが、こうした貨幣発生論はスミスにもあり、ステュアートに固有の所説ではない。だがステュアートの貨幣論はこれに尽きるわけではなく、彼は実物分析に力点をおいたスミスなど古典学派とは異なって、独自の貨幣論をもとに貨幣流通の側面からの経済体系の分析を展開している。

ステュアートが「貨幣」について語る場合、当時の通念と同じく何よりも金貨、銀貨という貴金属貨幣を念頭においている。この貨幣は、ステュアートに特有の表現によれば、「譲渡されうるあらゆる物への適当な等価物」としてあらゆる財に対する交換可能性をもつため「すべての人間の欲求の一般的対象」となり、さらに貨幣獲得の願望は「普遍的情熱」となって人間を勤労へ駆り立てる強力な動機となり、経済発展を実現しうる。貨幣はもともと交換手段、価値尺度という手段的有用性から経済に導入されるものではあるが、やがて人間の経済行動の手段から目的へと転化し、勤労の発達した国では「神としてあがめられる」ようになる。ステュアートは貨幣に対する人間の価値意識の転倒による貨幣物神化が市場経済の発展の動力であることをマルクスに先行して看破しているのである。だからステュアートにおいては貨幣だけでなく一般の財貨やサーヴィスも富と理解されてはいるが、貨幣は決して他の富と同列の富ではなく、富の中の富として富の代表であると意識されている。そのため『原理』ではしばしば貨幣のことが富と表現される。ステュアートには重商主義学説で一般的であった重金主義の要素は確かに存在する。

ステュアートが貨幣の導入の効果を強調するのは、それが欲求対象=行動目的となって人間を勤労へ駆り立てるからだけではない。獲得された貨幣がただ保有されていては真の意義を発揮することはできないのであり、「貨幣は流通しなければ存在しないのと同様である」。こうしてステュアートにおいては活発な貨幣支出による迅速な貨幣流通（貨幣の流通速度の増大）が経済拡大の基本的条件となる。だが貨幣支出は財貨やサーヴィスに対する需要の存在を前提とするから、結局ステュアートは需要を経済の「全活動の主たる原動力」と規定し、貨幣支出をともなう需要を後のJ・M・ケインズと同じく「有効需要」と呼んでその経済的役割を重視する。ステュアートの経済学がケインズ経済学との類似性をもつとされて、しばしば「有効需要の経済学」と評される理由はここにある。

しかしステュアートの経済学の真の特質は、貨幣や需要などの経済学の概念の意味を人間本性とかかわらせて解き明かすところにある。彼によれば需要は「欲望の代わりに用いられる」概念であり、本質的には人間本性にひそむ欲望の別表現にすぎない。しかも資本制生産モデルではない『原理』では民間の投資需要は存在しえないから、ステュアートが言う需要は財の消費への欲求を意味する。そうすると経済の拡大・発展のためには何よりも貨幣を保有する人々の消費欲求が高まることが必要になる。そのためステュアートは「生活に本来は必要ではない欲望の充足」である「奢侈（luxury）」の経済発展にとっての意義を力説し、近代経済の歴史的発達の主導因を奢侈的消費の拡大に求めている。ステュアート以前にもバーナード・マンデヴィルをはじめとしてモンテスキューやヒュームなども奢侈の経済的効果に注目したが、ステュアートにおいては奢侈的消費は貨幣流通と財の需要の背後にあって経済を動かす真の要因とされ、彼の経済理論を支える中心概念となっている。

このようにステュアートにおいては、財を供給する勤労は貨幣への欲求を動機とし、また財の需要も消費への欲求に起因するから、市場経済を需要面でも供給面でも究極的に動かすのは人間の欲求である。しかもその欲求は「生理的欲望」の水準にとどまり、一定の範囲に限定されているものではない。貨幣と商業という経済制度が導入されると、それに刺激されて「社会的性質（political nature）」をもつ欲求へ変質し、著しく増殖するとされている。ステュアートが経済現象の背後に見出すのは、社会化された欲求であり、この社会的欲求こそ真に「全活動の主たる原動力」であると考えねばならない。ステュアートにおいては経済現象は単にモノの連関ではなくて人間の欲求の発現であり、経済的事象の意味は人間の欲求と社会制度との相互連関の中で解き明かされる。ステュアートの眼に把えられた「経済」は、現代経済学で一般に想定される経済の概念とは異質な空間である。ステュアートにおける経済的世界は、人間の欲求の化身である貨幣が物神となって人々の意識を支配する象徴的な意味空間なのである。

ステュアートの貨幣論としては、さらに彼が貨幣のもつ重要な性質として「保存によって何も失うものがなく、堅固で耐久性がある」点を挙げていることに注目しなければならない。これは古典学派が軽視した貨幣の価値蓄蔵機能の認識に他ならないが、それは同時にステュアートの体系に根本的な問題を持ち込むことになる。この機能は人々の貨幣の退蔵を引き起こして貨幣支出を抑制し、貨幣流通の停滞を招く可能性があるからである。これは理論的に一般化すれば商品の販売と購買の分離の可能性を意味するが、ステュアートの場合には販売には従事しない富裕者の消費性向が低下して貨幣退蔵が発生しうるのである。富裕者の主力である地主階級は基本的に勤労階級よりも浪費的であると想定されてはいるが、その消費対象が必需品だけでなく奢侈品にも及ぶため退蔵の可能性はかえって大きいであろう。ステュアート自身、『原理』の随所で貨幣退蔵の危険性に言及し、貨幣流通の「停滞のあらゆる原因に警戒の目を向けることは、流通の促進をはかろうとする為政者の任務である」と述べている。ケインズが古典学派の理論体系の根底にある公理として「供給はそれみずからの需要をつくり出す」という命題に定式化して批判した「セーの法則」を否定する視点は、すでにステュアートの貨幣分析において提起されている。

ステュアートはこのような貨幣理論に依拠しつつ、モンテスキュー、ヒュームの貨幣数量説を批判する。ヒュームによって定式化された古典的な数量説の核心は、貨幣数量の変動と物価水準の変化との因果関係をめぐる問題にあるから、ステュアートによる多面的な批判をここではこの問題に即して検討しよう。ステュアートはこの問題をめぐるモンテスキュー、ヒュームの見解を「商品の価格は、つねに国内にある貨幣の豊富さに比例する。そのため富〔貨幣〕の増加は……それの量に比例して価格の状態に影響を及ぼす」（傍点は原文、括弧内は引用者）と要約したうえで、それに対する自己の批判的見解を「貨幣を増加させてみよ、すると価格については何も結論できない。なぜなら人々が彼らの富〔貨幣〕に比例して支出を増加させるという点が確かではないからである」（括弧内は引用者）と述べている。ステュアートの批判の要点は、数量説では人間の消費欲求＝消費需要が貨幣量に比例して変化するという単純な仮定が前提されていることにある。人間の消費欲求は貨幣量の単純な関数ではなく、それ以外の諸要因によって変化するから、その点を無視して貨幣量と価格水準の関係を単純に定式化するのは誤りであるというわけである。ステュアートは貨幣量の変動と価格水準の変化との関連を全く否定するわけではないが、数量説が主張する「一般原則」はあまりにも単純で、それには「無数の制限」が必要であるとする。ここには経済現象の過度に単純な理論化は不可能であり、また経済の分析にとって無意味であるとする彼の方法論的立場が典型的に表明されている。

ステュアートのヒュームへの批判は、さらにその自由貿易論に対しても展開されている。そのさい貨幣の耐久性を基礎とした貨幣と財との交換に関する独自の理論が武器として駆使される。貨幣は一般の消費財やサーヴィスよりも耐久性があるから、貨幣と一般の財との交換自体は等価交換であっても、財の購入者がそれを消費し始めた時点でそれを販売して貨幣を獲得した生産者の方が消費者よりも富の保有という点で有利な立場に立つ。これは消費者から生産者への富の実質的移転であるとして、ステュアートは「富のバランスの振動」と呼ぶ。そしてこの論理を国際貿易に適用して、国際的な「富のバランス」を意味する「貿易のバランス（差額）」の概念を独自の方法で構成する。財を外国へ販売して貨幣を獲得する輸出国は、有利な貿易差額を実現して富裕になってゆくが、財を購入して消費する輸入国は貧困化してゆく。貿易は本来的に富の国際的移転の契機を含み、「一国民がより富裕になりつつある時は、他の諸国民はより貧しくなりつつあるに違いない」。だからステュアートにとっては、自由貿易が各国に同等の利益をもたらすのは、各国が同等に勤勉で倹約的であり、かつ各国の貿易が平等に完全開放されるという——ステュアートからすれば非現実的な——仮定のもとでにすぎない。ステュアートはこのような立場から「輸入に対する適切な諸制限は一国の利益となりうる」と述べ、重商主義的な保護貿易政策の有用性を承認する。各国が激しい経済競争を展開しているヨーロッパの国際経済の現状においては、自由貿易論は有効性のない空論であるというのがステュアートの主張なのである。この主張にはさらに、各国の国民経済の成長段階が異なる以上、各国はそれぞれの経済の実態に応じた経済政策を実施すべきであり、すべての国が同一の貿易政策を採用することは有害無益であるとする洞察が結びついている。長期滞在したさいのヨーロッパ大陸諸国の経済の実情と国際関係に関する豊富な見聞と観察がステュアートの主張の背景にあることは容易に理解できるであろう。ステュアートの貿易論は、ヒュームからスミスへ受け継がれてゆく自由貿易論への対抗理論としての性格をもっている。ただしステュアートによる保護貿易政策の容認は、多くの重商主義者のように特定国の国益追求の立場からのものではなく、彼がそうであろうとした「世界市民」の立場からの現実主義的判断として提起されていることは忘れられてはならない。

市場経済の不均衡　スミス以後、経済学の主要なテーマとなった価値と価格を中心とする市場機構の分析についてはステュアートも強い関心をよせ、スミス以前では最も本格的な検討をおこなっている。だがステュアートの場合、スミス以降とは異なり資本制生産が前提されてはいないため、財の供給者としては独立生産者が登場する市場が想定されている。ステュアートは、商品の価格を生産費を意味する「実質価値」と「譲渡にもとづく利潤」とに区別する。市場の動向によって譲渡利潤は増減するが、実質価値は一定であり、労働時間、生産者の生活資料と労働用具との価値、原料の価値という三部分から構成される。ステュアートは需要と供給の関係を「仕事と需要のバランス」と表現し、需要と供給が均衡した状態では財の価格は実質価値に「妥当な利潤」を加えた水準に決定されるとする。もっともステュアートにおいては価格の決定に直接に影響するのは、需要や供給の大きさというより競争状態であり、需要側の競争の程度と供給側のそれとが等しい「両面的競争」がなされる場合に「仕事と需要のバランス」は穏やかに振動し、価格は売手と買手の双方の「妥当な利潤に適合する範囲内に限定」される。こうして「両面的競争が支配的である限り、かのバランスは完全に保たれて、商工業が繁栄する」とされる。

しかしステュアートの市場機構分析の真意は、市場経済の均衡は一時的・偶然的な現象でしかなく、彼が「バランスの転覆」と呼ぶ不均衡が必然的に出現せざるをえないことを論証することにある。ところが一方スミスの価格理論においては、需給の不均衡が一時的に発生しても、生産要素の投入量の調整を媒介にして財の供給調整がなされることにより、需給均衡が自動的に回復するとされ、ステュアートとは対照的な論理が展開されている。こうした対照が生じたひとつの原因は、ステュアートにおいては価格変動に対応したすみやかな供給調整が市場機構自体の作用によって実現するとは認識されていないことにある。市場の不均衡には供給過剰と需要超過との二つの場合があるが、供給過剰の場合に当然ありうるはずの生産者の他部門への転業が自主的になされないため、「為政者は、人手の一部を新しい水路へ放出することによって、その数を減らすべきである」とされるし、需要超過の場合にも新規参入がすみやかに増加しないため、為政者による新企業の設立奨励策が要請される。もちろんステュアートにも市場自体の運動による均衡回復がありうるとはされているが、それは利潤の激減、原価割れによる損失、あるいは失業などの生産者の大きな犠牲をともなう「強制的復元」としてであり、いわば市場の暴力による均衡回復なのである。ステュアートにおける市場は、価格変動に対して供給弾力的な市場ではなく、また供給者である独立生産者は利潤を追求するものの、利潤極大化のために機敏に供給調整ができる主体とは考えられていない。ステュアートにおける市場は、経済合理性が経済主体の行動を貫いて作用するシステムではないのである。

市場不均衡の中で供給過剰のケースは、ステュアートの貨幣論に含まれる「セーの法則」の先取り的否定の視点が市場分析の次元で再現されたものと見ることができる。また需要超過のケースでは、それの主な結果として需要者側の競争だけが激しくなる「一方的競争」が起きるため、短期的には価格上昇によって利潤が増大し生産者が潤うけれども、やがて利潤が実質価値に「合体」されて費用として意識されるようになり、硬直的な高価格が出現するとされる。これはいわば需要インフレーションのコストインフレーションへの転化である。ステュアートはこの事態をとくに貿易との関連で重大視し、外国需要に多く依存する「商業国民」が価格面で国際競争力を失い、次第に貿易から撤退せざるをえなくなる主原因のひとつであるとする。つまり需要超過も長期的には外国需要の喪失による供給過剰の状態を引き起こしうるとされるのであり、この供給過剰による勤労者の窮乏と失業の危険こそステュアートによって近代市場経済がかかえる最も深刻な問題であり、為政者が取り組むべき主要な課題であると認識されている。だから「為政者の主要な関心事は、すべての者に仕事を保障することでなければならない」と主張される。この市場の不均衡と失業問題の克服は有効需要の創出によるほかはないからこそ、ステュアート体系において奢侈的消費の拡大が重要な意味をもつことになるのである。こうしてステュアートは『原理』で奢侈拡大策を検討し、一例として奢侈の主たる担い手である地主が地代収入を超えた消費ができるように、土地を担保として彼らに貨幣を貸し出す土地銀行の創設を提案している。また奢侈の刺激以外の有効需要創出策として、公金によって建築物を建設する公共事業も提唱している。ステュアートが市場の均衡という「幸福な状態は為政者の配慮による以外は維持されえない」と断言するように、彼における市場経済は自動調整機構ではなく、本質的に不均衡の要因をはらむがゆえに賢明な為政者の「巧妙な手」による絶えざる制御を必要とするシステムであったのである。

▼近代社会の構造と政治

近代社会の構造　ステュアートは、理想的な社会では「相互的で比例の保たれたサーヴィスがそれを構成するすべての人々の間に普遍的に生じてくる」とし、近代社会を統合する「最善の方法」は「相互的な義務を増やし、そのすべての構成員の間に全般的な依存関係を作り出すことである」と主張している。ここで言及されている「依存関係（dependency）」は、ステュアートが「社会の唯一のきずな」とみなす原理であり、彼は各時代の社会構造を決定するのはそれぞれの時代の依存関係の様態であるとする。だがステュアートが近代社会の統合の基礎であるとする「相互的な義務」も、また理想社会で実現するという「相互的で比例の保たれたサーヴィス」もいささかの倫理的意味も帯びてはいない。ステュアートは「私の主題は道徳論ではない」と述べて、『原理』における考察をほとんど政治経済の問題に限定し、道徳や倫理について語ることには禁欲的であるけれども、彼の道徳観の一端は「慈善（charity）」をめぐる議論にうかがうことができる。ステュアートは、人間に食物を与えることによって人口を増加させる原理として、奴隷制度、勤労とともに「キリスト教の徳」である慈善をあげ、勤労の発達が遅れているスペインで多数の人口が存在する理由を慈善活動の普及に求めている。とはいえ彼は慈善が奴隷制や勤労ほど社会の繁栄の基礎になりうるとは考えない。その理由は彼の人間観にある。「利己心は私の主題の支配原理である」と宣言するステュアートにとっては、慈善はしょせん人間の本性と矛盾する原理にすぎない。生産者本人の自由な利益追求としておこなわれる近代社会の勤労はもちろん、生産者には強制的な労働を強いるが主人には大きな利益をもたらす奴隷制も人間の利己心を支柱とする原理であり、それだけに経済の拡大をもたらしうる。しかし慈善にはそのような効果を期待することは困難である。だからステュアートは次のように言うのである。「奴隷制と勤労とは人間の利己的本性と十分に両立するので、したがってどんな社会においても一般に成り立つことができる。また他方で慈善は人間性の浄化に他ならないから、私の見るところ、つねに心もとないものに違いない」。スペインの例のようにステュアートは慈善が社会的役割を果たす場合があることは否定しないが、それが人間の本性にそぐわない原理である以上、社会組織の一般的な基盤ではありえないと判断するのである。

ステュアートの同様の社会認識は、「公共心（public spirit）」をめぐる議論にも表明される。この問題についてのステュアートの立場は、「もし私的効用に代わって公共心がよく統治された国家の個々人の行動の源泉になるならば、それはあらゆるものを駄目にしてしまう」という言明に端的に語られている。「よく統治された国家」では一般私人の公共心は逆効果であるという見解は、個人が公共心を動機として自己の利益を無視した非合理な経済行動をすることが、結局は市場経済を混乱させることになるという洞察にもとづいている。むろんすでに見たように、ステュアートは市場経済では必然的に不均衡が発生すると把握しているが、個々人が利己心を抑えて公共心によって行動しても何ら問題を解決することはできないというのである。ステュアートが一般国民に必要とする公共心は「法律への厳格な服従」だけであり、この法律によって個人の利己心と社会の利益との調和を実現すべきであるとされている。

慈善と公共心についての分析が示すように、ステュアートにとって人間の道徳意識は社会関係の土台になりうるものではなく、また市場経済の不均衡のような近代社会の問題を克服する手段となりうるものでもない。ステュアートはあらゆる時代の人間の依存関係を人間の利己的本性から解明しようとするのであって、近代の依存関係の特徴は「商業的な」性格にあると規定する。これは近代の依存関係が市場経済の機構を基盤として成立することを意味する。市場機構は、勤労者の貨幣欲と消費者の消費欲との相互充足によって、個々人が利己的本性から自由に欲求充足を追求しながら依存関係を形成しうるシステムである。ステュアートが近代社会で必要とする「相互的な義務」は、人々がそれぞれ勤労者、消費者として果たす経済的役割の遂行を意味している。ステュアートは、利己的本性をもつ人間が自由に行動しながら社会秩序を形成することが可能である秘密を市場経済の機構に見出すのである。もっともこれは近代社会において利己的本性を越えた公共意識が何の役割も果たさないということを意味するのではない。一般国民には法律の遵守以上の公共心が不要であるのは、私益と公益の調和を達成する法律によって「よく統治された国家」においてのことであるから、すぐれた法律を制定し、国家を統治する為政者は一般国民と同様に私的利益によって行動する存在ではありえない。ステュアートもこの点を「公共心は為政者にあっては全能でなければならない」と指摘している。ステュアートの社会認識においては、「巧妙な手」によって経済政策を実行する為政者は、一般国民には要求されない公共心を発揮する存在であることが前提となっている。したがって近代社会は、政治の主体と経済の主体という行動原理において異質な二つの人間像によって構成される社会として構想されているのである。

近代社会と政治　人間の利己的本性を前提にしながら公共心を発揮する為政者を求めることには矛盾があるように見えるが、ステュアートの政治権力論を分析すると、近代社会には為政者に公共心の発揮を迫る要因が内在していることが明らかとなる。ただそれは必ずしも近代の為政者の権力が弱体であることを意味するのではない。むしろステュアートは、近代の為政者が「過去の時代には最も絶対的な政府のもとにおいてさえまったく知られていなかった権威」を保持しているとする。だが近代の政治権力の特徴は、恣意的にふるわれる権力ではない点にある。ステュアートは近代社会を「自由社会」と表現するが、その場合の自由は政治形態の如何によって判断されるものではなく、直接には人民が恣意的な意志で左右されず、不規則に変更されない「一般法」によって統治されることに存する。これは近代法の根本的理念である「法の支配」を意味する。こうした意味での自由は、歴史的には封建制のもとでの暴政からの解放として実現したものであり、ステュアートは封建制下で抑圧されていた下層階級が解放されて「法の支配」を享受するようになったことに、近代の「自由社会」の基本的な特徴を見ている。そして下層階級の解放を可能にしたのは勤労の発達であるとして、「近代の自由は、勤労の導入とあらゆるサーヴィスに対する適当な等価物の流通によって、その同じ〔下層〕階級が独立したことに起因する」（括弧内は引用者）と述べている。ここには勤労＝経済の発達が自由＝近代的な法制度を成立させたとするスミスにも通じる歴史発展観を見ることができよう。

こうした歴史認識を背景として、ステュアートは現代の政治が経済の原理によって規制されざるをえなくなっていると見るのであるが、そうした認識の根拠は二つの面から分析できる。第一は、ステュアートが『原理』の随所で指摘する、近代経済を左右する「無数の複雑な事情」である。これは内容的には財の需給関係、競争、価格などの動きを中心とする市場経済の錯綜した機構を指している。ステュアートは、市場機構の法則が政治を規制することを、君主は「自分の政治経済の諸準則によって大きく束縛されているので、かりそめにもそれに背いたりすると、彼は新たな困難におちいる」と述べている。第二は、ステュアートの「富のバランス」論から導かれる市場経済のもとでの階級間の勢力関係の変化である。この理論によると、一般の財と貨幣とが交換されると地主などの消費者から勤労者への富の移転（「バランスの振動」）が起こるため、市場経済の発展とともに勤労者は次第に富み、地主層は貧困となってゆく。それは勤労者階級の政治的勢力の増大を伴うのであって、「勤労は富をもたらすに違いないし、また富は……権力をもたらすであろう」。こうして勤労の発達した近代社会では、勤労人民は「君主の富の根源を手中に握っている」から君主の統治に反抗する実力をもっているとされる。さらにステュアートは、もし為政者がこうした状況に無頓着であるならば「民衆的な政府が生まれてくる可能性がきわめて大きい」と予測している。近代社会の為政者がもはや自己の利益のためではなく、公共心を発揮して人民全体のための政治をせざるをえない事情はここに明らかであろう。

ステュアートが論じている「自由」は、封建的圧政への従属からの解放という背景をもってはいるが、直接には恣意的な権力行使の法による抑止という「法の支配」を意味するから、最も専制的な政府のもとでも人民が自由でありうることはステュアート自身が認めている。それは近代国家の原理である市民的自由の諸権利を必ずしも意味してはいない。実際、ステュアートは革命前のフランス絶対王政下の人民が自由であると考えている。法曹貴族として地主階級に属し、青年時代にジャコバイトの乱に加担したステュアートは、近代社会の変動によって「民衆的な政府」が出現する可能性があることを予測してはいるが、自らそれを期待したわけではない。ステュアートの政治論の特徴は、近代国家の政治は経済的条件によって強く制約されざるをえないという認識に立って、市場経済の発展が勤労者階級の政治力の増大をもたらすことにより、ヨーロッパ諸国の政治構造の地殻変動を生み出しつつあることを経済学的分析によって解明し、当時の諸国の政治権力の保持者であった王公・貴族の注意を喚起することにあったと思われる。この意味で『原理』は当時の政治的支配層に向けた警世の書でもあった。

▼歴史の中のステュアート

ステュアートの経済学については、これまで「重商主義理論の集大成」とか「原始蓄積の一般理論」とか、さらには「貨幣的経済理論の体系」といった様々な性格規定がなされてきた。これらは主にスミス経済学との比較によってステュアート経済学の独自の学説史的意義を確定しようとする狙いをもっている。ステュアートの『原理』にスミス以降に見られる資本制生産の分析を求めることはできない。しかしこの意味でスミス以前に位置することは、ステュアート経済学のひとつの制約ではあっても、必ずしも絶対的限界を意味するものではない。発達しつつある市場経済の奔流がヨーロッパ社会を根底から変容させていくのを大陸滞在中に身をもって体験したステュアートには、市場の原理が人間社会にとっていかなる意味をもつのかを究明しようとする歴史哲学的関心が認められる。市場機構に不均衡の発生の必然性を発見したステュアートは、市場の原理とそれに立脚する近代社会に対して楽天的な賛美者ではありえなかった。彼はむしろ「安全、安楽および幸福は、商業と勤労に不可分に伴うものではない」と、市場経済に対する懐疑的態度さえ表明している。だが同時にステュアートにとって、市場経済は「分解しがたいと思われる」ほどに「堅固無比な鎖」であり、歴史の必然であった（「堅固無比な鎖」という表現は、マックス・ヴェーバーが近代資本制経済を「鉄の檻」と呼んだのを想起させる）。このようにステュアートは市場経済に深い問題性を洞察しながらも、それの到来を逃れえぬ歴史の必然と認識することにより、市場経済を「為政者がいかにして人類にとって最も利益あるものに転化しうるかを考究すること」すなわち市場経済の人類的利益のための制御の研究を時代の課題として設定した。『原理』の巨大な経済学体系は、市場経済の制御による繁栄の実現のために、制御の主体である為政者の「巧妙な手」によって実施されるべき経済政策に科学的根拠を提供することを意図して構想されたのであった。

ステュアートの『原理』は、その九年後に現れたスミスの『国富論』が間もなく圧倒的な声価を得たことによって、不遇の書としての宿命を背負わざるを得なかった。それにはスミスがその著書でステュアートと『原理』に一度も言及せず黙殺したことも大きく作用している。一九世紀初頭のイギリス古典学派の中心人物であったD・リカードウ、T・R・マルサスはステュアートを知らなかったわけではないが、一九世紀にはステュアートの経済学はイギリスよりもむしろドイツが生んだ思想家や学者によってよく研究された。近代社会を「欲求の体系」として把握した哲学者ヘーゲルの市民社会論が、ステュアートから強い影響を受けていることは彼の『法の哲学』に明らかであるし、マルクスも貨幣理論、近代経済の歴史的特質の認識などの点でステュアートに高い評価を与えている。

マルクスによる賛辞にもかかわらず、二〇世紀に至るまでほとんど忘却された存在であったステュアートの学説に光があてられるようになったのは、ケインズの理論が大きな地歩を占めるようになってからである。ケインズ自身はステュアートには言及しなかったが、重商主義学説を自己の理論の先駆として評価したために、「最後の重商主義者」と言われるステュアートの学説が注目されるようになったのである。二〇世紀後半になってようやくステュアートはよみがえったが、その経済学の全容の解明と評価については今後の検討にまつべき点がなお多く残されている。

読書案内

ステュアートの代表作『政治経済の原理』は五編から成る大著であることもあり、従来は体系の基礎理論の部分にあたる一・二編の邦訳がなされてきたが、三〜五編の邦訳も実現したため、現在では『原理』の全体を日本語で読むことが可能になっている。第一・二編の邦訳には次の二種類がある。初版本の邦訳として、中野正訳『経済学原理』（全三冊、岩波文庫、一九六七〜八〇年）。ステュアートの著作集（一八〇五年）版の邦訳として、加藤一夫訳『経済学原理』（全三冊、東京大学出版会、一九八〇〜八二年）。また多数の研究者の長期間の共同作業の成果として、全訳が二分冊で刊行されている。小林昇監訳『経済の原理――第一・第二編』（名古屋大学出版会、一九九八年）、同監訳『経済の

原理――第三・第四・第五編』（同、一九九三年）。

現代ではステュアートは忘却された存在ではなく、内外でかなりの研究が発表されてきている。外国の研究で邦訳されたものは少ないが、一点を挙げておく。ウォルター・エルティス「サー・ジェイムズ・ステュアートの法人国家」（渡辺邦博訳、R・D・コリソン・ブラック編『経済思想と現代――スミスからケインズまで』（田中敏弘監訳、日本経済評論社、一九八八年）。日本では外国以上に多くの著書・論文があるが、ここでは著書のみ紹介するにとどめる。日本における開拓的な研究であり、代表的成果として挙げられるものとして、小林昇『J・ステュアート研究』（『小林昇経済学史著作集V』未来社、一九七七年）、同『J・ステュアート新研究』（『小林昇経済学史著作集X』未来社、一九八八年）。また、次の諸著作はステュアート体系をそれぞれの観点から内在的かつ精緻に分析した研究書である。川島信義『ステュアート研究』（未来社、一九七二年）、田添京二『サー・ジェイムズ・ステュアートの経済学』（八朔社、一九九〇年）、竹本洋『経済学体系の創成』（名古屋大学出版会、一九九五年）、大森郁夫『ステュアートとスミス』（ミネルヴァ書房、一九九六年）。

理解を深めるために

一、「ステュアート経済学の国籍はイギリスではなく、ヨーロッパ大陸である」と言われることがあるが、その理由を『原理』の性格、特徴から説明しなさい。

二、ステュアートのヒュームに対する関係を、継承と批判の両面から説明しなさい。

三、ステュアートが市場経済の問題性をどこに見出し、それをどのように理論的に分析しているかを説明しなさい。

四、二〇世紀にステュアートの経済学が忘却からよみがえった背景を、資本制経済の歴史的変容から考えなさい。

（八幡清文）

I—3

フランソワ・ケネー

再生産の秩序学——啓蒙の世紀の光のもとで

▼生涯と著作

一定の社会システムや秩序が安定して持続するとはいったいどのような事態なのだろうか。それはどのような条件によって可能になるのだろうか——。

一八世紀フランスのケネーは富の生産、流通、分配が一定の条件のもとで持続して表現されるシステムを再生産循環として捉え、これらの連関の数量メカニズムを一枚の表に表現したのだった。それは、富の生産や消費が実は一個の社会的な連関をもつシステムであり、このシステムは「自己再生産的機構」であることを示した画期的な着想だった。『経済表』（一七五八年）とはそのような富の再生産の秩序を示すタブローである。

ケネーが生まれたのはいまからおよそ三〇〇年前の一六九四年六月四日だった。一七世紀をわずかに残し、やがて理性と自由という二つの言葉が時代の雰囲気となる啓蒙の世紀の直前だった。ケネーは新しい時代への動きのなかで、まずは外科医として出発し、五〇歳を過ぎてから「経済科学」に転じた。というより、新しい社会秩序の学の領域をみずから耕したのである。

（François Quesnay 1694〜1774）

ヴェルサイユから二五キロばかり離れたモンフォール・ラモリの近くにメレという農村がある。ケネーの父ニコラはここで農耕のかたわら小間物や雑貨商も営んでおり、ケネーは比較的裕福な農村家庭に生まれ育った。父は子供の教育にはほとんど関心を示さなかったから、フランソワは一一歳の頃まで読み書きができなかった。向学心の豊かな彼は村の司祭にラテン語やギリシャ語を学びながら、往復九〇キロの道のりを歩いてパリから書物を持ち帰っては、読書に勤しんだという説もあるが、根拠はない。この頃、ケネーはプラトン、アリストテレス、キケロに親しんでいる。後年、この古典語の知識がデュポン・ドゥ・ヌムールの編集したケネー著作集の『フィジオクラシー』（一七六七年）というタイトルの選択に与ることになるだろう。フィジオクラシーとは「自然の支配」を意味するケネー（派）の造語だったのである。新しい知の発見にはことばの転換が伴うことをそれは示しているといえようか。

ケネーが外科医を志した経緯は明らかではない。一三歳のとき父をなくしたケネーは近隣の外科医のもとで瀉血術を学ぶが、ケネーの知的欲求はそれでは満足できなかった。パリに出たケネーは母の勧めもあって当時流行だった版画技法を学ぶかたわら、パリ大学医学部とサン・コーム外科医学校に籍をおいて植物学、薬学、化学、解剖学、数学、哲学を精力的に研究する。R・デカルトの機械論やN・マルブランシュの機会原因論に触れたのはこの頃だった。

一七一七年に結婚したケネーは、パリ近郊のマント市で外科医として出発するが、正式の開業資格を得たのはそれから六年後のことだった。やがてマント市の市立病院の外科医長に推されたが、彼が中央に登場するきっかけとなったのは令名高き内科医シルヴァとの論争だった。ケネーの処女作『瀉血の作用に関する考察』(一七三〇年)はこの論争の成果だった。一七三四年の末、ケネーはパリに出てヴィルロワ公爵の侍医となる。二年後に『動物生理に関する自然学的試論』を出版する。ケネーはそこで、実験は理論によって完結すると指摘しているが、この「生理」と訳したフランス語は「エコノミー」であることに注意したい。やがて動物体のエコノミーから社会体のエコノミーへとケネーの思索が転回することとなるだろう。

さて、王付筆頭外科医ラ・ペロニの庇護と推挙によってケネーは一七三八年に王立外科医学会秘書に任命され、いよいよ外科医としての地位と名声を確かなものとする。一七四三年にはケネーの努力により『王立外科医学会紀要』第一巻が創刊されるが、彼はその「序文」で「観察」と「実験」をみずからの学問の方法として掲げている。この間に医学上の論争を通じて、外科医の社会的地位の向上と確立にも努めたが、こういう外科医ケネーがおおきな転機を迎えたのは、一七四九年に国王ルイ一五世の寵姫ポンパドゥール侯爵夫人の侍医となってヴェルサイユ宮殿に居住するようになってからだろう。やがてヴェルサイユ宮殿のケネーの居室「中二階の部屋」には、ダランベール、ビュフォン、D・ディドロ、A・A・デュクロ、C・A・エルヴェシウス、E・B・コンディヤック、チュルゴなどが出入りするようになった。この頃からケネーは社会や経済問題に関心を移していったようである。

友人ディドロの依頼によってケネーは『百科全書』のためにいくつかの項目を書いている。一七五六年の第六巻に「明証」(匿名)と「借地農」を、翌年には第七巻に「穀物」を掲載する。だが、「人間」、「租税」、「金利」は公表できなかった。五七年の国王暗殺未遂事件(ダミアン事件)のために『百科全書』が発禁処分(五九年)となったからである(「金利」は一七六六年に『農業・商業・財政雑誌』に公表されるが、「人間」と「租税」が陽の目をみたのは一九〇八年のことだった)。「借地農」論や、「穀物」論によってケネーはフランス農業の改革ヴィジョンを提示し、「人間」論では生産と消費とをひとつの連続的な過程、つまり「再生産」システムとして把握する構想を明示した。そして、このような再生産の思想は『経済表』(原表)において社会的富の再生産過程の体系的把握となって結実した。J・F・マルモンテルの伝える「ジグザグ表」はこうして一七五八年の末、ヴェルサイユ宮殿の印刷所で生まれたのである。

一七六〇年にミラボウの『租税論』が国王の逆鱗に触れ、彼がヴァンセンヌに投獄されるという事件がおきた。ミラボウは自著の『人間の友』(一七五六年)の出版をきっかけにすでにケネー派に「改宗」していたから、ケネーは身の危険を感じてか、この筆禍事件以後しばらく沈黙する。加えて英仏七年戦争の敗北（六三年）により世情は騒然とし、あまつさえポンパドゥール侯爵夫人が死去するにおよんで（六四年）、ケネーは王宮内の庇護者を失った。一方、この頃からケネーの周辺にはミラボウの他にデュポン・ドゥ・ヌムール、ル・トローヌ、メルシエ・ドゥ・ラ・リヴィエール、N・ボードーらが集まり、自前の経済雑誌を発行しつつケネーの教義の解説と普及に努めた。ケネー学派の形成である。レッセ・フェールの提唱者だった通商監督官グルネの門下のうちA・モルレ、クリコ・ブレルヴァシュ、チュルゴなどもこの時期ケネー学派に一定の支持を示していた。

一七六五年にケネーは重要論文「自然権論」を、デュポン・ドゥ・ヌムールを編集者とする『農業・商業・財政雑誌』に発表したあと、六六年に『経済表の分析』を出版し、翌年には「シナの専制主義」（『市民日誌』）を書いている。この『分析』が謎めいた「表」の「完成形態」といわれるものであるが、この『経済表』の完成とともに、ケネーの政治社会論（国家論）が同時に示されていた事実は記憶にとどめるべきだろう。そして、デュポン・ドゥ・ヌムールが師の著作集『フィジオクラシー』を公刊したころには、フィロゾーフ・エコノミスト、ケネーの理論的活動は実質上終わっている。

晩年のケネーは正多角形論や円の求積問題の解法に没頭したというが、円と同じ面積の正方形を作図することはもとより不可能であった。一七七四年、ルイ一五世の死（五月）に続いて財務総監となったチュルゴがラディカルな制度改革を断行する（九月）。だが、グルネ流の自由の理念にもとづいたこのチュルゴ改革は守旧派からの非難のもとに挫折した。その余韻もさめやらぬまま、その年も暮れなずむ一二月一六日にケネーは八〇歳の生涯を閉じている。啓蒙の世紀はひとつの転換期にさしかかっていたのである。

▼再生産の秩序と秩序の再生産

コルベルティスム批判　ケネーの経済思想を考えようとする場合に、『経済表』における再生産の理論とともに、アンシアン・レジームの体制批判の側面を見なくてはならないだろう。『経済表』（とくに「範式」）は、アンシアン・レジームの危機を克服し、それに代わりうる経済社会の「自然的秩序」を示した理想状態という性格をもっているが、これは穀物取引の自由と土地単一税という経済改革案の実現をまってはじめて成り立つモデルであったから、アンシアン・レジームの批判はケネーにとって重要な課題であった。彼はその際、体制の危機をもたらした根拠のひとつをコルベルティスム（→重商主義の政策体系）と考えて、これに批判を加えている。

フランス絶対王制はルイ一四世の治下に頂点を迎えたが、このときの宰相コルベールは「産業規制体制」と農産物の低価格政策を打ち出して、イギリスやオランダに対抗しようとした。一六六九年の産業一般規制や一六七三年のギルド勅令などをつうじて、産業と流通が国家の強力な統制下におかれた。王立マニュファクチュールによって輸出用商工業の保護・育成が推進されたが、これは輸出商品の低価格を維持するための低賃金政策によって遂行された。一方、この低賃金を可能にするために農産物が低い価格に固定され、さらに苛酷な徴税が課されたから、農村は荒廃し農業は衰退していった。コルベールが推進した経済の組織化と政治支配（行政官僚機構の配備と強化）は、絶対王制の政治体制の腐敗とフランス経済の疲弊とをもたらしたのである。

ケネーはこのようなコルベルティスムを「農業国民の経済組織のいっさいを混乱に陥れた」元凶とみなすことによって、フランス経済の復興への途を「農業の再建」に求めた。コルベルティスムが結局のところ、国家による産業規制をつうじた輸出貿易のための生産体制の確立、つまり政治権力による〈開発〉戦略と一種の「工業主義」への特化にあったとすれば、ケネーの「重農主義」はありうべき選択であろう。それはことの成り行きというものである。しかも、ケネーの判断にはフランスの農業生産力への確信があったと思われる。たとえば、ヒュームの『政治論集』のフランス訳（一七五四年）の訳者ル・ブランに宛てた書簡でケネーは、イギリスと異なるフランスの国情を指摘し、イギリスの諸制度は一般化できないと言っていた。ケネーにとっては農業立国フランスこそ、アンシアン・レジームの危機を克服すべき方向だったのである。

農業改革と自由化のヴィジョン　だが、注意しなくてはならない。なるほどケネーは農業が「樹木の根幹」であり、商工業は「枝葉」であると指摘していたが、このことはたんなる農業一元論を意味しない。富の生産と消費が連続した一連のプロセスとして成り立つのはいかにして可能か、そしてその際にどのような条件がまず第一に必要かがケネーの基本的な発想であった。したがって、農業生産力への注目はただちに商工業の軽視を帰結するわけではない。農業生産力を高めることがフランス経済の復興と発展の戦略的な起動力とみなされたのである。

初期の論稿「借地農」論や「穀物」論のなかでケネーは、「大農経営」を基調にした「農業再建」論を論じている。フランスでは、富裕な借地農による馬耕三圃制の大農経営と零細な分益小作農による牛耕二圃制の小農経営との、二つの農業経営が行われているが、現状は分益小作農による小農経営が支配的である。だが、大農経営の方がはるかに生産性が高い。農業生産力を高めるためには、フランス農業の大農経営化を図り、借地農を増やさなければならない。実際、北部フランスでは、地主に一定の地代を支払えば収穫がそのまま収入になりうる定額借地制と生産性の高い馬耕三圃制が行われていた。ケネーはこの事実に着目して、一定数の農民を雇用する借地農型経営をフランス全土に拡大すれば、農業生産力が増大し農村が安定する、やがてフランスの経済は復興し、ひいては国家の財政危機も解消されるに違いないと考えたのである。

だが、現状はそうではない。なぜか？　それは、農民への恣意的な課税による経営資金の逼迫や穀物取引の統制といった政治権力の強制構造の所為であった。農業への投資と資本の蓄積をさまたげ農業生産力を低い水準にとどめているのは、資本の逼迫と取引の統制ではないか。したがって、取引統制の撤廃と恣意的な課税の改革が農業を基盤としたフランス経済の改革構想となるだろう。こうしてケネーの試算によれば、取引の自由と税制改革によって農業の完全な再建が達成された場合、農業生産力はほぼ一〇〇％の純生産率（収益率）となり、総生産額が現状の三倍に、地主の地代はおよそ五倍に増大するはずであった。やがて穀物取引の自由と土地単一税がケネーをふくめたエコノミストたちの改革ヴィジョンとなってゆく。

純生産物の概念と価格体系　さて、農業改革構想がフランスの現状を克服する現実の経済的条件だとすれば、穀物取引の自由化はそれを可能にする制度的条件であった。では、それらを基礎づける理論的な根拠はなにか。「経済科学」への道行きがこうして始まったのである。

まず、ケネーの経済思想の重要な特徴のひとつである「純生産物（produit net）」の概念からみてみよう。純生産物とは農産物の販売価格（「売上価値」）から必要経費を控除した剰余であり、この剰余は農業部門においてだけ生じうる。一方、工業生産物たる加工品の販売からはそのような純生産物は生じない。加工品には原料と費用を回収する価値しか含まれない。加工業における「生産」行為は農業で生み出された富の形態を変えるだけで、新たなものは付加しないとみなされたからである。この意味で農業が生産的であり、製造加工業は不生産的と規定された。ケネーは加工品の製造に代表される商工業の不生産性を「不妊」という言葉で表現していたが、この表現は農業の潜在的な生産性に対する深い確信が前提となってはじめて可能なメタファーだろう。その場合ケネーがなぜ農業だけを生産的とみなしたのかは、詮索してもはじまらない。それは土地自然の〈創造力〉なるものへの原信憑というほかはないだろう。だが、一定の条件のもとで農業から生じうる剰余としての純生産物という概念は「再生産される富」という観念を生みだすことによって、富の生産と消費とをまとまりをもった一個の総体システムとして認識させることとなった。こうして、再生産という領域が開かれたのである。

純生産物は生産物の売上価値からの控除であるから、その価値の評価と回収はこの生産物（ケネーはこれを「消費の富」と呼ぶ）を購入する消費者としての買い手の条件に依存するだろう。ケネーはそのような市場を組織する秩序の形成を価格と考えて、「消費は再生産にとっての本質的条件であり、この両者を基本的に関連づけるのは価格である」という認識を示した。価格は「再生産される富の尺度」であるから、この価格の騰落が富の「年々の再生産」の多寡を決定することになろう。そしてケネーはこの場合、価格によって調整されるシステムを「商業的社会の秩序」と呼んだ。

それでは、この年々の再生産を可能にする価格の水準は何だろうか。それは、「生産を維持し増加させるに足るだけの収益」（生産費プラス一定の利潤）をもたらす価格でなければならないだろう。そのような価格をケネーは「良価（bon prix）」という言葉で示している。この良価の水準が、農業生産者による（拡大）再生産への投資が持続可能となる条件であった。したがって、良価の水準の形成つまり一定の期間における良価の安定は農業投資と資本蓄積を持続させることによって、富の消費と生産を可能にし、農業を起動力とした再生産のプロセスを発展させる。ただし、この良価は直接には国際的な自由競争によって形成される穀物の国際平均価格を意味するものであったが、国内の穀物価格がその水準に維持されれば、「高価と豊富」とは同時に達成されるだろうというのがケネーの見通しであった。このように、再生産のプロセスを持続させうる「商業的社会の秩序」は国際間の自由貿易の確立とそれによる穀物価格の安定を条件としていたのである。

経済循環と貨幣　ところで、富の生産と消費が価格体系を媒介に一連の連鎖として成り立つというとき、貨幣は再生産のプロセスにおいてどのような機能を演じるのだろうか。

ケネーは〈貨幣は貨幣を生まない。だが、真の富を生むことはできる〉と指摘し、あわせて消費と支出が一定の条件のもとで富の再生産を可能にするとしていた。したがって、富を再生産させるという貨幣の効果は、消費に対する貨幣支出が循環として成り立つかどうかに係っている。しかもこの循環が完結するのは純生産物の再生産を条件にするのだから、貨幣の流通は特別の還流を必要とするのであって、たんなる流通はむしろ循環の完結を妨げるだろう。

たとえばケネーは、貨幣がピエールのポケットに入るか、ポールのポケットに入るかは「どうでもよいことではない」と指摘し、貨幣の還流という事態にかんする素朴な観念を批判する。貨幣は流通しさえすればそれでよいといった観念は「ロー・システム」の破綻による貨幣流通の逼迫や貨幣価値の暴落を経験したフランスの民衆に素朴に流布していたものだろう。だが、貨幣には使い方というものがあるのだ。かりそめにも貨幣は「不生産的な人の手」に滞留させてはならない。「国家の利益になるように使用する人」に還流させなくてはならないのだ。もちろん後者は農業への投資という貨幣支出にほかならない。貨幣支出（および収入）が循環として、より正確にいえば再生産循環として有効に機能するためには、富の源泉への貨幣の還流が絶対的な条件なのである。したがって、循環過程で形成される貨幣財産や不生産的な遊休資産もこの循環へと還流させれば、生産的な機能を果たすだろう。ちなみに、ケネーはこのような観点から当時一般的に行われていた官職売買に動く貨幣財産の不毛と危険性を指摘して、官僚機構の腐敗を批判している。

ここにいう貨幣の循環というのは再生産循環を可能にする流動性の解放という点にその眼目がある。たとえば、「商人のあいだの交通」である商業信用によって金属貨幣の節約が可能であるという指摘はあるが、それを貨幣流通のなかに積極的に位置づけることはない。貨幣の不足や滞留を信用貨幣の発行によって解消するという方向もケネーにはない。この点は同時代のステュアートとも、またヒュームとも異なるところだろう。

だが、ケネーにとっては貨幣の流通量は安定した「商業的社会の秩序」における「売上価値」の形成に応じて流通し、このシステムが安定的であるかぎり、それは再生産を可能にする程度に潤沢に流通するはずであった。さらに、貨幣価値の変動や価格の急激な変化による「秩序」の攪乱などのような貨幣的な無秩序という事態も、理論的な関心の外におかれていた。問題は、貨幣が生産的部門へと不断に還流するという事態、そのことであった。

それでは、貨幣を生産的用途へと集中させる吸引力ないし焦点はなにか。それは、貨幣収入をそのものとして自由に処分できる自立した一階級すなわち地主であり、この地主による消費支出だろう。地主の収入はもちろん地代であり、この地代は純生産物によって構成される。

『経済表』の世界　『経済表』は富の再生産循環の数量メカニズムを一枚の表に描くことによって、社会の秩序が「自然的秩序」として〈客観的に〉成り立つという事態を説明したものである。それは、経済思想史上、経済を再生産システムとして把握した最初の試みであった。

「経済表」にはいくつかの版がある。成立順にみると「原表」(五八年)、「略表」(六二年)、「範式」(六七年)が主要なものである。この間に構想、概念の定義、数量的条件、理論的根拠など、整備と洗練も見られたが、社会的富の再生産構造を経済循環の形式で表示するという「経済表」の基本構想は「原表」以来一貫していると見てよいだろう。「経済表」の基本的な考え方を理解するためには、いくつかの条件やケネーに特有の概念を見ておくことが必要である。

「経済表」の循環過程は経済社会の「自然的秩序」を示す「理想王国」という仮説状態での理論モデルであった。ケネー自身は、この理論仮説は一定の条件さえ整えば現実に達成できる社会モデルだと考えていた。この社会モデルは経済的機能に応じて三つの階級から構成される。借地農を中心に農業部門で従事する「生産的階級」、主権者(君主)と地主および十分の一税徴収者(教会)の「地主階級」、そして商工業者や職人などの「不生産的階級」である。生産的階級は「純生産物」を生産する唯一の階級であるとともに、社会を構成するすべての階級の生産・加工・生活に必要ないっさいの素材を産出する。経営形態は大農経営が全面的に展開し、経営上の富の所有権も保証されている。そして、国内には取引の自由が確立していて、生産物の価格は「良価」の水準で安定している。このように前提された条件のもとで、三階級のあいだの当該年度の再生産が、(前)年度の再生産総額(生産高)の基本(ファンド)―支出―回収のプロセスをつうじて完結する機構が示される。生産物の生産に投下される生産資本もこのような循環過程に対応した概念として定義される。

年再生産の必要経費は「回収」と呼ばれるが、この「回収」は年々の投資を構成する。ケネーが生産資本を「前払い(avances)」と考えたのはそのためであった。農業への投資は「年前払い」と「原前払い」および「土地前払い」に分けられる（「土地前払い」は土地の維持、改良などの土地の管理に支出される地主負担の間接投資であるが、「経済表」には登場しない）。「年前払い」は農耕に従事する労働者の賃金支払いと家畜の飼料費で、毎年再生され消費されてしまう流動資本に近い概念である。これに対して「原前払い」は一種の創業資本であり、固定資本の他に最初の種籾費や雇用労働者への最初の賃金支払いなども含まれている。この「原前払い」は、一定期間に継続して支出され、多年にわたって回収される前払いであるが、これには減価償却費と災害保険料など、生産資本の維持費（の支出と回収）が含まれる。ケネーはこれを「原前払いの利子」と呼んで、最低一〇％の水準は維持される必要があると指摘している（償却期間は一〇年と想定）。

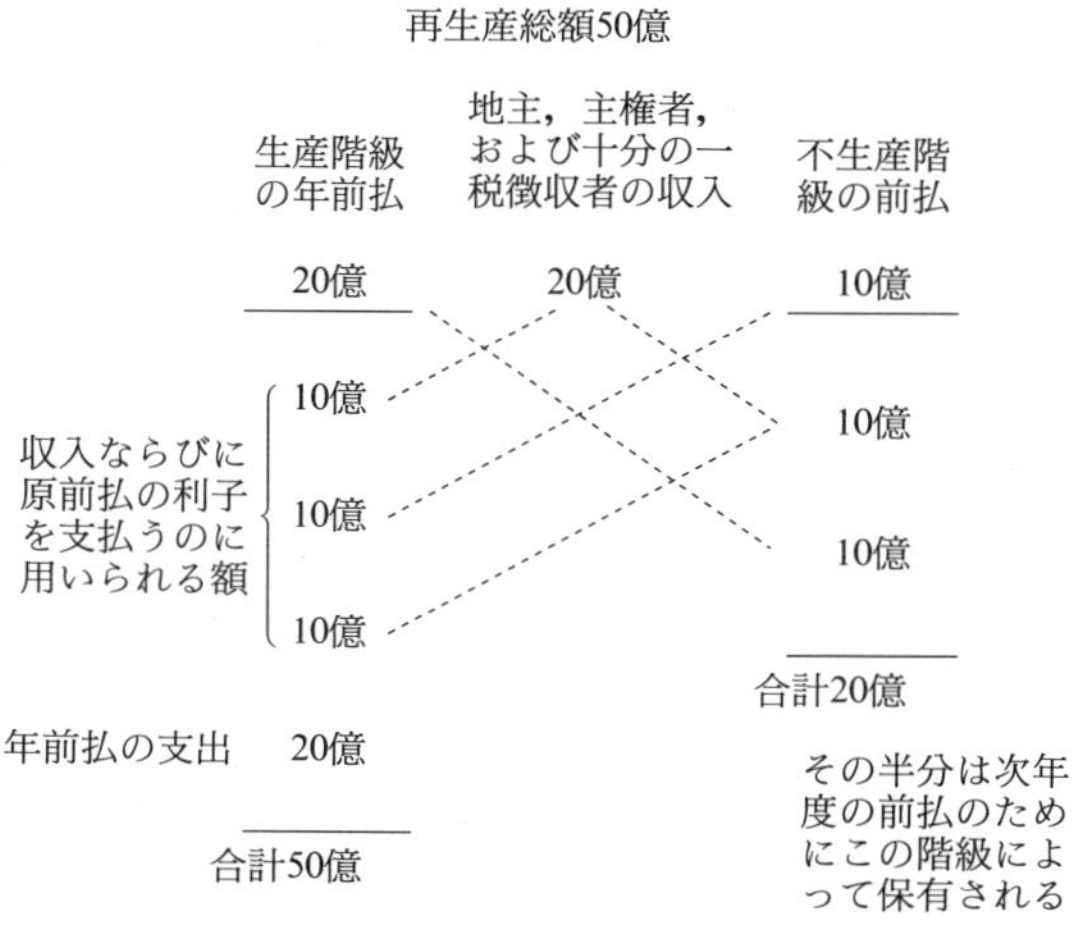

図　経済表の範式

このようなケネーの「原前払い」と「年前払い」は、それまでの多くの重商主義的な資本概念から区別される全く新しいものだった。A・スミスなどの古典派の固定資本と流動資本の分類も、このケネーの資本概念をヒントにしたといってよいだろう。だが、そのことよりも、年々の再生産を可能にする生産資本の支出と回収が経済の循環過程としてはじめて自覚的に捉えられたところに、画期的な意義があったというべきだろう。

『経済表』「原表」は、地主階級の消費支出によって再生産の規模と総額が決定されるという再生産構造を描いたものである。地主がその収入（「純生産物」の地代形態）を半分ずつ、生産的階級と不生産的階級に支出する。前者への支出は「生産的支出」だから、純生産率（収益率）を一〇〇％とすれば、地主が年度のはじめに支出したのと同額の「純生産物」が産出される。これは地代収入として地主に還流する。そして、さらに還流した地代の半分が次年度に生産的階級に支出され、また次々年度には地代収入の半分が生産的階級に支出され……という具合に、二分の一ずつの純生産物が次々に再生産される。一方、生産的階級の支出と不生産的階級の支出は、地主の折半支出とおなじようにそれぞれ半分ずつ支出される。半分は生産的階級と不生産的階級とのあいだの取引に、残りの半分はそれぞれの階級の内部での取引にあてられる。このようにして、両階級への地主の均等支出によっておなじ規模の再生産が繰り返される。だから、地主の支出が変化すれば、再生産構造はそれに応じて変化する。「生産的支出」が増加すれば拡大再生産に、逆に「不生産的支出」が増加すれば縮小再生産になるだろう。均衡システムから不均衡システムへの変化は地主の消費支出の型に依存するわけである。『経済表』「範式」は、「原前払いの利子」の補填関係を加えて年再生産の循環を三種類一一個の数字と五本の破線によって描いたもので、その基本構想は「原表」と変わらない。

しかし、ここで重要な条件に注意しなくてはならない。地主の消費支出を起点とした再生産循環には地主の支出の型が他の階級の支出の型を規定するという前提があることだ。いいかえれば、地主の消費性向を借地農業者も商工業者も模倣するというのだ。これは、支出の型を規定する地主の生活慣習が他の社会成員に波及し、それが社会的に一般的なものになることによって、社会秩序の再生産が調整されるということだろう。だから、再生産の秩序は秩序の再生産という要素をもつことになる。だが、地主の消費性向が恣意や偶然ではなく、一定の定型を有するのはなぜかという問題はこれ以上追究されない。ケネーが考える「自然的秩序」のシステムに無秩序は存在しないからである。

▼「自然的秩序」の世界と「統治の一般科学」

自然法の光のもとで　ケネーによる再生産という新しい局面の発見が社会認識のどのような地平に関わるかという問題は、とりもなおさずフィジオクラシーの意味を考えることにほかならない。フィジオクラシーとは先にも述べたように「自然の支配」を意味するが、これには両義的な意味がある。自然による社会の支配と人間による自然の支配との二つの方向である。この場合、前者の「支配」は自然法が人間の経験から超越した物理的な秩序として社会の秩序に貫かれているということであり、後者のそれは、この社会の秩序が客観的な「自然的秩序」にほかならないことを認識し（ケネーはこれを「事実的真理の明証」と呼ぶ）、この秩序の「模写」から構成される科学を政治社会の統治に利用するということである。『経済表』はこのような自然法によって律せられた経済の「自然的秩序」を模写した合理的な知識の体系であり、統治の科学を具体的に示すものだった。

自然法の世界は物理的な法と道徳的な法から成っている。前者の法は秩序の構造を、後者の法は行為の規範を表している。ここで法というのは現代のイメージでいえば、システムや法則、規範のルールなどにほぼ等しいだろう。社会には、人間の具体的な経験と意志を越えて、なにかまとまった傾向やパターンがそのものとして客観的に貫かれていて、そこに一定の秩序が強制のシステムとして働いている。それが、永遠不変の、恒久的な法として万象を規制する自然法である。なぜかといえば、自然法とは唯一の創造者たる神がそのようなものとして制定した理法だからである。

ケネーによれば社会の秩序を構成する自然法は「人間の生存と維持と便宜とに必要な財貨が永続して再生産されるという物理的な法そのもの」のことで、この物理的な法はいわば鉄の必然性として貫かれる再生産の秩序である。この秩序が物理的・自然学的な性格だというのは、モノの再生産と分配がおよそどんな社会にもなくてはならぬ必然の法であるという意味である。この自然的秩序はその対象のもつ性格に即してみれば、あたかも機械のように完璧な、高度の効率性をもつ構造であろう。一方、人間に可能なことは、このような自然的秩序がおのずから示すモノの秩序に従うことであった。このモノの秩序への従順が道徳的だというのは、それが人間の行為の規範だからである。この意味で、人間が結合して社会をつくることはそのまま自然的秩序に安んじて従うことにほかならない。そして、そのことが社会の最善の効率と安定とを保証する途なのである。社会の秩序はこのように自然的秩序に支配されている。

自然的秩序のエピステモロジー　ところで、モノの再生産の秩序と人間の行為の規範とをつなぐものは、自然法の研究によって「完成される理性」であり、「経済科学」はこの再生産の自然的秩序を合理的に認識した知識の体系であった。この場合、「合理的」とは秩序の構造に適合しているということである。

だが、個別の社会認識が自然的秩序の構造に適合的だということはどのように保証されるのだろうか。ケネーはしばしば社会の秩序を機械（マシン）のアナロジーで考えていた。というよりも、機械は同時に機構であって、社会の秩序は文字どおり、一定のメカニズムを備えた機械であった。デカルトの動物機械論に倣っていえば、ケネーの社会的秩序はさながら「社会機械」とでもいうべきものだろう。社会体は「自己再生産する機構」であり、この機構には驚嘆すべき秩序と運行が備わっている。だから、この「経済的機構の構成」がどのような配列と様式を備えた秩序の構造なのかを認識すれば、それでよいのだ。この「機構」にはそのまま「機械」の語を置き換えることができるだろう。

ケネーが「医学の光」に導かれて思想形成を遂げたことはすでに見た。『動物生理に関する自然学的試論』は動物体の生理を流体力学モデルの光で捉えたものだった。その場合、ケネーは観察と実験の重要さを指摘していた。だから、社会体の秩序はこの意味での〈経験的理性〉によって明晰、判明に認識できるはずである。これは認識の構造から見れば、物理的な機構としての自然的秩序が〈経験的理性〉に反映すること、逆に〈経験的理性〉が秩序の構造を「模写」することにほかならない。社会の認識が自己再生産する機構の反映ないしその模写であれば、認識の合理性は果たされる。したがって、経済科学というのは、自然的秩序の模写であって、それが模写であるかぎり「社会の統治を構成する科学」として十分な資格を備えていることになる。このように人間はすでに合理的な自然的秩序を「理性の自由な行使」によって認識し、この認識するということとにおいて、いわば〈自然〉を支配する。だからケネーにおける自由とは認識することにほかならない。

ケネーの社会認識の枠組みを一言でいえば、自然的秩序の機械論的モデルというべきものだろう。秩序―理性―科学の連鎖が認識―模写のプロセスによって見事に完結しているのだ。なぜか？　そのようなものとして、創造者たる神が設定したからである。だが、この自然的秩序の再生産は他者の再生産という契機を欠いている。すでに見たように消費支出論（生活慣習論）にその萌芽は見られたが、ケネーによって積極的に生かされていない。これはまことに惜しいことであった。再生産の秩序は秩序の再生産をまってはじめて完結するはずだからである。

再生産の秩序が数量メカニズムとして示されたのは、それが物理的秩序であるからであり、ひいては自然的秩序の機械論的モデルに支えられているからであった。この意味で、再生産の秩序学は啓蒙の世紀における近代科学のひとつのケースであったといってよいだろう。

▼再生産の思想の可能性

デカルトの機械論やマルブランシュの機会原因論、H・ブールハーフェの生理学、さらにいわゆる個体の発生論争などの影響のもとに思想形成をはじめたケネーが再生産の思想をはじめて具体的に論じたのは、一八世紀のなかばのことだった。このケネーの再生産の思想がその後の経済学の展開に多くのインパクトを与えたことは知られている。

経済学が本格的に制度化されはじめるのは一九世紀にはいってからだが、ケネーの再生産の思想はまずマルクスに受け継がれた。マルクスは再生産の論理を社会的諸関係の産出と回収のプロセスがいわゆる物象化のメカニズムによって媒介される構造として考えた。だが、事態の再生産という発想そのものはフランスではほとんど継承されることはなかったといってよい。シスモンディの所得循環論は例外だろう。なるほどJ・B・セーやL・ワルラスはシュンペーターがいうような意味ではケネーの継承者であろうが、それは均衡論モデルを基準としたかぎりでのことである。たしかにケネーには「均衡への愛」（マルブランシュ）というモチーフがあり、『経済表』の秩序も無秩序を排除した均衡の美学を背景としている。この意味で、シュンペーターのいう均衡論の系譜もあながち的外れだとはいえない。だが、ワルラスの一般均衡体系に事態の再生産というケネーが開いた循環の論理を見るのはいかにも無理というものだろう。

今世紀になってW・W・レオンチェフが投入―産出分析の計量モデルに利用したほかは、P・スラッファの「商品による商品の生産」モデルにケネーの再生産の思想が流れこんでいる。だが、スラッファのモデルはケネーの再生産モデルをいわば実物分析に特化した場合であろう。ケネーには貨幣の循環という視角があることはあった。だが、それは結局ケネー自身によって活かされることはなかったし、価格体系もたんに前提されるだけであったから、モノの再生産の秩序と貨幣的秩序とは互いに分離されたまま、同じシステムの内部で語られることはなかったのである。しかし、事態の再生産はいかにして可能かという問題設定は、経済学の歴史のなかではケネーがはじめて開いた局面であることは間違いない。

一方、すでに見たようにケネーには「自然の支配」という発想もあった。自然を認識の対象とみなし、それを道具的理性によって人間の配下におくという「技術的操作の思想」（ニーチェ）から見れば、自然の〈創造力〉に対するケネーの深い確信と機械論的思考を背景とした「理性の自由な行使」はやがて技術の思想を生み出すだろう。サン＝シモンの産業合理主義がその典型であった。T・W・アドルノ／M・ホルクハイマーのいう「啓蒙の弁証法」の循環にケネーも陥っていたというべきかもしれない。だが、これは改めて検討すべき問題だろう。

読書案内

ケネーの翻訳ではまず『ケネー経済表』（平田清明／井上泰夫訳、岩波書店、一九九三年）にあたるべきだろう。この翻訳には『経済表』の「原表」第一・二・三版と『分析』が含まれている。ケネーの初期の論稿の翻訳には、坂田太郎訳『フランソア・ケネー「経済表」以前の諸論稿』（春秋社、一九五〇年）や島津亮二／菱山泉訳『ケネー全集』（有斐閣、第一巻・一九五一年、第二巻・一九五二年、第三巻・一九五二年）があるが、いずれも入手するのが難しい。ケネーの医学関係の論文の翻訳は一部であるが平田清明訳「ケネー著作集」『世界大思想全集 社会・宗教・科学思想篇六』所収（河出書房、一九五九年）に収められている。

ケネー研究はかなりの蓄積がある。そのなかで、『経済表』の分析を中心とした研究として菱山泉『重農学説と「経済表」の研究』（有信堂、一九六二年）、平田清明『経済科学の創造』（岩波書店、一九六五年）、小池基之『ケネー「経済表」再考』（みすず書房、一九八六年）は必読文献だろう。ケネーが当時のフランスやイギリスの経済思想や政治哲学のどのような部分に関係していたか、そのなかでどんな位置にあったかを知るのはケネー理解に必要である。渡辺輝雄『創設者の経済学』（未来社、一九六一年）や木崎喜代治『フランス政治経済学の生成』（未来社、一九七六年）米田昇平『欲求と秩序』（昭和堂、二〇〇五年）はその役に立つだろう。とくにケネーの経済学が生まれる直前のフランス経済学界の事情についてはR・カンティロン『商業試論』（津田内匠訳、名古屋大学出版会、一九九二年）の訳者「解説」が有益だ。なお、ヴァンサン・ド・グルネの基本文書が邦訳される予定である（津田内匠訳、法政大学出版局刊）。これを精読することによって、フランスの経済思想の生成の実態がいっそう明らかになるだろう。さらに、フランスにおける経済学の形成と展開をケネーからワルラスにいたるまで通観した岡田純一『フランス経済学史研究』（御茶の水書房、一九八二年）を見れば、現代経済学への一応の見通しをえることができよう。

ケネーの伝記とフィジオクラート群像については、ヒッグス『重農学派』（住谷一彦訳、未来社、一九五七年、〔第二刷、一九七九年〕）によって、おおよその情報がえられるだろう。なお、坂田太郎／渡辺輝雄編『わが国における重農主義文献目録』（勁草書房、一九七四年）は進んで学習をしようとするものには便利である。

理解を深めるために

一、「純生産物」の概念を説明し、それがなぜ農業部門にだけ生じるとみなされたのかを考えなさい。

二、ケネーの資本は、「前貸し」と呼ばれるが、なぜだろうか。A・スミスの資本分類と比較しながら、その理由を説明しなさい。

三、ケネーは貨幣をどのように見ていただろうか。当時の貨幣制度を調べたうえで、経済の循環と関連させて考えてみよう。

四、『経済表』の特徴のひとつは経済循環の起点を消費支出に見ることであった。それでは、投資支出を起点とした経済循環はどのようなものか。前者の循環の特徴と比較しながら、考えてみなさい。

五、社会の秩序が持続的に再生産されるということはどういう事態なのだろうか。あなたの率直な意見を述べてみなさい。

（大田一廣）

I－4 アダム・スミス

慣習と秩序――商業社会における自生的秩序の解明

（Adam Smith 1723～1790）

▼生涯と著作

「生活の道案内人は理性ではなく、慣習である」という見解は、ヨーロッパ近代を代表する哲学者であり、アダム・スミスの生涯を通じての友であり、よき理解者であったデヴィッド・ヒュームのものである。スミスの多方面に亙る思索の究極的な課題は、生涯の友であったヒュームのこの鋭い洞察の妥当性を身を以て示すことにあった。無論、慣習というものが「客観的」真理を開示する、あるいは「普遍的」正義を体現するというのではない。事柄の要点は、人々の日常性が破綻しない程度の安定性を慣習が与えるということにある。彼は、この課題を遂行するために、様々な人類の知的遺産を渉猟することになる。

アダム・スミスは、一七二三年六月に、税関吏であったアダム・スミスと彼の二度目の妻であるファイフの地主の娘であったマーガレット・ダグラスの子として、カーコーディのハイ・ストリートに生まれた。父にとって、子アダムは次男にあたるが、子の誕生に立ち会うことなく父は他界した。この父を知らぬ子は、母親の溢れるばかりの愛情に包まれて成長し、一四歳の時、グラスゴウ大学に入学し、一七四〇年までその地に留まった。彼は、この学舎で、道徳哲学の教授であったフランシス・ハチソンの影響を受けることになる。パノプティコン〈一望監視施設〉の考案者としても知られている哲学者J・ベンサムによって、功利主義的哲学の基本命題として主張され有名になった「最大多数の最大幸福」という観念を、最初に提唱した人物としてハチスンは知られている。スミスは、ハチソンを生涯の師として仰ぎ「忘れ得ぬハチソン先生」という師に対する敬愛の情のこもった言葉を書き残している。

スミスは、グラスゴウ大学で充実した学園生活を三年間送った後、スネル基金の奨学生としてオックスフォード大学のベリオル・カレッジに留学した。その地に六年間留まったが、そこでの生活は快適なものではなかったようである。いくつかの理由が考えられるが、最大の理由はオックスフォード大学における学問や教育の停滞であったようだ。スミスは、こうしたオックスフォード大学の堕落を後々まで腹に据えかねたらしく、「オックスフォード大学では、大部分の教授たちは、ここ多年に亙り、教える振りをすることすらやめてしまっている」（『国富論』）と書き残している。

だが、彼は、充実した蔵書を擁する図書館を大いに利用して、この期間のほとんどを読書と研究に費やすことができた。おそらく、遺稿『哲学論文集』に含まれている論稿を構想する上で必要なギリシャやラテンの古典をはじめとする様々な分野に関する知識は、この期間に培われたのであろう。またこの時期に、無神論の危険思想の書としてオックスフォードで禁書の状態にあり、また、「印刷機から死産した」とヒューム自身をも落胆させた書物として知られている『人間本性論』を、スミスが密かに読んでいるところを発見され厳しく叱責されたという逸話も伝えられている。

スミスは、オックスフォードに対する大きな失望と豊かな読書を通じて得た豊富な知識を携えて、一七四六年の八月に最愛の母の待つカーコーディに帰る。そこで、彼は遺稿『哲学論文集』に所収の論稿断片を執筆する傍ら、一七四八年の冬に、友人たちの計らいで「修辞学と文学」等に関する公開講義をエディンバラで行う。この講義は好評を博したために翌年も継続されることになる。一七五一年には、彼は論理学の教授に就任するためにグラスゴウ大学に呼び戻され、翌年には、恩師ハチソンが就いていたのと同じ職である道徳哲学の教授職に就任する。その際、彼は、論理学教授の後任としてヒュームを推薦したが、反対が強く実現しなかった。

大学の教員として彼は有能であった。というのは、彼は学生に評判の良い優れた教師であり、また行政上の有能な手腕の持ち主であり、秀でた研究の才の持ち主であったからである。この間、彼は、一七五三年に、グラスゴウ文芸協会で、『国富論』第三編の内容に影響を与えることになるヒュームの『政治論集』の「商業について」の報告を行い、一七五六年に、『エディンバラ評論』に編集者宛の書簡を掲載し、ここ三〇年から四〇年の間、ヨーロッパの学界で影響力をもち続けると思われる作品をとりあげ学界展望を書いている。この書簡は、スミスの思索の拡がりを理解するうえで貴重な資料である。その中で、スミスは、学ぶべき有力な作品として、当時フランスで隆盛しつつあった博物誌やルソーの『人間不平等起源論』等を挙げ多くの紙幅を費やして論評を加えている。

一七五九年に、アダム・スミスは、社会哲学に関する思索の成果を『道徳感情論』というタイトルを付して公刊した。ホッブズ哲学に対する批判の書であったこの書物は、ただちにヨーロッパの知的世界に大きな評判を呼び起こし、著者の生存中に六版まで版を重ねた。この書物の出版が機縁となり、彼は、若きバックルー公の保護者であったチャールズ・タウンゼントの要請を受け、家庭教師として若き公爵とフランス旅行に旅立つことになる。この旅行は三年間ほど続いたのであるが、彼の一生のうちでこの時期は最も波乱に富んだ時期であった。一時、大使館の書記官としてパリに勤務し、また哲学者としての名声もパリの社交界において高かった親友ヒュームの紹介によって、彼は百科全書派やケネーをはじめとする重農主義者たちのような啓蒙時代を彩る大陸の思想家たちと個人的に接することができた。とりわけ、後者との交流は、スミスの経済認識の妥当性を自己確認するうえで大きな意味をもった。

スコットランドに帰国後、彼は、数年間カーコーディに籠って研究に打ち込み『国富論』を執筆する。この書物は一七七六年に出版されたが、この出版はただちに彼を世界的に有名にし、一七七八年には、グラスゴウの税関委員の職が彼に依頼されることになる。残りの一生を、彼は、この公職に伴う任務の遂行と、『道徳感情論』と『国富論』の新しい版の準備のために費やした。また彼は、この時期に法学に関する大学の講義を纏め上げることに努めたようであるが、その仕事を完成せずして一七九〇年に亡くなった。

彼は、死の直前に、ほとんどの草稿の類を、近代地質学の大家であるJ・ハットンと潜熱の発見者であるJ・ブラックに命じて焼却させた。スミスにとって、ハットンとブラックは古くからの親しい友人であった。焼却を免れた論稿は、「天文学上の諸体系の歴史に関する大著の断片」を含む古代の諸科学の歴史に関する三つの論文と「外部感覚に関する論考」を含む芸術の本質に関する三つの論文だけであった。これらの論稿は、一七九五年に、ハットンとブラックによって『哲学論文集』というタイトルを付せられて出版された。だから、手紙や雑誌への投稿および『国富論』に関する若干の草稿などを除けば、スミスは、生前に『道徳感情論』と『国富論』という二著を公刊し、死後に『哲学論文集』を遺稿として残したに過ぎない。歴史に名を留めている思想家としては、きわめて寡作な人と言うべきであろう。

▼交換と市場秩序の形成

ルソーとスミス　一八世紀のヨーロッパにおける思想的課題が私有財産制と社会的不平等の問題であったことはルソーの仕事が如実に物語っているが、私有財産制に伴う階級的収奪・抑圧こそが社会的問題であるという認識に関してルソーと同じ立場にスミスも立っていた。だが、スミスは、暴虐きわまる不公平のただ中にあるにしても、文明社会の最も低い地位にある人たちの方が、階級的支配が存在しない活動的な未開人よりも、貧しく苛酷であるというのは事実ではないと考える。それは、スミスによれば、健康的で最も尊敬されている未開人が、「文明社会」における最も低い地位にある人たちよりもはるかに多くの生活必需品や便益品を得たはずであるという主張は、実際の観察で否定されているからであった。

このように、スミスの理解する未開人は、ルソーが想像した富裕で自由な未開人とははるかにかけ離れた存在であった（ルソーの未開社会に対する認識が必ずしもこうしたものではなかったということがA・ラヴジョイによって提起されている。読書案内を参照）。彼が、階級的支配の有無という観点から、下層階級の貧困の原因を追究しないのはこうした認識のためである。この階級的支配の有無を貧困の原因として単純に想定しないところに彼の思索の特色がある。また、その思索を支えたものこそ「貧困の平等」の拒否と「貧困の問題は生産力の問題」であるという認識であった。しかし、貧困の問題を、ルソーのように階級的支配の有無の問題と直結させずに、生産力の問題として扱うためには、社会的生産力増大の原因を明らかにしなければならない。スミスはこの課題を遂行するために『国富論』を書いた。

国富の増大と分業　スミスは、「国富（wealth of nations）」とは「国民の年々の労働が生産し、国民が年々消費する」ところの一切の「生活必需品および便益品」であるとする。この「国富」観は重農主義者の見解を踏襲し発展させたものであるが、彼が「国富」を貨幣という消費しえぬ富ではなく年々再生産される消費財であるとしたことは、下層階級の貧困の問題を解決しようとしている彼の問題意識からすれば自然なことである。

スミスは、「国富」の水準は、「労働の生産力」と「人口に占める生産者人口の割合」によって決まると考える。さらに、彼は「国富」の増大の原因である「労働の生産力」を高める最大の要因は「分業（division of labour）」にあるとし、社会的生産力増大の原因を分業に求める。彼によれば、分業こそが、ブリテンにおける普通の日雇い労働者がインディアンの酋長よりも裕福に暮らしている理由なのである。ここで彼が言う分業とは、生産過程をいくつかの工程に分け生産効率を高める方法である。スミスは、この分業をそれがひきおこす一般的富裕を予見したり意図したりする人間の叡知の所産としてではなく、広範な効用に全く無頓着な人間本性のなかにある、あるものを他のものと交換するという性向の、緩慢で漸進的ではあるが必然的な結果として理解する。

交換性向論　ここで、スミスが、現代の経済学者のように合理的で利己的な個人が双方有利化を求めて「交換」関係に入ると考えないで、交換行為を引き起こすのは人間本性内部における「交換するという直接的な性向」であるとしていることに少し注意を要する。というのは、利己的な個人の双方有利化を求める交換が経済的秩序を形成すると考えるためには、交換システムの継続性を保障する原理、すなわち自らを「平和的」な交換へと方向づける原理を、人々が前もって備えているという前提が必要であるからだ。なぜならば、合理的で利己的な個人を仮定するかぎり、相互不信にもとづくジレンマ（囚人のジレンマ）状況に陥り、双方有利化の余地があっても双方とも敵対的な戦略を採ることになるからだ。だから、利己的な個人の間では、「平和的」な交換が成立する保障はなにもなく、物の分配をめぐって殺戮と奪い合いが日常化する恐れが充分に存在する（A・センやB・フレーデンなどはルソー経済思想の中にこうした難問の解決の手立てを見ている。読書案内参照）。

現代の経済学者たちが信奉している利己的な個人による双方有利化の仮説は、T・ホッブズの考え方をベースにしたものであるが、一般的に利己的な個人を想定する社会システムのモデルでは、社会秩序の成立を説明するために契約という仮説をたてる。だが契約とは、諸個人が利己的な主張を部分的に放棄した状態を指す概念である。それ故、利己的な個人という仮定を維持しつつ、この状態の成立を説明するためには、利己的主張の放棄は諸個人の主体的な選択として行われたと説明しなければならない。そしてその典型的な形態が、全員一致の合意にもとづく自然権の放棄、すなわち社会契約である。

しかし、全ての人間が自己の利益を追求し、またそのことによってはじめて人々の合理的・主体的「選択」が可能になるとするならば、人々は互いに敵対することにならざるを得ず、契約や交換は成立しないことになる。だから、もし契約や交換が可能であるとするならば、諸個人の「選択」は強制されていた、つまり人々は契約の合意へと方向づけられていたと考えざるを得ない。したがって、社会契約論や現代の経済学が前提とすべき人間は、無条件に利己的な存在ではなく、社会システムの秩序性を保障する規範という選択が前もって完了している存在であらざるを得ない。利己的・合理的個人という人間観を前提にしては、「社会契約」も「交換」も語り得ないことに注意すべきである。

交換と利己心　それに対して、スミスは、社会を成して生きる人間に不可欠な要素として交換性向を理解する。その意味で、彼は、交換という人間行為を、利己心とは無関係な行為として理解している。だから、スミスの交換性向論には利己心が介在しなくとも交換は成立するという論点が含意されていると言ってよい。後で述べるように、利己心に動機づけられた交換が、スミスの描く経済社会の基本的な要素になるのであるが、それが破綻することなく成立し社会秩序を形成することができることを説明し得たのは、交換の合意へと方向づける「交換性向」という原理が人間本性内部に宿るという洞察があったからだ。

スミスによれば、人間がまさに社会的存在であることを示す交換行為（reciprocity）に、経済的利益の実現手段としての交換（exchange）という歴史的・社会的性格を与える利己心は、生産力水準の上昇に伴う労働生産物の剰余の出現をまって一般化する。なぜならば、利己心によって促される商品交換の一般化＝分業の成立は、労働生産物の余剰部分の交換をもって始まるとされているからである。スミスは、労働生産物に余剰が生じ、自分自身の労働生産物の余剰部分を他の人々の労働生産物と交換しうるという確実性が、人々に利己心＝私的所有意識を芽生えさせ、商品交換という場が設定されると考えている。

だから、人々は、「見えざる手（invisible hand）」に導かれて「自分の利益を追求することによって、実際に社会の利益を促進しようとする場合よりも、より有効にそれを促進する場合がしばしばある」（『国富論』）という記述から分かるように、スミスにとっては「利己心」こそが「商業社会の原理」なのであるが、それは決して人間本性内部に先験的に宿る原理ではなかった。それはあくまでも、労働生産物の剰余に対応する歴史的・社会的に相対的な意識なのである。

商業の秩序形成機能　さらに、商品交換が社会に秩序と富裕を与えるという彼の認識が、『国富論』を構想するための重要な契機となっている。また、このスミスの社会認識は、ヒュームと共有していた商業活動が伴う秩序形成機能に対する洞察と密接不可分のものであった。ヒュームは、『政治論集』のなかで、事物の自然な成りゆきによれば、産業活動と商業は国民に平和と安全をもたらすものであると述べ、商業活動がもたらす秩序形成機能について言及している。スミスは、この点についてのヒュームの洞察を高く評価し、次のように述べる。「商業と製造業とは、それ以前には、隣人に対するほとんど絶え間ない戦争状態と、上層の者に対するほとんど絶え間ない奴隷的従属状態との下に生活してきた農村の住民の間に、次第に秩序と善政とを、またそれにともなって個人の自由と安全とを導入した。このことは、ほとんど注意されなかったけれども、商業と製造業との一切の成果のなかで、ずばぬけて最大のものである。わたしが知るかぎりでは、従来このことに注目したのは、ヒューム氏だけである」（『国富論』）と。

つまり、スミスは、商業や製造業の最大の成果は農村に善政や秩序を導入したことにあると言うのである。したがって、スミスが「封建法は、その国の住民の間に秩序を確立するにも、また善政をほどこすにも、ともに十分ではなかった。なぜならば、封建法は、無秩序の原因だった財産や習俗の状態を、十分に変更することができなかったからである。しかしながら、封建的諸制度のもとでのあらゆる暴力をあげてもなしえなかったことを、外国商業と製造業の黙々として目に見えない活動が徐々になしとげたのである」（『国富論』）と述べるのは必然であった。彼は、「封建法」という政治的手段ではなく、商業や製造業という経済的行為が、目に見えないかたちで住民の間に秩序を確立すると考えているのである。

このようなスミスの社会認識は、当時スコットランドにおける有力な思想的潮流であったシヴィック派の社会認識と著しく異なっていた。N・マキャヴェッリを嚆矢とするシヴィック・パラダイムとは、人間を「神の国」で生きる「宗教的動物」と考え、宗教的論理で社会秩序を語るキリスト教的伝統の中で再生された、アテネ人の主張としてみなすことができるものである。彼らは、人間を「政治的動物」として捉え、人々は「政治的共同体」に市民として参加することによってのみ人間としての自己完成が可能であると考える。つまり、徹頭徹尾、政治的論理によって人間ならびに社会について語ることをこのパラダイムは特徴としている。

また、このパラダイムにおいては、人と人を結びつける紐帯は徳（virtue）であると理解され、この「徳」こそがあらゆるものに勝って市民を腐敗から守るものであるとされる。しかも、ここで主張されている「徳」は、古き良きシステムを古き良き生活態度で守れという保守的な政治共同体の意志を内容としている。このような保守的な意識は彼らの意識を時代の進展から取り残すことになる。そしてこの意識の後向きのズレが、商業社会の進展に伴う腐敗にシヴィック派を敏感に反応させた。彼らは、商業社会の発展は富裕の増進に貢献するとしても、商業上の業務が自然に一個の商人というものを形成していく秩序や習慣は、人々を奢侈に浸らせ、彼らを道徳的に腐敗させ、農村のシステムに対して破壊的に作用していると非難する。

商品交換は、一方で、共同体の存立を保障している共同性を崩壊させ、人々をもっぱらセルフ・インタレストの追求を主要動機とするアトム化した個人に解体するのであるが、シヴィック派はこうした共同性を解体する商品交換のもつ秩序破壊作用を批判するのである。他方、商品交換は、私有制によってアトム化され孤立化された人間を、別種の地平で、すなわち市民社会という地平で新たに統合する。この点を捉えて、スミスは私有制から派生する商品交換の秩序形成機能を強調するのである。

価値・貨幣論　このように、スミスは、人々の日々の経済行為が、社会秩序を形成し維持するうえで根幹をなしているという認識を手に入れることによって、つまり、人間を「経済的動物（homo economicus）」として捉えることによって、宗教的論理や政治的論理から独立した学としての「経済学」を誕生させた。そこで次に問題となるのは、社会秩序の根幹を成している経済的世界が、人々の日々の交換行為を通じて自主的に成立するのは何故かということである。そのことを明らかにしようとしている議論が価値・貨幣論である。

スミスによれば、諸個人が交換当事者として市場に登場し得るためには、所持する財に対する所有権を社会的に承認された権利主体でなければならない。では人々はどのようにして所有権を手にいれるのであろうか。『法学講義』のなかで、スミスは一種の労働所有権論を用いてその事情を説明しているが、ロックのように「労働という行為」そのものに所有権の源泉を求めていない。彼は、社会的承認というプロセスを重視して、「手間と労苦（time and pains）」と呼ばれる「労働の投下」に伴う精神的・肉体的疲労に対する「社会的な配慮」に所有権の源泉を求めている。

「社会的な配慮」によって承認された所有権は、所有者に他人の所有物と交換する権利を与えることを通じて、他人の所有物に対する支配力＝購買力を与える。この購買力は、交換に媒介され、交換する他人の労働生産物の量という姿で、具体的な量的規定性を得る。スミスは、この商品が帯びている他の商品に対する購買力・交換力を「交換価値（value in exchange）」と呼ぶ。また、『国富論』では『法学講義』とは異なって、「労働の投下」に伴う労働者の精神的・肉体的疲労は「労苦と煩労（toil and trouble）」と呼ばれている。

だが、いずれにしても、スミスが「労働の投下」に伴う「犠牲」に対する「社会的配慮」が交換価値の発生源であると考えていることには変わりはない。このことが、彼が「労働の投下」を労働者のポジティヴな活動として理解しないで、労働者の精神的・肉体的犠牲として理解する理由なのである。彼によれば、手にいれるのに多くの「労苦と煩労」が費やされているとと社会的に認められた財は、より高い表象的価値を持つことになるのである。スミスの労働観はピューリタン的天職論やマルクス的労働本質論とは異なっている。だが、すでに指摘したように、「労苦と煩労」は労働に伴う単なる個人的な疲労感ではなく、他の人間たちによって社会的に承認され共有された疲労感なのである。それが、もし個人的な、その意味で主観的な疲労感であるならば、相互に比較もできないし、購買力や支配力といった社会的な力を生産物に与えることもできない。

人々は、交換を長い間繰り返すなかで、所有権が付与する他の財に対する購買力を、社会的意識の産物としてではなく、財そのものがもつ固有な属性としてみなすようになる。こうして購買力はモノの属性として考えられることになる。また、財の相互移転である交換は、当然にもその財の持つ「有用性」の交換を意味している。スミスはこのモノの固有な属性から派生する有用性を「効用（utility）」もしくは「使用価値（value in use）」と呼ぶ。分業が一般的な社会では、人間は、異なる「使用価値」を持つ財を相互に交換することによって、生活に必要な必需品を手にいれる。その意味で、「使用価値」の交換は商品交換を引き起こす主要な誘因であると言ってよい。

しかし商品の交換には限度がある。なぜならば、常にお互いを満足させる使用価値の交換が可能になるとは限らないからである。そこでスミスは、誰もが「交換を拒まない」純粋に購買力だけを体現している「特定の商品」を人間は長い経験を経て見出したと考える。スミスによれば、貴金属がその性質ゆえにこの「特定の商品」の位置を占めることになる。貴金属は刻印を押されることによって質と量が保障され、他人の労働を支配する力を記録し移転する鋳貨となり「商業の共通の用具」となる。この「商業の共通の用具」は、その所有者の社会的地位に関わりなく同等な購買力を全ての人間に与える。

かくして、鋳貨は貨幣の本質である購買力を純粋に体現しているものとして自律・自在に徘徊し、交換関係を維持する普遍的な媒介者となる。その結果、交換を成立させていた「人間的な動機」は背景に消え、モノとモノとの自律した交換関係だけが前面に出てくることになる。こうして、人と人との関係は、モノとモノとの関係に純化され、商品交換が全面開花することになる。それが「市場」であり、またそこに経済現象をただ物化された面だけから考察する経済学の成立する基盤がある。

商業社会論　スミスは、分業が限なく社会的に確立され、商品生産が全面化した社会を「商業社会」と呼び、この社会をモデルにして生産力論を展開する。しかし、スミスが「商業社会」という概念的枠組の中で想定している全面化した商品生産社会とは、実在性をもつ歴史的社会ではなく、分業という労働の編成構造の社会的機能を明確にし、生産力増大の原因を解明するための非常に抽象的な概念モデルであった。

スミスは、様々な生産社会が生産力を増大できるか否かを、その内部に「商業社会」を制度化しうるか否かという観点から考察する。その結果「初期・未開の社会」の生産力水準の低い原因がその内部への「商業社会」の非制度化に求められ、しかも非制度化の原因として資財の蓄積の不在が指摘される。つまり、多くの人間が生産的労働に従事しているにもかかわらず、資財の蓄積が不在のために生産力増大の基本原理である社会的分業が成立していない点に、「初期・未開の社会」の貧困の原因が求められる。他方、賃労働―資本関係からなる資本主義的生産モデルを内包している「文明社会」では、商業社会の制度化が可能であったがゆえに生産力の飛躍的上昇が生じたとされる。

だが、彼が文明社会モデルにおいて問題としている点は、資本主義的生産であるからという点ではなく、資本主義的生産にもかかわらずという点にある。彼は、賃労働―資本関係が成立したがゆえに生産力が上昇したと考えているのではなく、「商業社会」が資本主義的生産様式という形態を帯びて制度化され得たがゆえに生産力が上昇したと考える。問題はあくまでも、分業すなわち商業社会の制度化なのである。「階級的不平等にもかかわらず生産力が上昇する」という彼の指摘はこうした意味において理解すべきである。また「文明化された商業社会」とは、まさにこのように商業社会が資本主義的生産様式という形態を帯びて制度化されている社会にほかならない。

重商主義批判　このようにスミスは、階級的不平等のただ中にもかかわらず、生産力が上昇する原因とは何かという『国富論草稿』以来の課題に対する回答を、「商業社会」の資本主義的制度化に求める。そしてその制度化を阻害する要因、端的に言えば、資本の蓄積と社会的分業の普遍的構造化を阻害する要因である重商主義的諸政策を批判する。

スミスの認識によれば、重商主義的政策の究極的目的は、あらゆる国民を必然的に繁栄させたり衰微させたりする「年々の生産と消費の均衡」の代わりに、特定階級の利益のみに関わる「貿易上の均衡」を主張することにある。さらに、彼によれば、重商主義体系によって主として奨励されるのは、「富者や権力者のために営まれる産業であり、貧者や赤貧者の利益のために営まれる産業は、あまりにもしばしば無視されるか、または抑圧される」のであり、また「重商主義体系においては、消費者の利益はほとんど終始一貫して生産者のそれに犠牲にされている」（『国富論』）とされる。このように、スミスの重商主義批判の根底には為政者の公平性に対する不信が存在している。スミスが見た現実は、我々が「経済大国」日本で見ている現実とそれほど差があるものではない。

ではどのような条件が確保されれば、「あらゆる国民を必然的に繁栄」させ得ることになるのか。スミスによれば、それは正義の法を犯さないかぎり、各人各様の方法で自分の利益を追求し、自分の勤労と資本の双方を他のどの人または他のどの階級の人々のそれらと競争させようとも、完全に自由に放任される社会が維持できれば可能となる。つまり、平等・自由・正義という原則にもとづいて、あらゆる人が各人各様に自分の利益を追求することを許す社会こそが、国民の富裕化政策を実現可能な社会なのである。この考え方が、「小さな政府」、「夜警国家論」、「レッセ・フェール」といった言葉で指摘されているスミスの経済的自由主義のエッセンスである。

そしてこの経済的自由主義は、発想法を多少異にしているとはいえ、フランス重農主義と共通する考え方であった。だからスミスは、国民の富は貨幣という消費しえぬ富ではなくその社会の労働によって年々に再生産される消費財であるとしたこと、また、完全な自由こそが年々の再生産を最大限のものにするための唯一の有効な便法だとしたことにおいても、重農主義の教義は政治経済学のこれまで公表されたどれよりも真理に最も近いと高く評価するのである。また、重農主義の影響下で構想されたと考えられている議論として、工業生産物と異なって農業生産物の場合は「自然」も価値の生産に関与するという地代をめぐるスミスの議論が存在する。リカードウ以降の生産物を工業生産物に代表させる考え方のなかで、こうした議論は荒唐無稽なものとして批判されることになるが、エコロジーが叫ばれ農業部門の特殊性が自覚されてきた現在では、ある積極的意義をもってきたと言える。

スミス経済思想の限界　以上のように、スミスが意図した『国富論』の課題は、重商主義的諸政策が排除されれば実現されるであろうような自由な経済社会を舞台にした資本家・地主・労働者という三大階級の協働体制の下で、初めて資財の恒常的蓄積と恒常的な社会的交換・分業が可能になり、生産力が上昇しうることを明らかにすることにあった。しかもその際、一方での、階級的不平等の存在の自覚や為政者とその政策の中立性をまったく信じないリアリズムと、他方での、諸階級の存在をあたかも社会的役割分担の諸形態として把握し、それらの勢力の相互依存と役割分担によって生産力の増大を考えるオプティミズムとが、スミスの生産力論を特色づけるものであった。

だが、資本主義的生産関係をそのまま是認し、貧困の問題は生産力の問題であるとするスミスの問題の立て方だけでは、社会的生産力の発展にもかかわらず、新たな貧困が発生するという点の解明に困難が生じることにもなる。だから、一八世紀から一九世紀にかけての経済成長が、ごく一部の者を豊かにする一方、他方で、数多くの人々の生活を破壊し貧困と混乱に陥れたことを知るとき、スミスの「経済思想」の限界が自ずから明らかになったと言ってよい。

まさに「アダム・スミス博士は、……一国の富が増加しても、それに応じて労働者階級の快楽が増加しない場合がありうることに考えがおよばなかったらしい」というマルサスの指摘が正しいのである。マルクスであったら、豊かさの源泉としての歴史貫通的な分業労働と、貧困の原因としての資本主義的労働形態というかたちで整理したであろう問題を混同することによって、貧困の解消をすべて歴史貫通的な分業労働に還元してしまったところに、スミスの特徴があるのであり、彼の思想の限界もそこにある。

▼感情の哲学者スミス

情念から秩序を　スミスは、「理性は情念の奴隷であり、情念の奴隷でしかあり得ない」とした親しき友ヒューム、あるいは「人類の自己保存が人類の理性的行為にのみ依存するのであれば、ずっと以前に人類は死滅したであろう」とする思想的先輩ルソーなどの感情重視の立場を継承し、感情は精神のすべての機能の根源的で不可欠の推進力であるという立場に立つ。一般に、一八世紀は、啓蒙＝理性の時代といわれ、もっぱら理性的認識の領域に重点がおかれた分析が行われていたと思われがちであるが、他方で感情や情念が精神のすべての機能の不可欠で根源的な推進力であるということを立証しようとする努力もまた有力に存在していた。その点について、G・R・モロウは、一八世紀の初頭から感情主義者として知られているイングランドとスコットランドのモラリストたちは、抽象的理性が道徳的経験の基礎を提供することはできず、こうした基礎は感情あるいは道徳感覚の中に見出されるべきであると主張したとし、倫理学上のこのような反合理主義的な見解の発展の結果、倫理学上の合理主義のみならず合理主義的な方法一般に対しても疑問がもたれ始めたと述べている。またA・O・ラヴジョイも、人間というものは合理的な存在であるという誤解から逃れることができなかった人間（とりわけ教育を受けた人間）が、一七〜一八世紀にかけてのヨーロッパに存在していた事実を認めながらも、当時のヨーロッパを単純に合理的人間観が支配的な時代であったとみなしてはいない。

実際、人間は理性の光に導かれた健全で公正な存在であるとする人間観よりも、むしろ人間は不合理で非合理な情念によって操られている邪悪な存在であるとともに、ルソーが指摘するように「自分自身よりも他人の証言にもとづいて幸福になったり満足したりする」存在であるという人間観の方が、一七〜一八世紀のヨーロッパにおいては支配的であった。たとえば、M・E・モンテーニュは『エセー』の中で、人間というものは自分の名前を拡め、多くの人々の口の端に上り称讃されることを常に望む存在であると述べているが、ラ・ロシュフコーも『マキシム』の中で、「知は情にいつも騙される」と書いている。さらに、B・パスカルは、『パンセ』において、「虚栄心というものは、人の心の奥深くに巣くっているために、兵士も、従卒も、料理人も、人足たちも、己れを称讃する者たちが存在するということを自慢するとともに、称讃者たちを獲得しようと望むように、哲学者たちもまた同じことを望んでいる」と述べ、こうした他人からの称讃や栄誉を望む情欲というものは揺り籠から墓場まで人間に付いて離れないものであり、人間という動物は「地上にどんな所有物を持ち、どんなに健康と快適な生活とに恵まれていようとも、人々の称讃の対象でおらねば満足しない」存在であるとしている。

だが、ラ・ロシュフコーが「毒が治療薬の一部であるように、悪徳も徳の一部なのである。悪徳を調合し、調整して、悪行を正すために有効に利用するのが慎慮というものである」と述べているように、またポープが「情念というものは、……生来戦を好むが、適当に混ぜられ和らげられれば、神の仕事に結合する」と述べているように、彼らは徒に情欲を邪悪なものとして糾弾していたわけではなく、人間の邪悪さを事実として容認し、たとえ人間の行動がこのような邪悪な動機によって突き動かされることがあったとしても、社会秩序の形成・維持は可能であり、邪悪な部分から善なる全体を構築することができると考えているのである。まさに、パスカルが言うように「情欲から見事な秩序を引き出す」ことができるとするのである。アダム・スミスの理論的営為というものはまさにこうした一七〜一八世紀の思潮の中に位置づけられ得るものである。

共感的社会形成論　『道徳感情論』（一七五九）のなかで、スミスは、「孤島に一人住む」人間ではなく、「社会に住む」人間は、「彼の境遇が他の人々にどのように見えるか」に一喜一憂したり、他人からの称讃を得るために不必要なほど顕示的になってしまうと述べている。まさに、ルソー同様、スミスの認識においても、社会に生きる人間は「自分の外」の「他人の意見」のなかでしか生きることができないのである。だが、スミスは、このような「自分の外」で生きる人間が、「他人の意見のなかでしか生きること」ができないがゆえに、その意味で他人を意識し他人から承認されたいがゆえに、社会的規範を身につけた秩序形成的な主体になってしまうと考える。それが彼の共感的社会形成論である。

共感的社会形成論として性格づけ得るスミスの社会哲学は、理性による自己保存を基本論点にするホッブズやロックに代表されるイギリスの社会契約論の批判的克服を思想課題としたものであり、それは社会存立の「大黒柱」である正義の根拠を人間相互の感情的コミュニケーションのなかに確認しようとしたものである。彼は、被害者の憤慨＝復讐感情に対する「観察者」の共感的義憤に正義の感情的基礎を求め、この観察者の立場の社会化・一般化したものが抗争や対立を克服するための社会内在的契機としての「公平な観察者（impartial spectator）」であるとする。そして、人々の感情的コミュニケーションによって形成された社会的産物であるこの「公平な観察者」が正義や良心の基礎となる。

共感論の意義と限界　このように、スミスの共感的社会形成論の理論的特色は、諸個人の倫理的価値判断さらには法的判断の起源を集団内部の観察者の感情的承認・否認に求め、この観察者の感情的承認・否認が個人に対して及ぼす影響に、正義あるいは良心の起源を還元しようとしたことにあった。したがって、彼によれば、特定の社会集団内部の日常生活者は、その内部の構成員による社会的共感によって形成された社会的規範に、無自覚的に則って判断・行為をすることを通じて自己の利己心を克服することになる。社会にとっての障害は利己心であり、人間が利己的であることが社会秩序を錯乱させる原因であるとし、しかも理性による案出物である人為的・人工的規制によってのみ利己心の克服は可能であると考える社会契約論に対して、利己心を克服する感情的原理が人間関係の中に存在することを示したところに、スミスの共感的社会形成論の意義がある。

だから、スミスによれば、理性ではなく、感情こそが、人々の道徳性形成の基本原理なのであり、また人為的な社会的規制がなくとも、人間は自由に行動することによって利己心を克服できることになる。その意味でスミス的な利己心は制度化され制御された利己心であって、決してホッブズ的な意味での利己心のように戦争状態を引き起こすような利己心ではない。この点は交換論のところですでに指摘したことである。しかしながら、集団内部の観察者の感情的な承認・否認が個人に対して及ぼす影響に、正義あるいは良心の起源を還元するスミスの共感的社会形成論にしたがえば、諸個人は彼が帰属している集団に固有な判断・行為の型を必然的にもつことになる。したがって、「正邪の原理」の感情論的基礎づけという理論的作業の結果導出された「公平な観察者の立場」はあくまでも相対的なものになる。それ故、スミスの共感的社会形成論においては、「公平な観察者」の「公平性」は特定の判断・行為の型（特定の慣習的意識）のなかにおける「公平」の意味を出ることは困難である。

言い換えれば、スミスの共感的社会形成論は、社会契約論を持ち出すことなく、共感という概念によって諸個人のパーシャリティの克服の構造を解明しうることを明らかにした意味で画期的であったとはいえ、人間相互の感情的関係によって形成される観念的関係（法・慣習・世論など）につきまとう偏りを抉り出すことはできないという理論的困難をその内部に孕んでいる。スミスは、この困難を克服すべく、『道徳感情論』の改訂を行い、良心の先験的性格を強調することになるが、こうした方向での解決は、良心や正義の経験的性格を立証しようとするスミスの共感的社会形成論と当然にも矛盾すると言ってよい。

▼スミスと現代

経済理論という点では、マルクスによって体系化される労働価値論の一先駆者として位置づけられる場合を除けば、スミスは正統派経済学の創設者として位置づけられるのが一般的である。しかも、その際、一九世紀後半以降の合理主義的経済学は、「小さな政府」や「レッセ・フェール」といった流布されているスミスの思想に対する共鳴ゆえに、自らをアダム・スミスの正統な後継者として位置づけている。しかし、これらの経済学は、経済秩序認識の方法と内容という点で、アダム・スミスの経済学と大いに異なっていることに留意すべきである。スミスの経済秩序認識には、経済法則の存立を自明視するこうした正統派の経済学とは異なって、エコノミーの世界が自律した固有な社会的領域として法則性を持ち始めるのは何故かについての深い洞察が含まれている。アダム・スミスの経済思想の全き意義は、合理主義的経済学の思想的地平とはその位相を異にする、より具体的で、より歴史的な、そしてより内在的で経験的な社会（道徳）哲学の上にそれが構想されていることにある。経済学の制度化が進行し、経済学の歴史から知恵を学ぶ姿勢が乏しくなっているが、今でも「経済学の生誕」の現場に立ち返り、経済学の課題と方法について考えてみようとする全ての人間に、スミスは多くのことを語ってくれる。また社会哲学や知識哲学において展開されている彼の「感情の理論」は、啓蒙期ヨーロッパの思想的多層性を認識する上で多くのことを我々に教えてくれるであろう。また生活に根ざした感性を重視し、「まず感じる、しかる後に、その感じをもとにして考える」という彼の学問的姿勢は、自己の感性を信頼することができない主知主義者の在り方に深い反省を迫るものであると言ってよい。

読書案内

スミスの著作についてはそれぞれ複数の翻訳が存在しているが、『道徳感情論』については『道徳感情論』（水田洋訳、岩波文庫、二〇〇三年）を、『国富論』については『国富論』（水田洋監訳・杉山忠平訳、岩波文庫、二〇〇〇〜〇一年）を挙げておく。

さらに遺稿集である『哲学論文集』については『アダム・スミス哲学論文集』（アダム・スミスの会監修、水田洋ほか訳、名古屋大学出版会、一九九三年）と『哲学・技術・想像力　哲学論文集アダム・スミス』（佐々木健訳、勁草書房、一九九四年）を共に挙げておく。

スミス自身の著書ではなくスミスの講義を受けた学生の筆記ノートの翻訳が二種類存在している。ひとつは法学に関する講義の一部を翻訳したもので、『グラスゴウ大学講義』（高島善哉／水田洋訳、日本評論社、一九四七年）として出版されている。いまひとつは、文学や修辞学に関するもので『修辞学・文学講義』（宇山道亮訳、未来社、一九七二年）、『アダム・スミス　修辞学・文学講義』（アダム・スミスの会監修、水田洋／松原慶子訳、名古屋大学出版会、二〇〇四年）というかたちで公刊されている。これらは、スミス自身の著書ではないとはいえ、きわめて寡作であるスミスの思想の全体像を理解する上で一助となるものである。さらに、『国富論』に関する草稿や雑誌などへの投稿が、『国富論の草稿その他』（大道安次郎訳、創元社、一九四八年）、『国富論草稿』（水田洋訳、日本評論社、一九四八年）というかたちで訳出されている。

二次文献は非常に多く存在するが、ジョン・レー『アダム・スミス』（大内兵衛／大内節子訳、岩波書店、一九七二年）と水田洋『自由主義の夜明け――アダム・スミス伝』（国土社、一九七九年）でスミスの生涯と著作が、内田義彦『経済学の生誕』（未来社、一九五三年）や羽鳥卓也『『国富論』研究』（未来社、一九九〇年）とS・ホランダー『アダム・スミスの経済学』（大野忠男ほか訳、東洋経済新報社、一九七六年）で経済理論的位置が、水田洋『アダム・スミス研究』（未来社、一九六八年）やG・R・モロウ『アダム・スミスにおける倫理と経済』（鈴木信雄／市岡義章訳、未来社、一九九二年）と鈴木信雄『アダム・スミスの知識＝社会哲学』（名古屋大学出版会、一九九二年）で思想史的位置が分かるであろう。また、一七～一八世紀の思想状況については、A・O・ラヴジョイ『人間本性考』（鈴木信雄ほか訳、一九九八年）、『観念の歴史』（鈴木信雄ほか訳、二〇〇三年、ともに名古屋大学出版会）が参考になる。なお、ルソーの経済思想についてはB・フレーデン『ルソーの経済哲学』（鈴木信雄／八幡清文／佐藤有史訳、日本経済評論社、二〇〇三年）を参照。

理解を深めるために

一、スミスとヒュームの経済・社会認識における共通性を指摘しなさい。
二、先行する重商主義と重農主義という二つの経済思想に対するスミスの評価を調べ、またスミスがそのような評価をする理由について考えなさい。
三、貧困の問題を生産力の問題に還元するスミスの考え方の意義と限界を考えなさい。
四、スミスの思想は「人間的平等の感覚」に裏打ちされたものであると言われる場合がある。その理由を考えなさい。
五、共感的社会形成論のヨーロッパ思想史における理論的特色について考えなさい。

（鈴木信雄）

I―5

ジェレミー・ベンサム

社会工学者――治政と管理の経済学

(Jeremy Bentham 1748〜1832)

▼生涯と著作

一八世紀後半のイングランドは、大土地所有者である貴族とジェントリの社会であった。前世紀の二度にわたる革命は、絶対王政を打倒し近代市民社会への転回を遂げる歴史の大きなうねりを示すものではあった。しかし、現実の統治においては、依然として貴族と地主が支配層を構成していた。たとえば、一八三二年の第一次選挙法改正以前には、産業資本家層には選挙権は与えられておらず、これを得るためには彼らは所領を購入してジェントリの地位につかねばならなかったのである。このような土地貴族支配の権力基盤が切り崩され、産業資本家層が歴史の前面へと公然と立ち現れて来るのは、一九世紀前半になってからである。そしてこのような変化を準備したのは、一八世紀の後半から一九世紀の前半にかけてイングランドにおいて遂行されていく、産業革命にほかならない。産業革命の進行は物象的な依存関係（＝商品関係）を、したがって資本主義的な生産関係を社会の深部にまで拡大していく。そして政治―法的な制度をもそれらに対応した形態へと変え、社会体制としての資本制社会を作り上げていくのである。

ベンサムの生きた時代とはこのような時代であった。それは土地貴族支配の社会から産業資本家層が主導権を握る社会へと転回していく最後の段階であり、彼の仕事もまた、この過程を思想的かつ実践的に準備しプロモートしていくことであった。彼の生涯を貫くテーマは、近代社会に最も適合した法体系と統治機構の創出にあったのである。

ベンサムは一七四八年二月一五日、弁護士の息子としてロンドンに生まれた。彼は、父親から早期英才教育を受け、一〇歳にならずしてラテン語、ギリシャ語、フランス語などを習得したといわれている。もともと早熟な少年であった彼は、貪欲な読書家であり、家族からは「哲学者」と呼ばれていた。弁護士であった父親は、息子ジェレミーが法律家としての道を進みゆくゆくは「大法官」の地位に就くことを期待した。父の意向にそって、彼はオックスフォード大学クイーンズ・カレッジに進み、一五歳で法律学の学位を取得する。オックスフォード大学の教育は、ここに学んだアダム・スミスやエドワード・ギボンと同様に、ベンサムにも失望のみを与えた。彼は「イギリスの大学教育に期待できる確実な効果は、虚言癖と偽善だけだ」と述べて、正式の大学教育にはほとんど関心を示さなかった。また入学に際して、国教会派の三九箇条の信仰箇条にサインを強制されたことは、思想や信条の自由を主張する彼に、生涯拭われることのない屈辱を与えたと言われる。

卒業後、ベンサムはリンカーンズ・イン法曹学院において実習教育を受けた後、一八歳で弁護士の資格を与えられ、父親とともに実務に乗り出すことになる。しかし、彼は、弁護士としての仕事には執着しなかった。彼が関心をもったのは、法の実務的な問題よりも、法の原理や思想であり、また、自然科学であった。肝心の弁護士としての稼業をないがしろにして、書斎にこもり、D・ヒュームやC・エルヴェシウス、C・B・ベッカリーアなどの著作を読みふけったり、また化学実験を行うことが多かったのである。この間に、ブラックストーン法学の批判や合理的な刑法の体系化のための夥しい草稿が書かれていく。そして、一七七六年に、前者の草稿の一部が『統治論断片』として刊行される。

この書物は、W・ブラックストーンの『イングランド法注釈』の批判として書かれたものである。ブラックストーンは、自然権と自然法に基礎づけられたコモンローを至上の法体系と考え、イギリス法の現状維持を主張した。それは名誉革命体制をコモンローの名の下に正当化する法理論であった。ベンサムは「最大多数の最大幸福」を理論上の基準として、ブラックストーンの旧態依然たる法擁護論を批判するとともに、制定法主義を主張したのである。それは、ベンサムの処女作であるとともに、生涯にわたる思想的営みの開始を告げる宣言の書であった。

ベンサムは一七八五年九月にロシアに向かい、弟サミュエルの住むクリチョフに二年間滞在する。彼はこの地で最初の経済学的著作である『高利の擁護』と、「パノプティコン」（一望監視装置）と彼が名付けた刑務所設計プランを書き上げる。ともに好評を博し、前者はいくつかの海賊版が出るほどであったし、後者は実現の寸前にまで至るがトーリー政権の御都合主義から失敗に終わる。

一七八九年、帰国後、ベンサムは『道徳および立法の諸原理序説』（以下『序説』と略記）を公刊した。この書物は、ブラックストーン批判の傍ら、一七七〇年代から執筆を始めていた「刑法典」の序章として書かれ、すでに印刷に付されていた（一七八〇年）ものである。「刑法典」本文の完成が遅れていたことと盗用の危惧から序章部分のみが先に出版されたのである。『序説』は彼の刑法論の全体を規定する一般原理を明らかにしたものであり、「功利の原理」にもとづいて快・苦の算術的な計算方法を示し、立法の技術的基礎を叙述している。この『序説』はベンサムが功利の原理を体系的に展開している主要な著作であり、彼の全ての仕事はこの書物を理論的な核として構想されるといっても過言ではない。そしてまたおよそ八〇年の後、ジェヴォンズが限界効用概念の構築に際して依拠したのはこの『序説』であった。

『序説』の刊行の年に、フランス革命が勃発する。革命後の国民議会は、すでにラディカルな自由主義者としてフランスにおいて知られていたベンサムに名誉市民の称号を送った。しかし、ベンサムはアンシアン・レジームを倒した革命を支持していたとはいえ、「人権宣言」に対しては「自然権に基づく形而上学にすぎない」として厳しく批判したし、またジャコバン派の台頭とともに、革命そのものからも距離を置くようになる。

一七九二年に、巨額の財産を遺して父親が死ぬと、彼は公的な生活から身を引き、以後は著作に没頭することになる。それからのおよそ一〇年間はベンサムにとって多産な時代であった。「救貧法」についての提案とともに、民法と刑法に関する草稿や経済学に関する著作が、集中して多数書かれることになる。イギリスは一七九三年に対仏戦争に突入し、インフレと戦時財政の逼迫という経済的危機を迎えており、ベンサムの経済学的な著作の多くはこれらの時論的な問題をめぐる政策提言として書かれたのである。

またこの時期、ベンサムは彼のライフ・ワークである合理的な法体系の構築にも励んでいた。『序説』の本論にあたる「刑法典」の執筆を続ける中で、彼は民法論の考察の必要性を認識し、『法一般について』（一七八二年）、『完全な法体系の構想』（一七八二〜八六年頃）という草稿を書く。一八〇二年に、フランス人の弟子E・デュモンが後者の原稿を整理して、フランス語版の『民法および刑法の理論』を刊行した。この書物は、近代法典のエッセンスとも言うべきものであり、ヨーロッパ諸国に広く受け容れられ、彼の名は一気に知れ渡ることになる。

一八〇八年、ベンサムはスコットランド出身のジェイムズ・ミルと親交を結ぶ。『商業の擁護』などの執筆者として知られるミルは、ミドル・クラス（産業資本家層）の立場から地主階級の議会支配を批判する自由主義者であり、また優れたオルガナイザーであった。彼は多数の有能な若い知識人たちをベンサムに紹介し、ベンサムの周りに自由主義的な政治・社会改革を目指す思想集団が形成されていく。彼らの思想と運動は「哲学的急進主義」と後にJ・S・ミルによって名付けられることになる。メンバーには、法律家のJ・オースティン、法律家で下院議員のS・ロミリ、歴史学者のG・グロート、後に「人民憲章」を起草するF・プレイスそして、ジェイムズ・ミルとその息子のジョン・ステュアート・ミルなどがいた。

哲学的急進派は一八二四年にその機関誌として『ウェストミンスター評論』を刊行する。ベンサムが資金を提供し、編集者はJ・バウリングとH・サザンであった。『ウェストミンスター評論』は、中心的な執筆者としてミル父子を擁し、民主主義的政治改革のオピニオン・リーダーを自ら任ずるとともに、急進派国会議員の議会活動をバックアップする役目を果たした。そして、選挙法の改正、腐敗選挙区の廃止、穀物法の廃止と自由貿易主義の展開、教育法の改正など、資本制的なシステムに適合的な、その意味で合理的な統治機構と法の確立に貢献するところが大きかった。またベンサムが、ロバート・オーエンのニュー・ラナーク工場経営への共同出資者となるのも、この時期である。ベンサムの最大幸福原理や教育論は、オーエンに大きな影響を与えていた。

ベンサムは、急進的な政治改革運動を展開するとともに、国家組織を規律する諸原則の体系化に力を注いでいた。この努力は、一八三〇年に『憲法典』第一巻の出版として実現する。しかし、第二巻以下は生前には刊行されず草稿の形態で遺された。また彼は自ら構想した法体系が自由主義的な諸国で実現されることを望み、アメリカ合衆国のＪ・マディスン大統領に法体系編纂の申し入れを行ったり、ポルトガルやギリシャ（前者は自由主義革命の政権下に、また後者は独立戦争を遂行する臨時政府のもとにあった）へ法体系草案を送っている。しかし実現には至らなかった。

ベンサムの晩年は恵まれたものであった。法改革者・法典創作者としての名声は国内外を通じてとみに増し、ウェストミンスターにあるクイーンズ・スクエア・プレイスの彼の邸宅には大勢の客と、信奉者たちが間断なく訪れた。また、父親から相続した莫大な遺産と、政府より得たパノプティコン計画の不履行の補償金によって、財政的にも豊かであった。ベンサムは、一八三二年六月六日、最愛の弟子であったジョン・バウリングに看取られて、八四歳と三カ月の生涯を閉じた。

▼思想的背景

ベンサムが功利主義の思想家であったことはよく知られている。しかし、功利主義という思想そのものはベンサムに始まるわけではない。「功利主義はベンサムが『道徳と立法の諸原理序説』を刊行する一世代以上も前から時代の風潮になっていた」と言われるように、ハチソン、ヒューム、エルヴェシウス、あるいはベッカリーアといった人々によって、広く説かれていた考え方であった。ベンサムが功利主義を確立したということの意味は、彼が功利主義を一般原則に仕上げそれを基礎理論とした社会科学体系を構築していったという点にある。ベンサムは、社会科学におけるニュートンたらんことを目指したと言われるが、彼は「功利の原理」を「万有引力の法則」になぞらえて、すべての人々に等しく影響を与える普遍的原理として把握し、人間世界の諸現象を説明しようと考えたのである。

功利の原理　では、この功利主義もしくは功利の原理とはどのようなものだろうか。功利主義とは、人間の動機と価値判断の根拠（ベンサムは「正邪の基準」と言う）を、「快楽を求め苦痛を回避する」ことにもとめる倫理学説である。ここで言う「快楽（pleasure）」とは、利益・便宜性・善・幸福などの、精神的かつ肉体的な快適さのすべてを、そしてまた「苦痛（pain）」とは、危害・不都合・悪・不幸などの、精神的かつ肉体的な不快さのすべてを含む概念である。彼は、フランスの唯物論者であるエルヴェシウスに従って、快楽と苦痛を生理的な感覚としておさえた上で、それをあらゆる精神的な事象にまで拡張し、人間の行為の究極的な拠り所として把握するのである。

功利の原理においては、第一に、快楽と苦痛を測定し計算することが可能であるとされる。第二に、人間は、己の快楽を最大限に追求し、また苦痛を可能な限り避けようとする、同型的な主体として把握される。そして第三に、このような人間は原子（アトム〔atom〕）として捉えられ、社会はアトムである諸個人の単なる集合体（寄せ集まり）として把握される。「社会とは、いわば、その成員を構成すると考えられる個々の人々から形成される、擬制的な団体（fictious body）である。それでは社会の利益とは何であろうか。それは社会を構成している個々の成員の利益の総計にほかならない」、とベンサムは言う。つまり、「社会の利益」は、その成員である一人一人の人間の得る快楽の総計として把握されているのである。そしてここから、「最大多数の最大幸福」という原理が導出されてくる。すなわち、己の快楽を最大化する諸個人が最大多数存在すること、これが社会の利益であるということである。

このように「最大多数の最大幸福」という原理は、諸個人の行為の動機や道徳的な判断原理ではなく、為政者＝立法者のものである。個人は自分の快楽の最大化を追求する主体であるが、為政者はそうした諸個人の快楽の総計を最大化することに、行為の動機と価値の基準をもつのである。そこで次に、立法と国家の問題を述べることにしよう。

立法の機能　アトムとしての個人からなる社会においては、己の快楽を追求する諸個人の間に敵対や侵害の可能性が生じてくる。この敵対や侵害を防止し調和を社会に導入すること、そして社会の「成員の最大幸福を増進する」ことに立法の存在意義がある。ベンサムは最大幸福という立法の究極目的を達成するための「補助的な（subordinate）」目的として、生存・安全・豊富・平等の四つを挙げる。このうち、安全が最も基本的なものとされ、他の三つは安全に基礎づけられてこそ効力をもちうるとされる。安全とは、生命、身体、財産、名声、治安、外国からの国家の防衛などに関するものであって、自然法の伝統的な用語では正義の遵守である。法は安全すなわち正義の遵守を保証する枠組を作るのである。

法は、それを強制する機関すなわち権力装置としての国家が存在してこそ、法たりうる。そこで次にベンサムにおける国家機構の問題を論じておこう。

権力装置としての国家の機構――パノプティコン　ベンサムがロシア滞在中に「パノプティコン」という刑務所モデルを書き上げ、帰国後その実現に力を尽くしたということはすでに述べた。このパノプティコンは、実は刑務所モデルにとどまることなく、救貧院、病院、工場、学校などのあらゆる管理機構に適用されうるモデルとして構想されたものであった。D・ロングが述べたように、パノプティコンはベンサムの社会理論の「パラメーター」であり、「規律的社会（disciplinary society）」の象徴的な表現である。したがって、ベンサムの国家機構論を説明するためには、パノプティコンの構造と特色を述べておかなくてはならない。

パノプティコンの形状は、中央の高い所に監視塔が置かれ、その周囲に多数の独房が環状に配置されるというものである。すなわち、監視塔からはすべての独房の内部を見通すことはできるが、独房からは監視塔の中にいる監視人の姿を見ることはできない仕組みになっている。

したがって第一に、この監視システムにおいては、権力の行使がきわめて経済的である。つまり、少数の監視人によって（監視塔の内部は見えないのであるから実際には存在しなくてもよい）多数の囚人を監督できるのである。またパノプティコンは請負制によって経営され、経費の極小化、管理の効率化が図られる。

第二に、囚人は常に監視者に見られているという意識をもつことによって、監視者の視線を内面化し、いわば脅迫観念をもって、自分で自分の状態を監視することになる。その結果、監視者―囚人の権力関係は、囚人自身の中に組み込まれて、彼自らが服従と強制を支える源となるのである。すなわち、囚人はコードを内面化し、〝秩序〟を自発的に作り上げる「主体」へと形成される。かくして、パノプティコンは犯罪人に罰を与える施設であるとともに、「悪漢を正直に、怠惰な人を勤勉にする工場」なのである。秩序から脱落した人間＝犯罪人を、秩序の遵守者であるとともにその形成者へと「主体」化するきわめて効率的な教育機関として、刑務所は機能することになる。

第三に、以上に述べたように、監視人はその姿を決して見られないのであるから、彼の個別具体的な人格は問われないことになる。権力の実体は、特定の人格の中にあるのではなく、建築物の幾何学的な構図がもたらす、「身体・表面・光・視線などの慎重な配置の中に」（M・フーコー）存在している。すなわち、刑務所という機構が支配―服従の権力関係を組織し、諸個人をそこに掌握するのである。このようにして、現実的な服従強制が、「虚構」としての権力関係から機械的に生じてくることになる。このような状況下では、異議申し立てや反体制的運動はその根拠も有効性も失わざるをえない。あらゆる批判的言説も行為も自らの内に呑み込んで肥大化していく、「安定した秩序」がここに出現する。

このように、パノプティコンは、経済的で効率的な運営、人間に秩序のコードを内面化する権力装置、権力の没個人化という特色をもつ。それは、諸個人を「主体」にしたてあげることによって、秩序そのものを存続せしめていくある種の自動機械である。ベンサムはこのようなシステムを、学校や工場そして統治機構にまで適用することを考えた。

社会工学者ベンサム　かくして、最大幸福の原理は合理的な法と国家機構の確立をもって実現される。立法によって「安全」の枠組が作られるとともに、国家機構はそのような法を諸個人に内面化することによって、彼らを「主体」へと陶冶する。この国家機構の運営は経済的で効率的になされねばならない。なぜならば、法と国家はそれ自体が快を産むものではない「必要悪」であり、極小化されることが望ましいからだ。こうして制度の内側での、諸個人の「自由」な振舞いは、ひとつの秩序を形成し、各々の快楽とその総計としての社会全体の快楽の最大化を達成していく。彼らがそれぞれの快を追求することによって、社会が調和的に運行し、富の最大化を実現すること、これは、すでにアダム・スミスが明らかにしていたように、市場機構をとおした経済過程の自律的な運動を前提にしてこそ可能となる。このような経済過程の運動を保証し、その運動を円滑ならしめ調整していくことが法と国家の役割なのである。

だから経済過程の運行がこの自動機械の制御をはずれるとき、あるいはその可能性の生じるとき、政府の「介入」が必然化される。政府＝監視人は「最大幸福」の実現という目的のもとに、この自動機械のファインチューニングと、それが処理することの不可能な問題の解決にむけて、積極的な「介入」をなさなくてはならない。そしてベンサムの経済学といわれるものは、法と国家の枠組を作った後、経済過程の運行に政府が「介入すべきこと（アジェンダ〔agenda〕）」と「介入すべきでないこと（ノン・アジェンダ〔non-agenda〕）」の境界線を引き、「市場機構の運動にまかせるべき領域（スポンテ・アクタ〔sponte acta〕）」を確定すると同時に、アジェンダの領域において政府のとりうる政策を示すことをその主たる目的とするのである。ベンサムの経済学は、最大幸福実現のために、スポンテ・アクタの領域を核として作動する自動機械を効率的に運行せしめる社会工学、と言うことができる。

▼アートとしての経済学

ベンサムは生涯を通じて立法の改革者であり続けた。そういう彼において、経済学もまた最大幸福を目的とする法体系の一部門に位置づけられる。すなわち経済学は、すでに述べた法の四つの補助的な目的のうちの「豊富」を実現するものとされる。彼は、あらゆる学問を、原理論もしくは本質論としてのサイエンスと、応用＝技術的な政策論としてのアートに区分する。彼が重視するのはアートであって、サイエンスはこれに従属し、アートの基礎的な準備プロセスとしてしかその意義をもちえない、とみなされる。したがって経済学は「政府のアート(art of government)」として把握され、このような観点から、ベンサムは、スミスの経済学がアートを軽視してサイエンスを偏重するものであると批判する。ベンサムの立場からすれば、第五編の財政論などの一部を除いて『国富論』の大半が純粋理論的な考察に終わっている、したがって準備段階に留まっていてアートという目的は達成されていない、と解されるのである。この批判が当を得たものであるか否かは問わない。ともあれ、ベンサムの経済学は、「最大多数の最大幸福」を「正邪の基準」とする実践的な政策論として展開されるのである。

ベンサムの経済学的な著作の執筆は最晩年まで続くのであるが、集中して書かれるのは、一七八六年から一八〇四年の一八年間である。この一八年間をW・スタークにしたがって三期に分けて、ベンサムの経済学の特質を明らかにしてみよう。

一七八六〜九三年（第一期） ベンサムの最初の経済学的な著作は『高利の擁護』（一七八七年）である。彼はこの書物において、最高利子率の法定化を論じたアダム・スミスの『国富論』を批判して、利子率の完全自由化を主張した。資本の配分は、貨幣市場をとおして最も適正になされるのであるから、政府による利子率の決定という「介入」は排除されねばならない、と彼は述べる。また、ベンサムは、『高利の擁護』の三年後に書かれた『植民地と海軍』（一七九〇年）において、植民地の放棄を論じた。その主張の根拠は次の点にあった。すなわち、一国の経済活動の水準はその国に存在する資本量によって決定され、またそれら資源の適正な配分は市場機構を通じてなされる以上、植民地経営という政府の「介入」的な政策は経済過程の攪乱をもたらすに違いない、というものである。

このように、ベンサムは、一国の産業活動の大きさは、その国に存在している資本量によって制約されるとともに、それらの資本は市場機構を通じて最も適正に配分されるという論理を基礎にして、利子率政策や植民地政策を批判するのである。すなわち、国富の増大が資本量とその最適配分に存することを示し、それらが自律的な経済過程の運行の領域にあることを明らかにするのである。彼は、こうして、スポンテ・アクタの領域を確定し、これを基準に、アジェンダとノン・アジェンダの政策リストを作り上げる。それを、我々は『政治経済学綱要』（一七九三〜九五年、以下『綱要』と略記）によって知ることができる。

ベンサムは、この書物において、ノン・アジェンダとして、政府による様々な奨励策（資本の貸付、生産と輸出への各種補助金や負担の免除、輸入制限、国内・外の競争制限など）をあげ、またアジェンダとしては、特許制度、公営穀物倉庫などきわめて限定されたものを挙げるにとどまっている。彼は、スポンテ・アクタの領域の自存性を基軸にして、政府の「介入」を消極的なものとして位置づけるのである。

一七九四〜一八〇〇年（第二期）　一七九三年一月革命政権下でルイ一六世の処刑が行われると、イングランドは対仏戦争へと突入する。開戦時、W・ピット内閣は戦争の早期終了を予想し、戦費の調達を公債の発行とイングランド銀行からの借款によって賄おうとしていた。しかしピットの思惑は外れて戦争は長期化し、膨大な公債と借款の累積を生み出してしまう。このような深刻化した財政危機のもとで、戦時財政の建て直しが時局的な課題となって現れたのである。ピットは減債基金による解決が不可能と見るや、増税政策によって難局の乗り切りを図ろうとする。しかし、増税は市民の「豊富」の減少を意味し、功利主義者ベンサムには認めることはできない。かくして、増税によらない財政危機の打開という課題に答えるべく多数の草稿がベンサムによって書かれていく。彼は、財源確保のために、「家産返還法」の復活や生命保険業務の国有化の提案などを行うのであるが、経済理論の展開という点で注目すべきものとして、「年金紙幣（アンニュアティ・ノート〔Annuity Note〕）の発行計画」がある（「流通年金と題されたパンフレットの抜粋もしくは要約」〔一八〇〇年〕）。

アンニュアティ・ノートは利子付きの年金証券であると同時に通常の銀行券と同じく流通手段として機能するという、ベンサムによって考案された特異な紙幣である。彼はこのアンニュアティ・ノートを活用することによって、多面的な財政的課題に答えようとした。第一に、アンニュアティ・ノートを公債の償還用に発行することによって、累積した公債の減少を図る。

次に、アンニュアティ・ノートは小口で保有できるから、従来は対象からはずされていた下層階級に年金の保障を行うことを可能ならしめるとともに、彼らの利益を体制の利益に一体化させることによって、現体制の安定化を実現できる。以上の二つに加えてベンサムは、第三のメリットを挙げる。すなわち、発行されたアンニュアティ・ノートは追加資本として機能し、産業活動の拡大に貢献する、その結果税収入も増加するというのである。アンニュアティ・ノートは銀行券と同様の流動性をもつのであるから、その新たな発行は追加的な購買力を資本家に与えその結果、労働の雇用量の増加をもたらす。ベンサムによれば、富は労働の成果なのであるから、労働雇用量の増加は実際的な富の拡大に帰結する。このようにベンサムは貨幣量の増加が経済の実物的な過程におよぼす積極的な影響を認識することによって、「スミス–チュルゴの投資＝貯蓄の分析とは異なる」と、T・W・ハチスンが言うところの視点を開示するのである。

一八〇〇～〇四年（第三期）　ベンサムの「アンニュアティ・ノート発行計画」案はピット内閣の財務長官ジョージ・ローズに送られたが、採用されることはなかった。一方、戦時下の経済状況は悪化の一途を辿り、政府の多額の累積赤字財政によって、一七九七年にはイングランド銀行券は兌換停止へと追い込まれた。また一七九九年に始まる二年連続の凶作は穀物価格の急騰と一般物価の上昇を引き起こし、さらにそれが引金となって大衆暴動が起きるなど、インフレは一八世紀末から一九世紀にかけてのイングランドにおける大きな社会的・政治的な問題となった。

このような物価騰貴を背景にして「地金論争」が展開されることになる。すなわち、物価上昇の原因を、兌換停止下のイングランド銀行券の過剰発行にもとめる「地金論者」と、そうした事実を否定して、穀物の不作や租税、輸入関税にもとめる「反地金論者」の間の論争である。

ベンサムは、『真の警告』（一八〇一年）を書き、地金論者のJ・アンダーソンに与しながら、インフレの原因を貨幣量の増加にもとめそれへの対応策を提案する。ベンサムの議論に従えば、イングランド銀行券の発行は、兌換停止下とはいえ、正貨準備のもとになされているのだから大規模の過剰発行に至ることはありえない。だが、三〇〇を越える地方銀行は、正貨以外に、互いに他の地方銀行の発行紙幣を支払準備にして銀行券を発行しており、その発行量はきわめて大きなものである。したがって地方銀行券の過剰発行にインフレの原因がある。そこで、彼は銀行業の登録制度の確立と銀行券発行への課税とを提案する。すなわち、登録制度によって地方銀行の質と数を管理するとともに、銀行券の発行への課税によって、発行高を規制しようというのである。こうしてベンサムは、貨幣増発がインフレを生むという認識から、貨幣発行→労働雇用量の増加→実質的富の増大という、第二期の見解に修正を加えるのである。

貨幣増発がインフレを生む可能性の認識は、すでに第二期においてベンサムには存在していた。しかし彼は、遊休労働力が大量に存在する限り（救貧院やワークハウス）、紙幣発行による雇用労働力への需要の増加は、賃金の高騰を招くに至らず、したがって急激な物価上昇は起こりえない、と考えていた。そして富の増大を目的とした貨幣発行を主張したのである。

ところが、第二期の終わりに書かれた草稿、「アンニュアティ・ノートと国富」（一八〇〇年）では、インフレが発生するか否かは、増加発行された貨幣の貯蓄と消費に配分される割合如何によることが明らかにされる。すなわち、貯蓄性向が高いならば、投資額も高くなりその結果、財の生産増加に結び付くから急激なインフレは回避できる。しかし、貯蓄性向が低い場合（消費性向の高い場合）には、そのような作用は生じえずインフレが現実化する。したがって、遊休労働力の存在を前提してもインフレの可能性は否定しえないというのである。インフレは、固定所得者や貧民の実質所得を減少させ、最大幸福の補助的目的に挙げられていた生存・豊富・安全・平等を侵害する。こうしてベンサムの前に、貨幣増発がもたらす、富の増大とインフレの高進という相反する二つの道筋が見えてくることになる。このような彼自身の経済認識の進展とともに、急激なインフレが彼の眼前で社会的・政治的問題を引き起こしていく。かくして彼は、さきの『真の警告』における紙幣発行の制限の提案を行うのである。

一八〇一年から〇四年にかけて、ベンサムは、第一期に書かれた『綱要』の改訂版とも言える『政治経済学講義』（以下『講義』と略記）を書く。彼は、『綱要』と同様に、政治経済学をアートとサイエンスに分けるとともに、アートとしての経済学の確定のために、富の産出行為をアジェンダ、ノン・アジェンダ、スポンテ・アクタに分割しそれぞれの項目ごとにリスト・アップを行っている。『講義』は、経済過程への政府の介入を基本的に排除するという点で『綱要』と同一の基本認識に立ち、またリストの内容も同様の傾向を示している。しかし追加資本を目的とした貨幣増発が、政府の「とってはならない政策」であるノン・アジェンダの項目の中に、新たに明記される。そして、貨幣の増加は短期的には富の拡大をもたらすが、長期的にはその効果は消えてインフレのみが顕在化すると述べ、次の提案を行う。すなわち、政府のとるべき政策は、貨幣量の国民所得に対する割合を一定率に維持することに限定され、貨幣発行による生産の拡大政策をとるべきではない、と（その根拠として彼が提示しているのは、ここ半世紀のイングランドでは、貨幣の増発によって価格は四倍になったが、富は四分の一しか増大していないという「事実」、また、増加された貨幣が資本として使用されることの不確実性などである）。ここに至って、貨幣増発→追加資本論は放棄される。

かくして、ベンサムは第二期から第三期にかけて、あたかも「ケインジアンからマネタリストへ」とその立場を転換していくのである。

ベンサムの経済学　以上の一八年間のベンサムの経済学的な著作の足取りを辿ってみると、我々はそこにアートとしての経済学の特質を見出すことができるであろう。

第一期の『綱要』が示しているのは、スポンテ・アクタの領域の確定と、政府による「介入（アジェンダ）」を最小とすることである。その基本的な論点は、法と国家機構によって保証された、スポンテ・アクタという市場機構にもとづく経済過程の自律性にある。第二期では、対仏戦争下での赤字国家財政というスポンテ・アクタの領域への攪乱作用に対して、その調整手段＝アートとして、アンニュアティ・ノートの発行が提案される。彼は、貨幣増発→労働雇用量増加→国富増大→税収増加→健全財政という観点から、政府の経済過程への「介入」を主張するのである。しかし第三期においては、インフレの深刻化という事態を前に、貨幣増発論は撤回され、政府のとるべき政策は、貨幣量の増加率を安定した状態に維持することに限定されるに至る。

このように、ベンサムのアートとしての経済学は、消極的「介入」→積極的「介入」→消極的「介入」という変遷を辿るのであるが、その底に流れているのは市場経済の自律性に対する確信である。確かに、第二期には積極的「介入」を主張するのであるが、これはケインズのものとは区別されるべきである。ベンサムの「貨幣増発の実体経済への影響」論は、ヒュームの「連続的影響説」に類するものであって、有効需要の視角は欠如している。それは資本不足の故の貨幣増発→追加資本論であり、ここにはセーの法則が貫徹している。その点で、J・ステュアートやマルサスにおけるような、商品生産の不安定性を踏まえ、需要の側からの介入による均衡の実現という有効需要論とは性質を異にする。だから、第二期から第三期において、「介入」がインフレという、「最大幸福」の侵害要因たることが経済的事実として明らかになれば、いとも簡単に、貨幣増加論は放棄される。ベンサムにとって、調和した市場経済の自律性はあたかもドグマのごときものとして存在しており、第一期の基本姿勢へと回帰するのである。

ケインズは市場社会の本質に不安定性を見るが、ベンサムはすでに論じてきたように、スミス的な調和を見る。『綱要』や『講義』のリストが示しているように、ベンサムの提示する「介入（アジェンダ）」はそこからの乖離に対する調整、ならびに競争的市場の基本条件を整備しまた保障することに限定される。そしてそれが、「社会政策思想の本流は、ベンサム主義という名の功利主義にある」と、後に言われる所以である。凶作時における穀物の最高価格の法定化、義務教育制度、統計・保健・交通などの政府管轄、そして市場競争に参加することのできないようなハンディを負った人々に対する社会保障制度、あるいは特許制度や公営穀物倉庫の設立などを、彼は提言したのである。最大幸福の実現のために自動機械を調整しつつ社会を「監視」し必要な介入を行うこと、それがベンサムにおける統治の機能である。

『講義』以後、ベンサムは、経済学的な著作の執筆から急速に遠ざかっていく。彼の仕事は、近代的統治機構の一般理論すなわち、『憲法典』の執筆へと集中していくのである。まもなくして起きる「過渡的恐慌」について、ベンサムはもはや語ることはない。

▼ベンサム以後

古典派経済学とベンサム　古典派経済学と言われるスミスやD・リカードウの経済学には、資本の再生産と蓄積の過程を通じて、いかに社会秩序が形成されていくのかという問題意識が、存在している。その故に、彼らは、価値論を経済学の基礎に据え、生産・分配・消費・蓄積のサイクルを通じて生産関係（＝社会秩序）の再生産の行程を明らかにし、そこを基準として「アート」としての経済政策を提出したのである。スミスは重商主義批判を、またリカードウは穀物法批判を、それぞれ「アート」として確立すべく、経済過程の運動法則を明らかにする「サイエンス（＝principles）」の経済学を構築していった。

しかし、ベンサムには、このような問題意識は存在していない。彼においては国家権力は既存のものとして前提され、市場機構の作動する経済空間はすでに出来上がった自明なる秩序として捉えられる。パノプティコン構想に示される、教育（＝主体化）と監視のシステムはこれを如実に物語っている。あたかも檻の中に閉じ込められた「自由なる主体」によって担われた経済過程の運行に対して、政府の「介入すべき領域」と「介入してはならない領域」との境界線を引き、「介入すべき領域」における政策提示に彼の経済学は終始することになる。彼自身が、サイエンスとしての経済学から区別してアートとしての経済学を揚言していることにもとづくとはいえ、このことは、彼の経済学をスミスやリカードウあるいはマルサスのそれから決定的に区別する。この故に、ベンサムの経済学は、彼を中心とした哲学的急進主義運動にきわめて近いメンバーでありながらも、リカードウによってほとんど顧みられることはなかったのである。

限界革命とベンサム　ベンサムのインパクトは、古典派経済学にではなく、半世紀後、W・S・ジェヴォンズやF・Y・エッジワースといった限界革命を担う人々、すなわち新古典派経済学に及ぶことになる。新古典派が明らかにしようとしたのは、所与の稀少資源をいかに効率的に配分するのかという問題であった。彼らは、この問題を、競争的市場における合理的な個人の行動を前提にした「均衡」という概念によって説明した。合理的個人とは、己れの快＝効用の極大化を目的として、幸福計算にもとづいて行動する人間である。そして、均衡によって実現される資源の最適配分とは、いわゆる「パレート最適」であって、これはベンサムの述べた原子としての個人の集合体である社会の最大幸福が所与の制約条件のもとで実現された状態にほかならない。新古典派は、ベンサムの功利主義にその認識論的な前提を置いて、資源の最適配分の実現のプロセスを明らかにしようとしたのである。

一八世紀末から一九世紀の前半にかけて、イギリス社会は大きく変化していく。カール・ポランニーが述べたように、土地や人間という「社会の実体」が市場メカニズムに全面的に包摂されていく「社会構造の根底的な転換」が生じるのは、この時期においてなのである。社会が商品関係に埋め込まれるとき、人間関係の数量化と要素化が現実化する。そしてここに新古典派のエピステーメーの基層がある。ベンサムの生涯はちょうどこの「根底的な転換」の時代に重なり合う。彼は、数量化と要素化という商品関係に埋め込まれた近代社会における知のあり方を功利の原理として端的に表現し、その上に近代社会の法と国家機構を構想していった。その射程は、新古典派という現代の〈経済学〉的な認識の地平にまで及ぶのである。

読書案内

ベンサムの著作の翻訳文献としては次のものがある。山下重一訳『道徳と立法の諸原理序説』（『世界の名著38　ベンサム・ミル』中央公論社、一九六七年。第一〇章までの抄訳。第一一章以下は訳者による要約）。永井義雄訳『注釈の評注』（抄訳）、同『統治論断片』（抄訳）、同『法一般について』、同『高利の擁護』（抄訳）、同『パノプティコン　別名、監視施設』（抄訳）、同『急進主義は危険ではない』（抄訳）、同『憲法典の主要諸原理――いかなる国にも有用』（本文のみ全訳）、これらはいずれも永井義雄『人類の知的遺産44　ベンサム』（講談社、一九八二年）に収められている。長谷川正安訳『民事および刑事立法論』（勁草書房、一九九八年）。以上のように、経済学に関する著作の翻訳文献は限られており、多くを原文で読まざるをえない。W. Stark (ed.), *Jeremy Bentham's Economic Writings*, 3vols., London, 1952-54にその主要なものが集められているが、いくつかの不備が指摘されている（音無論文〔後掲〕を見よ）。現在刊行中の『ベンサム全集』（*The Collected Works of Jeremy Bentham*）の完結が望まれる。

次に二次文献を挙げておこう。永井義雄『人類の知的遺産44　ベンサム』（前掲）、同『イギリス思想叢書七　ベンサム』（研究社、二〇〇三年）、J・R・ディンウィディ『ベンサム』（永井義雄／近藤加代子訳、日本経済評論社、一九九三年）、これらはベンサム思想の全体像を知るための優れた入門書である。また、ベンサムの経済思想に関しては、次のものを参考にしてほしい。島崎美代子「ベンサム貨幣理論の展開」（『高崎論叢』第三巻一号、一九五五年）、山下博「ベンサムの経済理論一〜二」（『経済学論叢』第九巻第五号・第一〇巻第三／四号、一九五九〜六〇年）、千賀重義「ベンサムのスミス批判」（田中正司編『スコットランド啓蒙思想研究』北樹出版、一九八八年）、有江大介「ベンサムにおける功利と正義」（平井俊顕／深貝保則編『市場社会の検証』ミネルヴァ書房、一九九三年）、永井義雄『自由と調和を求めて』（ミネルヴァ書房、二〇〇〇年）、音無通宏「ベンサムにおける「立法の原理」と初期経済思想の形成」（『経済学論纂』第四四巻第五／六号、二〇〇四年）、板井広明「ジェレミー・ベンサム――利益・エコノミー・公共性の秩序学」（鈴木信雄編『経済学の古典的世界1』日本経済評論社、二〇〇五年）。なお、ベンサムの経済思想の全体像を摑むためには、さきに挙げたStark (ed.), *Jeremy Bentham's Economic Writings* に付せられた長大な序文に是非目を通していただきたい。

理解を深めるために

一、「ベンサムとスミスはともにレッセ・フェールの思想家である」という見解がある。このような見解の当否を考えると共に、スミスとベンサムの差異を論じなさい。

二、ベンサムの思想の限界革命に及ぼした影響をまとめなさい。

三、「アートとしての経済学」の特質をケインズの経済政策論と対比させて、論じなさい。

四、ベンサムの功利主義はJ・S・ミルによってどのように批判されまた継承されるか。論じなさい。

五、「社会政策思想の本流がベンサム主義にある」といわれることの根拠を論じなさい。

（市岡義章）

I―6

D・リカードウとT・R・マルサス

スミス批判の二類型、生産の経済学と需要の経済学

▼生涯と著作

一八世紀末から一九世紀初頭にかけてのイギリスは、国内的には、産業革命と農業革命が生産力の発展を用意すると同時に小生産者（職人や小農民）を没落させ、工業社会化と都市化の進行にともなう景気変動と下層階級の貧困という新しい問題を発生させた。また国際的には、アメリカ独立戦争終結もまもなくフランス革命の勃発によって引き起こされた英仏戦争（一七九二〜一八一五年）の渦中にあった。この戦争と終戦の混乱のなか、一九世紀のイギリスが目指すべき政治経済像をめぐって、二人の人物が、経済学史上稀有の濃密な論争を闘わせまた親交を結んだ。リカードウとマルサスである。

リカードウは、オランダから帰化したユダヤ人でロンドンで金融業・証券仲買人を営んでいた父と商家の出身である母のもとに生まれた。一一歳から二年間、アムステルダムのユダヤ系の学校で教育を受けたあと、一四歳で家業の証券取引の仕事についた。しかし、二一歳のとき、クエイカー教徒の娘と結婚、これがもとで父と断絶、宗教もユダヤ教を離れ非国教会系のキリスト教ユニテリアン派に移った。独立した彼は、友人たちの支援もあって、証券仲買人として成功、とくに英仏戦争中に値下がりした国債を大量に購入、それが終戦後値上がりして巨万の富を得た。だが通常の彼の仕事ぶりは「大きな額に対する小さな率の利益を挙げる」という堅実なものであったと伝えられる。一八一九年、のちに金融帝国を築いたロスチャイルドと公債引き受けを争って負けたのを機に、実業界から引退、広大な地所をもつ別荘（ギャトコム・パーク）で、「愛好する科学」を楽しむ生活に入った。

(David Ricardo 1772〜1823)

(T. Robert Malthus 1766〜1834)

リカードウは青年期から、数学や化学、地質学、鉱物学などの自然科学を好んだが、一七九九年、保養地バースでたまたま手にしたスミスの『国富論』が、経済学への興味を起こさせたと言われている。しかし彼が経済時論家としてデビューしたのは、いま少しのちの一八〇九年、『モーニング・クロニクル』新聞に投稿した、匿名論文「金の価格」においてであった。戦時下にあった当時のイギリスは、イングランド銀行が銀行券の兌換を停止しており、そのもとで金の価格が騰貴し、その原因を兌換停止にもとめる「地金派」と兌換停止以外の原因にもとめる「反地金派」とのあいだで「地金論争」が闘われていた

が、この論文とその後の署名論文や小冊子『地金の高い価格、銀行券減価の証拠』（一八一〇年）の出版を通じて、リカードウは地金派の主張を展開し、地金派の中心的論客とみなされるにいたった。経済時論家としての評価が高まるなかで、リカードウは、すでに著名人であったジェイムズ・ミルやマルサスと知遇を得ることになる。一八一五年、英仏戦争の終結が穀物価格の低下をもたらすことを恐れた農業利害関係者たちは、安価な穀物の輸入制限を目的とした「穀物条令」を提案、「穀物法論争」が生じた。リカードウは、小冊子『穀物の低価格が資本の利潤におよぼす影響についての試論』（一八一五年）を出版、穀物価格が高くなれば地代は増大するが利潤は低下すると論じ、経済発展のためには穀物の低価格によって利潤が増大することこそが必要だと主張して、穀物法反対の論陣をはった。これはリカードウに先立ち穀物法賛成の論陣をはっていたマルサスと真っ向から対立するものであり、両者は以後、出版物や書簡、直接の面談を通じて、経済学論争を繰り広げることになった。次いで『経済的でしかも安定的な通貨のための提案』（一八一六年）を公刊、これは銀行券の発行を正貨に対してでなく地金に対して行うことを提案するもので、事実上、金属通貨の廃止によって「貨幣管理」を意図するものであったというのちのケインズの評価がある。そして一八一七年、主著『経済学および課税の原理』を出版、経済学史上、スミス『国富論』以来の、記念碑的著作となった。

一八一九年、リカードウは、ジェイムズ・ミルの強い勧めで、下院議員の席を得た。彼は、ウイッグ党にもトーリー党にも属さない無所属として活躍したが、全体としては、議会改革の提唱や穀物法の廃止など革新的主張を展開した。議会活動を続けながらの晩年の仕事としては、まず主著の改訂があり、一八一九年に第二版を、一八二一年には第三版を出版したが、とくに第三版では、価値論の修正とともに、「機械について」という新たな章を追加し、機械導入が労働者の失業を増大させる可能性について検討したことは彼の学問的誠実さを表すものだと評価されてきた。また、穀物法の漸進的廃止を主張する『農業保護論』（一八二二年）を出版、さらにマルサスの『経済学原理』や『価値尺度論』への「評註」も注目されるが、なかでも死の直前に叙述した未完の遺稿「絶対価値と交換価値」（一八二三年）は、自らの労働価値説の難点と苦闘したものとして研究者に感銘を与えつづけている。

マルサスは、ロンドンの南、ドーキングに近い田園で、富裕な地方地主の家に生まれた。父ダニエルは、革新的な思想をもつ教養人で、ヒュームやルソーの友人であり、マルサスの生後二四日目には訪英中だったルソーが家を訪れている。一六歳のとき非国教会系のウォーリントンの学院に送られ、一八歳でケンブリッジのジーザス・カレッジに入学した。大学卒業後の一七八九年に国教会の牧師になり、その地位は生涯変わることがなかった。また一七九三年には、ケンブリッジの非居住のフェロー（カレッジ研究員）に選ばれた。フェローと牧師という静かな生活のなか、父との素朴な論争を機縁に誕生したのが、

『人口論』（一七九八年）である。本書の主題は、当時深刻になりつつあった下層階級の貧困問題に対して、フランス革命の急進的な思想（ルソー）を受けついだW・ゴドウィンやコンドルセが私有財産制度が廃止されれば貧困問題は解決すると主張していたのに対決し、貧困は自然必然的な人口の原理に根拠があるのであり、その解決には結婚の延期など人口抑制が不可欠であることを指摘、私有財産制度の廃止はむしろ無責任な人口増加を招くと反論したものであった。この書は大きな反響をよび、一八〇三年には海外旅行によって収集された資料で補強された第二版が出版されるなど版を重ねた（一八二六年の第六版まで）。一八〇四年には三八歳で結婚、その後三人の子供を得た。また一八〇五年には、東インド・カレッジの歴史および経済学の教授に任命されたが、イギリスで経済学という名のついたポストについた教授はマルサスが初めてだとされている。だが固有に経済問題を扱った最初の著書は『食料の現在の高価格の原因についての一研究』（一八〇〇年）であったが、その結論は人口の増加が食料高価格の主原因であるとするものであった。地金論争にも加わり、基本的にはリカードウと同じ地金派に立ったが、つづく穀物法論争においては、『穀物法および穀物価格騰落のわが国の農業および一般的富におよぼす諸効果に関する諸考察』（一八一四年）、『外国穀物輸入制限政策に関する見解の諸根拠』（一八一五年）、『地代の性質と増大、およびそれが支配される諸原理に関する研究』（一八一五年）を相次いで出版して、穀物法は農業不況を阻止し社会全般の安全と繁栄に寄与するとして穀物法に賛成する論陣を張り、穀物法に反対するリカードウと鋭く対立することになった。マルサスとリカードウは、口頭と書簡によって論争を続け、その中からリカードウの主著が生まれ、マルサスもまた主著『経済学原理』（一八二〇年）を出版した。この書はリカードウらの批判を呼び、マルサスは第二版の出版を準備したが、生前には果たすことができなかった（マルサスの草稿をもとに、一八三六年に出版された）。しかし、小さな著書としては、『価値尺度論』（一八二三年）、『経済学における諸定義』（一八二七年）などの経済学書とともに、最後の著書となった『人口論綱要』（一八三〇年）を出版し、最後まで精力的な研究活動をつづけた。彼はまた、牧師としての生涯を終え、埋葬されたバースの寺院には、彼の偉業をたたえる墓碑が立っている。

▼分配論をめぐる対決

われわれはまず、リカードウの『経済学および課税の原理』とマルサスの『経済学原理』を読みながら、両者の経済理論の特質を解明しよう。

アダム・スミスは、国民の一人一人が豊かになるためには、何よりも国富全体が大きくなる必要があるとして、国民にとって真の国富とは何か、それはどのようにして増大させられるのかを探究することを、経済学の課題としたのであった。しかしリカードウは、国富は、地主・資本家・労働者という三階級の間に地代・利潤・賃金として分配されるのであり、この分配を規定する諸法則を確定することが、経済学の主要課題だとした。そしてマルサスも、彼の著書が事実上リカードウの著書への批判として叙述されたこともあって、分配論を中心課題に設定しているように思われる。すなわち、リカードウの『原理』は、理論・課税論・論争部分の三つに大きく分けられるが、その理論部分は、価値論・地代論・価格論・賃金論・利潤論・外国貿易論となっており、またマルサスの『原理』は、富の定義論・価値論・地代論・賃金論・利潤論・富増大の原因論となっているのであり、両者が分配論を基軸においていることが解るであろう。この、スミスとリカードウ＝マルサスとの課題設定の相違はどこから来たのであろうか。

この問題に、唯一の解答を与えることは難しいが、さしあたり次のような諸点に留意することが必要であろう。(1)スミスは、近代経済は、階級的格差の存在にもかかわらず社会の最下層にまで富裕が行き渡るとの認識をもち（市民社会論）、何よりも国富全体の増進を重視したが、リカードウ＝マルサスには、社会の階級化は厳然としており（産業革命）、社会大衆の豊かさの問題は労働者階級の賃金の大きさの問題として把握されたこと。(2)スミスには重商主義という外国貿易＝流通重視に対決し国内生産＝生産力重視の必要を説くことが問題であったのに対して、マルサスとリカードウが論争したのは、国内生産の型（農業には諸産業とは異なる特別の意義があるかどうか、地代は天の恩恵か）をめぐってであったこと。(3)スミスも国富増進は資本蓄積によってもたらされると想定していたが、その考察は何よりもそれが社会的生産力（分業）を進展させるとの観点から行われていたのに対して、リカードウではさしあたり資本蓄積の増大それ自体が重視されしたがって蓄積ファンドたる利潤の動向の確定こそが問題だとされ、マルサスでは逆に資本蓄積の行きすぎ、資本蓄積への対応としての有効需要（とくに地代）の必要が問題とされる（過渡的恐慌への対応）という、資本蓄積へのスタンスの相違があったこと。

価値論　以上のような理由から、リカードウとマルサスは、富の分配問題を考察の中心においたが、両者の『原理』の展開自体は、リカードウは「価値について」から、マルサスは「富の定義および生産的労働について」および「価値の性質および尺度について」から始めている。分配問題を論じるにあたって、富とは何か、その尺度は何かを解明しておく必要があるからに他ならない。

リカードウは、分配論が対象とすべき富を、人間の欲求の対象となる有用な財のうち「人間の勤労の発揮によってその量を増加することができ、またその生産には競争が無制限に作用しているような商品だけ」に限定する。そこで、芸術品、骨董品、限られた土地にしかできない特産品など、その「稀少性」が重要な意味をもつ商品は考察の対象からはずされる。リカードウの定義する富＝商品の典型は、資源の制約もなく、獲得する気になれば、労働投下によって無制限に増加させることができるような工業品であると言えるであろうが、大部分の農業品についても、収穫逓減法則の作用が認められながらも、基本的には労働の追加で獲得可能な商品とされている。リカードウは、市場で交換されている大部分の商品がこのように労働（機械や原料など生産手段に投下される労働を含む）投下によって増産可能な、したがって分配論の対象となる商品であると見た。

このように定義された富すなわち商品は、その分配にあたって、その大きさが尺度されねばならないが、それはその商品が市場で交換されるにあたってもつ価値、すなわち交換価値によって測定される。そして、労働によって増産可能な商品の交換価値を規制するのは、「その生産に投下された労働量」であることは、スミスによってみごとに定式化されたとリカードウは考えた。つまり、一頭のビーヴァーを仕とめるのに費やされる労働が、一頭の鹿を仕とめるのに費やされる労働の二倍だとすれば、一頭のビーヴァーは二頭の鹿に等しい交換価値をもつ、といった具合に。すなわち、投下労働量という価値尺度は、諸商品の交換価値はその生産費（投下労働量）に比例し、その労働生産性に反比例するという、競争市場における価値決定を正しく尺度するものなのである。また、価値尺度というのは不変であることを基本条件とするが、労働生産性がいかように変動しようとも、一定の投下労働量で作られた商品は一定の価値量をもつという関係は不変を保つことができるのであり、投下労働価値尺度はこの条件を満たすものであった。ところが、スミスは、首尾一貫性を欠き、別の尺度、すなわちその商品が市場で支配する労働量を挙げ、文明社会ではもっぱら支配労働量が価値尺度になると主張する誤りを犯していると、リカードウは批判する。リカードウによれば、支配労働量とは、その商品が何人分の労働者の賃金に等しいかを基準にするものであるが、それは事実上、労働者の生活資財すなわち一定の諸商品（使用価値）の束を意味するのであり、当然に、労働生産性が変動すれば、その投下労働尺度で測った価値は変動するものとなる。リカードウは、このようなそれ自体の価値が労働生産性の変動とともに変動する支配労働量は、価値尺度としては不適格なものだと考えた。

マルサスは、富とは「人類に必要で、有用な、または心よい物質物である」と定義する。つまり、召使などの個人サーヴィスや演技、舞踏、歌、説教などは、いかに人間の幸福に不可欠なものであっても、それらは経済学が対象とすべき富の範囲を超えているのである。経済学でいう富とは、蓄えが可能で、ある種の一定の評価が可能な、物質的富に限られるのである。

このような富の交換価値については、マルサスは、それが交換者相互の相対的評価、すなわち需要（買う能力と結びついた意志）と供給（売る意図と結びついた生産）との比例によって決定されることを強調する。つまりリカードウのように、交換価値は、もっぱら生産費によって、すなわち労働生産性に依存して決定されるという考えに反対する。生産費の増大にもかかわらず高価な商品が供給されるとしたら、その高価さは、強い需要によって支えられている、というのがマルサスの見地である。それでは、需要と供給によって決定された交換価値は、いかなる尺度によって測られるのであろうか。通常は、同一国の同じ時期においては、貴金属などの貨幣が価値尺度として妥当していることは周知のことである。しかし、貨幣で測られた価値すなわち価格が、さまざまな国または同一国のちがった時期における交換価値の尺度としてまったく役に立たないことは明らかだとマルサスは言う。ある対象の「真実の交換価値」は、「ほんとうの富または生活のもっとも本質的な財貨を支配する能力の増減を意味する」のであり、したがって、スミスの言う「支配労働量」こそ、有用でかつ妥当な尺度なのである。だが、「支配労働」＝賃金もまた需給関係によって変動するものであり、正確でかつ標準的な尺度とは言いがたいことも事実であり、また労働を含めて生活必需品、便宜品、および娯楽品などの一切の商品への支配力を測定することも不可能なのだから（当時は、物価指数のような統計手法が発明されていなかった）、「おそらくもっとも大きな正確度」をもつ尺度としてマルサスが採用したのは、「穀物および労働〔賃金〕の中間の値(mean)」であった。

地代論　リカードウとマルサスが鋭く対立した政策問題は、穀物法すなわち穀物輸入制限の是非をめぐる問題であった。マルサスは一国が農業をもつことの利益を、政治的・社会的安全の立場からも主張したが、農産物は生産費を超える地代を生じるという経済的利益の観点からも主張したので、地代の性質と原因が、両者の論争の焦点となった。マルサスは、いったいなぜ農産物だけが生産費（賃金と利潤）を超える高価値をもたらし、その結果として地代が生じるのだろうかと問い、その原因は、(1)農産物生産は投下された農産物よりもより多くの農産物をもたらすという天の恵み、(2)農産物の供給は需要（人口）そのものを創出するという生活必需品に特有な性質、(3)肥沃な土地の希少性、の三つにあると主張する。ここでマルサスは、農産物の高価値を、それがどれだけの「労働と穀物〔ここでは農産物に等置されている〕」に値するかという支配労働価値尺度で測っていることが注目されていいだろう。ともかく農業生産はもともと実り豊かなもので、(1)と(2)によって、高価値の供給とその高価値を支える需要を生み出すのだが、社会の初期においては肥沃な土地が豊富にあったために、高価値のもたらす剰余は、高い利潤と高い賃金として分配された（生産費が高かったともいえる）、とマルサスは想定する。だが社会が発展するにつれて、一方では肥沃地は不足するようになり、他方では資本蓄積の進展は利潤を下落させ（後述）、人口の増大は賃金を下落させ、つまり生産費が低下したので、肥沃地に生み出される高価値のうち、低下した生産費を差し引いた剰余が、地代として肥沃地の地主に分配されるようになったのだ、とマルサスは結論する。そして文明社会では生産費はさらに低下し、あらゆる土地にその肥沃度に応じた地代が発生しているのであるが、それは(3)の肥沃地の稀少性にも依ってはいるが、もともと農産物は高価値であるという(1)(2)の原因に支えられてのことであるというのがマルサスの地代論であった。

リカードウは、地代が農業に与えられた天の恵みに根拠をもつというマルサスの立場に反論する。豊かな天の恵みである自然の利用は、生産活動では当然の前提であって、農工業を通じて、空気、水、蒸気などがふんだんに利用されている。しかし、それらの使用に特別な料金請求が起こらないのは、その自然の助力が無尽蔵で、万人の自由になるからである。ところが、農業の利用する土地は、占有できるものであり、その質に差異がある点で、空気、水、蒸気などとは異なっており、この点こそが、つまり天が土地に関しては吝嗇であることこそ、地代発生の原因である、とリカードウは論じる。だからマルサスの想定するように、肥沃な土地が豊富に存在しそのごく一部しか耕作されないような一国の最初の定住の場合などでは、地代は存在しない。地代は、社会進歩につれて人口が増大し、質が劣悪であるとか位置が不便であるとかいう第二等の肥沃度の土地が耕作されるようになって始めて、第一等の土地に発生する。なぜなら第一等地と第二等地に同額の資本を投下したときに、第一等地には超過利潤が発生することは明らかであり(第一等地には同等の資本でより多くの生産物ができるが、一物一価の法則によりその生産物の価格は第二等地の生産物価格と同じになり、第一等地で投下資本に比例する平均利潤以上の利潤が生じる)、それは地代として第一等地の地主が請求・獲得することになるからである。第三等地が耕作されるようになると、地代は、第一等地とともに第二等地にも発生するようになる。また、第二、第三等地とより劣等地に耕作を拡大するのではなくて、既耕地の第二、第三回目の耕作がその収穫を逓減させていくときにも、地代は、より生産的であった資本投下に対して発生する。

このようなリカードウの地代論は、農業生産はそれが拡大進展すれば、その労働生産性が低下していくのであり、その結果として、農産物価値は次第に上昇していくという、投下労働価値論と結びついた、農産物価値論を帰結する。マルサスの言うように農産物価値は確かに高い、しかし、それは肥沃地が限られ天の恵みが少ないからである。だから、穀物は肥沃地の豊かな海外から輸入すればいいのであって、その輸入を制限する穀物法は、経済発展の障害となるというのがリカードウの主張であった。

賃金論　農産物の高価値が経済発展の障害となるのは、賃金は主として農産物価値に依存するからというのが、リカードウの賃金論である。リカードウによれば、労働は、通常の商品と同じように、その生産費(投下労働量)で決まる自然価格(価値)と需給関係で決まる市場価格をもつ。通常の商品は、その市場価格が自然価格から乖離しても比較的簡単に需給関係が変動してその自然価格への一致が達成されるが、労働の場合には、需要(雇用資本量)はともかく供給たる人口の調整には時間がかかるので、市場価格と自然価格の乖離が重要な意味をもちうるが、それにしても自然価格がどの水準に決まるかは決定的である。通常の商品の自然価格は、それを再生産するに必要な費用=投下労働量で決まるのだから、労働の自然価格も「彼らの種族を増減なく」再生産することを可能にするものでなければならず、具体的には、「労働者とその家族の扶養に要する食物、必需品および便宜品の価格」に等しいだろう。だから、食物たる農産物の価値が高くなれば、労働の自然価格つまり自然賃金は高くなるという結論になる。しかしこの自然賃金の上昇が労働者に何らの幸福（実質的な富の支配）の増加をもたらさないことは明らかである。労働者が幸福になるのは、急速な資本蓄積（雇用増）が起こり、人口増加がおいつかないために、市場賃金が自然賃金を上回り、賃金価値の上昇が実質的に支配できる富を増大させるような場合であるから、資本蓄積の急速な進展こそ労働者には望ましいとリカードウは結論する。

マルサスは、リカードウの賃金論が、他の商品と同じく需給関係で決まる賃金の価値決定に関して、ただ供給（労働人口）にのみ影響する農産物など生活必需品の価値の動向を一方的に強調したものだと批判する。マルサスによると、経験上、農産物価値が下落しても賃金が下落しなかったり、逆に農産物価値が上昇しても賃金が据え置かれたままである場合が、頻繁に観察されうる。それは労働の貨幣賃金が生活必需品ばかりに支出されるものでもなく、また生活必需品の価値に影響されて人口が調節されるのには長い時間がかかるからである。むしろ、労働者の賃金水準を決めるのは、労働に対する需要と、労働者の側での生活習慣ということになるだろう。労働者がやっと食えるだけで結婚する習慣があれば、人口は過剰気味になり、永続的な低賃金の原因になるし、市民的自由の確立を前提に労働者が貯えや生活計画をもち便宜品や娯楽品を享受し人口増加が抑えられている場合には、労働者の生活条件は改善されるであろう。このようにマルサス賃金論では、賃金価値は人口と資本蓄積によって決定されるが、人口を事実上左右するのは、労働者の結婚をめぐる生活習慣であって農産物価値ではないとされ、農産物価値の賃金への影響を重視するリカードウと鋭く対立する結果になっている。

利潤論　リカードウの地代論では、耕作が第三等地までしか行われない場合には、地代は第二等地にまでしか発生せず、第三等地の農産物価値はただ賃金と利潤に分かれる。逆に見れば、農産物価値は最劣等地への資本投下にも一般的な利潤（平均利潤率）を保障するように決定されるので、優等地には平均利潤を上回る超過利潤が発生して、それが地代に転化するのである。ともかく、農産物価値は、最劣等地に投下された労働量で決定され、それは社会的に標準的な賃金と平均利潤を保障する。この点、工業品の場合には、原則的にどこでも生産条件は同じであり、したがって超過利潤は発生せず、どこで製造された工業品価値も、投下労働量によって決定され、やはり標準的な賃金と平均利潤を保障する。つまりリカードウ体系では、まず投下労働量が商品の価値を決定し、その「商品の全価値はただ二つの部分に分割される、すなわち、一つは資本の利潤を、他は労働の賃金を構成する」。そして、労働の賃金に関しては、「労働種族」を再生産するのに必要な価格がどうしても支払われなければならないと想定されているのだから、たとえば農産物価値が上昇して賃金が上昇すれば、利潤は下落するとの結論が生まれる。リカードウは、穀物法によって穀物価格が上昇すれば、それはイギリスにおける農業生産の拡大すなわち劣等地耕作を進展させ、その結果として穀物の投下労働価値が上昇し、それは自然賃金の上昇したがって自然利潤の下落に帰結するだろうと警告したのであった。

マルサスは、利潤というのは、投下資本と生産物価値との差額なのだから、利潤率を左右するのは、投下資本価値に影響を与える諸事情と生産物価値に影響を与える諸事情を考慮しなければならないとして、リカードウのように生産物価値を決定済みとして固定し、そこから投下資本価値（事実上賃金）を差し引いて利潤の動向を推論する方法を批判する。もっともマルサスも、投下資本価値に影響を与える主な要因が、労働維持にかかる費用に依存することは認める。しかし労働維持にかかる費用は、(1) 農産物の生産の難易、(2) 資本と人口との比例関係で決まる賃金の動向という二要因に左右されるのであって、(1) だけが作用すれば、肥沃地の減少とともに労働維持費用は増大し、リカードウの言うように利潤率は下落傾向を辿るだろう。だが、(2) の賃金の動向は、かならずしも上昇傾向を辿るとは断定できないのであって、資本増加が人口増加を上回れば利潤は下落し賃金は上昇するし、また長期的には人口増加が資本増加を上回ることも十分予想され、その場合は賃金は低下するが利潤は上昇するだろう。さらに、利潤率は、生産物価値に影響する諸事情にも左右されるが、需給関係に依存する生産物価値の動向に関して、確定的に何ごとかを想定することはできないのであり、結局、利潤動向についてリカードウのように、一方的な結論をくだすことはできないとマルサスは主張した。

国富増大と資本蓄積　われわれはスミスが何よりも、全体としての国富の増大に焦点を当てたのに対して、リカードウとマルサスはその分配に焦点を当てたと述べたが、そのことはリカードウとマルサスが、全体としての国富の動向に興味をもたなかったことを意味しない。逆である。リカードウもマルサスも、国富増大が究極的な関心事であったからこそ、国富増大を左右するものとして分配の動向を重視したのである。

リカードウの場合、国富の増大は、資本の増大＝蓄積と同等視された。すなわち、生産において生じた利潤は、蓄積＝投資されることによって、より大きな生産物に結果するというのがリカードウの想定する国富増大の基本的道筋である。そしてこの道筋が成功するかどうかは、一にも二にも、より大きな利潤の獲得ができるかどうか、その獲得が持続できるかどうか、にかかっているというのが彼の見地である。彼は資本蓄積には二つの型があると指摘する。第一の型は、資本蓄積が、増大する雇用のためにより多くの価値量を必要とし、次第に利潤率の低下、したがって資本蓄積率の低下に帰結する場合である。労働生産性があがらず資本の蓄積が雇用の増大となり、増大する人口を養うために劣等地耕作が進展し、食料価値の上昇→賃金の上昇→利潤率の低下、となる場合がそれである。第二の型は、資本蓄積が必ずしも雇用のための価値量増大とならないために、利潤率の低下が阻止され、高い資本蓄積率が維持される場合である。機械が発明され資本蓄積が機械への投資に向けられる場合とか、資本蓄積が雇用＝人口の増大を伴っても食料を始めとする労働者消費財が安価に調達されるために、賃金として支払われる資本が価値量としては不変または減少する場合である。リカードウは、長期的には収穫逓減は必然であり、先進国イギリスは第一の型を辿ると想定しているが、できるかぎり第二の型を維持することが望ましいとの見解をもち、そのための経済政策の採用を提起した。穀物法の廃止、自由貿易による安価な食料の輸入の勧めが、その中心である。リカードウは、『原理』において、後代において「比較生産費説」と呼ばれる外国貿易論を展開し、外国貿易は交易する両国に同等の労働量でより多量の生産物を獲得させる効果をもつことを論証して、自由貿易が資本蓄積の第二の型を維持するのに役立つとの自説を補強したのである。

マルサスの国富増大論への接近は次のように提起される。すなわち、「生産力が比較的減少しないままであるのにもかかわらず……さまざまな国において富の増進を実際に妨げかつそれを停止させ、またはそれをきわめて緩慢に進行させるところの原因」は何か、と。この問題接近は、生産力の発展が国富増大の鍵だと想定するスミス＝リカードウの立場への疑問の提示だと見てよいだろう。マルサスは言う、「所有の安全」こそ国富増進の前提であるが、この前提が維持されていてもなお、国によって富の増進に差異が生じる原因を探ることが、経済学の問題であると。そしてマルサスはまず、富の継続的増大に刺激を与えるといわれている諸要因を次々と検討していく。まず(1)人口の増加。マルサスは、人口は富の増大を前提するのであり、富の増大の原因と考えることはできないと批判する。次に(2)資本蓄積。これはリカードウらが何よりも重視するものであるが、資本の増大なしに富の増大がありえないことは認めるとしても、それだけでは不十分であるとマルサスは指摘する。すなわちリカードウらは、商品の一般的供給過剰はありえないというセーの議論を信奉して、蓄積によって増大する生産物がことごとく需要されると想定しているが、そんなことはありえないからである。蓄積は、一国の不生産的労働者（消費するだけ）を生産的労働者（消費もするが生産もする）に転換することによって可能になることを考えれば、過度の蓄積が供給過剰つまり有効需要の不足を結果することは明白である。またリカードウらは、人々が「怠惰よりもつねに奢侈品をえらぶこと、およびおのおのの当事者の利潤は収入として消費されるということ」を前提しているが、もし国民の性質がこの逆であるならば、すなわち食べることができれば十分だというような習慣にあれば、蓄積によって増大する多様な商品が供給されたとしても、有効需要が生まれることはないであろう。(3)土壌の肥沃度が富の継続的増大に寄与するとの見解はどうか。マルサスは、アメリカのスペイン領などの例を挙げ、そこでは土地がたいへん肥沃であるにもかかわらず住民が怠惰なために貧しいとのフンボルトの報告などを根拠に、土壌の肥沃度だけでは富の増大の原因とならないと主張する。(4)労働を節約する発明について。マルサスは、機械の利用が、商品を安価にして市場を広げる作用があることを認めると同時に、雇用を減らし有効需要を減少させるという側面のあることも指摘する。要するに、これまでに富の増大を刺激する要因と考えられてきた(2)(3)(4)は、ただ供給を便宜にすることだけを念頭においたもので、需要の側面を考慮していない、というのがマルサスの主張である。

したがってマルサスは、富の継続的増大のためには、生産力に相応した有効需要が確保されること、それによって総生産物の交換価値が増大することが必要だと指摘する（リカードウが、資本の増大とともにその価値量が増大しないほうがよいと想定しているのと正反対である）。そしてこの交換価値の増大を保証するものこそ、消費の意欲をもつ人々の欲求、嗜好、能力に適合した生産物の分配なのである。よりよい分配のためには、道路、運河など分配手段の改善が役立つとマルサスは指摘する。しかし、分配に依存する交換価値の増大にもっとも好都合な原因は、(1)土地財産の分割、(2)内国商業および外国貿易、(3)不生産的消費者の維持、の三つである。(1)についてマルサスは、大土地保有を分割し中小の土地所有を創出することが、多数の人口つまり多数の需要者を作り出す鍵であったことを、アメリカ合衆国の成功などを例に主張した（しかし、革命後のフランスのように長子相続法を廃止し零細な土地所有の創出に道を開くことは危険だとも注意する）。(2)マルサスは、商業は商品の持ち手を変換するだけで価値の増加をもたらすことのない不生産的活動であるという重農主義の見解や、外国貿易は国内で生産するより安価な商品の獲得を可能にするが価値量を変えるものではないというリカードウの見解を厳しく批判した。交換は、社会の欲求によりよく適合した生産物の分配に寄与するのであるから、当然に交換価値を増大させる。いやむしろ商品が交換価値をもつかどうかは交換に依存するのである。(3)最後にマルサスは、資本家の目的は財産を貯蓄することであるから消費する能力をもっているがその意志がなく、労働者は消費する意志はあってもその能力がなく、蓄積のもたらす増大する生産物への有効需要（購買の意志と能力）をもつ階級として地主、金利生活者、さらに政治家、兵士、医者、召使などの不生産的労働者の存在が不可欠であることを確認した。

以上、リカードウとマルサスは、分配論をめぐって対決したが、リカードウが諸分配所得が結局は生産＝生産力によって規定されるとしたのに対して、マルサスは分配所得は市場で決定される価格変動によって規定されると説き、リカードウとの関係では価格決定における需要の役割を強調する経済学となっていることが読み取れるであろう。

▼哲学的・思想的意義

リカードウと功利主義　リカードウ経済学の思想的背景を解明することは難しい。シュンペーターなどは、「リカードウのような多忙かつ実証的な精神の人は、なんらの哲学をも持っていなかったのである」とまで言っている。リカードウは学校教育とは無縁であったので、趣味にしていた自然科学とくに数学、鉱物学、地質学などが、彼の経済学の透徹した分析力・推理力を育てるのに寄与したとの説や、結婚を契機にユダヤ教から非国教会派のユニテリアンに改宗したことが、彼の進歩的な思想形成に影響したとの指摘がなされてきた。しかしこれらの研究は、今のところ、隔靴掻痒の感をでていない。

これに対して、リカードウがジェームズ・ミルなど哲学的急進派と親しい交友関係を持っていたことから、彼の思想を功利主義だとする説が古くからあり、これは検討しておかなければならないだろう。そしてリカードウが功利主義思想に共感をもっていたことも明らかであって、彼はある手紙のなかで「わたしのモットーは、ベンサム氏にしたがって、『最大多数の最大幸福』です」と語っている。実際、前節で見た、彼が望ましいあり方としていた資本蓄積の第二の型は、地代も賃金も利潤も、価値量においては増大しないけれども、いずれも使用価値＝効用（utility）においては増加し、社会のすべての成員がその幸福（効用）を増大させうるあり方として、功利主義（utilitarianism）的思想を体現したものだと評価されうるであろう。しかもリカードウは、この資本蓄積の第二の型を実現するために、政治がなすべきアートに言及しているのであって、それは穀物法を撤廃するなど安価な食料の確保であり、労働者が奢侈品に対する欲望をもつなど人口増加に走らない施策（学校、貯蓄銀行の設立など）であった。

このように彼の経済学のうちに功利主義的要素を発見することができるとしても、やはり、「リカードウを功利主義者と呼ぶのは的を逸している」（シュンペーター）と言えよう。なぜなら、リカードウの経済社会は、ベンサムの想定するような自己の幸福を追求する平等な諸個人（アトム）の集合ではなく、地主、資本家、労働者からなる階級社会なのである。しかもその主導者ははっきりと資本家であり、地主も労働者も資本家のつくりだす経済秩序に従属する存在とされている。そして、ベンサムやジェイムズ・ミルの思想のうちには、貧者と富者を同じように（アトム）扱い、分配の平等化による最大多数の最大幸福の達成という急進的な提案が含まれているが、リカードウには所得分配は平等であるべきだとの発言は見出せないのである。リカードウの主要な関心はそれぞれの所得分配の法則的な行方にあったといえよう。また功利主義の本質は、社会の要素たる個人はただ快苦によって動く単純な存在として立法によってその動きが操作可能な存在とされ、したがって社会そのものが政府のアートによって操作可能な社会工学の対象とされている点にあった。これに対して、リカードウの経済学から浮かび上がってくる社会像は、決して人為的な操作によって簡単にその動きを変えるような生易しい形像をしていない。資本蓄積の第一の型に現れてくるイギリスの長期像は、資本蓄積が必然的に呼び起こす人口増加と劣等地耕作の進展によって、次第に社会の労働生産力が逓減していき、したがって利潤率もいやおうなしに低下していくというもので、スミスや功利主義の楽観論とは対極的な、悲観的な宿命観をさえ感じさせる。また、リカードウ経済学の根本原理である労働価値論は、諸個人の関係から交換価値が決定されるという主観価値説（ベンサムはこの説をとった）とは異なり、諸個人の意図や欲望とは無関係な社会的平均的な生産費（投下労働量）によって客観的に価値決定が行われるというものであり、この点でも、経済社会は操作可能な対象とはされてはいないのである。このように、リカードウの社会像の特質は、人間の恣意を超えて社会が必然性や規則性の支配のもとにあるというところにあり、根本的なところで、功利主義の社会像とは異質なものだと評価することができるであろう。

グラムシの評価　そこで、リカードウが達成したものを、なんらかの他の思想や哲学の影響において考察するのではなく、リカードウ経済学自体が、独自の哲学的業績として評価されるべきだとの主張が、注目される。A・グラムシは言う、「リカードウは経済における『価値』の概念のゆえにだけ実践の哲学の創立において重要性をもっていたのではなくて、『哲学的』重要性をももっていたし、生活と歴史とを直感する仕方をも示唆したということを見るのがかんじんである」。グラムシによると、リカードウが人類史にもたらした哲学上の業績は、歴史発展における規則性とか必然性とかいう概念の意義を明らかにしたことである。言い換えれば、歴史には一定の決定的かつ永続的諸勢力がありそれが自己運動（すなわち個人的恣意や政府の恣意的介入からのそれらの諸勢力の相対的独立）として現れることを浮かび上がらせ、ついでその自己運動そのものを論理的前提として絶対化し、個々の経済的諸事実をもろもろの結合関係――現実においては経済的事実はこの結合関係のなかにあるのに――から切り離して独立させ、原因と結果との関係、前提と帰結との関係を確立し、こうして一定の経済社会の抽象的図式を与えたことである。リカードウは決して、決定論という形而上学的法則を発見したのではなく、また因果の一般法則を明らかにしたのでもなく、歴史発展において必然性とか法則とか言われることが、いったいいかなる意味をもち、いかにして構成されるかを浮かび上がらせたことが重要なのだとグラムシは評価した（他方シュンペーターも、リカードウは基本原理とか一般的体系とかに第一義的な関心をよせることはなかったと言う。リカードウはむしろ実践的関心から、一般的体系を個々の断片に細分し、それら断片の多くを凍結して与えられたものとし、いくつかの断片のみを仮説として取り上げそれをひとつひとつ繋いでいき、それによってごく単純な一方交通的関係たる因果法則を導き出すという方法をとったとして、そうして得た単純な因果法則を実際問題に適用しようとすることを、「リカードウ的弊風」と呼んで批判した）。

フーコーの評価　M・フーコーもまた、リカードウ経済学に、知の考古学上の画期的意義を見出している。フーコーによれば、われわれは世界の事物にある秩序を与えながら思考しているのであるが、通常そのような秩序は最初からひとりひとりの人間には与えられた経験的秩序として存在する。すなわち、言語、知覚の図式、交換、技術、価値、実践のヒエラルキーを支配するもの、等々の諸コードとして。ところが他方には、学問・哲学というものがあって、それらの秩序はなぜあるのか、どのような一般的法則にしたがっているのか、等々を説明している。だが、フーコーによれば、この二つの分野――コード化された秩序と秩序についての反省――のあいだには、中間的だが基本的な、ひとつの領域が存在する。それは、どのようなものにせよ秩序というものが《ある》という、秩序の生のままの存在である。それは、秩序の存在そのものを解き放つ領域であって、文化と時代に応じて多様な姿をあらわす秩序とその存在様態にかかわるむきだしの経験である。フーコーは、そのような中間領域たる、学問的哲学的認識の実在的台座を、認識論的な場すなわち《エピステーメー》ともよび、その領域を研究することを「知の考古学」と名づけた。哲学史が自覚的な反省の歴史であるとすると、リカードウのように自らの学問を哲学的に反省・一般化することのなかった人物への接近方法としては、フーコーの方法はまことに適切であると言えよう。

さてフーコーは、西欧文化の《エピステーメー》は、一八世紀末を境に大きな断層を経験したと主張する（いまひとつの断層は、一七世紀始めにあった）。すなわち、古典主義の時代（一七世紀中葉～一八世紀末）の秩序を存在せしめた「表象」という原理が消滅し、「深層における歴史性」というものがそれにとって代わったのである。表象とは、事物を、地図とか絵とか言語とかの記号によって表現（分類、命名）することによって、事物に秩序をもたらすことにほかならない。古典主義以前においても、人は記号によって事物に秩序を与えてきたが、しかしそれは「類似」（事物が、相似である、近接している、アナロジーが可能、共感できる、等々）を原理としていたために、事物と記号とは外的な標識において類似していなければならず、事物と記号とは区分できず互いに交叉しあい、事物の認識は狭く限られていた（巨人と風車が区分できなかったドン・キホーテの悲喜劇）。ところが、古典主義における表象においては、事物は「同一性と差異性」によって区分され秩序づけられるようになり、事物を表象する記号は、もはや事物との類似性を失い、独立した記号となった（バベルの塔の崩壊により、諸言語が分化＝記号化し、互いに通じあわなくなった）。古典期の記号は、世界から存在論的に切り離され、代わりに精神の理念的な秩序のうちに存在するものとなる。古典期の知は、空間における言語の連鎖と配置によって、世界秩序そのものを観念的に再構成する企てを行ったのである。そうした古典主義の知として、言語に関する一般文法（諸言語における分類法を解明）、生物に関する博物学（自然物を分類学的に類別）とともに、富に関する貨幣と価値の理論があったとしてフーコーによって分析されているので、それを見てみよう。

古典主義時代における富の分析としては、まず重商主義が問題になるが、フーコーは、重商主義は貨幣中心主義で富と貨幣とを混同したといった特徴づけを行う通説を厳しく批判する。重商主義は、貨幣と富とを同一視することなく、貨幣は富を表象するための記号であり、富は貨幣によって表象される内容であると想定していたのである。フーコーによれば、古典期以前の貨幣把握が、貨幣が富の尺度たる記号になるのは、貨幣が金属としてそれ自身として富であるという実在性（「類似」）に基礎をもつものと想定していたのに対して、重商主義では、貨幣が尺度という記号であるのは、それは交換において富を表象するからだとして、貨幣を存在論的制約から解放したのである。このことは富はなぜ表象されねばならないのか、富が価値をもつのはなぜかを問う価値の理論についても言えるであろう。この時期、重農主義は、富が価値をもつのは土地の肥沃さから財が過剰になりそれが売りに出されるからだと考え、逆に効用主義（E・B・コンディヤック、F・ガリアーニなど）は、土地は人間の必要に比べて肥沃でなく、財の欠乏が生じることこそが、交換において価値を発生させる原因だと考えた。両者は、対立しているようで、価値が交換によって発生すると見ている点で、相互に、また重商主義とも、同じ知の地平――交換と表象――にいることが注目されるであろう。さて、一八世紀後期の富の分析者、アダム・スミスはどうであろうか。通説では、スミスは、労働という概念を導入することによって、近代的経済学の基礎をすえたと評価されている。しかし、フーコーによれば、労働という概念自体は、スミス以前にR・カンティロンやコンディヤックによって用いられていた。しかしその労働は、計量のためのたんなる道具＝記号以上の何ものでもなく、相対的であると同時に他の尺度に換算できるもの、結局は必要――食物、衣服、住居――と同値されるものであった。スミスがしたことは、労働という概念を、この必要ということから切り離し、人間の労力と時間という、人間の心や欲求に依存しない尺度に転移したことである。すなわち、交換の動機と交換されるものの尺度とを、また、交換されるものの性質とそのものの分解を可能にする単位とを、区別したことである。スミスにおいては、もはや必要の対象がお互いに表象しあうのではなく、労力と時間が諸財に等価性をうちたてるのである。

だが、スミスもなお、あの古典期の知における、表象にあたえられた優先権を超えることができなかった、とフーコーは指摘する。なぜなら、スミスは、諸財に等価性をうちたてる「労力と時間」を交換において「購買＝支配できる労働」と同一視したからであって、それは、スミスが、「いかなる商品も一定の労働を表象し、いかなる労働も商品の一定量を表象しうるという……表象の透明な本領内で、人間の活動と価値とを連関させていた」からである。一九世紀のリカードウが、みずからの場とみずからの重要性の決定的理由を見出したのは、まさしくこの点においてであった。リカードウは、労働が特権的地位をもつのは、スミスが考えるように交換において諸財に等価性を与えるからばかりでなく、交換に先立って価値を創造するからであると想定したのである。リカードウも、諸財（売り買いされる労働を含む）の価値が市場で流通し互いに交換される以上、諸価値が表象力をもつことを否定するのではない。しかしこの力を、諸価値は他のところから、すなわちどのような表象よりも原初的でより根源的な、したがって交換によっては規定されえない、生産において投下された労働から、引き出してくるのである。リカードウにおいて、「価値は記号であることを止め、生産物となる」とフーコーは極論する。したがって、リカードウ以降、生産の理論が、流通の理論に先行しなければならなくなったのである。

フーコーによれば、価値論におけるリカードウの達成は、古典主義から断絶した一九世紀以降の新たな《エピステーメー》の誕生を告知するものであった。第一にそれは、新しい因果系列たる「歴史」概念を創造した。古典主義では、因果関係は諸物が互いに表象しあう空間のなかに置かれていたが、リカードウでは、諸物（労働量＝価値）はそれ固有の因果性すなわち生産系列（分業の程度、機械化の程度、資本の大きさ、等）によって組織されることになる。「このような系列化された集積こそ、古典主義における富の分析においてもっぱら作用した相互規定性を、はじめて断ち切るものであった」。諸物は、表象の空間を離れ、連続する歴史的時間のうちに組織され集積されるのである。ここで誕生した「歴史」概念は、経験的なものの単なる記述ではなく、経験的なものがその固有の存在を獲得するあり方を意味するものであることが重要である。第二にそれは、新しい「人間」概念を出現させた。古典主義における人間は、自らの必要と欲望に応じて、諸物を表象し交換する存在であった。しかしリカードウでは、人間は諸物を得るために、歴史の因果系列の制約のもと、死の恐怖と闘いながら労働するほかない存在として現れている。リカードウ以降の経済学は、自然のもとにある有限の存在としての人間に基礎をおくことになるのである。第三にそれは、「歴史の終焉」という認識を導入した。古典主義では、経済の進化はせいぜい空間的タイプの変容にすぎなかったが、リカードウでは、歴史の進行につれて土地の生産性が逓減していき、遂には一切の人口増加が不可能になる地点に達して、歴史は〈停止〉するとされている。この地点は、「それを目指してつねに歴史が歩みつづけてきたもの、結局のところ歴史が当初からそうでありつづけたものを、時間という無際限なもののなかで承認」したものであり、人間が歴史に規定される有限な存在であることを確認したものにほかならない（マルクスもまた欠乏の果てに歴史の終焉を問題にした点で、リカードウと同じ地平に立つ。ただマルクスでは、到達点において、歴史はそれまで自らがたえずそうであったものを自分で抹殺し、新たな時間をはじめるものと想定されることになるのだが）。以上のようなリカードウ経済学の特質は、同時代の、生物学におけるキュヴィエ（生物を機能的システムとして把握）および文献学におけるF・ボップ（言語を文法システムの要素として把握）の業績と並んで、一九世紀から現代にいたる知の配置を規定しているのであって、わずかに一九世紀末のニーチェの苦闘のなかにその制約と同時にそこからの脱出の黎明をみることができるかもしれないというのが、フーコーの考古学認識なのである。

マルサスと保守主義　マルサスの経済学は、彼自身の思想的な書物たる『人口論』との関連で考察する必要があると思われる。すでに見たように『人口論』の主題は、下層階級の貧困の原因は私有財産制度を中核とする人為的な制度にあり、よき制度のもとでは人間は理性によって貧富の差のない平等社会を築くことができるという、ゴドウィンらの主張を論破することにあった。マルサスは、ゴドウィンの描く平等社会が人類の理想であることを否定はしない。しかし人間の自然は、そのような理想状態では、産めよ増やせよの人口の幾何級数的増加に帰結し、他方食料は算術級数的にしか増加しないから、結局は貧困は必然であると主張したのである。つまりマルサスは、ゴドウィンらの前提にある人間は環境さえ改善されれば理性的存在になりうるという可完全主義（perfectibilism）という考えかたを拒否し、ゴドウィンらの理想社会はユートピアだとしたのである。マルサスによれば、人間は何らかの制約がなければ情欲に流される存在であり、この世には食料不足という自然の制約があるからこそ、人は働き、人口を抑制し、その結果として生活水準を向上させてきたのである。聖職者マルサスによれば、食料不足は神が人間に与えた試練であり、神の賜なのである（貧困の存在と神の慈愛を調和させる神義論であり、マルサスは「神学的功利主義」の一翼として評価されることもある）。したがって、救貧法のような貧者に生活保護を与えるような制度（下層階級の増加に対応して、一七九五年にはパンの価格上昇に比例して貧者に生活補助を与えるなどの改訂が行われた）は、人間の努力への芽をつぶす悪法であり、貧者は自然の競争にさらすべきだというのがマルサスの主張であった。このように社会改革を拒否し、既存の秩序（私有財産制度）を擁護する『人口論』の主張は、当時フランス革命が合理主義の名のもとで伝統や経験に支えられた社会秩序を破壊したと批判したE・バークのそれと並んで、保守主義の思想と言われている。バークとは異なって、マルサスは、父や青年期の非国教会系の教育の影響もあって、急進思想に同情する面もあったとも言われるが、穀物法賛成の理由として国家の安全の確保を挙げ、資本蓄積の推進のためには「所有の安全」が大事だと説き、フランス革命による小土地所有の創出を非難し（リカードウは、マルサスのこの見解に明確に反対した）、有効需要確保のために地主（事実上貴族）の重要性を主張するなどの経験論のうちに、保守主義思想の一面を確認することができるであろう。

だが保守主義は、失われつつある秩序の擁護者であることによって、その秩序を破壊しつつある真の主体である近代＝資本主義への最初の批判者としての側面をもつ。マルサスの経済学の基本的論点は、資本蓄積の進行がそれ自体では安定した秩序も豊かさをも創出できないということであった。目の前に起こっている経済不況、下層階級の貧困が、それを実証していた。彼は経済不況の根因として、商品は貨幣によって購入されなければ交換価値をもてないが必ず購入されるとは限らないこと、資本蓄積による生産の増大がかならずしも相応する需要を伴わないこと、つまりセー法則は妥当しないことを指摘した。彼は、資本蓄積が農業と工業のあるべきバランスを崩し、工業に片寄り、急速すぎる都市化を進行させ、社会不安をもたらすことに憂慮を表明した。彼はまた、工業化が労働時間の一二時間いや一四時間という「人類にとっては過度」の延長をもたらしていることに抗議すらしたのであり、この点はのちのマルクス（あのマルサス嫌いの）が高く評価したほどである。さてフーコーは、マルサスについてほとんど言及するところがなく、わずかに人口の原理が、生きるために食料を探し求めなければならないという人間の生物としての側面に着目したものとしてリカードゥとの同時代性を見ているだけである。しかし、マルサスの経済像のうちに現れてくる人間たちは、自らの欲望に従って商品を供給し需要する市場空間に置かれており、支配労働を尺度とした相互の表象力を介して交換価値を決定するものと想定されているのだから、一九世紀以前的な「古典主義」の枠組から脱していないと評価されよう。あるいは、古典主義が「表象」によって社会全般の秩序形成を問題としたのに対して、一九世紀後半の限界効用学派が人間の欲望や必要を単なる心理学の対象として主観性の範囲のうちに閉じこめ、主体と客体から成る社会秩序の存在への問いを喪失したが、マルサスはその先駆と位置づけることができるかもしれない。しかしそれは、リカードゥの知の地平が、人間を深く客体のうちに沈めたことと相応していたのである。

▼後代への影響

リカードゥ経済学の後代への影響については、二重の評価がある。穀物法反対に象徴される自由主義を信条とするリカードゥの経済学は、彼の死後、ジェイムズ・ミル、J・R・マカロック、J・S・ミルらの有力な経済学者によって擁護され、さらに一九世紀末の代表的経済学者A・マーシャルも「リカードゥの弟子」を称したので、一九世紀イギリス経済学の主流の位置を占めたとの評価が一方である。しかし、これら後代の経済学者は、リカードゥの生産費説的な価格論を基軸にリカードゥを継承し、労働価値論は事実上骨抜きにされたので、むしろ一九世紀も三〇年代には、リカードゥ経済学の影響は急速に衰えたとの評価もある。この評価の違いは、結局評者がリカードゥ経済学のエッセンスを何に見るかの違いだとも言えよう。

だが、労働価値論を基軸にしたリカードゥ経済学は、初期の社会主義思想と何よりもマルクス経済学に大きな影響を与えた。一八三〇〜四〇年代、労働価値論にもとづき資本家の利潤横奪の不当性を唱えた社会主義思想は、通常リカードゥ派社会主義と呼ばれている（実際には、彼らはスミスからより大きな影響を受けたが）。マルクスは、リカードゥ経済学を産業資本の論理たる生産力発展の必然性を科学的不偏不党の見地から定式化したものとして高く評価する一方、リカードゥ労働価値論の継承と批判のうちに、彼の経済学批判体系を樹立した。

また二〇世紀の経済学者P・スラッファは、リカードゥの初期と晩期の理論のうちに、価格論に媒介されることのない分配法則確定の試みがあるとしてその評価のうちに独自の経済学体系を創設したが、それは価格論に依拠する現代の主流派経済学への鋭い代替経済学を形成しつつあり、しばしばネオ・リカードゥ派の経済学と呼ばれている。

他方、マルサスの経済学は、一九三〇年代にケインズによって、自らの有効需要の経済学の先駆として再評価されるまで、忘却の淵に沈んでいたとされる。ケインズが、「もし、リカードゥではなく、マルサスだけが、一九世紀の経済学の発芽する根幹となっていたならば、今日の世界は、どれほど賢明で豊かな場所となっていたことであろうか」と語ったことは有名である。だが、マルサスはケインズの先駆としてだけ評価されるべきではなく、生産主義に片寄った経済学のあり方、経済決定論に堕しがちな経済学のあり方（マルサスは、経済への自然・法制度・人々の嗜好や習慣の影響を強調した）への解毒剤として、その意義は今後なお評価されていくものと思われる。だがむしろマルサスの場合には、『人口論』の影響が大きく、とりわけ貧困解決の鍵が人口抑制にあるとする見解はマルサス主義と呼ばれてたえず論議の種になってきたのであり、とりわけ途上国での人口爆発と貧困問題が継続する今日、改めて注目されていると言えるであろう。

読書案内

リカードウの著作はすべて、マルサスなどとの往復書簡を含めて、スラッファ編『リカードウ全集』全一〇巻（邦訳版、雄松堂出版、一九六九〜七八年）に収められている。しかしさしあたり、主著『経済学および課税の原理』（羽島卓也／吉澤芳樹訳、岩波文庫、一九八七年）を勧める。マルサスの全集は邦訳はされていない。しかしやはり、主著『経済学原理』（小林時三郎訳、岩波文庫、一九六八年）と『初版人口の原理』（高野岩三郎／大内兵衛訳、岩波文庫、一九六二年）を勧める。

リカードウの研究書として、千賀重義『リカードウ政治経済学研究』（三嶺書房、一九八九年）、羽鳥卓也『リカードウの理論圏』（世界書院、一九九五年）、中村廣治『リカードウ経済学研究』（九州大学出版会、一九九六年）、竹永進『リカード経済学研究――価値と貨幣の理論』（お茶の水書房、二〇〇〇年）。マルサスの研究書として、D・ウィンチ『マルサス』（久保芳和／橋本比登志訳、日本経済評論社、一九九二年）、中西泰之『人口学と経済学――トマス・ロバート・マルサス』（日本経済評論社、一九九七年）、横山照樹『初期マルサス経済学の研究』（有斐閣、一九九八年）、森下宏美『マルサス人口論争と「改革の時代」』（日本経済評論社、二〇〇一年）、永井義雄・柳田芳伸・中澤信彦編『マルサス理論の歴史的形成』（昭和堂、二〇〇三年）。

理解を深めるために

一、穀物法問題は、現代日本でいえば米の高関税問題である。リカードウとマルサスの穀物法論争が、米の高関税問題を検討するうえで、如何なる示唆を与えるか考えてみなさい。

二、投下労働価値説と支配労働価値説の相違について考え、それがリカードウとマルサスの分配論上の対立とどう関連しているか、検討しなさい。

三、リカードウは、複雑な経済的因果連関を極度に単純化＝抽象化して考察する方法をとったと言われるが、リカードウの議論のどのようなところにそれが見られるか、事例をあげなさい。

四、下層階級の貧困の原因は人口の増加にあるというマルサスの人口論は、正しいのか間違っているのかを、論じなさい。

五、人間の性質についてのあなたの考えを、人間の可完全性に対するマルサスの批判を参考にして、まとめなさい。

（千賀重義）

I—7 ジョン・S・ミル

モラリストの経済学

(John Stuart Mill 1806〜1873)

▼生涯と著作

J・S・ミルは一八〇六年、功利主義者ベンサムの友人であるJ・ミルの長男として生まれた。三歳より父の徹底した個人教授によって、ラテン語、ギリシャ語の原典をもとに政治学・歴史学を学び、さらに論理学とリカードウ経済学を身につけることになる。この超早期教育は功利主義原理にもとづき子弟の育成を行うという父の方針によるものであった。一方的な知識の詰め込みではなく、子供の思考能力を養うことを目的としたものであったとはいえ、こうした教育によって「作られた(made)」人間であるという意識がミルに植え付けられた。その後ミルは父の下で東インド会社の書記として勤務しつつ、若き功利主義者として文筆を揮っていたが、一八二六年深刻な憂鬱症に囚われる。ミルが『自伝』で「精神的危機」と呼ぶこれが何を直接の原因としていたかは定かではない。しかし自分自身が他者（父）によって形成された機械のような存在ではないのかという疑問、さらに人間性に関して一定の法則が存在し、この法則に従って行為が必然的に定められる（aという性格の人間は必ずbという行動または対応をする）ことと、人間の自由との間に矛盾は生じないのか、いったん環境によって定められた性格は不変であり個人によって変革されることは不可能なのであろうかといった「自由」と「必然」をめぐる疑問が憂鬱症の根底に存在していたと思われる。ミルは『自伝』で当時を振り返って、もし自らの求める理想社会がこの瞬間に成立したならば自分は幸福であろうかと自問自答し、「否」との答が我知らず返ってきたと書いている。これは彼が自己の存立基盤に対して抱いた懐疑の深さを表している。こうした深い懐疑の念はまた、ミルが父の大きな影響力と格闘を始めた証拠でもあっただろう。

この精神的危機以降、ミルは自己の従来の思想の偏狭さを反省し、S・T・コールリッジやW・ワーズワース等のロマン主義の詩に親しむ一方、サン＝シモン主義やA・コントの思想に強い影響を受けていくことになる。それはまた人間の情動や諸制度の歴史性、社会形成における諸情念の果たす役割にミルの眼を広げることでもあった。

このように自らの思想的領域を深め、広げつつあったミルの前に登場したのが、ハリエット・テイラー夫人である。この有夫の女性との白日の下での二〇年にわたる交際、夫の死後未亡人となった彼女との結婚は、ミルと従来の友人や家族との間を隔てる一方、詩や社会主義、女性問題に対するミルの関心と理解を深める一因ともなった。こうして父ミルとベンサムから受け継いだ功利主義とリカードウ経済学を、その偏狭さから救いだし、新たなものへと脱皮させるべく、彼が取り組んだのが主著『論理学体系』であり、『経済学原理』である。

知的分野において自らの思想的基礎を定め、豊かな実りを収めつつあったミルであったが、私的生活においては決して恵まれなかった。一八五八年愛妻ハリエットを病気で失ってしまう。妻を失ったミルを支えたのは、養娘ヘレンと、妻との間に交わした討論の成果をこの世に残しておきたいという彼の決意であったろう。それは第一に個人的自由の原理を主柱とした『自由論』として、さらに女性の解放を主張し擁護した『女性の解放』となって現れた。その後も『代議政治論』を公刊し、功利主義の擁護と改新を目指した『功利主義論』を世に問うとともに、下院議員として婦人参政権を主張した。この下院議員への立候補は彼自身が望んだものではなく、その選挙運動も自分のための宣伝行為や寄付行為を拒否し、地盤となる地方の利益を代表するのではないと公言し、選挙期間中はほとんどイギリスを離れて妻の眠るフランスに滞在していた。議員時代の前後においてもアメリカ南北戦争やジャマイカの住民暴動鎮圧の正当性、アイルランド独立運動等の問題に対し、世論を批判し自己の信念を表明する論文の執筆や運動を議会内外で熱心に遂行した。こうしたミルの行動は必ずしも当時の有権者に受け入れられるものではなく、彼は次の選挙で落選した。

以上のような晩年の公的活動は、たとえ少数意見であろうとも、あるいは少数意見であるからこそ、公に対して自己の信念を表明しなくてはならないという彼の信条の具体化であった。議員とは、意見の代表であるべきで、地方や職業集団といった何らかの利害関係の代表であってはならないと考えていた。議員活動を終えた彼は再び文筆活動（死後『宗教三論』、『社会主義論』として出版）と社会活動（土地保有改革協会を組織し、大土地所有を廃し土地取引の円滑化を促進するとともに、公的機関による土地の収容および、この機関による自発性と収益性において有望な農業アソシエーションへの土地貸出や、景観保護のための土地公有を主張した）にいそしんだが、一八七三年、愛妻ハリエットの眠るアヴィニヨンで死去した。

ミルの生涯を一言で括るならば、パブリック・モラリスト（public moralist）という言葉が似つかわしいであろう。モラリストとはいっても既存モラルの墨守を説く「道学者」ではなく、新たなモラル確立のための基盤を求め、真に人間的なモラルとは何だろうかと問い続ける「求道者」としてのモラリストである。ミルは終生一貫してその思想的基盤をモラル・サイエンスにおき、実際上の行動においても、モラリストであった。そしてその中心テーマは人間の自由であり、幸福であった。では彼の社会・経済像とはどのようなものだったろうか。次節では、『経済学原理』を中心として考察していくこととしたい。

▼新たな『国富論』を求めて

読者諸氏はイギリス、ことにヴィクトリア朝イギリスに対しどのようなイメージを持つのだろうか。水晶宮と山高帽の紳士に代表されるような富と繁栄だろうか。あるいはC・ディケンズの小説を思い浮かべ、首都ロンドンの路地裏に展開する悲惨な貧困の様を思い浮かべる人もいるかもしれない。世界の富を独占したかのような繁栄の一方、保険金を得るために我が子をも殺害する極限までに追いつめられた貧困。それはまさに「二つの国民」の国であった。

このように繁栄の中の社会矛盾が露呈し始めたイギリス社会の中で旧来の経済学に対して深甚な疑問が提示され、多方面から批判の声があがっていた。経済学とは「陰鬱な科学」であるというT・カーライルの表現に代表されるように、「レッセ・フェール」の旗印を掲げ、富の集積とその対極に位置する貧困の増大を経済法則の結果として当然視する学問であるとさえ考えられるに至っていた。それはまた鉄の如き科学の法則を主張し、人間の自由を剝奪するものともみなされていたのである。

たとえばカーライルやコールリッジといったロマン主義者は、経済的利害のみを比較計算する人間＝「経済人」という経済学の前提は、激化する競争や拝金主義を正当化し、貧困に代表される社会悪を敗者の当然の運命として是認するものだと攻撃していた。こうしたロマン主義の影響を取り込みつつ、自由放任に反対し、工場主に対し労働者住宅等の福祉施設を付設する義務を負わせ、その一方で労働者には従順の義務を説く保守主義者も現れていた。

さらにオーエンやサン＝シモン主義者をはじめとする種々の社会主義者は、社会悪の根源を市場における競争と私有財産制に求め、この体制の根本的変革を主張していた。こうした社会主義者にとって、経済学はこうした体制を絶対視し、普遍化する御用学問に他ならなかったのである。

ミルもまた富の追求に専一化する人間を肯定し、あたかもこれを人間の真の姿とするような従来の経済学に対し、強い反発を感じていた。こうした既存経済学への批判を底流とし新たな経済学の樹立を目指して書かれたのがミルの『経済学原理』である。それはミル自身が序文で主張するごとく新たな『国富論』であった。ではその具体的成果はどのようなものであったろうか。

知識の流通・獲得過程としての市場　まず第一にその市場観を取り上げよう。ミルは市場を動かしているのは人間に他ならないと考える。それゆえ景気変動の動因として何よりも市場参加者の心理、すなわち期待や予想を重んじている。さらにこの期待や予想に質の違いがあることを見逃してはいない。その分野の専門的知識をもつ取引手とそうではない素人との間には、その立てる予想にもまた予想の確実度にも大きな相違が存在する。専門的取引手は、その分野における長期の需給動向を認識している。また新市場の可能性や新技術の導入に関する情報をいち早く入手するためのネットワークをもつ。こうして専門的取引手は価格動向を先読みし投機を開始する。一方素人は市場の表面的な価格動向を頼りとして投機を行う。こうした「読み」の違いが市場過熱時のバブル現象の原因ともなり、また急速な収縮とその反動としての冷え込み、さらには回復の一因ともなるのである。ここで仮に専門的取引手といったが、これは何らかの商売上の身分を指しているのではない。証券会社のベテラン社員であっても、信頼のおけない情報や、習慣にもとづいて漫然と判断する場合は素人と同じであろう。

こうしたミルの景気変動分析において着目しておきたいのは、市場における情報や知識の重要性とこれにもとづく人間の不確実な判断が経済事象の動因となっているという彼の認識である。このように情報や知識に着目して市場を分析しているのは景気変動だけではない。不作時の穀物取引の分析にもそれは表れている。穀物商人が不作時において高い利潤を得るのは、失敗時のリスクを覚悟の上で、独自の知識と予想にもとづいて、いち早く穀物を購入したからであって、なんら不当な利益を上げているものではないとミルは主張する。そればかりかある個人がリスクを引き受けることによって、極端な穀物価格の変動が避けられることになり、社会的不安定性が軽減されるのである。

こうした市場観は、A・スミス以来の「見えざる手」の系譜を引きながらも、市場を人間主体から独立した自動調節装置としてではなく、人間知識の不完全性、不確実性を反映する場として捉えようとするものである。

それゆえミルは、競争以外に慣習や法、社会制度のもたらす諸影響を市場における価格決定要因として重視した。とりわけこうした諸要因によっていかにして経済的独占が生じ、これが社会的・政治的・慣習的諸力と結びつき支配力を強化するに至るかを考察の対象とする。ここに至ってミルは市場における種々の力関係や知識・情報の偏在等の諸問題を取り上げて考察することとなる。これは彼が常に現実の市場における複雑で常に転変する人間の諸活動と対峙しようとしていた証しであり、市場は、人間相互の力関係や、能力の不平等性からくる種々の弊害、あるいはそうした諸弊害を除去しようという目的で設定された諸制度による人間行動の変化が表現される場としてとらえられている。

このような市場は、後の新古典派経済学が前提としているような抽象的市場とはいえない。完全競争状態の下で価格が決定され均衡状態がもたらされる市場、原子論における個別原子のような経済主体によって経済行為が営まれる場としての市場をミルは考察しているのではない。ミルは市場を各個人が自己の情報を確証し、修正し、新たな情報の収集を可能とする「不均衡的学習過程」の場であると考えている。市場参加者は所与の不確実な情報をもとにして決断し行為する。そして市場におけるその結果をもとにして新たな情報や知識を学習する。こうした参加者各自の情報や知識のフィードバックは何らかの均衡状態へと収束するものではなく、市場はアメーバのような変転を示すのである。

このように市場に参加する主体が試行錯誤を繰り返す不完全な存在として考えられているために、市場は自動調節装置としてではなく、利害調節に失敗することもあり、不調和を産みだす可能性もあるものとして動態的に捉えられるのである。こうしたミルの経済学は、何らかの純粋経済学的な「経済人」モデルを前提とするものというよりも、むしろ反モデル論的とすらいえるであろう。

以上のような市場観を視点を変えて見ると、市場は各個人が他者、それも具体的な「あの人」という他者のみならずより広い「他者」すなわち社会からのシグナルを受け取り、また自己のメッセージを発信する「場」である。この意味において広義の「学習」過程であるということができるであろう。このような社会性の認識をミルは「共感性（consensus）」という言葉で表しているが、市場はこの共感性獲得のために必要不可欠の場として認識されているといえよう。前述した「独占」とそれに伴う情報（知識）の隠蔽や歪曲は、こうした共感性獲得を妨げるがゆえに、大きくクローズアップされているのである。

社会制度と人間の尊厳　このようにミルは市場に人間の相互交流とこれを通じた社会性の獲得の可能性を見ていたのである。しかしこうした相互交流が可能となるためには、情報（知識）の円滑な流通が保証されなくてはならないのはもちろんのことであるが、情報の発信者であり、受信者である人間自身が、市場の情報に対し鋭敏な感受性を持つこともまた大切な条件であろう。このような感受性、あるいは外界への意欲というものは、社会の諸制度の下でどのような変化を遂げるのだろうか。これはどのように促進され、あるいは封殺されるのか。ミルの経済・社会分析はこの点において新たな展開を見せる。

『原理』第二篇は社会制度ことに所有制度を考察の対象としている。そこでのミルの視点は制度と人間の行為、特に労働とその相互関係に置かれている。それはまた各制度の下で市場における主体としての人間がどのように変化するのかを考察した篇であるともいえよう。

具体的には、種々の土地所有制度とその下での労働生産性の差異が考察されているが、労働生産性向上の主要因として取り上げられているのが「労働意欲」である。労働意欲がどのように喚起されるか、あるいは窒息させられるかという点を中心として、各制度は描き分けられている。しかしここで労働意欲をかき立てる主因とされているのは、馬の前の人参のような物質的報酬ではない。こうした経済的インセンティヴの観点からは程遠いような人間の自尊心や自恃（self-dependence）、一言でいうなら人間の尊厳が労働意欲の差異にかかわってくるとミルは主張する。

「自己所有」と労働意欲　ここで自己所有がもたらす倫理的作用が強調される。この所有制の根幹は労働するものの手にその成果がもたらされるという点にある。自己の労働の成果を目にみえる形で手にすることができればこそ、人は労働の結果に、自然や社会といった外界に関心を持つことができる。逆に労働とその成果が分離されることで、労働は忌避すべき苦役となり、外界に対する関心を、その社会性を衰退させる。こうしたミルの指摘が人間性の本質をついたものであることは、旧社会主義諸国における労働の実態が示していよう。定められたノルマを単に消化するだけの労働がいかに空しく、自尊心を歪め、人間の意欲を阻害するものであるかはもはや言を費やすまでもない。これは体制の相違を超えて人間共通の真理といえよう。

ここで「自己所有」という耳慣れない単語を用いたのは、ミルが展開している所有概念を単なる私的所有から区別したかったためである。ミル自身はこれを私有財産制の根本的原理であるとしているのだが、いかんせん私有財産制（私的所有）という言葉で想起されるのは現実に存在する排他的所有制度である。ミルはこうした排他的所有制度に伴う弊害を熟知していた。それは一部の人間にのみ資本の所有と使役を認め、その他多数を従属的被雇用者とする。ミル自身の言葉で言うならば、それは人類の一方を奴隷化する制度を支えるものであり、またその排他性により個人間に闘争的競争をもたらすものである。

これに対し当時の社会主義者は、私的所有の廃止や共有にもとづいた社会というヴィジョンを打ちだしていたのだが、ミルはこれにも全面的に賛成していたわけではない。人間性を無視して一概に共有化を進めることは「全員の責任はだれの責任でもない」という無責任化を招来する。また共同体のなかで個人能力の差を無視して、平等な分配を強制することにより個人の活力が阻害される。さらにこうした共同体による各個人のプライヴァシーの侵害が生じ、個人の無意味化がもたらされる危険性がある。こうした理由によってミルは一律的共有化に反対している。現実の排他的私的所有でもなく、単なる共有化でもなく、個人の尊厳と自由、そして人間の共同性の発揮（その結果としての生産性の向上）を可能とするものとして主張されているのが、「自己所有」原理である。

こうした自己所有に基礎付けられた労働こそが、もっとも労働意欲を喚起するのである。さらに重要なのはこうした労働が外界に対して広い関心を呼び覚ますことである。自分の直接的利害が関わっているだけに、労働するに際し、自らの労働が当初の目的を達成しているか、失敗しているならそれはなぜか、どのように他者によって評価されているか、他者の評価と自己評価がずれているとすればどのような原因によるのか、こうした種々の問題を常に考えなくてはならない。最初に述べたように、たとえ「独占」という形での市場機能の阻害要因が解消されたとしても、市場での活動主体である各個人が市場に対し背を向け市場の信号に対して無関心であれば、市場の社会化機能はその役目を果たすことができない。ミルが所有制度の持つ倫理的作用を考察の対象に据えているのは、所有制度の相違によって労働がこうした社会化作用の一翼を担うものとなり得るかが問われてくるからである。

奴隷的労働　この自己所有労働の逆の作用をもたらすのが「奴隷的労働」である。これは奴隷が奴隷主によって与えられた仕事を機械的に果たすように、他者によって設定された目的をただ機械的に果たす労働である。ミルは賃労働をこのひとつにかぞえる。すなわち賃労働において労働者はただ賃金のために労働しているのであり、その労働がもたらす帰結には何らの関心ももたず、労働は忌避すべき労苦に過ぎない。そして最小の労働によって最大の成果を得ようとして、いかにして怠惰に労働するかに知恵をしぼっている。一方雇用者はいかにして最小の賃金で最大の成果を得ようかと頭を悩まし、労働者を機械同様の、いや彼らが怠惰であろうとするゆえに常に監視しなくてはならない機械以下の存在として敵視している。ここで労働は社会化作用どころか、反社会化作用を担ってしまっている。これがミルの賃労働に対する認識である。

ミルは現実の労働問題に対して、奴隷的労働から自己所有労働という労働の質の転換をもって答えようとしていたと考えることができよう。しかし所有篇で考察の対象とされているのは主に農業であり、現実に自己所有労働を担うのは自作農である。賃労働が主要問題となる工業において自己所有労働はどのように可能なのだろうか。この点をミルは人間の将来社会との関係で考察している。さらにこの問題は、個人的自由と社会の共同性の進展並びに人間の進歩という彼の中心課題に触れる問題でもある。

人間の進歩と個人的自由　ミルは人間の将来社会に関してどのような像を描いていただろうか。『原理』でそれがもっとも端的に表現されているのは、「停止状態（stationary state）について」という章である。停止状態とは利潤率が低下し続けた結果富の蓄積が停止する状態であり、それまでの経済理論においては、できる限りその到来を遅延させるべきもの、忌避すべきものとされていた。この停止状態をミルはむしろ歓迎すべきものであると主張する。人類が富の蓄積に専一化する状態から脱出して、より豊かで多様な美質の探求に乗り出せる時期であるという。技術進歩は苦役としての労働を短縮するという本来の任務を遂行し、富の極端な不平等は存在せず、人類間の闘争的競争は停止するのだと。

一方こうした理想的状態の反面像と言える停止状態が存在する。それは富の蓄積に専念し、地球上のすべての土地を人間の食料生産のために使用しつくしてしまう状態である。こうした状態においては、一人で自然と向きあい内省するという人間的美質探求に必要不可欠な孤独が奪われてしまう。残るのは他人を押し退け踏み潰す闘争的競争状態である。ミルはこの停止状態を強く拒否する。この停止状態こそ既存経済学が人類の将来に置いた忌避すべき停止状態なのである。

それではミルが求めるような停止状態に人類はどのようにすれば到達できるのだろうか。既存経済学に説かれているような経済利害への専一化がこうした停止状態を導かないのであれば、人類は経済利害を度外視しても、何らかの価値基準を設定し、それにしたがって各自の行動を規制してこの理想的世界の到来を促進すべきだとミルは考えているのだろうか。残念ながらこの章は理想的停止状態を叙述するのみでその到来をどのように促進するのかという手段には触れていない。しかしこの章の直後に「労働者の将来について」という章が置かれているのは注目に値するであろう。

ミルは人類の将来社会の方向性を特定してはいない。しかし彼がどこに人類の将来を託していたかは、「労働者の将来について」並びに社会主義に関する諸論を考察することで推理することが可能である。ミルはこれらの論稿で、労働者アソシエーションにおける労働者自身による資本の雇用、自発的・自律的労働と共同の実現を強調する。これは既存の雇用関係の廃棄(disuse)であり、労働者が奴隷的状態から脱出し、人間的・市民的生活を実現する方策である。人間的というのは、労働者はもはや働く機械ではないからであり、市民的というのは、こうした労働によってその利害関心を多様化し、人生を積極的に設計するための思慮・推論・計算といった諸能力を開発し、その結果として労働者が自らの生活に不可欠である他者の存在に、社会に目覚めていくからである。この点においてアソシエーションは人間の社会性の獲得、倫理的陶冶という機能を担うものであり、政治的分野における自治の主張と相補って、新たな公共性を形作るものであるということができるであろう。

また労働の自立性・自発性が保証され、個人の主体性が強調される点において、アソシエーションは「最大の個人的自由」と「労働の成果の公正な分配」を目指す一方向となりうる。ミルはアソシエーションにおける共同性を強調するが、それは個人的自由を基礎としたものであることに留意しなくてはならない。彼にとって自由とその下での個性の多様な展開は、「人々の知能を互いに衝突させて刺激し、各人に対して一人では思いつかなかったような多くの見解を示すことによって、精神的道徳的進歩の根本動力となるもの」であった。それゆえ今日の大組織において顕著である共同性や協調性の名において個人性を封殺してしまうことを彼は何よりも忌避したのである。この点は『自由論』では大衆の専制に対して個人性を擁護するという姿勢となって表れ、『原理』においては共産主義・社会主義・資本主義といった体制比較において人間の多様性とこれを保証する自由とを基準とした点に顕著である。ミルの『原理』は後に『自由論』において展開される個人的自由の原理にもとづく社会像を提示したものと結論することができるであろう。

▼相互交流の中で——個人から社会へ

既存経済学の抽象的人間像を拒否して、ミルは独自の経済学を構築しようとしていたと述べてきたのだが、それではミルが依拠している人間像とは何だろうか。

他者理解と知識の限界　ミルはその哲学的背景としてイギリス経験論の伝統を保持し、人間が認識できるのはその感覚器官に伝えられた現象だけであるという。経験を越えたところに存在し、直覚によって啓示されるような何らかの「本質」「絶対」が存在することを拒否しているのである。不確定で曖昧模糊とし、その範囲も確実性も限られた感覚を通じてのみ人間は外部世界と交渉を保っているのである。ここにすべての人間の知識が相対的であるという認識が生じる。

この点から出発して自己のアイデンティティや世界の斉一性まで懐疑することもできよう。しかしミルはこの方向を行きすぎた懐疑主義として退ける。自己のアイデンティティに関してミルは、たとえ論理的にどのような反論が可能であろうとも、「自己自身」感覚とでもいうべき「我」の感覚が個人に継続的に備わっていることは疑いようがないと述べる。自然の斉一性に関しても、これを証明することは事実上不可能であるとしながらも、やはり諸科学の前提として受け入れることを求めている。

さてこうした不確定な「自己」と「外界」の中で人間はどのようにその行為を定めるのであろうか。この問題は『論理学体系』のなかで知識論として展開されている。ミルは人間が推論(reasoning)と言語による知識伝達によって一般概念を形成するのだとする。すなわち、個々の人間がある時点において知ることのできるのは限られた知覚による経験に過ぎないが、経験を重ね推論することによって、また互いに知識を交換し経験の広がりを増すことによって、より一般的で普遍的に成立する知識をもつことができるのである。さらに個別事例の検討は知識を増大させ、また新たな外界の変化への適応を可能とする。個別の経験を例外として無視し、旧来の信念を盲目的に信奉することは、人間知識の範囲を自ら限定し外界への適応を妨げる。不確定かつ不確実な外界で、人間が安心して行為できるのは、過去において蓄積された知識や慣習と、現在における知覚の鋭敏さのおかげなのである。

これは物質的な外界に対してだけでなく、他者の行動や心理に対しても同様である。他者の感覚や心理を知ることは永遠に不可能であるが、自分自身の感覚や心理から推論し、この推論を経験によって検証することは可能である。それゆえここに人間諸科学の基礎としてミルが提唱する「性格学(ethology)」が成立し得るのである。しかし人間知識はあくまでも相対的で限定的であり、他者の性格や行動に対する予想もまた不確実で不確定である。さらに人間の心理は物理的事象以上に複雑であり、予想をより一般的で確実なものとする科学的基礎が定まっていない。それゆえ人間行為に関しては物理的外界以上に、他者の知識との交流と自己の知覚の鋭敏さが要求されるだろう。

積極性と消極性の間で　以上のように不確実な世界の中で行為を定め、知識を発展させる動因として、感覚を統合し、解釈し、決定するという人間の能動的意志の働きをミルは強調する。しかし人間存在の端緒にある受動的性格が無視されているわけではない。推論能力を初めとする人間の諸能力は筋肉と同じく使用することによってのみ発達するとミルはいう。過去の蓄積にのみ依拠し、盲目的に過去の様式に従って行動すること、すなわち本能であるとか、疑ってはならない真理であるとされている信念によって行動することも人間には可能である。こうした惰性的機械的思考は、推論能力を衰えさせる。

ミルは感覚の受容体という受動的人間像と、意志的能力をもつ積極的人間像とのどちらか一方を自己の理論の依拠する「人間像」として採用することはなかった。むしろこの両方の可能性を持つ存在として人間を捉えようとした。もちろんミルは積極的人間像を理想的なもの、目指すべきものとしているのだが、人間の中にある怠惰や苦役に対する嫌悪感を否定したり、個人的克己心によって克服すべきものとはしなかった。こうした傾向をいったん是認した上で、人間における積極性を呼び覚ますためにはどうしたら良いかを考えつづけていた。その成果が彼の様々な著書であり、論文であるということができよう。

個性＝本質（authenticity）の発見と展開　なぜこのようにミルは人間の積極性にこだわったのだろうか。そもそもミルは父やベンサムの理論に対し人間の積極的活動が等閑視されているという不満を持っていた。ミルは人間には自らの力を外界に示そう、それによって何らかの印をこの世に残そうという力への愛（意欲）があるとする。こうした力は詩や芸術として、あるいは文明を築く人間の営みとしてその最良の展開を示すものである。こうした人間の自発的積極性を等閑視することで、ベンサムは人間行為を快苦の関数として取り扱い、人間をこうした刺激に反応する機械的存在として描いたとミルは批判するのである。

さらに問題となるのは、所与の環境によって性格が形成され、一定の因果律に従って快苦計算を行うという人間像からは、道徳的責務を担うべき主体としての個人が導きだせないことである。当時実際にオーエン等は個人の罪悪はその環境によって設定された彼の性格や、行動当時の諸状況によるものであって、それゆえどのような罪も個人に対して帰することはできないという説を唱えていた。これに対しミルは人間を受動的存在ではあるものの推論能力を発揮する存在として、すなわち世界を解釈し、文明と歴史を創造する点においても捉えようとした。この点に人間が道徳的主体となる可能性を見たのである。ミルは意志的選択の自由を人間はもっている、所与の性格の必然の帰結であれ、意志的選択が為される余地の存在する限りにおいて、行為に対する道徳的責任を個人が負うことができると考える。そしてこの自覚的・自律的に行為する点に人間の自由を求めたのである。

それはまた個人がその生得の性格を改変しようとする意志の自由をもつことでもあった。ミルは人間性（human nature）に関しても自然と同じく一定の法則が存在すること、したがってそこに科学の成立する余地が存在することを信じていた。しかし因果律によって人間の行為が決定されてしまうこと、個人の意志とは関わりなく社会的・歴史的・自然的（遺伝も含む）環境によって個人の性格が決定され、この性格に則った行為を人間は行うにすぎないとする考え方を拒否した。彼は所与の環境を改変しようとする意志の存在と、環境が改変される可能性を求めたのである。

こうして絶対的本質の開示ではなく、また所与の環境の産物でもない個性が展開される可能性が設定される。それはある個人に焦点をあてれば、当の本人にも予測がつかないような展開を遂げる可能性をもつが、一般的観点からある性格の人間はこのような行動をするといった予測を妨げるものではない。この変態を続ける昆虫のような、それでいてなにかしら科学的考察の対象となるような斉一性を持った個人という認識は、ミル思想の根幹にある科学的法則の必然性と人間の意志の自由との間を架橋するものであった。

さて個々人がこうした変転しながらも何らかの統一性を持っ

た個性を追求すること、すなわち個人的自由の貫徹は、社会全体の秩序にとって歓迎すべきことだろうか。この問いに対し、「否」と答える人々も多いに違いない。このような個性の追求は、自由ではなく、放埒であり、それは社会を成り立たせているモラルや秩序意識を掘り崩すものであると。しかしミルは秩序の重要性を無視していたわけではない。だとすれば、個人における個性の強調、知識における検証や懐疑の強調と社会秩序の形成とはどのような関係にあるのだろうか。

孤絶的個人から社会的個人へ　そもそもミルの人間論は他者（人間と外界）の存在を前提として「我」が存在する論議である。人間は外部環境という他者の存在なしには、どのような感覚も持つことができないのである。こうした人間によって網の目のように織りあがっていくもの、それがミルにとっての社会である。そこで個人は社会から分離して存在することなど許されないし、またそもそも不可能なのである。こうした社会の網の目の中で、個人は本人にも確かには判らない「個性」を発見し、展開しようとするのである。

「個性」は開示をまっている本質でもなく、固執すべきものでもない。他者からの反応を無視することは、個性の形成と展開を促進するどころか妨害するものである。所与の性格の改変を志し、自覚的選択にもとづいて行動するためには、何よりもまず外界に対して鋭敏な関心をもつことが要求される。またこうした行動によって知覚と思考能力は鍛錬される。これを指してミルは自己陶冶と呼ぶのだが、個性の展開と自己陶冶とは同じことを指していると言えよう。外界の反応を積極的能動的に判断し、自律的・自立的に自己の目的を設定し、行為する積極的人間が個性的人間なのである。

逆に単なる感覚の受容体にとどまるような人間、過去の偏見や信念にもとづいて慣習的に行動する人間、自分で目的を設定するのではなく、他人の設定した目的によって行動する人間はあえて思考能力や判断力、推論能力といった人間的諸能力を鍛練する必要性を感じないであろう。それゆえ外界の反応に対してまったく無関心であり、その持てる本能に従って行動を続けるだろう。彼の従う本能とはいかなるものだろうか。

ミルは人間の本能の中に強力な利己心があるという。これは人間の共感能力を否定するものではない。しかしいくら共感能力が存在しても、本能のままではこの共感はごく狭い範囲に限られたもの、身内感情に過ぎないという。さらに人間の認識能力が限られているために自分や自分の周りに存在するごく限られた人々の判断に従う限り、その認識の範囲は限定され、自己利害に囚われるがゆえに視野狭窄に陥り、真の自己利害を知りえず他者との共同も限定され、それどころか他者と死活をかけて闘争する可能性が増大するという。

こうした本能を制御し、より広い自己利害の認識を可能とするのが人間的諸能力なのである。人間はともすれば受動的反応を繰り返し自己とその周りの狭い社会に閉じこもる孤絶した個人＝孤人になってしまう。こうした孤人が他者を認識し、より広い「社会」に目覚める—共感性（consensus）の認識のために、外界の反応を能動的に判断し解釈する人間的諸能力の陶冶が要請されるのである。したがって各個人が各々の個性を追求することは、社会の共感性を破壊するどころか、これを促進するものである。こうした個性の展開を封殺することは、人間の積極性を抑圧し、受動性を増大することを意味する。この受動的な人間は一見したところ社会の権威や倫理に従順な人間であり、それゆえ個性の封殺は社会の安定に繋がるように見えるかもしれない。しかし権威や倫理を受動的に受容する陰で、他者への無関心が進行するとすれば、これはいつか社会的紐帯を危険にさらすだろう。ルールをルールであるという理由だけで守り、そのルールの必要性に思いをいたさないとき、人は容易に自己利害にもとづいて、ルールの破棄を正当化するからである。

ミルが求めたのは、各個人が積極的にその能力を発見し、これを用いて新たな知識を獲得しこれにもとづいて自己の行動を定めること、すなわち各個人がルールを自覚的に選択し形成することであった。そしてこうした個人の行動は社会の中で他者との関わりの中で遂行されるのであり、その積極性ゆえに他者の反応に鋭敏であり、社会性を勝ち得ることができると考えたのであった。

▼ミルから現代へ

以上のようなミルの人間像を背景として彼の経済・社会像を振り返ってみよう。ミルは人間を知識の獲得と伝播、現代的な言葉で言うならばコミュニケーションをする存在として捉えようとした。そして推論能力をはじめとする人間能力を積極的に陶冶し、個性を自覚的に展開することによって、社会性を獲得することができると考えていた。この点において「不均衡的学習過程」である市場はこのような社会性獲得の場となりうる可能性を持つ。市場活動は人間の本能の内でもっとも強力な自己利害が関わるものであるがゆえに、人間は必死にその持てる能力に磨きをかけ、市場において欲求や利害を貫徹しようとする。しかしこの人間がミルが求めたような積極的能動的な人間であれば、彼は単に自己の欲求だけでなく、他者の欲求の存在にも気付くであろう。またこうした他者の欲求に敏感でなければ、市場における交渉は成功しないだろう。この点において市場は人間が自己の欲求を貫徹するとともに他者を知り、社会性に目覚める場なのである。

しかし現実の市場では人間は社会性を発揮するどころか、互いに敵対し死活をかけ闘争している。既存経済学はこれをもって経済の姿である、科学はこれを正確に叙述するものであるとする。これに対しミルは経済活動の根底をなす人間の生産諸活動とくに労働において各個人の情報発信、受信能力が阻害されていると考えた。市場における社会的・経済的・政治的独占の存在と奴隷的労働の蔓延である。ことに後者は人間の特質である自己自身で設定した目的を充足させるための行為（労働）が、目的を与えられて行う受動的行為に変成させられている事態である。ミルはこの労働の質的変化を社会的経済的諸問題の根源に横たわるものとみなし、いかにしてこの事態を解決すべきかを追究した。市場経済とは元来、諸個人の自由な諸活動を許容し諸個人間の利害を調整するものだとすれば、目的の強制によって各個人の自由な諸活動が阻害される点に着目し、市場の働きの阻害要因を検証しようというのがミルの基本的立脚点ではなかっただろうか。それはまた現実の具体性の中から、目指すべき方向性を探りだし、これを提示し、人々の注意を喚起するというモラリスト、ミルの「科学」であった。

こうしたミル経済学の特質はどのような影響を残したのだろうか。たとえば制度を人間的視点から把握し体系の中に位置付ける点は、A・マーシャルに引き継がれその活動水準概念に反映されているということができよう。あるいは経済事象を人間知識の観点から把握しようという点においてその痕跡をハイエクの経済学に見て取ることができるであろう。しかしミル以降、経済学はその専門性を高め、学問的精緻さを極めていった。その過程においてミルの経済学に含まれていた雑多な要素、具体的記述、将来社会への提言は科学の純粋性を歪めるものとして、あるいは社会哲学的脱線として片付けられてしまった。後代においてミルの経済学はその全体性ゆえになにかしら触れなくてはならないものの、あちらこちらに不十分性を露呈するものとして扱われがちであった。『原理』は理論経済学の発展上に寄与した一部の記述のみが取り上げられ、他は無視されがちである悪い意味での古典になってしまったのである。

しかしその抽象性、細分化された専門性ゆえに経済学に対して疑問が提示されている今日、機械的人間から生身の人間へ、抽象性から具体性への転換を試み、労働の質の転換を志向しつつ、経済学の批判と再構築を目指したミルの思想は新たな光の下で検討されなくてはならないのではないだろうか。とくに豊かさの質が問われ、何のために働くのか、組織の中の労働に生きがいが見出せるのかが問われるなかで、ミルの思想はひとつの手掛かりを我々に与えてくれるように思うのである。

読書案内

幸いにもミルの主要著作のほとんどは日本語に翻訳されている。『経済学原理』（末永茂喜訳、岩波文庫、一九五九年）と『論理学体系』（大関将一／小林篤郎訳、春秋社、一九五九年）の二冊によってミルの社会経済像の大略をつかむことができよう。個人的自由原理を主要テーマとした『自由論』（塩尻公明／木村健康訳、岩波文庫、一九七四年）、『女性の解放』（大内兵衛／大内節子訳、岩波文庫、一九五七年）も読んでほしい書である。

二次的文献として、まず『杉原四郎著作集(2)自由と進歩――J・S・ミル研究』（藤原書店、二〇〇三年）ならびに、四野宮三郎『J・S・ミル思想の展開』(1)(2)(3)（御茶の水書房）を挙げておきたい。日本におけるミル研究を支えた両氏の息吹に触れた後、さらにミルに関心をもたれた方は、現在のミル経済学研究の深度を知るためにも馬渡尚憲『J・S・ミルの経済学』（御茶の水書房、一九九七年）に進まれることをお勧めする。ここでは詳しく触れられなかった倫理学的視点と政治思想を扱った優れた書として小泉仰『ミルの世界』（講談社学術文庫、一九八八年)、関口正司『自由と陶冶――J・S・ミルとマス・デモクラシー』(みすず書房、一九八九年)、矢島杜夫『ミル『自由論』の形成』(御茶の水書房、二〇〇一年)がある。ミル思想の倫理的政治的側面に関心のある方にはぜひ一読を勧めたい。

理解を深めるために

一、「不均衡的学習過程」という概念の内容を要約し、これを使ってバブル現象を説明しなさい。

二、サラリーマンの過労死問題や会社人間化をミルならばどう批判しただろうか。ミルにかわって論述しなさい。

三、ミルのアソシエーション論を参考として、コミュニティビジネスや主婦起業の意義を論述しなさい。

四、ミルのアソシエーション論を次の語句を用いて説明しなさい。

「個人的自由」、「自己所有労働」、「労働の質」、「社会化」。

五、社会秩序の維持と個人的自由の貫徹が両立可能かどうか、ミルの理論と対比しつつ自分の考えを述べなさい。

(松井名津)

I—8 カール・マルクス

認識と変革のディアレクティーク

▼生涯と著作

マルクスが活動したのは一九世紀の中頃から後半だが、この時期は、今日、資本主義と呼ばれている経済の仕組みがほぼその全容を現した時代だ。アダム・スミスがイギリスの産業革命の直前の時代に生き、生まれたばかりの資本主義を観察したのに対して、マルクスは産業革命末期から、さらにその後に本格的に発展し始めた資本主義を分析の対象とした。したがって、同じ資本主義に対するふたりの捉え方の差異のかなりの部分はそのような時代の差異に由来している。

生成期の資本主義に対峙したスミスは、それ以前の古い体制に対して、新しく生まれてきた資本主義のポジティヴな側面、進歩的な役割を強調することになる。すなわち、重商主義的な様々な独占がもたらす弊害に対する批判者としてのスミスであり、商業社会（資本主義社会）の自由な商業的活動の意義を強調したスミスである。これに対してマルクスの時代は、逆に資本主義体制それ自身がもつネガティヴな側面、問題点が色々な形で人々に意識されるようになった時代だ。

(Karl Marx 1818〜1883)

そしてそれはまたその後さらに発展・成熟していった資本主義とも違う。資本主義の体制としての安定化に伴い、経済学は資本主義の長期的な発展を主要な関心とする蓄積論から、短期的な資源配分の効率性を問題とするミクロの価格理論へと理論の中心を移行させていった。したがって、たとえば新古典派経済学の価値論とマルクスのそれとの理論的差異はもっぱらそのような関心の違いに起因している。

大切なのは時代の差異だけではない。スミスの生きたイギリスは、資本主義的な経済制度がいち早く生成したという意味でその当時は先進国であった。それに対して、ドイツは後発国である。したがって、同じ時代に生きても、たとえばイギリスのスミスとドイツの経済学者F・リストとでは資本主義に対するイメージが違ってくる。資本主義の先頭に立つイギリスよりも、まだ旧社会の残滓をより多く残したドイツのほうが、逆に資本主義がもたらすであろう弊害も含めて、その歴史的意義をより鋭く予感しうる場合がある。

ではマルクスはどこに立っていたのか。これは少し複雑だ。ドイツで生まれ、ドイツで教育をうけたマルクスは、その後フランスを経由して亡命者としてイギリスに渡り、ロンドンで再び経済学の研究を始める。したがって、イギリスの内部から資本主義を眺めながらも、視点は必ずしもその内部にはない。内部にいながら異邦人として外部の眼で対象を観察する、というマージナルな立場であったのだろう。

マルクスは資本主義が生み出した貧困や抑圧は、そのトータルな変革無くしては廃絶できないと考えた革命家であった。ただし、彼はユートピアを夢想したのでもなければ、謀略や煽動だけで社会変革が可能と考えたわけでもない。認識のしかたを変えただけでは現実が変わらないことは当然だが、その現実の変革には変革対象の認識のしかたのトータルな革命が不可欠であるというディアレクティーク（弁証法）を彼はひきうけた。

ではその資本主義をマルクスはどのように認識したのか。人はさしあたりは既存の理論や思想を手がかりにして思索を始めなければならないのだが、既存のものから出発して、その地平にとどまるのか、あるいはそれを越えて新しいものを作り出してゆけるのか、その人がどれほどのことをなし得たかは、それによって決まる。マルクスにとっての思索の原材料は、ドイツの観念論哲学であり、フランスの社会主義思想であり、そしてなによりもイギリスの古典派経済学であった。

カール・マルクスは一八一八年五月五日、ドイツの西の果て、フランスとベルギーの国境に近いトリーア市でユダヤ人の家庭に生まれた。父親は弁護士であり、ユダヤ人としては名門の家柄であった。彼の父親はユダヤ教からプロテスタントに転向したことが知られているが、彼が幼児期から少年期にかけて、どのような宗教的な環境のなかにいたのかは判然としない。ギムナジウム（高校にあたる）を卒業後、父親の意向に従ってマルクスはボン大学に進学し法律学を学ぶ（三五年）。

しかしマルクスは翌年には、ベルリン大学に移り哲学の勉強を始める。結局彼は、「デモクリトスとエピクロスにおける自然哲学の差異」（四一年）と題した卒業論文をイエナ大学に提出して大学を後にする。

マルクスは大学教員を志望したのだが、当時のプロシアの政治的な情勢のもとではその希望はかなえられなかった。結局彼は『ライン新聞』で記者として働くことになる。四三年にそこをやめるまで、彼は様々な時事問題についての論評を書くことになるのだが、大学で哲学と法律学とを学んだ彼は、当時のライン州地方に様々な形を取って現れてきた経済的な諸問題を的確に理解するための知識や理論は持ち合わせていなかった。そこで彼は経済学を学ぶ必要を認識した、と後年回想している。

彼は、四三年にはアーノルト・ルーゲと雑誌『独仏年誌』を刊行する。その年に幼なじみのイエニー・ヴェストファーレンと結婚。パリに移った彼は、当時フランスで盛んであった社会主義者たちと交流をもった。のちに生涯の友となるフリードリッヒ・エンゲルスと出会うのもこの頃（四四年）である。この年彼らはヘーゲル左派批判の著『聖家族』を書き上げる。

この当時のマルクスの著作としては、新聞紙上に書いた論評を別とすれば、ヘーゲル思想との格闘の軌跡である『ヘーゲル国法論批判』、『ヘーゲル法哲学批判序説』、そしてその哲学的な問題関心を基礎にスミスやジェイムズ・ミルなどのイギリス古典派経済学に取り組んだ『経済学・哲学草稿』、『ミル評注』が挙げられる。やがて彼は、エンゲルス等との共著『ドイツ・

イデオロギー』を書くことになるが、マルクス思想に初期から中期・後期への転換点を求めるならば、この著作はその画期をなす記念碑的な労作である。

この頃からマルクスは次第に共産主義運動の政治的実践に関わるようになり、共産主義者同盟（ブント）の創立に加わり、エンゲルスとその綱領的文書『共産党宣言』（四八年）を書きあげる。一九四八年の三月革命に関わったマルクスはその後亡命生活を余儀なくされる。四九年には彼がその後半生をすごす場所となるロンドンに居を構え、ブリティッシュ・ミュージアムに蓄えられた膨大な経済学文献と取り組み始める。

おおよそ十年の苦闘の末に、彼は五九年に草稿『経済学批判要綱』を書き、さらに六二年にはその副題を「資本」とした『経済学批判』を出版し始めるが、中断。その後彼は国際共産主義運動に関わる傍ら、再び長大なノートを書き進め、六七年には彼の主著『資本論——経済学批判』の第一巻を刊行する。

彼はその後も続巻の執筆を続ける。しかし、書き上げることができず、一八八三年三月一四日その生涯を閉じる。没後エンゲルスの手によって第二巻、第三巻、そして『剰余価値学説史』が刊行される。次節で取り上げるのはその『資本論』での議論である。

▼理論の構造

『資本論』のスタイル　ある複雑な構造をもったシステムを叙述する場合に、どのような順序で書いたなら読者がその全体を的確に理解しうるかということを繰り返しマルクスは考えた。結局彼は、商品の分析から始めて、貨幣→資本という順序で叙述するという方法を選んだ。資本というのは貨幣や機械や原材料などの形をとって現れるが、それらは広い意味での商品なのだから、結局資本制経済の、たとえて言えば細胞にあたるのは貨幣や資本をも含む広い意味での商品である。したがって、この商品の分析から始めるならば、いわば細胞が自己分裂的に成長することによって、複雑な成体を作り上げる過程を観察記述するように資本制経済が自らを作り上げていく様を記述できるはずだ、と考えた。

彼は資本制経済の階級構成を、まず大きく二つの階級、労働者階級と資本家階級とに分け、生産によって生み出された富が、労働者に支払われる賃金に相当する部分と資本家が取得する剰余価値とに分かれ、その後に後者がさらに様々な所得形態に細分されるというように考えた。したがって、彼は新古典派経済学のように生産要素を所有する個人が要素所得を最大化するように行動するとは考えなかった。たとえば資本所有から所得を獲得する資本家はそのことによって、資本所有という自らの特権そのものを維持しようという体制的な関心をもつはずだとマルクスは考えたのだが、そのような視点は新古典派経済学的な方法論的個人主義では後景に退いてしまう。

資本制経済の再生産　マルクスの経済システムの見方の特徴は、ワルラス以降の新古典派経済学と比較した場合、経済を循環し再生産される過程であると捉えた点である（新古典派経済学はこれとは対照的に経済を生産要素を用いた財の生産からその消費へと直線的に流れる過程として捉えた）。マルクスが言う循環・再生産過程とはある前提が結果を生み、その結果が次の循環の前提になる、というプロセスだ。そのうえで、その再生産を支える人間の意識のあり方をも含めて再生産のための条件や、その繰り返しのなかでどのような質的な変化が生じるのか、という問題をたてた。

経済を循環し、再生産されるシステムとして捉える見方は、F・ケネーの経済表に始まるが、マルクスはそれを発展させ、再生産表式という考え方にまとめあげた。このような考え方は、その後W・レオンチェフの産業連関分析やP・スラッファの『商品による商品の生産』に形を変えて継承されてゆく。

価値論と価格論　資本制経済の再生産構造を分析しようとしたマルクスの経済理論の特徴のひとつは、森嶋通夫の表現を借りれば、それが「価値と価格の二重の理論」である、ということだ。この点は現在の主流派経済学（経済学史の立場からすれば不適切な表現だがこの国で「近代経済学」と一括して呼ばれている経済学）やスミスやD・リカードウの古典派経済学とも違う。二重の理論というのは、対象を認識する際に、それを価格の動きと捉える見方と価値の動きとして捉える見方の両方を含んでいる、という意味である。他の多くの経済学はただ価格だけを説明しようとする。

『資本論』の冒頭章に書かれている記述は労働価値説の例示であり価格論ではない。彼の価格論は『資本論』の第三巻に現れる。残念なことに、彼はその価格論を完成させることはできなかったし、彼の後継者を自認する人々もそれを発展させてはこなかった。このことは、新古典派経済学がその後百年にわたって、交換比率の理論を緻密に築きあげてきたことと対照的だ。

ではその新古典派経済学に対してマルクスの価格論はどのような特徴をもっているのか。マルクスは資本制経済の特徴を資本家が利潤を目的に資本を用いて生産をおこなう体制である、と考えた。資本としての生産手段を階級として独占している資本家階級は、それぞれが投下した資本に見合った利潤が得られなければ、生産をおこなおうとはしない。したがって、資本制経済における商品の価格は、資本家に投下資本に応じた利潤を保証するような価格、均等な率での利潤が得られるような価格水準に調整されるはずである。これを生産価格と呼ぶ（市場価値、市場価格の問題は省略）。それぞれの資本家は、商品の販売によって、自分が生産に先だって投下した価値額とその額に比例した利潤を回収する。そして再びそれを生産に投下し、という繰り返しによって経済システムは再生産される。商品価格はそのようにして資本制経済システムを再生産可能にする水準に決定されなければならない。

しかし、マルクスはそのような価格論の次元だけでは資本制経済システムの説明としては不十分である、と考えた。たとえば、ある経済が発展してゆくのか、あるいは衰退するのか、というようなことはどこできまるのか。様々な経済を特徴づけるような差異はどこから生じるのか。それは、極端に単純化して言えば生産された剰余、すなわち利潤をどのように使うのかによって決まってくる。資本家によって全てが私的に消費されてしまうのか、それとも再び生産に投じられるのか。生産に投じられるとしたら、どのような部門にどれだけ投じられるのか（後述する「資本蓄積論」）。そもそもその利潤はどのようにして産出されたのか。経済全体として、投入した金額以上の金額が産出として得られるというのはどういうことなのか。

生産に際して投入したモノ（たとえば機械や原材料）と産出されたモノ（たとえばパンや上着のような消費財やトラックや鉄鋼のような生産財）とは質が違うので、直接どちらがどれだけ大きいかを比べることはできないのだが、通常我々はそれを価格に換算して比較している。しかし、価格で比較したのでは、投入したモノの合計価格よりも産出したものの合計価格がどれだけ増えているかということは知り得ても、いったいなぜそのような増加が生じたのか、どのような経済構造であればより多くの剰余を産出することができるのか、を説明することはできない。そこでマルクスは、その同じシステムをそれぞれの商品の生産に要した労働時間に還元して評価する、という考え方を示した。それが労働価値説である。我々は、商品と商品とを交換しているけれどもそれは労働の生産物と労働の生産物とを交換しているのであって、労働と労働を交換している、とみなすこともできるはずだ。そのように考えると価格で説明されたそれとは経済の別の側面が見えてくるのではないか、というわけである。では一体なにが見えてくるか。利潤という姿をとって現れる増加した価値額がどのようにして産出されたのかというメカニズムである。マルクスはそれを剰余価値の生産と呼んだ。その問題に立ち入る前に、価値が貨幣で表現される市場システムの特質についての彼の考え方を紹介しておこう。

貨幣論　マルクスの貨幣論の特徴を二つ挙げれば、第一にはそれが貨幣を一種の商品として捉える商品貨幣説である、ということであり、第二には、彼はいわゆる実物分析と貨幣分析とのダイコトミー（二分法）をとっていない、ということである。

資本制経済は、たとえば社会主義の経済体制とはことなり、その経済システムは他のシステム（たとえば政治システム）によって人為的に作られたのではなく、それ自身で自らの制度や構造を作り上げてきたシステムであるように見える。資本制経済はその内部に、たとえば信用制度や株式会社制度など様々な制度を包み込んでいるが、だれか特定の人々によってそのような資本制経済体制が設計され作り上げられたわけではない。ではいったい特定の設計者もいないのに、なぜこのような体制がうまく作り上げられているのか。

それは貨幣などのフェーティッシュ（呪物または物神と訳されるが、なにか超自然的な力をもつと考えられるモノ）の「見えざる手」に導かれて、というのがマルクスの答えである。ではその貨幣はどこから来たのか。マルクスは貨幣はシステムの外部からきたのではなく、商品そのものの中から現れたと考えた。

資本制経済はあらゆるものを商品として交換（売り買い）し、全体として複雑な経済のネットワークを作り上げているという意味で商品経済なのだが、その商品交換のネットワークの中から他の商品と区別された特殊な商品としての貨幣が現れ、その貨幣によって商品所有者相互の交換に関わる利害が調整され、交換が活性化されてゆくのである。

価値形態論　貨幣の存在しない商品交換も歴史的に実在したように見えるが、その場合には、それぞれの商品がその場その場で、一種の貨幣的な役割を演じていたのであり、その役割が特定の商品に固定化されていなかったというように考えられる。マルクスは商品のなかから特定の商品が貨幣として生み出されてくる過程を価値形態論と呼ばれる論理で捉えようとした。

いま、二人の商品所有者がお互いの商品を交換しようとしている場面を考えてみる。その際彼らが最初に解決すべき課題は、それらの商品の交換比率の決定である。交渉をして、ということになるのだが、そのためにはまず商品の値打ち（価値）を言葉で、ただし相手の商品所有者に理解しうる言葉で表現しなければならない。たとえばそれぞれリンネルと上着の所有者であったとする。「私はこのリンネル一〇ヤールを作るのに三時間かかったので、その価値は三時間だ」とリンネル所有者が言ったとしたら、なるほどそれは事実かもしれないが、その三時間の労働というのは自分の時計で計測した具体的で個別的な労働の支出でしかなく、社会的に認められた労働支出ではない。したがって相手の上着所有者には意味をなさない表現である。しかし相手のもっている商品（それはこの場合自分が欲しい商品なのだが）で自分の商品の価値を表現すればおそらく理解可能だろう。リンネルの所有者は「君のもっている上着で言えば一着分が自分のもっているリンネルの一〇ヤールの価値になる」と言い、上着の所有者は「君のもっているリンネルの一五ヤールが私の上着一着の価値になる」と言うわけである。（交換）価値はこのようにして表現される。

ところである商品は一種類の他商品と交換されるだけではなく、原理的にはあらゆる商品と交換されなければならないのだが、その際、もし右の例のように特化された貨幣が存在せず、個々の商品がその都度交代で貨幣的役割を演じることによって、それぞれの商品の価値を表現しようとしたら、商品種類の数に応じた無数の価値表現を展開しなければならないことになる。そのような困難は、特定の商品を貨幣として排除することによって解消される。全ての商品所有者はその特定の商品、すなわち貨幣で自分の商品の価値を表現するようになる。「私のリンネル一〇ヤールは金三グラムだ」。さらに価格の度量基準が制定されると、「リンネル一〇ヤールは九千円だ」となる。

貨幣の機能　全ての商品の価値が貨幣で表現されるようになると、ひとつの種類の商品には原則としてひとつの価格がつけられる一物一価が成立する。また、あらゆる商品は貨幣とだけ交換されるようになる。たとえばリンネルの所有者は自分のリンネルを直接上着と交換しようと考えずに（リンネルを欲しがっていて上着を手放したがっている人を探すのは大変なことだ)、まず、貨幣と交換しようとするようになる。貨幣の成立によって商品交換は広い範囲に広がるようになるし、より活発に交換がおこなわれるようになる。さらに、貨幣さえもっていれば、それと交換になんでも欲しいものが手に入る、という関係が安定的に成立するようになると、貨幣は富の蓄蔵手段になる。つまり、現物の商品を富として蓄えるのではなく、貨幣を蓄えるようになる。自分の商品を売って貨幣を得た商品所有者は、その貨幣ですぐに別の商品を買うのではなく、とりあえず貨幣のままでもっている。

そこで奇妙なことが生じてくる。最初には、貨幣は商品交換をより活性化させる役割を演じたと述べた。しかし、蓄蔵手段としての貨幣になると、逆に交換の連鎖をそこで停止させる役割を果たすようになる。たくさんの人が、商品を売ることは売るが、その結果得た貨幣を蓄え、それを使うのを控えるようになれば、需要(買いたい人)は減少し、供給(売りたい人)の過剰が生じる。貨幣は商品世界の中から現れて、商品交換は貨幣によって律せられるようになり、そしてその商品交換はまた貨幣によって攪乱されるようになる。

このことは、マルクス貨幣論の二番目の特徴、ダイコトミーを採用しない、ということを意味する。この場合のダイコトミーというのは次のような意味である。ある種の経済学者は、貨幣というのは交換の仲立ちをするだけで、実質的には商品と商品とが交換されているのだから、商品交換のシステムは、貨幣抜きで説明できるはずである、と考えた。ただし、価格というのは貨幣で表示した交換比率だから価格の絶対水準を説明するためには貨幣を入れて考える必要がある。しかし、それは後から導入すればよい、という考え方である。このように実物的なシステムと貨幣を入れたシステムと二つのシステムに分けて考える考え方をダイコトミーと呼ぶのだが、マルクスはそのように二つのシステムを切り離して考えることはできないと批判した。マルクスが貨幣も商品の一種である、と考えたのはそのようなダイコトミー批判とつながっている。

このダイコトミーはたとえば、「セー法則」として現れる。つまり、あらゆる交換が実質的には貨幣抜きの物々交換に還元できるのだとしたら、交換というのはそもそも販売であると同時に購買なのだから、供給(販売)はつねにそれに見合った需要(購買)を生み出すはずで、部分的一時的には両者の不一致が生じたとしても、経済全体としては需給は常に一致するはずである、という考え方である。マルクスはそのような考え方は貨幣が商品交換にはたす上述したような機能に照らして誤りであると批判した。J・M・ケインズもまたマルクスと同じように貨幣の保有動機を手がかりに、セー法則を批判し、古典派的なダイコトミーを批判したことはよく知られている。

このようにして貨幣が機能することにより、あらゆるものが商品として流動化され、商品経済は効率的に編制されてゆくことになるのだが、土地や機械といった生産手段、さらには労働力という本来人間自身の身体に内属するものまでもが他の商品と同じように貨幣と交換されるようになると、この貨幣は資本と呼ばれるようになり、交換の仲立ちをするだけではなく、生産そのものを編制する機能を果たすようになってゆく。

剰余価値論または搾取論　マルクスが強調していることは、剰余価値は、たとえばある商品を買ってきた値段以上の高い値段で販売して、その差額を手に入れる、ということではないのだ、という点である。もちろん、そのようにして入手される利潤もある。しかしここで考察の対象としているのはそのような利潤ではない。なぜなら、そのような利潤はかならず誰かの損失なのだから、全体としては相殺されてしまうはずだからだ。

剰余価値が生み出されるメカニズムに関するマルクスの説明は簡単にいうと次のようになる。資本家はまず自らの貨幣で生産手段（機械や原材料）と労働力をそれぞれの市場で購入してきて、商品を生産し、その商品を販売する。そうして回収された貨幣で再び生産手段と労働力を購入し、というサイクルを繰り返す。いま資本家は、小麦を生産するために、原料としての小麦（種として使う）一万円分と労働力八時間を一万円で購入して一日に小麦三キロを生産し（小麦が一日で生産されるはずがないのではあるがこれは極端に単純化したモデルである）、一キロ一万円で販売したとする。

労働者は生きてゆくためには消費財を消費しなければならないが、いま極端に単純化し、生きてゆくために必要な消費財は一日当たりの平均で小麦一キロに相当したと仮定する。ここでは全ての商品は、その生産に要した労働時間に比例して価格がつけられると仮定する。その原理を労働力という商品にも適用するならば、その労働力の価値はその生産に要した「原材料」の価値ということになり、この場合は消費財である小麦一キロ分の価値（＝価格）が労働力の価値である。したがって、資本家が八時間分の労働力の対価として一万円を支払ったのは、商品交換のルールに則った等価交換であるということになる。労働者は一万円の賃金で小麦一キロを買い戻し、自らの労働力を再生産することができる。

結局、資本家は、原材料費として一万円、労働者への賃金として一万円を前払いし、出来上がった生産物を販売して三万円を得たのだから、一万円が手元に残ったことになる。これが剰余価値であり、利潤として資本家の所得となる。マルクスはそのようにして産出された剰余が資本家の所有となることを搾取と呼んだ。

この点はしばしば誤解されがちなのだが、マルクス自身はそのようにして剰余価値が資本家のものになることを倫理的に非難しようとして、このような論理を組み立てているわけではない。むしろ逆である。資本制経済システムの内部では、剰余の処分権が資本家のものになることがどのようにして正統化されるのか、ということを分析しているのである。

資本家の労働者に対する搾取は、剰余価値の生産をとおしておこなわれるのだが、剰余価値率を高める手段として、マルクスは資本家が生産過程の改革（技術革新）に駆り立てられることに注目している。つまり、より多くの利潤を求める結果が社会全体の生産力を向上させるようなメカニズムがシステムの内部に組み込まれている点をマルクスは強調する。

転形問題　マルクスの上述したような搾取の説明のしかたは、しかしながら、曖昧な点を残している。つまり、商品の実際の交換比率を説明する場合には生産価格を基準に説明し、搾取や利潤の源泉としての剰余価値を説明するときには資本と労働との交換を価値を基準に説明するのだとしたら、いったいその二つの説明のしかたはどう結びつくのか、という問題である（一般的には、均等な利潤を保証する価格である生産価格と、生産に要した労働量で定義された価値とは個々の商品についてみるならば一致しない）。マルクスはそれを価値から生産価格への転形という独特の論理で説明しようとしたのだけれども、そのマルクスの説明には不明瞭な箇所があり、それはその後今日まで続く長い論争「転形問題論争」の火種となった。

景気循環と恐慌——資本制経済の調整メカニズム　マルクスは資本制経済においては、たとえば需要と供給とが価格の変動を媒介として調整され、自動的に均衡状態を実現するとは考えなかった。先に述べたように、マルクスは貨幣蓄蔵による購買と販売との分離のなかに恐慌の可能性をみた。では一体なぜ人は貨幣というフェーティッシュを蓄蔵しようとするのだろうか。単なる守銭奴ではない資本家にとって貨幣蓄蔵それ自身が目的なのではない。資本家にとって、自分がこれから生産する商品に対する将来の需要が低く予想されるときには、前期に生産された商品の販売で得た貨幣を再び投資することなく、とりあえず貨幣のままで蓄蔵する。それは不確実な時間の流れのなかで予測にもとづいて行為せざるをえない彼らにとっての合理的な選択の結果である。一度工場を建てたり機械設備を設置したりしてしまえば、その生産物が売れず、投資した貨幣を回収しえなかったからといって、その工場や機械を映画のフィルムを逆回転させるようにして再び貨幣に戻すことはできない。もし多くの資本家が同様の予測にもとづいて同じように投資を控えたならその結果はいっそうの需要の減少となって現れるであろう。

逆に、将来の需要が拡張すると予期されるときには、生産を拡大するためにお金を借りてでも資本投下を企てるだろう。するとそれは機械や原材料の需要増になる。需要が需要を呼ぶ。しかしながら、一方向的に拡大する生産は、ある局面に達すると、システム内部での自己実現的な好循環が、外的な制約に抵触するところにまで到達し（たとえば労働需給の逼迫と賃金上昇、利潤圧縮）、しかもその好循環が投機的な予期にもとづいていたかぎりにおいて、破局的に終息せざるをえない。恐慌である。この恐慌によって、社会的に非効率な資本は淘汰され、過剰に雇用された労働者は解雇され、賃金が収縮することにより、再び次の好循環に向けての条件が整えられる。

したがって、資本制的景気循環は、不可逆的な時間の流れのなかで無政府的に編制される社会的分業に固有の調整メカニズムであって、恐慌もその機能をになっていると考えられる。マルクスが景気循環と恐慌とを資本制経済にとって避けることのできない宿命とみたのはそのような理由による。

資本蓄積論と歴史認識　マルクスの理論の特徴は、古典派経済学の特徴でもあるのだが、資本制経済体制が長期的にどのように発展してゆくのか、あるいは没落してゆくのか、ということを解明しようとした点にある。そのカギを握っているのは、産出された剰余がどのように扱われるのか、という問題、つまり資本蓄積論である。マルクスは蓄積の原資である社会的に生み出される剰余は労働者の労働の産物である、と考えた。その労働の生産物が労働者自身のものとはならず蓄積され、労働者を支配し搾取する資本として彼らに対峙する。

ではそもそも、無一物の労働者とそれに対峙する生産手段の集積としての資本という関係はどのようにして成立したのか。マルクスはそのような関係が歴史的に形成されてくる過程を資本の本源的蓄積という論理で解きあかした。それ以前の経済システムのもとにおいては、たとえば独立自営農や農奴は生産手段である土地と不可分の関係にあり、彼らの労働力や土地が市場で自由に売買されることはなかった。資本制経済の歴史的形成過程は、そのような労働者と生産手段との結合をときとして は国家権力を動員しつつ分離する過程でもあったのである。

そのようにして形成された資本制経済体制のもとで、それぞれの資本家は、自らの生存をかけた熾烈な資本蓄積競争に巻き込まれざるを得ないのだが、その競争は不可避的にその反対物、すなわち資本の集中と独占を生みだし、やがて競争は排除される、とマルクスは予測した。なぜなら、より多くの資本が蓄積されるに伴い、新たにその産業に参入しようとする資本にとっての障壁は次第に高くなるからである。その結果、やがて資本制経済は発展の限界に行き着かざるをえないのだが、その極北に、労働者階級による革命と新しい社会建設の可能性を展望したマルクスは、資本制経済体制を歴史的に形成され、発展し、やがては没落し、その歴史的使命を終えるものとして捉えた。

▼人間と世界の理解の仕方

疎外論　若い頃のマルクスは、後にヘーゲル左派と呼ばれるようになるG・W・F・ヘーゲルの影響を強くうけた哲学者たちから多くのことを学んだ。彼らの考え方はヘーゲル理論の逆転であると言われる。ヘーゲルは世界史を絶対精神の自己外化(疎外)とその止揚の過程として描いた。分かりやすく言えば、神が世界を造ったという考え方である。人間のもつ様々な属性は神の属性であったということになる。これに対して、ヘーゲル左派は、そのような考え方はむしろ逆立ちしているのであって、本当は、人間が自分たち人間に似せて神をつくったのだ、しかし今日では逆にその人間が自分たちが作り出した神を拝み、その神に支配されている、と主張してキリスト教を批判した。自分たちが作り出したものによって逆に当の主体そのものが支配される、このような関係を彼らは「疎外」と呼んだ。

国家は本来は人間が作り出したはずのものなのに、今日では逆に国家に民衆が支配されている。貨幣はもともと人間がつくりだしたはずのものなのに、今や人々は貨幣を神と崇め、貨幣に支配されているかに見える。これらもまた疎外である。若きマルクスはこのようなヘーゲル左派の疎外論を基礎に、今日の社会では労働者は自らの作り出した生産物に逆に支配されていると考え、そのような労働を疎外された労働として捉えた。

しかしながら、この考え方は単なるレトリックとしてならともかく、文字どおりに現実の過程として理解しようとしたときには無理が生じる。労働者が作り出した生産物が勝手に動き出して労働者を支配しはじめる、というようなことは起こりえない。ある特定の社会的な関係のなかにおかれた労働者にとっては、彼らの社会的な行為の結果が彼ら自身に対して、自由を阻害するものとして、束縛としてあらわれるようになる、ということを疎外という言葉は表現している。だとしたら、この言葉で表現しようとした事態は、たとえば前の節で述べたような、彼の貨幣論や資本蓄積論というような経済学の論理によって批判されたことと同じなのではないか。マルクスは経済学の研究を進めてゆくことにより、それまでの疎外論的な考え方を脱却して次に述べる物象化論の論理へと転回してゆくことになる。

物象化論　貨幣の働きが商品経済に対して様々な攪乱的作用を及ぼすと前節で書いたが、文字どおりに貨幣そのものが動きだすわけではない。貨幣がある性質をもっている、と我々が言う場合、それは貨幣をそのようなものとして取り扱う我々自身の社会的な関係のあり方を対象としての貨幣そのものの属性であるかのごとく扱っているに過ぎないのではないか。貨幣は我々の欲望の対象となると同時にときとして我々の自由を束縛し、経済活動に対して破壊的に作用するかに見える。しかしそのように見える事態は実は貨幣そのものが引き起こしたというよりも、貨幣制度を必要とせざるを得ない我々自身の社会的な関係そのものが構造的に生み出した効果のはずである。マルクスは、このように商品や貨幣あるいは資本それ自身が社会的な力をもっているかに見える性質を「物神的性格」と呼び、人々の関係がそのような物神を生み出す過程を物象化と呼んだ。

経済システムが「見えざる手」に導かれて自動的に運動するかのごとく現れるのは、上述したように、たとえば貨幣や資本が、あたかもそれ自身生命を与えられたかのごとく躍動する物象化メカニズムの結果なのである。それは、一面では効率的な生産力の上昇をもたらすが、おなじその事柄の反面として、人間や自然に対して破壊的な作用をもおよぼすことになる。

通常「物神崇拝」と訳される「フェティシズム」は貨幣を神として崇めたり、その神に支配されたりということを意味してはいない。フェーティッシュとは、たとえばそれがその持ち主の役に立たないと分かれば破壊されてしまうようなものでもある。貨幣というのは、今日では単なる紙切れや、あるいはときとしてはコンピュータ・ネットワークの中を流れる電子的なパルスに過ぎなかったりするのだが、その貨幣を購買力をもち価値を蓄える手段としての性質をもつものとしてやりとりする我々はすでにして物象化的な関係の網の目のなかに取り込まれている。しかし他方で同時に、我々は商品や貨幣をものとして自在に譲渡し処分することができる限りにおいて、むしろ我々自身が主体であるという自由の感覚を享受している。フェーティッシュはそのような両義性をもっている。

その貨幣によって生産手段と労働力が購入され、先に述べたように剰余価値、したがって利潤が産出されるとそれは資本として機能することになるのであるが、その際、利潤という所得は、労働によって生み出されたのではなく資本という所得源泉そのものから生じたかのごとく現れる。さらに、その利潤の一部は土地所有者に地代として分配されるのだが、この地代も、もとをただせば労働の産物であるにも関わらず土地そのものから生み出されたかのごとく人々には意識されるようになる。その結果、労働に対しては賃金、資本に対しては利潤、土地に対しては地代、という生産要素とその所得という対応関係がそれぞれ独立した関係として現れることになる。マルクスはこれを経済学的三位一体範式と呼んで、そのような考え方は社会的に形成された（したがってその限りでは客観的な）錯覚視であると批判したのである。

▼マルクスと現代

経済学史の教科書でマルクスを取り上げるということは、ある意味では少し場違いなのかもしれない。なぜなら、すくなくとも彼自身は自分を経済学者であるなどと思ったことは一度もなかっただろうからだ。彼はジャーナリストでもなければ、哲学者でもなく、なによりもまず革命家であったはずだ。経済学史の教科書でマルクスを学ぶさいには、その教科書の章別構成の中に切り出されたマルクスは、その時代に生きて、格闘し、思索しつづけたマルクスその人からは少し別のところに焦点を据えて記述することにならざるをえない、ということはあらかじめ心に留めておいて欲しい。

では、いったいその革命家マルクスがなにを目的として経済学などという「陰気な学問」の研究に打ち込んだのか、その結果出来上がった彼の理論は他の経済学者のそれとどこが違うのか。おそらくこの問いこそが、彼の理論を理解する鍵になるのだと思う（ここでは言及できなかったが、この問題は彼が自分の仕事を「経済学批判」と呼んだことに関わる）。

もうひとつ、ここで強調しておきたいことがある。彼の残した思索は、とりわけ二〇世紀において、様々な人々によって多様に解釈され、しかもそれぞれの解釈が多かれ少なかれ自らを唯一にして正統的な解釈であると宣言しつつ互いに対峙するという歴史的経過を辿ってきたということだ。少し強い言い方でいえば、彼の書き残したものはある種の人々にとって宗教の教祖の経典のごときものとしての扱いをうけてきた。このことが果たして我々にとって大きな不幸であったのかどうか、ということは問うても詮無いことであろう。それだけ大きく現実の運動に切り結ぼうとした思想は、また現実の運動からの強いリアクションを受けることもやむを得ないことなのだろうから。しかしながら、ひとつだけ明らかなことは、そのような解釈のかなりの部分が――と強く断定してよいと思うが――今日、すでにその生命力を失っているということだ。

　では人々はマルクスの思想に惹きつけられることはなくなってしまうのだろうか。そうではないだろう。唯一正統と自認する教義体系が歴史のうねりのなかで自壊したその向こうに、多様な読み方の可能性に開かれたマルクスが姿を現している。

　マルクスの記述のなかには明白な誤認と思われるもの、凡庸で取り上げるに値しないもの、時の経過とともに陳腐化してしまったものが多くある。我々に必要なことは、そのような残滓をかきのけて、今日なお生き続けることができるマルクス像を再構成し、その可能性を問うことであろう。したがって我々は、今日我々がもっている知識を最大限に動員して、マルクスのなかのもっとも可能性に満ちた部分を読みとることになる。物象化システムとしての資本制経済が存続する限り、その根源に遡って、それをトータルに批判し、変革しようとしたマルクスの思想はまだしばらくは読み継がれてゆくだろう。二一世紀には、二〇世紀のマルクスとは別のマルクスが再生するに違いない。

読書案内

　マルクスの著書は『マルクス・エンゲルス全集』で読むことができるし、主要な著作は『マルクス・コレクション』（筑摩書房）におさめられている。読みやすい本とはいえないが、『資本論』に直接取り組むのがマルクスの理論を理解するためには近道かもしれない。さらに、初期の代表作として、「疎外された労働」の章を含む『経済学・哲学草稿』（城塚登／田中吉六訳、岩波文庫、一九六四年）、彼（等）の資本主義認識が端的に示されている『共産党宣言』（大内兵衛／向坂逸郎訳、岩波文庫、一九六二年）。

　伝記的著作としてはマクレランの『マルクス伝』（杉原四郎他訳、ミネルヴァ書房、一九七六年）がよくまとまっている。廣松渉・井上五郎の『マルクスの思想圏』（朝日出版、一九八〇年）は思想史研究のモデルとして一読に値する本である。また、彼の思想の形成過程を辿ったものとして望月清司他『マルクス――著作と思想10』（有斐閣新書、一九八三年）がよみやすい。

　彼の経済理論の解説書としては、大内秀明ほか編『資本論研究入門』（東京大学出版会、一九七六年）、佐藤金三郎ほか編『資本論を学ぶ』(1)〜(5)（有斐閣、一九七七年）。

　マルクスの哲学を扱った研究も多い。そのような中で今後も参照されるであろうオリジナリティをもったものとしては廣松渉の『マルクス主義の地平』（講談社学術文庫、一九九一年）であろうか。廣松の編による『資本論を―物象化論を視軸にして―読む』（岩波書店、一九八六年）も挙げておこう。

　経済学説史上においてマルクスを正当に位置づけたような研究書は残念なことに日本では見あたらない。現代の経済理論をも射程に入れてマルクス理論の意義を顕揚する研究がない。そのなかでは、スミス研究者、内田義彦の『資本論の世界』（岩波新書、一九六六年）が熟読に値する。

　大川正彦『マルクス――いま、コミュニズムを生きるとは？』（NHK出版、二〇〇四年）は新しい時代のマルクス像を描き出している。巻末の参考文献も役に立つだろう。手軽に読めるものとして、的場昭弘の『マルクスだったらこう考える』(光文社新書、二〇〇四年)。

理解を深めるために

一、「人間の本質は社会的諸関係の総体」である、というマルクスの言葉の意味を考えなさい。そのうえで、なぜ彼は「資本とは関係である」と言ったのか、あなたの考えを述べなさい。

二、なぜ、貨幣で商品を買うことができるのか、マルクスの価値形態論、物象化論を使って、あなたの考えを述べなさい。

三、マルクスは人と人との社会的関係が、物と物との関係として現れること、つまり、物がある性質をそれ自身で、人間相互の社会的関係から独立して、備えているかの如くに錯覚されることを物象化と呼んだが、この論理は経済以外の場面に応用可能かどうか、あなたの考えを述べなさい。

(石塚良次)

I―9 カール・G・A・クニース

ドイツ歴史学派の倫理的経済思想

(Karl G. A. Knies 1821～1898)

▼生涯と著作

クニースは一八二一年三月二九日、マールブルクに生まれた。下級官吏だった父の安月給のみの家は貧しい生活だったようだ。彼には貧乏がしばらく付きまとう。当地のギムナジウムに入学、三五年父の転勤で移り住んだフルダのギムナジウムで四一年に卒業試験を済ませ、同年マールブルク大学入学。まず文献学と神学、ついで歴史や国家学を学ぶ。四六年に哲学部に学位論文（古代ローマ都市パレストリーナの歴史について）を提出したが、これは職位請求論文としても認められた。彼は歴史と国家学の私講師資格を申請したが、これは業績の数が足りずに許されなかった。しかしB・ヒルデブラントやH・ジーベルの代講を引き受けるなどの活動が認められて大学から若干の収入を得た。学生時代から指導を受け、その後も親密な交友関係にあったヒルデブラント（一八一二～七八年）は四八年ドイツ三月革命史上、自由主義的統一運動の代表的な人物として知られている。クニースも旧体制批判の論稿を書いたり、フランクフルト国民会議の実情を見たりした。両者の生涯には、書かれたものからは想像できぬほど強く革命期の体験が影を落としている。ブロックハウス出版が『現代――あらゆる階層のための最新の歴史百科事典』にクニースの寄稿を求めると、彼は体制批判と自由主義的統一支持の論稿を寄せた。革命直後の自由主義的政府は、彼にカーセルの高等専門学校の教職を用意してくれた。四九年秋のことである。彼はそこで冬学期を利用して大学の要請に答え、『独立の学問としての統計学』を書き、一八五〇年二月に出版した。道は整ったかに見えた。だがその間に革命は挫折、政府は反動化し、庇護してくれた大臣は更迭された。後任の大臣から、教職に就いた暁には政府に不利な政治活動は行わない、との宣誓を要求されたクニースは、就職＝収入を諦め、要求を蹴った。彼はマールブルクに戻り、大学の私講師で貧乏暮らしを続けた。政治的挫折、圧迫、貧困の中で、彼は一八五二年にスイスのシャーフハウゼンの高等学校教員の職に就いた。大学教授ならぬ、しかも外国での就職であった。

しかし、この間にも著作活動は止むことがなかった。『現代』には「一八三〇年頃までのドイツ連邦」（一八四八年）、「一八三〇年から一八四八年の連邦議会解散までのドイツ連邦」（一八四九年）、「アダム・スミスから今日までの国民経済学」（一八五二年）を寄せている。他にも「国民経済学者としてのニコロ・マキャヴェッリ」（一八五二年）、『鉄道とその影響』（一八五三年）などを発表した。主著とされる『歴史的方法の立場からの経済学』も一八五二年に執筆、翌五三年に出版された。

主著刊行の二年後、フライブルク大学から国家学教授職の申し出があり、クニースはこれを受けて帰国した。大学の仕事の他に彼は、新聞の論説や講演、労働者教育協会の設立とその指導、工業・農業協会の役員など、様々な実践活動をこなした。六一年には、バーデン政府がヴァチカンの教皇庁との協約締結の姿勢を見せたとき、彼はこれに反対して政府に「フライブルク大学プロテスタント教授団の意見書」を提出することに成功した。もちろん彼が指導的な役割を果たしていた。同年彼は、地元出身でもなく、住民の多くはカトリックであったにもかかわらず、当地の選挙区からバーデン邦議会下院議員に選出されて、議会活動をも始めていた。彼はとくに教育行政で活躍し、バーデンの教育制度改革法案を仕上げたり、国民学校に対する非宗派監督機関設立のための特別法（六四年）を作成したりした。このような反カトリック闘争は、彼が「戦闘的プロテスタント」だったからではない。批判の対象はカトリックの信仰よりも、むしろ政治的カトリシズムであった。彼にとってカトリシズムは精神的秩序形成力ではない。世俗のあらゆるものを包括する政治的性格を備えた組織を僭称するもの、国民的国家的組織の価値をおとしめるものであり、ドイツの自由主義的国民統一運動の敵であった。さきの「意見書」も「僧侶の干渉」への反対という表現で、カトリック教会所属の教授層でも支持できるように起草されていた。しかし政府とカトリックの人民党との妥協成立の見通しが強まると、彼はこの地での自分の立場の危うさを知った。そして六五年にハイデルベルク大学の国家学教授職の提示を受け入れる形でフライブルクを去る。邦議会ではその後も名誉職的な上院議員や副議長に就いたが、以前のような活動からは退いた。この期の著作には「国民経済的価値理論」（一八五五年）、『通信手段としての電信』（一八五七年）などがある。

六五～九六年とハイデルベルク大学で教鞭をとったクニースのセミナーは、経済学研究の有力な中心地として知られ、内外から学生たちが（たとえばアメリカからはJ・B・クラークが）やってきた。クニースの名声は非常に高まった。主著の次に有名な『貨幣と信用』（一八七三、七九年）もこの期のものだ。貨幣の部の第二版（一八八三年）は邦訳もある。これはメタリストの立場から貨幣機能を体系的に論じており、マルクスの価値論批判も含まれる。貨幣とはまず交換手段である前に、価値の一般的「度量基準」機能を満たす価値物である。そして貴金属が市場価値とは別にもつ独自な価値がその機能を満たすがゆえに、貴金属貨幣が必然化するという点には、カール・メンガーも注目した。

帝国統一の一八七一年に、彼は「マキャヴェッリの愛国心」を公表する。彼はそこで、「ドイツの権力は大きい、だがそのために、他国がドイツに対して憤慨しないような効用をドイツのために引き出すようにその権力を用いることはできない」と、マキャヴェッリの口吻をかりてビスマルクの権力政治を批判する。かつての友人たちのように「現実政治」の名の下に力による統一を承認することのできぬ、四八年革命の理念の支持者クニースは、マキャヴェッリの愛国心と人格をビスマルクと対比させたのである。

六〇年代には自由貿易理論が支配的で、彼の主著は受容されずにいた。それが八〇年前後から、この忘れられかけた書物に「全く新たな需要」が生じたという。この表現は、その事実にやや戸惑いを感じたらしいクニースが、初版から三〇年たった八三年、第二版を『歴史的立場からの経済学』と題して公刊したとき、その序文で用いたものである。彼は、三〇年後に趣旨を変えずに、表題を変えて、第二版を世に出した。この事実だけでもわれわれには、ドイツのこの間の経済思想の変遷と歴史学派の性格を考える際の手がかりになる。以下、第二版を中心に彼の思想を見よう。

▼政治経済学

経済学の対象　クニースは、どの個別科学も研究の対象領域、科学に対置される課題、その課題を解くべき方法によって固有性を規定される、と言う。では彼は経済学の対象領域をどのように捉えていたのであろうか。

その前に用語について確認しておきたい。これまで経済学と表記してきたが、これは「ポリティッシェ・エコノミー」（直訳すれば政治経済学）の訳語である。類似の言葉には「国民経済理論」、「社会経済学」などがある。彼は政治経済学の語を採った。初版では国民経済理論の語で説明しているところもあるが、まずは政治経済学の語の含意を探ろう。彼自身、この語から以下のような照準点を引き出している。

第一に、経済学であるからには人間の経済活動の科学的理論が扱われるべきである。しかも人間の目的を達成するための人間の行為、人間の状態、人間の課題を扱わねばならない。そしてそれは人間の生活および意欲の総体領域と関連づけて研究されるべき一部門だ、とされる。経済現象の領域が他の領域と区別される例としては、モノの扱いがある。あらゆる対象物（木材とか金属）は、それらに固有の物質的性質への関心からではなく、それらが人間の欲望と行為の対象をなし、人間の需要の充足手段として用いられる限りでのみ、扱われることとなる。したがって第二に、諸産業で用いられる技術それ自体は政治経済学の対象外となる。たとえば、ある鉄道が完成したとして、そこには技術的に成功した成果と、経済的には全くの失敗とが併存することもある。第三に、扱われるべきは単なる経済理論ではなく、「政治」経済学だということ。まず、「政治的＝国家的」と「社会的」という近年の区別はここで採らない。政治経済学は、つねに社会経済学をも意味する、と理解しよう。他方では、私的な経済生活領域内部の出来事に向かう研究、たとえば農業経営理論などとは区別される。だがどんな経済活動も、人間の文化生活の発展とともに成長する分業の結果として、また分業の成果である生産された財貨総量の分配のあり方の結果として、大きな全体へと編入されている。個別の農家経営やその収益倍増目標の達成にしても、その経営の置かれた時・所で一般に妥当性をもった秩序や制約により、総体関連に結び付けられている。だから、まず社会的政治的紐帯の基礎の上でひとつの法的な秩序が国家的組織の形で形成される。そして、その中に現れてくる人間の経済的な共同生活の諸現象の領域、これこそ政治経済学が扱うものである。政治経済学はそれゆえ、国家=社会諸科学と呼ばれている学問グループに属するのである。第四に、このグループの中での政治経済学の独自性は、経済的な需要・活動・出来事・状態の領域が別種の、つまり非経済的なそれらと区別されることで与えられる。

さてこの国家=社会諸科学を、クニースはどういう性格のものと見たか。従来、最も包括的な科学のグループ分けとして、人間の科学と自然の科学というのが支持されてきた。人間もその身体は自然ではないかというのであれば、一方を「人間の内面的な観念世界」を対象とする精神科学、他方を「対象的素材の感覚的に知覚された外的世界」を扱う自然科学とすればよい、と答えられた。だが第三のグループを設定する必要があった。それが国家=社会諸科学であり、歴史的科学と呼ぶこともできるものである。その対象は、内面の思想や観念の世界ではなく、感覚的に知覚しうる外的現象の世界での経過や状態であるが、同時に人間の内面の精神的領域にも関わってくる。固有の対象は「人間の行為ないし活動であり、それらに基礎をおいた、多くの個人および全民族の社会化され法的に秩序づけられた一個の生活共同体の状態」と規定された。政治経済学はその一部を対象とする。

このように性格づけられた政治経済学の対象を、クニースはどうつかんでいたか。三部構成の主著（「序論」「国民経済」「国民経済理論」）の、第二部の目次を一瞥するのが近道だ。「第一章　歴史的国民経済の具体的基礎。諸国家の固有の領土」、「第二章　様々な民族の独自な性質」、「第三章　時代が領土と人間に与える影響。資本」、「第四章　一般的国家権力の立法・行政活動、宗教と教会、支配的な理念や精神的潮流の影響下の国民経済」、「第五章　歴史的民族生活全体と統一的関連に立つ国民経済。個体性・異種性と共通性・類似性。……」。経済生活が時と所により極めて個性的な現れ方をすることを理解するためには対象の個別化を規定する要因を知っておく必要がある。というわけで第一章では、地表の形状、土地の高低、地質、気象、化石燃料、鉱物資源、水流、海岸線、地積、隣国の性格までが言及される。第二章の愉快な記述を紹介しよう。イギリスでは、私経済上の利己心が国民的自負と非イギリス的世界に対する強い侮蔑的見方と並存し、社会機構と伝統的法律に対する感覚は鋭く、自治に対する熱意と勇気と力とは彼らの血肉と化していた。フランスでは平等を求め、享楽を欲し、新規を追い、上品な趣味を楽しむことが国民の普遍的な性格となっていた。対するドイツでは、個人間の交際では思慮と勤勉と人道主義と公正とが貴ばれるとともに、世界市民的感覚が強い。イタリアでは芸術的才能と甘美な無為に対する喜悦感が人々を支配し、オランダでは世帯じみた効用感、節制、勤勉が国民性となっている、などなど。

さて、個別的であることをここまで強調したクニースであるが、逆のベクトルが存在することも忘れてはいない。第五章の表題にそれが示されている。どんな人間のうちにも、物理的には同一の自然法則や本能的衝動が働く。また自己完成への志向や、精神的・物質的欲求の充足と文化的進歩の達成を求める努力も、すべての人間に普遍的に、平等に認められる。これらが根拠となって、国民経済の歴史的発展には類似性が見られ、これまでにも経済発展の段階説という形で議論されてきた。しかし彼は、共通なものが特殊なものをなくするような現れ方はしない、と言う。すなわち、諸国民の国民経済的発展における類似性は、第一章に挙げた自然的基礎の相違が影響力を失ってしまうような経済的生産の平等な発展段階から成立しているのではない。類似性が現れてくるのは、ただ、努力の平等さ、その道の向かう方向、目標の捉え方、経済的な事物が他の現象領域や民族的な生活の全領域との間にもつ関係、普遍的人間性や普遍的自然的なものの現れ方などにおいてである、と考えた。経済現象の個別化要因の作用は決してなくならない。経済の領域で必然的な原因─結果として示しうるものは、つねに「具体的で個別的な」形態をとる。従って政治経済学は、その対象の性質からして、歴史的な科学と言えるのである。そしてこのことが当然ながら経済学の課題にもかかわってくる。

類似性の追究　アダム・スミスの名に象徴される古典学派批判、これがドイツ歴史学派に共通する基本姿勢であった。古典学派の前提は利己心と私的所有であり、彼らはその絶対性を主張した。だが、その両方とも歴史的現象なのだ。対象たる経済現象は、自然力と人間の協働なのだから、前者にのみ妥当するにすぎない自然法則を経済学のために導出しようとするのは誤りである。これが出発点だ。クニースは次のように考えた。

科学は自然科学的法則定立を唯一の作業と想定して自然法則を経済現象にも認めようとする。経済現象は人間と自然の両方の要素で成っているから、外的自然にのみ妥当する自然法則を経済の法則とみなすことには無理があるはずだ。しかしあらゆる経済現象を支える根源的要因を探ってゆくと、私的所有と経済的利己心があるではないか。こうして、この二要因から人間的要素を説明する途を開き、国民経済における自然法則定立へと進んだのがスミスである。ここから外的世界の法則の発見・定式化を経済現象の把握へ持ち込む古典学派の進展が始まり、その傾向はリカードウ学派で最も強まった、というのである。

クニースは次のように批判する。彼らの理論の世界でわれわれが出会うのは現実の人間でなく、単なる経済的利己心という概念を人格化したものであり、それは統計的平均の人間ですらない。理論上では、たとえば売買契約で、当事者は経済的利己心に充分満たされて振る舞う。つまり冷静な状況判断の下につねに最も有利な契約を行うのだが、実際には利己心の程度は人によって様々だ。しかも利己心概念を人格化した理論上の人間はあらゆる行為、従って非経済的行為もこの利己心にのみもとづいて遂行する。歴史具体的な人間はそうではない。そして先述のように人間の非経済的な諸関係・諸行為も経済現象に関わっているのだから、古典学派は方法的に見て間違っている。その成果として得られた自然法則も、時空を超えて同じように妥当することにはならない。この点はリカードウ学派ですら気づいており、J・R・マカロックは、経済法則が物理学の法則とは違って、通例、だいたいにおいて確証されるにすぎぬ、と述べた。ここですでに経済現象における自然法則という言い方の矛盾が明白となっている――と批判する。

そうしてクニースの批判は、私的所有と利己心という前提に向かう。ここではその前者について見ておこう。彼の見るところ、私的所有の制度とは、あくまで歴史的な産物であり、したがって変化するものである。そもそもモノに対する全く無制限な所有権など現実には存在しなかったのである。

古代ギリシャでは国家が本来の所有者であって、個人は自己の占有物の管理権を行使するにとどまり、しかもそれが公共目的にかなう限りで正当化された。私的所有の概念それ自体のうちに国家による処分の承認ということが含まれていた。

ローマでも事情は似ている。とくに重要な土地については、国家が征服によって成立したことから土地はまず公有地として国家の処分権の下にあったが、それをめぐり国家所有と私的占有の争いが長く続いた。ローマの市民権は様々であったため、私的な占有や所有には幾重にも区別が生じた。その中で国家が個人に土地を所有物として譲渡したり売却したりして、つまりは国家の行為を通じて始めて、土地の私的所有が生じた。

クニースはローマとゲルマンにおける私的所有の発生と形態を詳しく論じたが、それよりも注目すべきは、第二版の追加において、私的所有概念に法的・経済学的な検討を加えていることだ。そこでは、所有とは何か、その原因は、その成立条件は何か、と問題を立て、所有の対象（土地、可増財、無体物、等）、所有の主体（個人・団体、自然人・法人、等）などを詳細に論じ、法学と経済学の捉え方の違いや、人―物の（権利）関係としての所有と対象物としての資産との違いを指摘している。後者は租税論や利子・地代論の基礎をなす経済学の重要な論点でもある。こうした法学的分類には、彼が意図せぬ意味もあった。経済現象をその諸要素まで分解することで共通要素が見えてくるし、諸要素の特定の結び付きが一定の規則的現象を生むことや要素間の親和性も把握できる。いわばヴェーバー経済社会学への芽があった。だがクニースの関心は、個別化の契機、歴史的相対性、理論の妥当する前提の確認にあった。

古典学派は歴史的なものを絶対的と考えたところで誤っていた、という。では、すべてを相対性の世界へと追いやったなら、それらの学的認識は何を課題とすることになるのか。その答が、歴史発展の法則、であった。歴史研究によって経済現象をその一部として含む人間生活の全体を理解すること、様々な民族の歴史を研究して比較し、人間生活の発展をつかむこと。だから歴史研究は経済学の一部門としての経済史研究というのではなく、むしろ政治経済学の主要な作業領域をなすものと位置づけられる。だが諸民族の経済生活には、類似性は見られても、決して自然法則的因果律が貫徹しているとは言えない。であるからして、歴史発展の法則の研究は、類似性（アナロギー）を得る以上のことはできない。

類似的事象とは、ある一定のところまでは同一性が認められるが、それを越えると差異性が示されるような事象である。また個々の事象にのみならず、発展における類似性ということも問題になる。これにより同類の現象を包括する類概念（たとえば四角でも円でも金鋳貨といえる）の構成と、特殊性の理解とが可能とされる。また現象とその原因までをも取り上げてこそ、同一性と差異性を正しく認識できる。その際、比較という作業は決定的に重要だ。比較による類似性の研究は、規則的なものの認識に役立つのみならず、既知の定式化された法則の不十分さを改善することにもつながる。歴史研究が進み比較の材料が増加してゆけば、類概念の修正（先の例なら銀貨をも含む貴金属鋳貨）や、新たな区分線の浮上による諸要素の評価換えも必要となってこよう。こうした帰納的手続きの高い力能は、「歴史的方法」の提唱者W・G・F・ロッシャーにも充分に理解されていなかった。クニースは第二版で自己の論理に近いものとしてJ・S・ミルの『論理学体系』を挙げている。

人倫完成への志向　相対性の原理を強調するクニースは国民経済の歴史の相対性を記述する。同時に彼は人間の文化的精神的契機を重視しており、しかも「人間の発展」を考えていた。だからこそ歴史的発展の語を用いたのであろう。個別性・多様性を通した人間生活の発展を、類似性の把握によって理解しようとしたのである。発展の根拠を少し見ておこう。

人間の発展といっても、人間のあり方は歴史的に様々な姿をとる。そしてその多様性を「人倫的完成への志向」が貫いているという。人倫（ジッテ）とは、習俗とか道徳などと訳されるが、クニースの用法から見て、個人の内部に倫理的格率と化した社会道徳、と考えておこう。歴史上の多くの事例において、経済的観点から有利なものと、人倫的・政治的に望ましいものとの対立が見られ、どちらが優位を占めたかもいろいろであった。しかし彼は、経済的観点を人倫的・政治的観点に服属させることが望ましいと考え、しかも人間はその方向に向かっている、と言う。人間は一方で、外的世界に貫徹する必然的な法則を拒み得ない。同時に他方で、人間の魂のうちの自由は、人倫的・政治的な完成をめざすのであり、それが民族の発展を支える生命力をなしており、自由な目的設定・意志決定の意義は長期的に決して否定できぬものである。だから個々の経済的な現象には必ずや自然法則的な因果性と、「人間の人倫的に自由な目的の因果性」の両方が作用する。前者は、ある事象、たとえばひとつの経済的行為が原因となって特定の結果が生じる、という意味での外的世界の因果律のことであろう。また後者は、その経済的行為がなぜ選択されたのか、つまり自由な目的設定がどのようになされるのか、を説明する論理のことであろう。どのような価値を理想と考えるか、どれだけ高い理想を追求しようとするかは、個人の自由な意志にまかされる。しかも自由は恣意ではなく、長期的には向かうべき方向をもっている。こうした内的世界、観念の領域が大きく経済的行為を規定しているのであって、クニースはそのことを絶えず強調していた。

学説批判　類似性の研究は、類似的現象の規則性把握と、歴史具体的な現象をその個別的原因と共に因果的に理解することを可能にする。だが、とくに発展の法則の定式化というようなことはできないのではないか。この問題は、出発点、つまり歴史的方法によって政治経済学をうち立てようとしたことそれ自体に孕まれていた難点だと思われる。ただ、そう言い出すことで彼は、リストの有名な段階論やロッシャーの議論など当時有力視されていた理論を批判する視角を設定できた。

リストの「狩猟・漁労→牧畜→農耕→農・工→農・工・商」という経済発展段階図式は、どの民族にも等しい自然的基礎が与えられていることを前提とする。だが自然の恵みの多少に応じて個々の民族が図式と全く違った発展を辿ることは多く、たとえば現在でも漁業の栄えている地域もあるだろう。単純なもの・容易なものから原則的に複雑なもの・困難なものへと進むという発想は、歴史に学んだものではなく、抽象の産物である。リストに見られる単線的発展段階論への信仰を批判するクニースは、経済発展のパターンの部分的な類似性の研究を提起して、様々な国民的特質の比較検討の重要性を説いた。彼は歴史主義から類型論的経済社会学へと一歩を踏み出した、と見ることができる。

さらに彼はロッシャーの類似性論をも批判する。彼はロッシャーの歴史的方法による構想を高く評価する。ロッシャーは「日の下に新しいものなし」として、個人と民族がともに青年期から、壮年、老年を経て死滅すること、どの民族の経済にも自然、労働、貨幣を主たる生産要素とする時期があり、基本的には同一の循環を辿ること、を説いた。彼のいう類似性は有力に見えるが、しかしたとえばギリシャ、ローマの農業を見れば、その発展は労働の集約的投入でまかなわれていた。明らかに近代の資本集約的農業の発展とは違い、その基礎には古代の奴隷労働があった。彼はまた古代と近代では勤勉さも同程度であり、工業立地にも同じ自然法則が妥当する、と主張する。これには、古代の奴隷労働の質の悪さや奴隷が購買者たりえないという事情から、古代の工業の比重が近代よりも著しく低いのは否定できない、と応じた。そしてロッシャーは類似点と相違点を等しく研究せよとは言うが、相違を過小評価しており、不確かな類似性の主張に終わった、と批判した。

ではクニースの積極的な主張の方はといえば、それは、政治経済学は倫理的な学である、という考え方に総括される。次節でこれをドイツ社会と経済思想の歴史から説明しよう。

▼ドイツの歴史的立場

知識社会学的学史　国民経済の歴史は極めて多様であり、諸々の経済学説もそれぞれ固有の背景をもって成立した。従ってそこに説かれる理論は、つねに特定の条件下でのみ妥当するのであり、決して普遍妥当性を主張できるものではない。経済活動に携わる人々が、よく狭い経験をもとに自己の個別利害を全体の利害と同じであるかのような主張により自己弁護をはかるように、理論にもそうした傾向がある。そこで歴史的立場に立つクニースは、諸々の学説をその成立基盤から、いわば知識社会学的な手法で説明する。そうして、主要敵たるイギリス古典学派も例にもれず相対的妥当性しかもたぬことを示して、自己の主張の正当性を補強しようとした。

考察は例によって古代ギリシャから始まり、そこでの政治体（ポリス）の規定的意義からする経済の政治への従属や、奴隷制の弁護といった経済思想が描かれる。近代では重商主義、フランス重農主義、スミス、それへの反動としてのアダム・ミュラー、リスト、さらには社会主義が取り上げられた。第二版では一九世紀後半のドイツの社会主義理論のいくつかに関する考察が補充された。ここでは彼のドイツ史理解の一端がうかがえるミュラーの項を見ておこう。

フランス革命の大陸諸国への波及に伴って、スミスの理論が広く受容された。フランス支配地域には新たな立法や制度が導入され、啓蒙的理性の体現たる共和主義的自由の旗の下に国境を超えて諸国民が結合してゆくかに思われた。だが大陸封鎖以降は経済的原理とは異質の戦争策が採られ、国際交易の原則と国内経済生活の原則とが矛盾するようになり、ナポレオン支配下で激しい反動も現れた。被支配地域では国民的特質、国民的独立の意識が昂まり、この間抑えられてきた地主貴族やカトリック僧侶が息をふきかえす。こうして革命の理念を否定しようとする復古体制が始まった。ミュラーはこの復古の正当化と必然性を経済の領域で示そうとした。

ミュラーは、スミスの理論で正当化され革命の過程で実際に導入された経済生活の形式や諸力を排除し、中世的経済の諸形態を再導入しようとした。彼は、個人主義には国民的自覚を、人格的自由には古代的国家理念を、工業生産力には土地所有の保守的な力を、私的土地所有の自由には物的資産の意義をしのぐ人間の人格を、それぞれ対置する。彼自身は、振子が一方に大きく揺れすぎたのでバランスをとるために聖職者や中世的要素を強調したのであって、それらが全一の支配を要求するならそれにも断固反対する、と言っていた。ただし彼の議論は長く受け入れられることはなかった。けだし革命の経済的成果は極めて強力であり、またドイツでは君侯権力が革命を通じて拡大し、第三身分との利害共同態を形成したからである。ミュラーの主張がなまじ実現しようものなら、せっかく圧倒した封建的諸身分がまた勢力を回復してしまう。領邦国家の権力拡張・集中は革命の成果と結んで、すでに反動を許さぬまでに歩み出していた。クニースはミュラーの登場と退場を歴史的現実からこのように解釈した。

倫理的経済学　ドイツの経済思想の特徴を以下、クニースに代表させて描いてみよう。古典学派の理論では、財貨はみな商品として現れる。その商品とは一般に可増財、つまりコストをかけさえすればいくらでも作れるものだ。そして市場における需要と供給の均衡により価格が決定される。供給も「商品による商品の生産」の過程と化した世界、労働力の商品化、を前提としている。ただし土地は可増財でないから、地代論が特別に説かれなければならなかった。理論は価格決定のみならず、生産、資源配分、所得分配にかかわる論理を備えていた。イギリスに対する後進国（したがってイギリス以外の世界中の国々）では、そうした経済理論を輸入することになる。しかし国内では、およそ商品の生産過程がそうした理論の前提条件とは違っている。生産過程をはずして、商品流通の面、商品市場の面についてのみ、輸入経済学の妥当性は徐々に高まる。だから古典学派の受容母体は、まずは商業利害関係者を中心に形成された。すくなくともドイツではそうであった。この母体から「自由貿易」と「営業の自由」を核に経済的自由主義が正義の思想として振りまかれる。そこで、生産力に劣るドイツが先進国イギリスと自由貿易をすることで被る不利益を認識することで、リストの保護主義と国民生産力論が出される。また営業の自由の導入による移行期の社会問題を認識することで、シュモラーの社会政策論（後述）が登場する。そして近代化＝資本主義化をいまだ課題として抱える国では輸入経済学の妥当性は限られるという段階的後進性の意識が、理論の絶対主義への反発となって現れる。これが歴史主義・経済発展段階論の開花要因となってゆく。加えて、先進国ではすでに政治問題化した労働者問題がドイツでも顕在化しはじめる。これを社会秩序の危機として深刻に受け止めることにより、資本主義に、またその現実の反転像としての社会主義思想にも反発する態度が醸成される。資本主義化の進行により古典学派の前提した利己心が満面開花する社会へと進むことへの嫌悪、その裏返しの私的所有・個人的自由を否定する社会主義への嫌悪。こうして私的所有を基礎としつつも、むき出しの利己心ではなく公共的倫理（人倫）を心理的動因として生きる人々の良き生活共同体を第三の道として将来に投影しようとする。そのためには人類が利己心を克服する道徳心へと向かうことを信じなければならぬ。だから人間の発展を問題とするクニースたちにとって、経済学とはあくまで政治＝公共社会的な学であり、倫理的な学でなければならなかった。経済学は存在についてのみならず、当為の領域をも含み持った学とされたのである。あれほど相対性を強調したクニースも、人類の公共的倫理に向かう発展を普遍的なものと考えた。そしてそのような公共性・共同社会を実現するための実在的な前提は、これまで歴史的に人倫の担い手であった民族をおいて他にはなかったのである。

クニースが用いた知識社会学的な考察を歴史学派自身について応用すると、以上のような了解が可能となろう。よく歴史学派の反動性が指摘される。けれども、それは、社会が古典学派の理論の妥当する方向へと進むことを唯一「善」と価値判断する立場からのみ言えることである。諸個人の生活、需要充足のあり方が、自給部分や小商品生産部分などを併せもって営まれる「家計」維持から「営利」原則一本で規制されてゆくことに付きまとう諸問題（有限資源の濫費、生態系破壊、負の公共財生産、金権主義的公共意志決定、等）は、理論の絶対主義の前には問題視すらされない。倫理を言い、民族精神を言う歴史学派は、非資本主義的、非社会主義的な第三の道を構想しようとしたのであって、歴史に背を向けたのではなかった。負の遺産と言われる民族精神も、彼らには過去と未来をつなぐべき歴史的形象であり、理想を萌芽的に孕んだものであった。

スミス問題　だがこうした歴史的現実に身をおいたことの影響もあってか、スミスのテキスト解釈に問題を残したことも否めない。それが「アダム・スミス問題」である。スミスは『道徳感情論』で同感の理論を説いた。彼は、利己心が、どの人間にも備わった同胞感情である同感を介することで、同じ市民として生きる他人にも是認されるような姿で作動する、と説いた。いわば分業関係に立つ諸個人＝経済人の行為が公共性をもった社会倫理に律せられるメカニズムを分析し、市場社会の安定性原理を提出していた。だがこれがクニースには理解できなかった。彼は同感をもっぱら利他心の現れと捉えて「スミスは利他心を基礎に『道徳感情論』を、利己心を基礎に『国富論』を書いた。この矛盾は何に由来するか」と誤って問題を設定した。ここに、以降のドイツ経済学に見られる「経済的自由主義→市場における利己心の自由な発揮→私利私欲の横溢」、その結果としての「社会的害悪・社会問題→それを矯正すべき人倫の強調→お上《かみ》（政府）の正義の介入」という市場観・経済政策観の萌芽が孕まれていた。倫理的国家観・民族共同体観も同じ文脈にある。スミス問題の真の解決は、M・ヴェーバーの「プロテスタンティズムの倫理」論文を待つこととなる。

世代交替と構造転換　一八七〇年代に社会政策学会へと結集したG・シュモラー、A・H・G・ヴァーグナー、L・ブレンターノたちは、「新歴史学派」と呼ばれて旧歴史学派（ロッシャー、ヒルデブラント、クニース）と区別されている。この新旧両派の違いについても触れておこう。まず旧世代の人々が三月革命以前には青年期に達していたことに注目したい。革命前のドイツでは、一方にライン地方のように工業化のスパートがかかっていた地域があるかと思えば、他方には全くの封建的農村社会もあった。革命はそうした中での封建的諸拘束からの解放と、領邦君主権力から自由な立憲的国家統一の実現を目指す運動が中心となった。一面で市民的諸権利の実現や住民代表の実効力ある議会と憲法の要求という政治的自由主義。他面では所有権や通商・営業の自由を目指す経済的自由主義。この両者の結合が見られ、自然法理論や古典派経済学に依った社会・国家理論の進歩性が信じられる時代でもあった。その革命が挫折するなかでヒルデブラントは亡命、クニースも圧迫された経験をもつ。旧世代の思想を考えるとき、この文脈の理解は欠かせない。

世紀中葉以降の経済発展は目覚ましく、関税同盟を主導したプロイセンの東北部のユンカー的農業経営は対英穀物輸出で潤った。西北部のルール地方の鉄鋼業も世紀末にヨーロッパの「心臓部」と呼ばれるまでに成長を遂げる。経済的にはこの時期に大規模な構造転換が起こっていた。その中で前近代的性格を色濃くまとったユンカーを指導層とするプロイセンは対デンマーク・対オーストリア・対仏の戦争に連勝した。七一年の帝国統一は、プロイセンによる南ドイツ諸邦の権力的な制圧という側面をもつ。この社会に史家は「経済的近代性と社会的・政治的後進性の乖離」を指摘する。国家統一の課題は現実政治的に解決された。経済力をもったブルジョア層はユンカー層に妥協し、政治力をもたぬままであった。

社会政策　この構造転換の中に生じてくる様々な社会問題、そして工業化の進展に伴う労働運動・社会主義勢力の興隆、これが新たな段階の課題となる。J・プリンス＝スミスに代表される「国民経済会議」は、いまだ達成されていない経済的自由の実現を目指す。そして自由貿易・営業の自由がおのずと階級利害の調和をもたらす、と主張して、経済過程への政策的介入に反対する。他方、統計と調査で社会問題の実態を明らかにして政策の必要性を唱える動きが、当時、欧州に広く見られ、ドイツでは、この動きの担い手を中心に社会政策学会が創られたのである。シュモラーは、私的所有制度や営業の自由のメリットを認めはするが、経済現象の自律的運動を法則的に記述した理論を、政策的にあるべき姿を示すものとしてイデオロギー的に転用することには我慢がならなかった。また政策によって「望ましい」状態をもたらすことができる、とも考えた。だが政策を決定すべき議会＝政治家の世界は党派的利害のやりとりの場となっている。シュモラーには、他に頼るべきは党派的利害を超えて君主にのみ忠誠を誓うプロイセン官僚制しかない、と思えた。経済領域における私利私欲の行き過ぎを矯正して望ましい価値実現のため党派超越的な官僚制により社会政策を行う。そしてその過程で人々の人倫が陶冶され向上してゆく。この人倫の働きを見ずに利己心のみの経済人モデルから演繹された、歴史的実証の点で根拠不足の抽象理論は不完全なものだ。ましてやそれを政策指針に用いることは無意味な「ドグマ主義」に他ならぬ。これがシュモラーの実践的立場であった。次に方法の問題の展開を見てゆこう。

ロッシャーとクニース　ロッシャーは歴史的方法の説明の中で、大量の歴史現象を比較研究して合法則性を見出そうとする。その際、個人を見るのでは不十分で、諸民族の歴史を見なければならぬ、としている。しかも民族のそれぞれが、人間個人と同種の生涯を辿ることを理解し、諸民族の発展に見られる発展法則を把握せよ、という。この対比には歴史の経験法則と自然法則の区別はほとんどないと言える。多くのページをあてたクニースのロッシャー批判は基本的にはここに向けられていた。彼の類似性の主張の眼目は同質性と異質性を経験的に区別し、その両方の知識をもって発展法則の相対的妥当性を検証し改良すること、これに尽きるであろう。しかし政治経済学は民族の将来に備えるべきものでもあった。そこに経験的因果性の認識とは別種の当為の要素が混入してくる。考えてみれば人間の行為を対象とする研究者であれば、人間がどうなってゆくのか、そしてどうあるのが望ましいのか、を思わぬ人などいないのではなかろうか。ただしその当為の要素を事実や法則の確定作業に混入させたのでは成果の妥当性に問題が出てくる。この論点は、新旧の歴史学派、そしてヴェーバーやW・ゾンバルトまでも含めたドイツ経済学の歴史を貫いている。

シュモラーとヴェーバー　具体的な現象には具体的な原因が対応している。この観察結果の集積から経験則として因果律を得る。だが人間の行為が問題になっているのだから原因の中の人間的要素は変化し、また意志の自由もあるのだから、その経験則の妥当性は弱い。そこでクニースは人間の変化までをも射程にいれて「発展の法則」を構想した。一方で人格の自由を思い、他方でそれが完成を目指すものであると考えて——。

これに対し、シュモラーはクニースが人格的要素における因果律を否定することを批判し、社会現象総体においてもそれが認められることを主張した。またヴェーバーは、自由の増大が合理性の増大になること、したがって自由な経済行為は、むしろ予測可能な合理的行為となり、市場競争の圧力とあいまって規則性を増大させる、と説いた。観察対象を多くして社会現象における因果律を調べ、遠き将来に法則を発見できるというシュモラーの立場からすると、類似性を知ることにとどまるクニースの立場は、中途半端なものと映る。もし応用領域としての「政策」とは区別された経済「理論」を目指すなら、発展の法則こそが重要になる。歴史研究を通じて発展法則を獲得することが経済学の目的となり、その作業を支えるのが「歴史的方法」だということにまで至れば、それはクニースの意図とは違ったものである。だがシュモラーにしても、社会現象に因果律を認めるとはいえ、個別研究の不足のために因果律を獲得できるのはずっと先のことで、性急な法則の定式化は慎むべきだ、と考えた。これが、厖大な歴史研究を産出したシュモラー学派が「理論嫌い」と非難されたことの原因であった。

政策にかかわるシュモラーには「現実政治」的色彩も付きまとう。プロイセン官僚制への信頼と人倫の発展を重ねれば、彼の体制弁護者としての側面が見える。彼の望ましいと考えた価値がいつしか科学の名の下に正当化されてゆく恐れがあった。ここを突いたのが官僚制の政治性を見ていたヴェーバーである。後年彼は、社会政策学会の価値判断論争で「価値自由」を唱え、諸々の価値的立場を自由に論じる可能性を探った。神々が闘争する現代では、ある価値の実現は他の価値の殲滅を意味する、と見ていたヴェーバーは、シュモラー的な科学観をもはや前の世代のものと感じた。

今日「歴史学派」は、内容の一義的確定が不可能に近く、名称の妥当性も疑問視されるが、新たな関心から進化論的経済学や制度派経済学の潮流の先駆として見直されることがある。

▼ロッシャーとシュモラーの影に

「歴史的方法」提唱の嚆矢であるロッシャーの『歴史的方法による国家経済学講義要綱』（山田雄三訳、岩波文庫、一九三八年）は一八四三年の出版、また『国民経済学体系』一～四巻は一八五四～八六年（五巻は死後）の出版、一巻の「国民経済学の基礎」は一八八六年に一八版を数えていた。この事実から分かるように、官僚予備軍たる経済学徒に圧倒的な支持を得ていたのはロッシャーだった。旧歴史学派の一人として名のみ知られるクニースだが、彼の主著は実際にはロッシャーの圧倒的な影響力の下に埋もれていた。第二版出版の頃にはシュモラーら新世代の華々しい活躍が始まっており、しかも出版直後には方法論争も起こっている。この三〇年の間にドイツ社会は、そして経済思想の世界も大きく動いていた。ねばり強く慎重な思考と扱う内容の多面性・豊富さをシュモラーに讃えられ、第二版では近年の文献への論評を補充した彼の主著も、影響力はほとんどもたなかった。

しかし彼は深い思索の人であった。理論形成の方法としての「歴史的方法」というのは成立しえぬことを自覚して、第二版では表題すら改めた。またイギリスの古典学派や近年の理論にも精通していたことは主著からよくうかがえる。教師としてのクニースはそれゆえその博識ぶりを遺憾なく発揮し、理論的にレヴェルの高いセミナーを主宰したことであろう。だからこそクラークやベーム＝バヴェルクらが訪れたのであろう。その教師としての名声は、著作での敗北感を償っただろうか。

読書案内

クニースの訳書は二冊ある。『独立の学問としての統計学』（高野岩三郎訳、栗田書店、一九四二年）と『貨幣論』（山口正吾訳、日本評論社、一九三〇年）。また主著の序文と冒頭二章分のみ邦訳がある。出口勇蔵／柴田周二訳「歴史的立場からみた政治経済学」（『未来』一九七九年四〜七月号、未来社）。クニースの紹介は榊原巌『社会科学としてのドイツ経済学研究』（平凡社、一九五八年）第五章で充分。B・ヒルデブラント『実物経済、貨幣経済および信用経済』（橋本昭一訳、未来社、一九七二年）の第一論文と訳者解説は必読。初級通史にはT・リハ『ドイツ政治経済学――もうひとつの経済学の歴史』（原田哲史ほか訳、ミネルヴァ書房、一九九二年）。応用編として玉野井芳郎『エコノミーとエコロジー』（みすず書房、一九七八年）所収の「ドイツ歴史派経済学再訪」、田村信一『グスタフ・シュモラー研究』（御茶の水書房、一九九三年）、住谷一彦／八木紀一郎編『歴史学派の世界』（日本経済評論社、一九九八年）、K・トライブ『経済秩序のストラテジー――ドイツ経済思想史一七五〇―一九五〇』（小林純ほか訳、ミネルヴァ書房、一九九八年）を推す。難解だが『小林昇経済学史著作集VII』（未来社、一九七八年）所収の「リストと経済学における歴史主義」は、学問の意味までも考えさせる。

理解を深めるために

一、新旧歴史学派の段階論をいくつか（ヒルデブラント、ビュッヒャー等）調べて、それぞれの妥当性根拠を考えなさい。

二、人間の自由と発展の法則性とはどんな関係に立つか。クニースの場合についてまとめよ。またあなたはどう考えますか。

三、経済学の課題（何を明らかにする学問か）と方法（その課題に答えるための手続き）について、イギリス古典派（A・スミスやD・リカードウ）とクニースの見解をそれぞれまとめてみよう。そこにどんな違いが認められますか。

（小林　純）

第II部　現代経済学の諸相

II—1 W・スタンレー・ジェヴォンズ

科学者から経済学者へ

（W. Stanley Jevons 1835〜1882）

▼生涯と著作

ジェヴォンズの生涯をみると、そこに典型的ヴィクトリアンの姿を見出すであろう。彼に大きな影響を与えることとなったベンサムが死に（一八三二年）、マルサスが死んで八カ月あまり後の一八三五年九月一日に、ジェヴォンズはイギリス有数の貿易港リヴァプールの教養あるユニテリアンの家庭に生まれた。一八世紀にタバコ・砂糖・奴隷貿易によって栄え、ロンドンに次ぐ大都市に成長したリヴァプールは、一九世紀になると、マンチェスターとともにイギリスの産業革命と自由貿易政策の恩恵をもっとも多く受けた新興都市となった。

その産業革命と自由貿易政策は、統制と規制の経済学であった重商主義の経済思想を批判し、経済問題の解決を市場経済機構の「見えざる手」にゆだねたスミスと、そのスミスが残した問題の理論的・政策的諸問題の解決に取り組んだD・リカードウ、T・R・マルサス、J・S・ミルなどの古典派経済学者たちの思想の贈り物であった。とりわけリカードウの経済思想を政治的に表現したマンチェスター学派の人々は、その市場経済の原理から導き出された自由貿易政策の実現にむけて、多くの努力を払った。この自由貿易政策の実現の流れは、一八三九年のマンチェスターにおける反穀物法同盟の結成、一八四四年の発券の中央化と自動調節的金本位制を軸とするピール条例の成立へと続き、ついに一八四六年には、保護主義を代表する穀物法が廃止されるにいたった。さらに、この流れは加速され、一八四九年に航海条例が廃止され、一八五三年に関税統一法が制定され、一八六〇年には英仏通商条約の締結へと続いた。このように、金本位制にもとづく自由貿易体制が確立され、一九世紀後半のイギリス資本主義発展の基礎が築かれた。この自由貿易政策の勝利は、リヴァプールとともにあったマンチェスターの商業会議所の一八五二年年次総会の「われわれの輸入を自由にすれば、われわれの輸出は大いに増加する」との宣言となった。それ以降、一八七〇年代にいたるまで、自由貿易、ひいては自由放任主義が、イギリスの経済政策の原則となった。

だが、一八七〇年代になるとイギリスの国際貿易に陰りが生じ、国内産業が停滞し、さらには労使問題、貧困、失業問題などの社会問題が顕著となってきた。それは、すでに一八四五年に政治小説『シビル』の中で富める者と貧しき者を二つの国民と表現していたあのB・ディズレーリが一八五二年におこなった「一方的な自由貿易を時代遅れの見解と考えます」との発言が、一八七〇年代には、現実味をおびるようになってきたということを意味していた。このように自由貿易を軸とする自由放任主義への挑戦が始まったのである。

新興都市リヴァプールは、はやくも一九世紀はじめに、繁栄の影で、人口増加と工業化が生み出す社会問題に悩まされ始めた。この都市問題の解決に役立ったのは、一八三五年に制定された都市自治体改革法であり、このリヴァプールの「改革の時代」を担った中産階級の中の大立て者が、ジェヴォンズの祖父W・ロスコーであった。彼は、奴隷貿易に反対し、マンチェスター・リヴァプール鉄道建設に一役買うだけでなく、学術・絵画・文芸といったリヴァプールにおけるあらゆる文化運動の偉大な中心人物であった。

小規模金属加工業が盛んであったスタッフォードシャーのしがない製釘業者にすぎなかったジェヴォンズ家が、繁栄途上にあったリヴァプールで中産階級として着実な地位を築きはじめたのは、ジェヴォンズの祖父の時代のときであった。リヴァプールの名士で、その息子がロンドンのユニヴァーシティ・カレッジの創設に大きな役割を演じたJ・イーツ師の資金援助によって、祖父は鉄商として独立し、その長男であったジェヴォンズの父トーマスは、ロスコーの娘と結婚することによって、その社会的地位を確立していった。この父は、J・スティブンソンやその弟子J・ロックといった鉄道技師を友人にもつなど科学技術に深い関心を示す一方、自ら穀物法論争に参加し、自由貿易を主張し、貿易促進の手段として十進法貨幣制度を主張する気鋭の企業家であった。

このような環境に育ったジェヴォンズは、「大学で学ばなければならないのは、専門の知識ではなく、その専門の知識を統御する一般教養である」との教育理念を実践していたユニヴァーシティ・カレッジで学んだ。そこには、当時著名な数学者であったA・ド・モルガンや著名な化学者A・W・ウイリアムソンがおり、前者から数学や論理のもつ重要性を学び、後者から実験や実証のもつ重要性を学んだ。

この大学を中途退学した後、シドニーに新設された王立造幣局の分析官に就任したジェヴォンズは、仕事の合間に、気象学の研究に没頭し、そこで学んだ統計学的手法をシドニーの貧困問題に応用したり、オーストラリア鉄道の拡張・国有化問題への関心を通じて経済学の研究を開始するようになった。帰国した一八五九年以降、ユニヴァーシティ・カレッジで数学や経済学を研究したジェヴォンズは、自然科学者としての思索を通じて、科学にとって、第一に数学的厳密性が、第二にその体系性が、第三にその実証・精密性が重要であると指摘したうえで、このような科学観がニュートンのものであると考えるようになった。それゆえ、科学としての経済学は人間の因果関係的把握にもとづく数学の一種であるとの考えに、彼は達した。このようなジェヴォンズ経済学の骨子は、まず一八六二年のイギリス科学促進協会の経済科学・統計学部会における二つの報告、すなわち数理経済学の誕生を告げる「経済学の一般的数学理論に関する論及」と経済理論の実証性を扱った「景気の周期変動に関する研究」とによって公表された。以後、このような経済学観にもとづいた経済学を完成することが、経済学者としてのジェヴォンズの生涯の仕事となった。

ジェヴォンズは、一八六三年にマンチェスターのオーエンズ・カレッジのチューターに就任し、当時やっとプロフェッショナルと認められるようになった大学教授の道を、自助・独立を生活のモットーとしながら歩み始めた。さらにオーストラリアでの地質学上の研究の延長として始められた石炭の埋蔵量に関する研究は、『石炭問題』として、一八六五年に出版された。この著作は、その地質学的研究と経済分析によって、世間の注目するところなり、J・S・ミルやW・E・グラッドストーンによって、議会の予算演説の中で注目、引用されるようになった。この「応用経済学者」ジェヴォンズの評価によって、一八六六年には論理学および精神・道徳哲学の教授に就くと同時に、経済学のコブデン講座の教授となった。

このような応用経済学者としてジェヴォンズは、一八六五年のラテン貨幣会議とそれを受けてパリで開催された国際貨幣会議で提起された国際貨幣問題を討議する国際貨幣王立委員会（一八六八年）においてW・バジョットやW・ニューマーチといった著名なエコノミストとともに証言台に立ったり、ロンドンやマンチェスターの統計協会での講演で、金本位制の維持と国際貨幣の導入の必要性を説いた（「国際貨幣会議とわが国イギリスへの国際貨幣の導入」）。さらに地元唯一の大学の経済学教授として、彼はマンチェスターにおける労働組合運動に対して、自助・独立のヴィクトリア精神を尊重する立場から、あくまでも個人主義思想にもとづく自由主義を主張し、組合運動のもつ限界を指摘した。

このような教養ある中産階級生まれのジェヴォンズは、一九世紀前半の良きアマチュアリズムに支えられながら、シドニーでは、気象学者、地質学者、探検家、写真家としても有名になったし、イギリスに戻ってからは、応用経済学者としての評価を背景に、マンチェスターのオーエンズ・カレッジ（一八六六～七六年）やロンドンのユニヴァーシティ・カレッジ（一八七六～八一年）の経済学の教授としての地位を築いた。その中で、彼は、統計学者、論理学者、科学方法論者、経済学者、社会改良主義者として幅広い活躍をした。それは、彼がマンチェスターやロンドンの統計協会の会長や幹事に任命されたり、経済学クラブやアシーニアムの会員に選ばれたり、さらにはロイヤル・ソサイエティの会員に選ばれたりしたことからも明らかであろう。

スタッフォードのしがない製釘業者にすぎなかったウイリアムから数えて三代目のジェヴォンズは、今やイギリスはもちろんヨーロッパ・アメリカ、それに開国直後の日本ですら、経済学者、統計学者、応用経済学者そして論理学者としてよく知られる人物となった。だが、この典型的なヴィクトリアンの生涯の幕切れはあっけないものであった。一八八二年八月一三日、家族とともに滞在していたヘイスティングズ近くのベックスヒルの海で、この「水泳の達人」は溺死したのであった。

▼論理学と科学方法論

記号論理学への道　一七世紀の自然科学の発展の背景にあって、特殊から普遍への推理過程をたどる帰納法の重要性が自覚され、F・ベーコンによって提唱された帰納法論理学が重要視される一方で、スコラ論理学の演繹的推理としての三段論法を中心とする伝統的な形式論理学が厳しく批判されていたイギリスでは、論理学への関心はほとんど失われていた。このような現状を打破したのが、R・ホエートリーの『論理学綱要』（一八二六年）であった。この「イギリスにおける論理学の復興者」の影響のもとで、W・ハミルトンは論理学を「思想の形式」と定義することによって、論理学を哲学から分離し、科学化する道を準備することになった。

彼に続くジェヴォンズの恩師ド・モルガンやG・ブールは、論理学を哲学から分離するだけでなく、さらに積極的に数学と結び付けようとした。その結合の方法には、二つの道があった。ひとつには論理学を数学の一部門、つまり一種の代数として形式化しようとする方法であり、他は論理学を厳密化することで数学の推論形式を整備し、さらには数学自体の基礎にしようとするものであった。ブールは前者の立場を採り、G・フレーゲは後者の立場を採った。

ジェヴォンズは、その著書『純粋論理学』（一八六四年）において、ブールの立場を批判し、自らの立場を鮮明にした。彼によれば、ブールは論理学の中に数学の推論としての加法や減法を導入したが、このような演算は純粋の論理学にはありえない。というのは、論理学本来の演算は、語またはその意味の結合と分離であって、数学の乗法と除法に対応するはずだからである。ブールがこのような誤りを犯したのは、彼が論理学を数学の一部と考えたためであるとジェヴォンズは指摘し、逆に数学が論理学から作られるべきであると主張したのである。

このようにして、ジェヴォンズは、論理学と数学との結合に反対するミルの立場を批判し、さらにその結合を強く主張する人々の中にあっても、ブールを拒否し、彼自身は完成させることはなかったものの、後者の道を採ったフレーゲやB・ラッセルの論理主義への道を拓くことになった。これらのことを考えるとき、ジェヴォンズは、科学のもっとも基礎になるのが論理学であり、それを基礎として数学が成立し、その上に基礎付けられてはじめて、あらゆる科学が科学として成立できると考えたのである。

論理学と数学との結合に反対したミルを批判したジェヴォンズについて、ミルは彼を「数学のマニア」と呼んで非難した。それは、経験的に検証された精密科学となりえず、いまだ演繹科学にとどまっている経済学は、精密科学としての数学——これはミルの特有の考え方なのだが——を応用できないとミルが考えていたからである。しかし、ジェヴォンズから見れば、このようなミルの考え方には、純粋な推論の厳密性と検証の精密性との混同という誤りがあるといわざるをえなかったのである。この両者の区別こそ、ジェヴォンズの自然科学を中心とする科学観から生まれたものであった。

経済学方法論争　一八七六年五月に自由貿易原理を軸とする古典派経済学の普及に大きく貢献した経済学クラブは『国富論』出版百年を記念する討論会を開催した。参加者は、議長のW・E・グラッドストーン、R・ローらの閣僚、E・チャドウィック、W・ニューマーチ、W・バジョットらのエコノミスト、さらにケンブリッジ大学教授H・フォーセット、ロンドンのキングス・カレッジ教授J・E・T・ロジャーズ、ベルファーストのクイーンズ・カレッジ教授T・E・C・レスリー、マンチェスターのオーエンズ・カレッジ教授ジェヴォンズなどの経済学者であった。この討論会の中で話題となったのが、第一に経済学の科学性とその方法論であり、第二に経済学クラブが推進してきた自由放任政策の転換をめぐる問題であった。

第一の問題について見れば、リカードウ正統派に属し、科学の基準を予知・予言の可能性に求めるローは、スミスを人間の行動や倫理上の行為についての演繹的で論証的な科学を創造した経済学者であると評価した。だが、イギリス歴史学派に属するロジャーズは、スミスを逆に歴史的事実を重視する帰納法論者として評価し、その上でリカードウ以後の演繹法にもとづく古典派経済学を批判した。

このようなロジャーズ、レスリーなど歴史学派からだけでなく、自然科学者からも古典派経済学は批判された。彼らは自然科学を中心とする学会であったイギリス科学振興協会から経済科学・統計学（F）部会を排除する動きを起こした。この協会が経済学をこの部会の中に組み入れたのは、一八五六年のことであった。それは、経済学の基礎としての統計学が、確率論を基礎とし、記録された事実を集積・比較し、正しく分類された事実から一般原理を演繹する学問であり、仮説を用いるア・プリオリな推理すべてを拒絶しているからであった。さらにその経済学もまた、個々の人間を取り扱う場合には、あらゆる事柄は不確実であるけれども、統計学のように、総体としての人間を取り扱う場合には、その結果は数学の問題と同じ厳密さと正確さで計算される学問であったからであった。

このように考えられた経済学は、その科学性ゆえに自然科学と同列に扱われた。それにもかかわらず、一八六〇年代から七〇年代になると、その理論的研究が停滞し、この部会での報告テーマが、地方自治問題・労使問題・労働組合といった社会問題となってしまった。このような事態を重視した人類学者F・ゴルトンは、一八七七年になって、経済学はもはや非自然科学的で、非数学的なものとなってしまったとの批判を加え、この部門を協会から除籍するよう主張した。これに対して、医学統計学者W・ファーは、この部会にはC・バベッジ、ロジャーズ、フォーセット、ジェヴォンズといった有能かつ有名な経済学者や統計学者が所属し、彼らは「科学的な測定や数学的表現が可能な財産、生産物、価値などを取り扱っている」がゆえに、経済学も統計学も今なお科学であり、それゆえ、この部会は協会に残るべきであると反論した。

このように立場の相対立する歴史学派と自然科学者から出さ

れた古典派経済学批判に対して、統計学を経済学の基礎にすえ、数学を経済学へ導入することによって経済学の科学化をめざしていたジェヴォンズは、自己の立場を明らかにする必要があった。その答えはこの記念討論会直後に行われたユニヴァーシティ・カレッジでの講演「経済学の将来」（一八七六年）に見られる。この講演の中で、ジェヴォンズは、帰納法的研究の重要性を認めながらも、帰納法論者のように経済学を純粋に帰納的・経験的学問としてしまう立場に反対して、スミスのように帰納法と演繹法とを正しく組み合わせた真の帰納法を提唱したのである。この真の帰納法こそ、ジェヴォンズにとって自然科学を発達させてきたニュートンの科学方法論であった。

ニュートンの科学方法論と経済学　ジェヴォンズは、その科学史研究を通じて、以下のような科学観を抱くようになっていた。すなわち、典型的にはニュートン力学の進歩に見られるように、自然科学はその数理科学化と実験による実証化によって進歩し続けたがゆえに、経済学もまた、その数理科学化と実証化が進めば、科学としてさらに進歩するであろうということであった。この視点に立って、彼は、J・C・マクスウエルなど当時の物理学者の間ではよく知られていた数学上の厳密性（rigorousness）を追究する数理科学と、精密性（exactness）を追究する実証科学との区別を重要視し、経済学は数理科学にも実証科学にもなりうるということを明らかにしようとした。

経済学の数理科学化に関してジェヴォンズは、経済学の対象となる日常の経済生活の中で用いられているさまざまな事物が大小関係をもち、それゆえ、経済学の基本概念やそれに対応するテクニカル・タームもまた大小関係をもつものである以上、経済学が数理的性格をもつことは明らかであり、さらに、静力学理論（テコの理論）がエネルギーの無限小量の概念の上に成立しているのと同様に、富および価値の性質は、快楽・苦痛の無限小量の考察によって説明されるがゆえに、経済学は快楽・苦痛の微積分学として取り扱えると考えた。

このような考え方を徹底するために、『経済学の理論』第二版（一八七九年）の改訂に際して、ジェヴォンズは数学の正量・零・負量に対応する正の効用・零の効用・負の効用、さらに、正の価値・零の価値・負の価値、さらに、商品・負の商品という概念を必要とし、それら概念に対応する新しいテクニカル・タームを創造した。このような例は、経済学に数学を導入することにより、経済学に新しい概念、テクニカル・タームが誕生し、経済学の自律的発展を生み出す先駆的な例である。経済学の数理科学への道を推進するジェヴォンズは、マーシャルとは異なった意味で、書物のタイトルを変更しなかったものの、『経済学の理論』第二版で、従来のPolitical Economyという用語を放棄し、Economicsという用語を採用するようになった。それは、形式上、mathematicsという用語との類似性を強調するためのものであった。

だが、このような数理科学としての経済学が、ただちに実証科学になりうる訳ではない。自然諸科学の発展がそうであったように、実証のためのデータが不足し不完全な場合には、経済学もまた数理科学に止まらざるをえない。経済学の実証科学への道は、そのデータの整備にかかっているのである。この正確なデータの整備という超え難い障害を超えるために、彼は測定論を必要とした。それを提供したのが、『科学の諸原理』（一八七四年）の測定論であり、その内容が『経済学の理論』第二版で追加され、経済統計の処理に伴う期間分析の重要性が明らかにされた。また、統計データの整備についても、統計調査を全国的に実施する役所の設立とそれぞれの役所の統計データ間の統一化がめざされた。

最後に、ジェヴォンズが自然科学の進歩のひとつの原因であるとした科学の細分化・分業化の問題についても、当時A・コントやH・スペンサーに従って行われていた「社会学」という総合化への道に反対し、その総合化こそ経済学の混乱の原因であると考えた。その結果、ジェヴォンズは経済学を分割・細分化できない単一科学として取り扱うことはできないし、知識の追究においても分業は偉大で不可欠なものであると、死後出版された『経済学原理』（一九〇五年）の中で明言した。具体的には商業統計、数理経済学（抽象理論）、政策（応用）という細分化を主張した。この細分化・分業化の主張は、彼の真の帰納法「事実→仮説→演繹→検証・応用」にそったものであった。

ジェヴォンズのメンタル・ヒストリーが明らかにしたように、彼は統計上の研究、純粋理論上の研究、政策上の研究を含む全経済学を、その構成においても、その内容においても、自然科学とりわけニュートン力学をモデルとして形成し、体系化しようとしていたといえよう。科学の数理科学化と実験との結合のなかにニュートン的方法の特徴を見出したジェヴォンズは、社会科学とりわけ経済学にそのニュートン的方法を完全に適用しようとたえず努力してきた。

ただ、彼は、社会・道徳科学の研究対象が非常に複雑であり、彼の真の帰納法における理論の発見・検証が困難になることをとくに『経済学の理論』第二版の中で認めざるを得なかった。だからこそ、経済学はきわめて精密な検証がしばしば可能な物理諸科学よりもさらに演繹的となる傾向があり、経済学の精密科学化、計量経済学化ではなく、さしあたり、経済学の数理科学化の促進を計ろうとした。まさに、ジェヴォンズは、その後の数理経済学の隆盛と、そののちに初めて計量経済学が成立・発展するという歴史的経緯を正確に予想していた。

▼ジェヴォンズ経済学

富の学から交換の学へ　このようにジェヴォンズはまずは経済学を数理科学化しようとした。だが、彼によれば、この数理科学化の流れは、リカードウやミルによって反対され、マルサスやフランス経済学者によって支持されてきたという。たとえば、リカードウはフランス経済学者そのものの存在を無視し、ミルは経済学の数学的取り扱いの価値を認めていたにもかかわらず、その取り扱いを体系的に展開しなかったという。彼らに比べて、マルサスは経済問題の本質を「極大・極小問題」であると正しく理解していたし、A・A・クールノーやL・ワルラスに代表されるフランスの経済学者はジェヴォンズとともに数理経済学化への道を現実に歩いているという。

それでは、このような経済学の数理科学化だけで、ジェヴォンズは満足したのであろうか。彼は経済学の基礎として古典派経済学者と同じく価値論の必要性を強く意識していたのである。だからこそ、古典派経済学の前提となっていた労働価値論は、労働の同質性という誤った前提から演繹された経済学であるという理由から彼によって批判され、この誤った価値論に代えて、ベンサムによって、連続的な性質をもち、人間のもつ感情のなかの最下級の感情に限定されるがゆえに同質性をもつとされた快楽・苦痛の理論が、ジェヴォンズ経済学の基礎に据えられたのである。それは、一八六〇年二月のことである。

経済学を富の学であると理解した古典派経済学者とは異なり、経済学を交換の学と理解し、価値論として効用理論を採用したジェヴォンズは、自分の先駆者として、N・W・シーニアを挙げた。ジェヴォンズは「富は交換され、供給に制限があり、直接・間接に快楽を生み、苦痛を回避させるもの」だとするシーニアの定義を高く評価し、彼をもっとも健全な経済学者であると評価する。だからこそ、ジェヴォンズは、クールノーの需要・供給理論を、それがその基礎理論としての効用理論をもたなかったという理由から批判し、逆に、A・J・E・デュピュイやH・H・ゴッセンの効用理論を、それが真の交換理論に達していないという理由から批判したのである。

こうしてジェヴォンズは、経済学の数理科学化と価値論としての効用理論を採用することによって、古典派経済学と呼ばれたスミス→リカードウ→ミルと続く経済学者に対する二重の反逆者となり、逆に、スミス→マルサス→シーニアと続く経済学者を経済学の真の流れであると高く評価する。このような彼の経済学史観は、M・ブローグのいうニュートンの科学観を基準とした絶対主義的アプローチのひとつの典型である。

このような枠組みによって形成されたジェヴォンズ経済学は、はやくも「経済学の一般的数学理論に関する論及」として公表され、さらに、その中で「最終効用率（final ratio of utility）」と定義された限界効用概念を「効用の微係数（coefficient of utility）」とより厳密に定義するなどの修正・加筆のうえ、「経済学の一般的数学理論に関する概要」（一八六六年）として公表された。もっとも、彼が一八七一年に『経済学の理論』を出版したのは、一八七〇年のH・C・F・ジェンキンの『供給・需要法則のグラフ的説明とその労働への応用』の公表によって、自らの理論的優先権が侵されることを恐れたためであった。

『経済学の理論』 この『経済学の理論』は、緒論、快楽・苦痛の理論、効用の理論、交換の理論、労働の理論、地代の理論、資本の理論、結論の全八章から構成されている。経済学を交換の学だと理解する彼にとって重要なのは、効用理論から演繹される交換の理論である。

その理論を展開するにあたって、彼は以下のような四つの前提をおく。すなわち、第一に、「市場は理論的にはすべての取引者が供給と需要の諸条件およびその結果としての交換比率について完全な知識をもつときのみ完全である」として完全競争市場を前提にする。第二に、経済主体として交換の当事者を個人でなく、その行動が安定的であり、それゆえその行動の分析に微分法が適用できる団体とするための取引団体の前提である。第三に、無差別の法則（『経済学の理論』第二版での命名）、すなわち、一物一価の法則である。彼によれば「もし、完全に同一均質の一定量の麦粉を売るに当たって、商人が随意にこれらに差別的価格をつけるならば、買い手はもちろん安いほうを選ぶであろう。したがって、同一公開市場においては同じ瞬間には同種の財に対して二つの価格はありえない」という。第四に、取り扱える交換を無限小分割可能な財間の交換に限定するということである。

このような前提にたって、「最初、第一の団体Aは穀物のa量を、第二の団体Bは牛肉b量を所有していたと仮定しよう。交換は牛肉のy量に対して穀物のx量を与えることにあるから、交換された量は常に二つの方程式を満足させる」という具体的な事例を挙げ、そこから彼が演繹したのは「いかなる二財の交換比率も、交換が完了した後に消費しうる財の数量の最終効用度の比の逆数である」という結論であった。

ワルラスは、ジェヴォンズ宛書簡（一八七四年五月二三日）の中で、このような彼の交換方程式について「均衡価格決定問題の解決にとって不可欠な……価格の関数としての有効需要の方程式」が導出されていないとした。だが、ワルラスはその競争的交換の一般均衡理論において、競争的経済主体が所与として行動する市場価格の存在を前提にしているのに対して、ジェヴォンズは競争市場における価格を自由で競争的な交換過程で成立する交換比率として説明することにより、ワルラスの前提そのものを導出しようと試みたといえよう。

このような交換理論のほかに、ジェヴォンズがその独創性を強調したのは、資本の理論である。彼は、古典派経済学とりわけミルの資本概念を批判し、新たに「自由資本」概念を用い、資本の限界生産力概念を、とりわけ『経済学の理論』第二版において、示唆したが、完成することはなかった。

ところで、この資本理論の内容から明らかなように、その理論を含む労働の理論および地代の理論は、しばしば生産要素価格論であり、分配理論であるとの理解が見られたが、R・D・C・ブラックの指摘のように、むしろそれらの理論は交換理論の補足的説明にすぎず、その体系化の方向のみが『経済学の理論』第二版において示唆されたにすぎなかった。しかし、その体系化のためには、『純粋経済学要論』でのワルラスの指摘のように、「イギリス学派の方式、あるいはすくなくともリカードウ＝ミルの方式を逆転して、生産用役の価格により生産物の価格を決定する代わりに、生産物の価格により生産用役の価格が決定される」との考え方に改めなければならなかった。しかし、この方向転換は、継起の因果律にもとづいて形成されたイギリス経済学にとっては、きわめて困難な仕事であり、ジェヴォンズに続くマーシャルをも悩ました問題であった。

最後に、ジェヴォンズは自分の経済学が「種々の欲求と生産諸力とをもち、かつ一定の土地およびその他の資源をもつところの一定の人口が与えられた場合」に限られていたと述べ、ジェヴォンズ経済学が静学にすぎないことを明らかにした。

▼近代経済学の政策論

政策論争　一八七六年に、経済学クラブが開催した『国富論』出版百年を記念する討論会での第二のテーマが、このクラブが推進してきた自由貿易原理を含む自由放任政策の是非、すなわち国家の役割に関する見直しであった。

この問題は、一八七〇年の教育法の成立以降の教育界における国家行為の増大に対して、それが政府の機能をできるだけ狭めようとしたスミスの原理に反する傾向として、ニューマーチが危惧の念を表明したことから始まった。この発言に対して、グラッドストーンは政府の役割をその本来の領域内に閉じ込めて、個人の自由な活動範囲に対して政府がどのような侵害的な態度もとらないよう効果的な意見を宣伝する義務がいまなお残っていると発言した。この発言によって、国家の経済活動、とりわけ、自由放任原理の応用範囲についての論争が、「古手の頑固な自由放任主義者」と「新手の個人主義者」との間で戦わされたのである。このように経済学クラブでは、経済学方法論や政策原理をめぐって意見の一致よりも、むしろ不一致が目に付くようになった。それは、当時のイギリス経済学の学界が混乱していたことを示している。

政策方法論と功利主義　このような政策論争の中でジェヴォンズは、初期の「古手の頑固な自由放任主義者」から「新手の個人主義者」へと変貌していった。それは、彼の政策方法論の確立とその方法論のベンサム功利主義への適用によるものであった。

すでに指摘したように、経済学という科学は人間をそのあるがままの姿として取り扱うという立場から、ジェヴォンズは、ミルが強調した功利主義がもつ道徳的・倫理的要素を排除することによって、効用理論を純粋経済学の基礎にすえた。だが、純粋理論から排除された人間のあるべき姿を取り扱う功利主義の道徳的・倫理的要素を政策の中にどのように位置付けるべきかという問題が、彼が直面した政策方法論上の課題であった。この課題に正面切って答えたのが、生前最後の著書である『国家と労働』（一八八二年）であった。

その中で、法律、習慣、財産権に関わる具体的な立法は、目的としての「最大多数の最大幸福」という功利主義の当為命題に対する手段に過ぎないと理解された。具体的には、彼にとって政策としての「産業的自由」はあくまでも「幸福」という目的に対する手段にすぎず、それ自体は目的とはなりえないものであった。だからこそ、彼は産業的自由自体をなにか絶対的なものであり、それを制限することはできないと考える人々に批判的であった。このように考えたからこそ、彼は「古手の頑固な自由放任主義者」から「新手の個人主義者」に変身できた。

政策方法論としての論証　その立法や政策が「最大多数の最

大幸福」に対してもつ妥当性を判断するのが、論証（proof）であった。それは、真偽を判断する検証（verification）という方法と異なり、直接の経験によって、論証すべき立法や政策を支持するための説得的な証拠を提示し、同時に、その立法がもたらす否定的な証拠をも考慮する方法であった。すなわち、「最大多数の最大幸福」という目的に照らして、当該の立法や政策が、あたかも貸借対照表がプラスになるように、わずかでも善い結果をもたらすならば、その施行は妥当だと判断される。

このような論証という方法を政策理論に持ち込むことで、ジェヴォンズは一九世紀後半のイギリス社会が要請した「科学的立法」の方法論上の問題を解決した。このことは、大衆を受動的存在だと前提するベンサム的立法者像がもはや時代遅れとなっていたこの時代に、大衆的審判に服さなければならなくなっていた立法や政策を科学的に判定する手段を彼が提供したことを意味する。その意味で、ジェヴォンズは、ベンサムを受け入れながらベンサムを超え、彼の功利主義を時代の要請に応えられる思想に仕立てたのである。

実験的立法と改革の時代　このような立法の妥当性を論証する実験が『科学の諸原理』で展開された実験法（blind of test experiment）であり、この実験の精神・社会・政治問題への具体的な適用例を示した論文が「実験的立法と酒取引」（一八八〇年）である。彼によれば、農芸化学者や科学的農業者は、ある新種の肥料の成果を確かめるとき、この肥料を散布する土地としない土地との二つに分け、その結果生じた生産物の増減を明らかにするであろう。これにより、異なる作付地での収穫量の違いが、もっとも疑いの余地のない方法で、その肥料の効果を示すことになるという。まさにこのような方法が彼のいう実験法なのである。立法家も、科学的な行動をする必要から、このような農芸化学者たちの行動を真似るべきだという。

以上のような政策方法論を提案したジェヴォンズは、社会的実験は単にそれが可能だというだけでなく、イギリスのあらゆるところでもっとも普遍的に可能なものであり、そのような社会的実験によってこそ社会的進歩は生まれると主張した。その上で、鉄道敷設、義勇軍、一ペニー朗読会、大学、図書館、新救貧法、免許法などを社会的実験の具体例として挙げた。さらにジェヴォンズは、イギリスにおいて次第に強化されつつあった中央指導型の改革を批判し、逆に、立法や政策はきわめて特殊的・個別的であるべきだとの立場から、各地方当局における法令の解釈・施行の自由裁量の必要性を説いた。彼によれば、各自治体は自らの判断によって各立法や政策の妥当性を明らかにし、判断の結果、それら立法・政策が「最大多数の最大幸福」を促進するものであれば、より広い地域で施行されることとなる。この実験的立法により、中央指導型の立法・政策がもたらす危険は回避され、より優れた立法・政策が可能になる。このような彼の立場は、『国家と労働』にも引き継がれた。だが、その中でこのような社会的実験の原理上の困難さよりも、実施上の困難さを認めざるを得なくなった。もっとも、この困難さはなんら社会科学特有のものではなく、実験によって発展してきた自然科学にも認められるものだとされた。

ところで、このようなジェヴォンズ政策方法論は、その後のイギリスにおける現実の政策決定に具体的な影響を与えた。たとえば、実験的立法についてみれば、保守・自由の統一党を率いたJ・チェンバレンは、一八九七年の労働者補償法の実施に際し、その立法の根拠をジェヴォンズのこの実験的方法に求めた。さらに、自由放任政策の制限についても、鉱山労働者の八時間労働法案提出に際し、チェンバレンは、この法律が国家の機能の拡大をもたらし、その意味で古典的な自由放任の学説に反することになるけれども、そのような国家干渉が社会全体の利益となると考えられる以上、そのような干渉は国家の義務でさえあると主張した。彼の告白によれば、このような政策決定こそ、ジェヴォンズの思想から受けた影響のためであった。

このようにみると、ジェヴォンズが純粋経済学の範囲を限定したのは、なんら立法や政策を軽視するためでなく、むしろ積極的に自己の政策論を、立法家や政治家の偏見でなく、科学的に評価・実施するための政策理論に作り上げるためであった。この政策論こそが時代が求めた科学的理論であった。

読書案内

ジェヴォンズの多様な業績を反映して、その論文・著書の数は、二百点を越え、主要著書ですら十指にあまるが、その中で現在利用可能な邦訳は、わずかに『経済学の理論』（寺尾琢磨改訳、日本経済評論社、一九八一年）にすぎない。

第二次文献については、経済学者ジェヴォンズを扱ったもののうち古典的なもののひとつが、J・M・ケインズの「ウィリアム・スタンリー・ジェヴォンズ」（『人物評伝』大野忠男訳、東洋経済新報社、一九八〇年）である。近年のジェヴォンズ研究を踏まえた伝記として、R・ケーネカンプ『ジェヴォンズ評伝』（内川智子／中山千佐子訳、慶応通信、一九八六年）が有益である。

ジェヴォンズの論理学上の業績をミルと比較しながら明らかにしたものに、内井惣七『シャーロック・ホームズの推理学』（講談社現代新書、一九八八年）がある。アマチュアの科学者から専門の経済学者へと変貌したジェヴォンズの業績の全体を取り上げたものとしては、井上琢智『ジェヴォンズの思想と経済学――科学者から経済学者へ』（日本評論社、一九八七年）がある。

理解を深めるために

一、ジェヴォンズ科学方法論の特徴を説明し、その方法論が彼の政策論を含む経済学に与えた影響について説明しなさい。

二、ジェヴォンズが区別した厳密性と精密性の相違について明らかにし、この区別が彼の経済学にどのような影響を与えたかを明らかにしなさい。

三、ジェヴォンズの純粋経済学の特徴を、古典派経済学のそれと比較して、明らかにしなさい。

四、ジェヴォンズの純粋経済学の特徴を、メンガーやワルラスなど他の近代経済学者と比較して、明らかにしなさい。

五、ジェヴォンズの政策論の特徴を、具体的な事例を示しながら、明らかにしなさい。

（井上琢智）

II—2 カール・メンガー
主観主義の経済学

(Carl Menger 1840～1921)

▼生涯と著作

カール・メンガーは一八四〇年に、ハプスブルク帝国の辺境ガリツィア（現ポーランド領）のノイ・ザンデツで、法律家の父とベーメンの商家からでた母とのあいだに生まれ、一九二一年にヴィーンに没した（カールの二歳年長の兄マックスは、自由派の代議士として活躍した人物であり、一歳年少の弟アントンは、『全労働収益権史論』の著者として知られる社会主義志向の法学者であった）。メンガー家は、古い時代にドイツ化したユダヤ人の家系ともいわれているが、F・ヴィーザーやF・A・ハイエクによれば、由緒ある将校あるいは官吏の家系であった。多民族国家のハプスブルク帝国にあって帝国の統一を維持したのは、理念的には民族性を超越した（実際にはドイツ人中心の）帝国官僚層のハプスブルク王朝に対する忠誠心であったが、メンガー家もこうした階層に列なるのである。こうした出自は、カール・メンガーの場合には、高級官僚養成機構であるヴィーン大学法・国家学部の教授職として継承されただけではない。ハプスブルク王朝とりわけルドルフ皇太子への敬愛と結びつい

た自由主義的改革への期待、その挫折がもたらす帝国と文明の将来に対するペシミズムというかたちで、メンガーの経済思想の性格に影響を及ぼしている。

実際、メンガーの生きた時代は、中欧から東欧にかけて諸民族に君臨したハプスブルク帝国が没落していく時代であった。たしかに、彼の生まれた当時の帝国は、ヴィーン体制の守護者、ドイツ連邦の盟主として外見的にはなお強盛を誇っていた。しかしドイツ連邦の内部では、すでに一八三四年にプロイセンの主導下にドイツ関税同盟が形成されて、同盟諸国の経済発展基盤が確立されていた。それに比べてハプスブルク帝国は、独自の関税障壁による対外的孤立と封建的農民支配の残存とによって、経済的に大きく立ち遅れることになった。しかも帝国内部では、フランス革命に触発された諸民族の自立への動きと自由主義的改革要求とが、絶対主義的な帝国秩序を揺さぶりつつあった。四八年革命においてはヴィーン体制が崩壊し、その立役者であったK・W・L・メッテルニヒも失脚する。帝国は、諸民族の独立運動を鎮圧したものの、農奴解放を実行し、立憲体制への道を開く。五九年にはイタリア統一戦争によってロンバルディアを失い、威信回復のため六一年に、二院制議会を伴う憲法を導入する。しかし、帝国の分裂傾向を食い止めることはできず、一八六六年の普墺戦争に大敗してドイツ連邦からの離脱を余儀なくされたハプスブルク帝国は、その歴史的国境の内部でハンガ

リーに憲法的独立を承認して、オーストリア＝ハンガリー二重帝国（同君連合）を設立するに至った。二重帝国は民族問題を解決するものではなかった。しかし、一八五〇年代から本格的に開始された工業化を背景として、オーストリアの工業とハンガリーの穀物との同盟が成立したこと、ドイツ人とマジャール人で人口の過半を占めていたことによって、二重帝国は一九一八年まで存続した。

この二重帝国下のオーストリアは、一八六七年の一二月憲法によって君主的絶対主義を放棄し、基本的人権の承認・司法の独立・責任内閣制などの自由主義的要求を織り込んだ近代的立憲主義の体制に移行していた。メンガーが経済学者として活躍したのは、このような体制のもとにおいてであった。

メンガーは、ヴィーン大学、プラハ大学を経て修学中の一八六三年（一八六七年学位取得）に、まずジャーナリストとして世に出た。当時のメンガーの立場は、絶対主義の克服を志向するが、そのためには当局との妥協も厭わない穏健自由主義のそれであったといわれている。彼が関心を示したのは、オーストリアの経済・財政問題であり、六六年には、官立の『ヴィーナー・ツァイトゥンク』紙で市況欄を担当した。ヴィーザーらによれば、このときメンガーは、市場において実務家が価格形成の要件と考えているものと、従来の価格理論（おそらく生産費説）とのあいだに著しい相違があるのを発見し、それを直接のきっかけとして経済学の研究に向かった。経済学の蓄積に乏しいオーストリアにおいて、メンガーは、先行するドイツ経済学の伝統に依拠して研究を進めた。すなわち、ドイツにおける古典派経済学の導入期にすでに見られたような、労働価値説や生産費説に批判的で、財を欲望との関わりで、価値を効用や稀少性によって捉えようとする立場を継承して、独自の経済学の形成に向かった。その成果が、一八七一年の『国民経済学原理』である。『原理』は、オーストリアにおける自由主義の将来に対する楽観的な期待を反映している点で、時代の産物であった。人間の欲望の合理性への信頼、合理的欲望の対象である真実財が、因習や無知によって財とされる擬制財に代わって支配的になっていくことへの期待、財の交換が独占から競争へと発展するという展望などに、当時のメンガーの楽観を確認することができる。辺境の自給自足的経済からヴィーンの金融経済に至る道を、論理の展開過程として示すことによって、帝国の一体性の中に自由主義への発展可能性を示そうとしたもの、と読むこともできる。

メンガーはこの『原理』によって、後世、いわゆる「限界革命」トリオのひとりという栄誉を得るのだが、刊行当時のドイツの経済学界の評価は芳しいものではなかった。とくに学界を支配していた新歴史学派は、経験的個別研究を理論研究に優先させる立場から、非経験的な演繹理論の構成をとる『原理』に門前払いに近い評価を与えた。これに反発したメンガーは、歴史学派の立場に理論研究そのものの意義が否定される危険を見て、方法論に関する著作の準備を始め、一八八三年に『社会科学とくに経済学の方法に関する研究』（以下、『経済学の方法』

と略記）を刊行し、新歴史学派を代表するシュモラーに方法論争を挑んだ。

そのあいだメンガーは、一八七二年にヴィーン大学私講師、翌年に員外教授となり、七六年にはルドルフ皇太子の教育係となる。経済学や統計学の講義を通して、皇太子に自由主義的な改革の理念を伝える一方で、メンガー自身も、改革的な次代の統治者として皇太子に大きな期待を寄せるようになった。

皇太子のヨーロッパ遊学に同行したあとの一八七九年に、メンガーはヴィーン大学正教授となった。その時期のメンガーは、前述の『経済学の方法』と『ドイツ国民経済学における歴史主義の誤謬』（一八八四年）を刊行したあと、『国家学辞典』のために「貨幣論」（一八九二年）を執筆しているが、それ以外に大きな著作はない。学生指導と『原理』改訂作業に集中していたようである。しかし、『原理』の改訂は生前にはついに終わらなかった。遺稿にもとづいて息子の編集したものが、『原理』第二版（『一般理論経済学』）として一九二三年に出版されたにとどまる。

『原理』改訂が未完に終わった第一の理由は、一八八〇年代末以降のメンガーが、経済世界像の深いところで、自己の見解を変化させたことである。そのためメンガーは、『原理』の個別的理論内容の修正や展開といった次元を越えたところまで進まざるをえず、この営為と改訂作業との折り合いをつけることができなかったのである。

第二の理由は、自由主義的改革への挫折感と帝国の将来に対する悲観であろう。たしかに二重帝国初期のオーストリアは、経済発展に成功するとともに、政府と議会をドイツ人自由派が支配していた。しかし七三年の恐慌によって経済成長は一頓挫し、ドイツ人自由派の政治的イニシアティヴも七九年には消滅する。八〇年代には、ドイツ人民族派、反ユダヤ主義、キリスト教社会党や社会民主党が台頭して政治の多元化と動揺が進み、こうした諸勢力と保守的支配層との対抗関係のなかに自由派は埋没していく。このような時代状況のなかでメンガーが改革者として期待を寄せてきた皇太子ルドルフが、一八八九年にスキャンダラスな自殺を遂げた。この喪失感は大きく、八木紀一郎の調査によれば、メンガーは日記に、人生の大きな関心を失ったと書いているほどである。皇太子の死は、メンガーにとって、自由主義と帝国の将来に重なっていたのかもしれない。メンガーは、皇太子の企画に彼自身も協力した『オーストリア＝ハンガリー王国総覧』全二四巻が完成した翌年（一九〇三年）に、ヴィーン大学教授を依願退職する。ヴィーザーやベーム＝バヴェルクのような優秀な後継者を得てオーストリア学派が形成された一方で、メンガー自身は、戦争、帝国の崩壊、革命と続く時代に背を向けるようにして、終わりなき思索に入ったのである。

メンガーの理論上の主著は『国民経済学原理』であり、方法論上の主著は『経済学の方法』である。以下では、この両著にそれ以降の思索を加えてメンガー経済学の世界を示そう。

▼『国民経済学原理』(初版)

課題と方法 メンガーにとって理論国民経済学の課題は、人間が欲望満足のために先行的配慮を行うにあたって、その基底にある諸条件を明らかにすることであった。そのためにメンガーは、複雑な諸現象をその最も単純な諸要素に還元し、これらの諸要素から複雑な経済現象がいかに合法則的に生じるのかを解明する、という方法を採用した。この最も単純な要素が、人間の欲望、自然から与えられた財、できるだけ完全な欲望満足への人間の努力である。メンガーはこれらを出発点にして、客観的な制約のもとでの欲望満足に関する認識の展開、それを基礎とした合理的行為の展開が、いかにしてモノから財を析出し、財から経済財を析出するのかを、さらに、その経済財に価値を付与し、その価値評価から交換を導くのかを検討する。そして、交換行為に伴う価格現象について論じたあとで、最後に、こうした認識と行為の展開がいかに交換媒体としての貨幣を生み出すのかを明らかにする。

財 『原理』初版の論理展開は、欲望満足の対象である財を規定することから始まる。それによれば、あるモノが財となるのは、人間に欲望が存在し、その欲望を満足させる性質をそのモノが持っており、人間がモノのこの性質と欲望満足との関連を認識しており、実際に欲望満足のために用いることができるという意味で、人間がそのモノを支配する場合である。欲望満足に適した性質があるというだけでは、モノは効用物ではあっても財ではない。効用物として人間に認められ、かつ支配可能なモノだけが財なのである。財としての性格(財性質)は、したがってモノの客観的な属性ではなくて、モノとわれわれとの関係においてはじめて成立するものであり、この関係の変化によって変化するものなのである。

このような財性質は、欲望を直接に充たすもの(第一次財)に成立するだけではない。第一次財の生産に必要なもの(高次財)も、欲望満足に間接的に寄与する点で財性質を受け取る。メンガーはこれら高次財に、欲望満足との因果関連の連鎖に従って列次を与えている。たとえば、食欲を充たすパンが第一次財であるとすれば、小麦粉は第二次財、その原料となる小麦は第三次財といった具合である。この高次財の財性質は、以下の二点で制約される。第一に、小麦粉と一緒に水、塩、酵母(あるいはイースト)を用いなければパン種はできあがらないように、高次財(小麦粉)は、同じ列次にある他の補完財(水、塩、酵母など)と協働しなければ、低次財(パン)を生産することができない。それゆえ高次財の財性質は、他の諸補完財を同時に支配しなければならない、ということによって制約されることになる。第二に、高次財の財性質は欲望満足に対する間接的寄与にもとづくのだから、それと関連する低次財が財性質を失えば、高次財も財性質を失う。高次財の財性質は、それに対応する低次財の財性質によって制約されることになる。

このような財理論は、生産過程に必然的に伴う時間の契機と、生産物の財性質が将来の不確定な欲望に依存せざるをえないことから生ずる不確実性の契機を含むものであり、同じく

「限界革命」トリオのひとりでありながら無時間的均衡を構想するワルラスとは著しい対照をなす、メンガーの独自性である。

経済と経済財　さて、ひとりの人間が、現在の欲望満足のみを追求するという短慮を越えて、将来におよぶ生命と福祉の維持のために自分の欲望を満足させようとする場合、考慮しなければならないのは、第一に、将来に対する先行的配慮がおよぶ期間内で、自分の欲望を充たすのに必要な諸財の数量（需求）である。第二に、そのために支配することのできる諸財の数量（支配可能量）である。ある財の支配可能量が、その財に対する需求を上回る場合には、その財に対する経済的配慮は不要である。このような財をメンガーは、非経済財と呼ぶ。それに対して、需求が支配可能量を上回る財（経済財）の場合、この財に対する欲望の一部は充たされないままに残ることになる。このとき人間は、合理的であろうとすれば、この財によって最大限の欲望満足を達成するために努力するだろう。

メンガーにとって、このように財の稀少性を前提として、できるだけ完全な欲望満足を達成しようとする人間の行為が「経済」であり、このような行為によって構成される世界が価値・価格の世界である。

価　値　メンガーにとって、財に価値を与えるのは、財需求が支配可能財数量を上回り、欲望の一部が未充足のまま放置される場合である。この場合、合理的な人間なら、自分の多様な欲望を生命と福祉の維持という観点からその重要度に従って序列化し、自分が支配しているさまざまな財について、その各部分量がこうした諸欲望を充たすうえでどの程度の意義を持つのかを判断し、各財の各部分量をどの欲望を充たすために用いるのかを決定して、より完全な欲望満足を達成しようと努力するだろう。このような経済行為のなかで、自分の支配する財が生命と福祉の維持に対して持つ意義に関して、それぞれの人間が下す判断が、メンガーの価値である。したがって、支配可能財数量が財需求を上回る非経済財は、こうした判断を不要とする点で価値を持たない。価値を持つのは、前述の場合が不可避的に成立する経済財のみである。

では、経済財の価値の大きさはどのように決まるのだろうか？　メンガーがまず問題にするのは、さまざまな欲望とその満足が人間にとって持つ意義である。メンガーの合理的な経済人にとって最大の意義を持つのは、生命維持に関する欲望を充たすことであり、他の欲望の意義は、それを満足させると自分の福祉がどのくらい強くかつ長く維持できるかを判断することで、序列化される。また同一の欲望については、その欲望が部分的に充たされる程度に応じて、未充足の部分を満足させる意義は低下していく（限界効用逓減の法則）。このような関係を表示するのが、有名なメンガー表である。

この表は横のローマ数字で、ある経済主体の欲望の種類あるいは、それに対応する財の種類を示し、縦のアラビア数字の序数で、享受する財の増加によって欲望満足の意義が逓減していくことを示している。メンガーの合理的経済人は、このメンガー表に模式的に示されるように、諸欲望とそれらを満足させることの意義を比較考量して、全体としてより完全な欲望満足を達成できるように行為する。

そのさい合理的経済人は、諸財を、まず最大の意義を持つ欲望満足のために振り当て、順次、意義の小さい欲望満足に振り当てていく。最終的には、各財は、その財の支配量の各部分量で充たすことのできる欲望満足のうち、最小の意義を有する欲望満足に振り当てられることになる。メンガーによれば、ある財の部分量が充たすことのできるこの最小の意義（限界効用）が、その財の価値である（なおメンガーは、高次財の価値については、それが生産する低次財の将来の予想価値によって決定されるという、「帰属理論」の着想を示している）。

I	II	III	IV	V	VI	VII	VIII	IX	X
10	9	8	7	6	5	4	3	2	1
9	8	7	6	5	4	3	2	1	0
8	7	6	5	4	3	2	1	0	
7	6	5	4	3	2	1	0		
6	5	4	3	2	1	0			
5	4	3	2	1	0				
4	3	2	1	0					
3	2	1	0						
2	1	0							
1	0								
0									

図　メンガー表

交　換　交換は、このような財価値の主観的評価を基礎にして、より大きな欲望満足の機会を得ようとする努力から生じる。メンガーによれば、交換が行われる条件は、第一に、交換当事者の双方にとって、自分の支配する財数量の価値が相手の支配する財数量の（自分にとっての）価値よりも小さい、という関係が成立していることである。第二に、双方がこの関係を認識しており、第三に、ともに交換を実行する力を持っていることである。

同じ欲望を持つふたりの農夫を例に考えてみよう。農夫Aは、六頭の馬と一頭の牝牛を、農夫Bは一頭の馬と六頭の牝牛を所有しており、馬と牝牛がAB双方にとって、次のような同一の意義を持っているとする。

		1	2	3	4	5	6
農夫A	牝牛	50					
	馬	50	40	30	20	10	0
農夫B	牝牛	50	40	30	20	10	0
	馬	50					

Aにとって一頭の馬の価値は0であるが、二頭目の牝牛が持つはずの価値は、40である。この場合Aは、自分の馬一頭を牝牛一頭と交換すれば40の経済的利益を得る。またBにとって、一頭の牝牛の価値は0であるが、二頭目の馬が持つはずの価値は40である。この場合、自分の牝牛一頭を馬一頭と交換すれば、Bも40の経済的利益を得ることができる。ABが自分のこの事情を認識し、交換する力を持っていれば、このような交換が生じることになる。

同じようにして、馬と牝牛が二頭ずつ交換された段階でのABの状態を考えてみよう。

		1	2	3	4
農夫A	牝牛	50	40	30	
	馬	50	40	30	20
農夫B	牝牛	50	40	30	20
	馬	50	40	30	

Aにとって馬一頭の価値は20であるが、四頭目の牝牛が持つはずの価値も20であって、馬と牝牛一頭ずつの交換によって経済的利益は発生しない。同じことがBにもいえる。このように、交換当事者のいずれかにとって、相手の支配する財よりも価値の小さい財が自分の支配する財のなかに見当らなくなったとき、もはや交換は行われない。

したがって交換は、第三の条件が充たされているとき、交換当事者の評価において第一の条件が成立する限界内で生じるのである。

価　格　価格は、以上のような交換に伴って生じる現象であるが、メンガーにとっては、交換において等価交換が存在しないように、価格においても価格等価や均衡価格は存在しない。価格は、経済的に交換が生じる限界内で、経済的に不確定なある一点で決定されるのである。メンガーはそれを、孤立的交換のモデルによって論じている。

それによると、交換当事者としてふたりの農民が想定される。農民Aにとって、自分の支配する穀物百単位の価値がワイン四〇単位の価値に等しく、農民Bにとって、支配下にあるワイン四〇単位の価値が穀物八〇単位に相当するとしよう。この場合Aは、ワイン四〇単位を得るために百単位以上の穀物を引き渡そうとはしないだろう。Bも、八〇単位以上の穀物と引き換えにでなければ、ワインを手放そうとはしないだろう。このとき、ワイン四〇単位の価格が、穀物を価格単位として八〇以上百以下であればAB双方にとって、交換による経済的利益が生まれる。とすれば、この価格幅のどこかでワイン価格が決定されればよいのであり、Aはその価格相当量の穀物と引き換えに、Bからワイン四〇単位を購入することになる。この価格は、交換当事者の経済的才覚やその他の諸関係を背景とした交渉力の産物である。

メンガーによれば、孤立的交換（双方独占）から競争へと市場制度が発達し、交換を媒介する専門家層（競買人＝商人）が成立すれば、このような価格幅は縮小するのだが、その場合でも、価格形成の論理は本質的には変わらない。この点でメンガーの市場社会は、ワルラス的な均衡分析を排除する不均衡の世界である。

貨　幣　このように不均衡で不確実な市場社会において、自己の欲望をできるだけ確実に充たそうと諸個人が経済行為を行うなかで、いわば自主的に発生するのがメンガーの貨幣である。貨幣の存在しない物々交換において、各経済主体にとって、自分の支配下にある財の価値が相手の支配する財の価値よりも小さいような交換相手を見出すことは困難である。このとき各経済主体は、自分の必要とする使用財を提供してくれる相手がみつかる蓋然性を高めようとすれば、自分の直接的な使用目的からして不用でも交換相手を見出しやすい商品（販売可能性の高い商品）があれば、その商品を入手し、その商品をもって本来の交換相手を探すことになろう。このような迂回路をとることが経済的利益に適うという認識が進めば、一般的な合意や強制なしに、各経済主体は、いわば経済的利害関心に導かれて、自分の商品を販売可能性のより高い商品とすすんで交換するようになる。こうした交換が反復されて習慣化すれば、販売可能性の高い特定商品が貨幣となる。

メンガーによれば、貨幣の登場によって、あらゆる商品同士の交換が活発となり、それは、競争的市場制度の発達とあいまって、交換における価格幅を縮小させる。こうして貨幣は、不確実性と不均衡の度合いのより小さい市場環境を、したがって諸個人の欲望満足により適合した市場環境を、各経済主体に提供するのである。

以上で明らかにしたように、メンガーの経済世界は不確実性の世界である。そのなかで、できるだけ完全に欲望を充たそうとする諸個人が、いかに自己の経済的利益を認識し、その実現に努めることができるのかという問題がメンガーの主要な関心事であった。メンガーは「限界革命」トリオのひとりとされているが、限界原理は、こうした人間の経済行為の一齣を説明するものではあっても、それ以上のものではない。貨幣論が象徴的に示しているように、人間の経済は、論理展開の各次元でそれに特有の論理と形態を示すのである。ワルラスのように、限界効用理論のうえに一般的な市場均衡の理論を展開することは、メンガーには思いもよらないことであった。

▼『経済学の方法』と以後の思索

『経済学の方法』　『原理』初版における方法を、一定の修正を加えながらも、歴史学派批判を通して展開したのが『経済学の方法』である（メンガーは『原理』初版では、財と欲望との関わりを因果連関で捉えてきたが、両者の関わりと、その関わりにおける経済行為を目的・手段の連関で捉えるという、行為理論上の認識の発展を示している。これが最大の修正点である）。

そこでメンガーは、まず経済学を歴史、理論、実践に三区分する。個別的経済現象の認識を目指すのが歴史と統計学であり、国民経済における合目的的な実践の原則を示すのが経済政策や財政学などの実践分野であるとすれば、『原理』のような理論経済学が捉えようとするのは諸経済現象の定型と、諸現象の通時的・共時的な定型的関係である。

この理論経済学の研究方針は、メンガーによれば二つある。ひとつは現実主義的・経験的方針であり、これは経験的現実のなかに諸現象の定型（現実型）と定型的関係（経験的法則）を求めようとするものである。しかし、すべての現象を包括する厳密な範疇を確立することは不可能なので、こうした方針によって得られた定型と定型的関係はつねに例外を含むものである。また、それらの妥当性は、認識対象である個別的現象や現象形態の歴史的な変化によっても制約される。現実主義的・経験的方針は、こうした限界の内部で意義を持つ。

もうひとつのメンガーが採用した方針が、精密的方針である。これは、すべての現実的なものの最も簡単な要素、最も簡単であるがゆえに厳密に定型的と考えねばならない要素を、それが経験的現実のなかに独立した現象として存在しているか否かを顧慮することなしに、確立しようとするものである。そして、他のすべての影響から隔離して、この最も簡単な要素からより複雑な現象がどのように展開してくるのか（精密的法則）を、その理想状態において明らかにしようとするものである。

メンガーにとってこのような方針のもとに見えてくる経済とは、財によって欲求を充足するために先行的配慮を行う人間活動（経済行為）の結果であり、国民経済は個別経済の複合である。このような経済の本源的要因が、経済行為の前提である「欲望」と「自然が人間に提供してくれる財」、経済行為としての「できるだけ完全な欲望満足の追求」である。精密的理論経済学は、こうした要因から出発して、欲望満足に関する目的合理的な諸財と諸活動の連関を研究する。そのさい経済行為は、他の諸要因や諸関係の影響を受けず、無知や誤謬も免れて、目的に対する明確な意識と手段に関する明確な認識を備えた厳密に合理的な個人の利己的関心に導かれて行われるものと想定される。このような理想的な経済行為が、人間活動のどのような構成に、人間現象のどのような形態に導くのかを、精密的理論経済学は明らかにする。もちろん人間活動や人間現象には、利己的でない側面や、個人的ではなく共同意志的な側面も存在するが、そうした側面を要素に還元し、孤立化された要素から展開される現象形態を明らかにするのは、他学科における精密的理論研究の課題である。また、現実主義的・経験的方針と精密的方針の成果を叙述において共用することはできるが、研究過程において両方針を混同してはならなかった。

メンガーのこうした方法論は、のちに、同じく歴史学派の旧世代と対決しながら、マックス・ヴェーバーが理念型として鍛えあげていったものである。ヴェーバーの場合には、理念型と目的合理的行為の理念型的把握は、学問的認識の手段にとどまらなかった。人間は行為にあたって、外的強制などによって判断を曇らされることなく、自己自身の考慮にもとづいて、目的と手段の連関およびその結果を明断に判断できればできるほど、自由なのである。ヴェーバーにとって理念型的学問認識は、このような行為における明晰さを行為主体につきつけることによって、行為の目的と結果とを考量しつつ責任をもって行動する主体へと諸個人を蘇生させようとするものであった。それは、世紀転換期の資本主義における官僚制的支配の進行という近代の帰結から、自由な個人という近代の理念を救い出そうとする、かぼそい道であった。

これに対してメンガーの精密的方針は、その背後に自由な個人に対する評価的態度を秘めている点ではヴェーバーの理念型と重なるが、時代に対する危機意識や近代に対するアンビヴァレントな態度とは無縁である。メンガーにとって、事実的に、われわれの経済の出発点は経済主体に支配可能な財数量であり、最終目標は直接的な財需求の充足であって、どの具体的な人間経済の出発点も目標点も、その時その時の経済的実情によって厳密に定められている。実際に行為する人間は、恣意・誤謬やその他の影響を受けて、誤った道を通って出発点から目標点に至るのだが、精密的方針は、経済的に合目的的な唯一の正しい道（経済性の法則）を明らかにするのである。『原理』初版で示された個人主義的、自由主義的、合理主義的な経済秩序に対する信頼は、その基本構想については揺らいでいない。

人間の経済の基本的な二方向　しかし一八八〇年代末以降のメンガーには、研究態度の変化が見られる。精密的理論経済学の限定からは逸脱するような思索が現れる。E・カウダーなどは、それを、メンガーは守備範囲を広げすぎてエネルギーを無駄にしたのだと評しているが、八木紀一郎によれば、この時期のメンガーは、人間の経済を再び実在的な過程のなかに位置づけなおそうとしたのである。それを促したのは、経済現象の多様性を経済性の法則からの逸脱として軽視するのではなくて、精密的研究はそれとして維持しながらも、そうした多様性を理論的に理解しようとするメンガーの関心の変化であろう。それは、『原理』初版の世界を脅かすものであった。

すでに一八八九年の「経済諸学の分類要綱」において、メンガーは、非経済的要因の作用によって生じるその多様性と複雑さのもとで経済の現象形態を記述するという、「経済現象の形態学」を提起している。これは、精密的方針によって示される『原理』初版の世界を単純に排除するものではない。経済現象の多様性を非経済的要因の影響という点で捉えるのは、逆にいえば、この非経済的要因を排除すれば、『原理』初版の世界を論理的に構成できるということになりうるからである。しかし、経済現象の多様性をすべて非経済的要因の作用に還元できないとすれば事情は変わる。この場合には、『原理』初版で示された経済概念そのものが再検討されねばならない。こうした再検討をめぐる努力の跡を示すのが、遺稿による『原理』改訂版の第四章「経済と経済財の理論」の第一・第三節である。

そこでメンガーは、「一人格または一集団の人格が支配可能な手段を自己の欲望満足を保証する目的で配分する諸活動からなる分離された領域」と経済を規定し、その主体的な側面である配分的活動について二つの方向を示している。第一の方向が、技術的―経済的配分と呼ばれるもので、その要点は、自己の欲望を予測し、その欲望を充たすために直接支配しうる享受財の種類・量・場所・時間を認識したうえで、需求に比べて希少な享受財に関して、その享受財の生産に適した生産手段を認識し、享受財への需求を適切に充足させるために支配可能な当該の生産手段に目標と方向を与える、というものである。一言でいえば、生産によって財の希少性を打破し欲望満足の可能性を拡大させるという展望のもとに、欲望、それに対応した享受財、それに対応した生産手段の連関を捉えるのが、技術的―経済的な配分である。第二の方向は節約化であり、これは『原理』初版によって経済行為とされるもので、所与の支配可能な財数量の希少性を前提として、その制約の内部で欲望満足を最大化しようとするものである。

未展開の覚書的な記述のため解釈は確定していないのだが、こうした複線的な経済概念にもとづけば、異質な経済行為によって構成される多様な経済形態の把握が可能になるだろうし、『原理』初版の世界は、そのなかの極限形態のひとつを描いたものと位置づけられることになろう。たとえばカール・ポランニーは、そこに市場経済社会を相対化する可能性を見て取る。彼によれば、第二の方向が、経済の形式的な意味を示すものであって、『原理』初版におけるような、市場経済の合理主義的な経済秩序像を導くのに対して、第一の方向は、市場経済に限定されない経済の実体的・実在的な意味を示している。ポランニーにとって、商品経済の一般化した市場社会において、二つの方向は、それらを区別するという問題意識を不要にするほど分かちがたく融合している。にもかかわらずそれらを区別するというメンガーの態度のなかに、ポランニーは、商品経済の一般化を前提とした市場一元論的な欲望満足行為（経済行為）の世界を越えて、あらゆる経済秩序形態にあてはまる経済の普遍的意味を探ろうとする志向を読み取り、メンガーを自己の経済人類学の先駆者のひとりと位置づけるのである。さらにわが国の玉野井芳郎は、ポランニーのメンガー理解に触発されて、生命の生産と再生産を市場経済の効率性原理を越えて捉えようとする広義の経済学（生命系の経済学）の想源のひとつとして、メンガーを生かすという立場を示している。

晩年の欲望論　このような経済概念の再検討と並んで重要なのが、同じく『原理』改訂版に採用された「欲望論」である。『原理』初版のメンガーにとって、欲望認識の合理性は、精密的方針という研究方法そのものによって要請された前提であった。欲望そのものの検討は他学科の課題であり、精密的科学はその存立のために他学科による根拠づけを必要とはしなかったのである。そこには、文明の発展がより合理的な経済人を成長させるという期待感も潜んでいた。しかし経済現象の多様性に対する関心が高まり、それを経済性の法則から見て非合理な現象であるとして切り捨てることができなくなったとすれば、逆に目的合理的な経済行為を究極において支える欲望認識の合理性についても、それを方法論的な前提として楽観的に捉えることはできなくなる。形態学的研究と並立する原理的研究の存立根拠を改めて確立しようとすれば、それを支える合理的欲望認識がいかにして可能なのかを明らかにしなければならなかったのである。

その「欲望論」によれば、人間の欲望認識は、自己の生命と福祉を全体として維持し調和的に発展させるための必要事の認識として、たしかに、心理的―身体的な未充足状態から生じる欲動や、感情的な未充足感から生じる欲情と区別されて、理性的でなければならない。しかし同時に、欲望認識は、最終的には人間の感情に根ざすものであり、その根を断ち切ることはできない。とすれば、メンガーにとって合理的な欲望認識は、それに至る過程としてのみ可能である。「われわれが自分たちの生命と福祉の維持の諸要件を予想し、それら相互の意義を考量することを学ぶにつれて、われわれの欲望の認識はそれだけより完全なものとなる」というのである。

しかしこの欲望認識の理性化過程は弱々しい道であった。ヴェーバーの理念型が、自由な個人の喪失という危機意識を背景としていたように、メンガーにおいても、理性化過程の想定自体が、実際の経済生活は、理性的欲望だけでなく、臆見や錯誤に制約された擬制的欲望や欲動・欲情にも大きく規定されている、という悲観的な事態の承認と結びついていたのである。この意味で晩年の欲望論は、合理的経済人と彼らが構成する市場社会を価値評価するとともに、その確立の困難をも認識せざるをえなくなったメンガーの境位を示しているのではないか。

『経済学の方法』以降の以上のようなメンガーの思索は、それが断片的なものにとどまっているだけに理論的評価は困難である。しかし少なくとも、『原理』初版に見られる自由主義的経済秩序への楽観はそこでは色褪せている。ここで取り上げた二つの議論は、いずれも狭義の経済学の枠組みを破壊する可能性を持つのである。八木紀一郎やL・E・ミーゼスによれば、帝国と文明の将来に対するペシミズムがそこに影を落としている。しかし、ポランニーや玉野井の営為が示しているように、自由主義に対する評価と悲観というメンガーの両義的態度、狭義の経済学の危機のなかに、同時に広義の経済学への可能性を見て取ることはできるのであり、晩年のメンガーの思索は、このようなものとして現代においても問題提起的な意義を持つのである。

▼メンガーの遺産

メンガーの経済思想は、狭義の経済学の点では、方法論、消費財の価値・価格論などを中心にオーストリア学派の共有財産となっただけでなく、時間要素、過程、不確実性、不均衡（均衡化過程）といった視点を示した点で現代経済学の関心につながっている。その背景には、メンガー理論の核心を消費財の限界効用価値説に求め、それを限界生産力論によって補完したうえでワルラス的な一般均衡理論に包摂するという、現代経済学の通説的理解に対する反省がある。また社会哲学におけるメンガーの受容・継承に関して重要なのは、ヴェーバーに次いでハイエクである。ハイエクは、戦間期における全体主義の支配を目にして、社会把握における研究者の合理主義的な仮説設定を、社会を合理的に組織しようとして自由な社会を圧殺する設計主義に至る偽の個人主義として批判する。そして、人間の理性の弱さと無知とを自覚しつつ、さまざまに自発的に結合する諸個人に信頼を寄せる立場から、メンガーの方法の核心を、目的合理的行為のみならず行為一般の動機理解を含むヴェーバー的な行為理解に引きつけて捉えるとともに、メンガーの貨幣論に着想を得て制度の自生的形成論を展開している。さらに忘れてはならないのが、ポランニーである。メンガーの『原理』改訂版に対する彼の解釈には、自己の立場に引きつけた読み込みすぎという側面がないではない。また、ポランニーの立場そのものにも伝統主義的なかたよりが見られるのだが、しかし、彼がメンガーから読み取った広義の経済学という着想そのものは、人間の内と外ですでに生命の存立基盤にまで及んでいる商品経済の全面的な支配、それがもたらすさまざまな弊害を考えるとき、メンガー解釈における正当性を離れても重要な意味を持つといわねばならない。

読書案内

メンガーの著作のうち日本語で読めるのは、『国民経済学原理』（安井琢磨訳、日本評論社、一九三七年。一九九九年に安井琢磨／八木紀一郎訳として、日本経済評論社「近代経済学古典選集」の一冊として復刊されている）、その遺稿による改訂版『一般理論経済学』（八木紀一郎／中村友太郎／中島芳郎訳、みすず書房、一九八二／八四年）、『経済学の方法』（吉田昇三訳、日本経済評論社、一九八八年。これは戦前の岩波文庫版の改訳。他にタイトルは異なるが、戦前に戸田武雄訳もある）と『ドイツ国民経済学における歴史主義の誤謬』（前掲吉田訳と戸田訳に収録）である。

二次文献としては以下のものを挙げておく。H・W・スピーゲル編『経済思想発展史』IV（越村信三郎／山田長夫監訳、東洋経済新報社、一九五四年）所収のハイエクの「メンガー論」と同じくF・A・ハイエク『市場・知識・自由』（田中真晴／田中秀夫編訳、ミネルヴァ書房、一九八六年）、山田雄三編『経済学説全集　第九巻』（河出書房、一九五五年）所収の山田雄三「カール・メンガー」、T・W・ハチスン『近代経済学説史』（長守善／山田雄三／武藤光朗訳、東洋経済新報社、一九五七年）、林治一『オーストリア学派研究序説』（有斐閣、一九六六年）、G・J・スティグラー『生産と分配の理論』（松浦保訳、東洋経済新報社、一九六七年）、コリソン・ブラック他編『経済学と限界革命』（岡田純一／早坂忠訳、日本経済新聞社、一九七五年）所収のE・シュトライスラー「オーストリア学派と限界主義」、E・カウダー『限界効用理論の歴史』（斧田好雄訳、嵯峨野書院、一九七九年）、八木紀一郎『オーストリア経済思想史研究』（名古屋大学出版会、一九八八年）。八木のこの著作は、研究状況の整理と豊富な文献目録を含む点で、より進んだ学習にとって有益である。最近刊行されたものとしては、尾近裕幸・橋本努編『オーストリア学派の経済学』（日本経済評論社、二〇〇三年）、八木紀一郎『ウィーンの経済思想――メンガー兄弟から二〇世紀へ』（ミネルヴァ書房、二〇〇四年）、八木紀一郎編『経済思想のドイツ的伝統』（日本経済評論社、二〇〇六年）がある。

理解を深めるために

一、『原理』初版における経済秩序像の特徴を示し、その意義と問題点を検討しなさい。
二、『原理』初版において、限界原理がどの論理次元でどのように適用されているのかを明らかにしなさい。
三、メンガーの方法の特徴を説明しなさい。
四、晩年のメンガーは、『原理』初版から逸脱する思索を重ねているが、それが現代社会において持つ意義を、メンガーの経済概念をふまえて検討しなさい。

（内田　博）

II—3 ゲオルク・ジンメル

貨幣経済社会と近代性

（Georg Simmel 1858〜1918）

▼生涯と著作

ゲオルク・ジンメルは、現代社会学の創設者とされるM・ヴェーバーやE・デュルケームと同時代人であり、これまで過少評価されてきたが、これら二人とならんで、科学としての社会学の確立をめざした人物である。同時に、彼は、F・ニーチェやH・ベルグソンとともに、世紀転換期の主要な哲学潮流をなした「生の哲学」の中心的担い手でもあった。さらに、ジンメルは、『歴史と階級意識』（一九二三年）によって西欧マルクス主義を代表する思想家であるG・ルカーチの思想形成に影響を与えた。

裕福なユダヤ人家族の末子としてベルリンに生まれ育ったジンメルは、一八七六年にベルリン大学に入り、T・モムゼンのもとで歴史学、そしてM・ラツァルスのもとで心理学、さらには、E・ツェラーとF・ハルムスのもとで哲学を研究した。一八八一年に学位を取得したジンメルは、一八八五年二七歳の時に教授資格審査に合格し、以後、ベルリン大学で私講師として講義を担当することになった。

しかし、ジンメルの大学アカデミズムでの経歴は、彼の研究生活の豊穣さとは対照的に、恵まれてはいなかった。ジンメルは、当時のドイツの大学における反ユダヤ的風潮、社会主義者のサークルとの交わりに対する大学当局の反感等のため、一五年もの長きにわたって私講師という不安定な地位に甘んじなければならなかった。さらに、ジンメルは、G・シュモラー等の支持によって、一九〇〇年にベルリン大学の員外教授となるが、これも名誉職的な性質のものであった。

私講師時代の若きジンメルは、ダーウィン主義、H・スペンサーの進化主義などの影響をうけながら、社会学的研究をおこない、一八九〇年に最初の主著『社会分化論』を出した。さらに、その二年後には、『歴史哲学の諸問題』と『道徳科学入門』を刊行した。ジンメルにとってはジャーナリズムも活動の場であり、彼は、『社会政策中央雑誌』、『ノイエ・ツァイト』、『フォアヴェルツ』、ウィーンの週刊誌『ツァイト』、さらには、ユーゲントシュティール運動の雑誌『ユーゲント』などに寄稿し、そのテーマは、労働者の団結権、婦人会議と社会民主主義、社会医療、私講師問題、世界政治、流行など、多様をきわめた。大学の講義では、ダーウィン主義、ペシミズム、カント哲学などのテーマをとりあげ、一八九四年からは社会学がこれに加わり、ジンメルの講義は人気を博した。

貨幣現象についてのジンメルの研究は、一八八九年にシュモラーの政治学のゼミナールにおいて「貨幣の心理学」を報告し、それが『シュモラー年報』に掲載されたことに始まる。これ以降、ジンメルは、「現代文化における貨幣」（一八九六年）、「生活の速度に対する貨幣の意義」（一八九七年）など、一連の論稿を発表し、これらの研究は、一九〇〇年、つまり、ジンメルが私講師に終止符をうった年に刊行された『貨幣の哲学』に結実した。神経症から立ち直りつつあったヴェーバーに知的刺激を与えた、このジンメルの主著は、今日のジンメル・ルネサンスの中でもっとも評価されているものである。

一九〇八年、ヴェーバー等の支持をうけて、ジンメルのハイデルベルク大学哲学部教授招聘の運動がおこった。しかしながら、この招聘は、ふたたび強固な反ユダヤ的感情と、ジンメルの社会学的業績について、国家や教会を社会と取り替えようとする危険な誤りとみなす保守的意見によって、失敗に終わった。最終的には、一九一四年に、ジンメルはシュトラースブルク大学にて哲学の教授の地位につくことになるが、それは彼の死の四年前であった。

一九〇八年は、ジンメルの社会学的研究の大著『社会学』が刊行された年である。翌年、彼は、ヴェーバー、F・テニエスとともに、ドイツ社会学会の創設に努め、その理事の一人となり、一九一〇年の第一回大会では、「社交性の社会学」というテーマで講演をおこなった。同時に、ジンメルは、哲学的関心を深めていった。一九〇四年の『カント』につづいて、ジンメルは、一九〇七年に『ショーペンハウアーとニーチェ』を発表した。彼のニーチェとの取り組みは、一八九〇年にJ・ラングベーン著『教育者としてのレンブラント』への書評に始まり、ジンメルは、哲学的伝統と世紀転換期の精神的潮流との中でおこなわれたニーチェ哲学の位置をめぐる議論に、一八九〇年代半ばから積極的に参加していた。さらに、彼は、文化哲学のための雑誌『ロゴス』に多くの寄稿をおこなうとともに、一九一一年には『哲学的文化』を刊行した。

ベルリン以外の場所では哲学的文化に容易には影響を及ぼすことはできないだろう、という思いをいだいて、ジンメルは、シュトラースブルクへ去った。この思いにこたえるように、ある新聞は、「ジンメルのいないベルリン」という記事を掲載した。シュトラースブルク大学へ移りきたジンメルには、その最初の夏学期の終わりに大戦が勃発するという困難がまちうけていた。それでも、ジンメルの創造活動は最後までつづき、『社会学の根本問題』（一九一七年）、『戦争と精神的決断』（一九一七年）、『現代文化の葛藤』（一九一八年）、『生の哲学』（一九一八年）を世に問うた。ジンメルは、二五冊の著書と約三〇〇の論稿等を発表して、一九一八年九月二六日に、シュトラースブルクにて、病のため死去した。

▼近代化とジンメル社会学

大衆社会と社会学　一八七一年、ジンメル一三歳の時、ドイツは統一を成し遂げ、ドイツ帝国として政治大国の道を歩むことになる。また、この政治大国化を支えるように、ドイツは工業化を急速に進めていった。ジンメルの生きた都市ベルリンは、こうしたドイツ社会の発展の中心をなし、ジンメルの感受性は、ここで繰り広げられた時代の転換に鋭く反応し、その全体像をつかもうとした。ジンメルによれば、ドイツ社会は、電話やタイプライターなどのコミュニケーション手段、機械、商業と金融の諸形態、国家の諸制度、さらには科学的知識にいたるまで、未曾有の変化を経験したのであり、ジンメルは、この新たな変化を、生活の技術的・物質的側面の拡張、「生活の外面化」と表現した。

さらに、こうした変化は、人間の画一化・平準化をもたらす大衆社会的状況の進展を意味していた。そして、この事態こそ、社会学という学問の出現の歴史的基盤でもあった。ニーチェを受容しつつ、ジンメルは、一九世紀になって下層身分が上層身分に対して統一的な大衆として実践的力をもつようになり、それとともに彼らが上層身分と一緒にひとつの「社会」に属しているという考えが生まれた、と指摘している。こうして、社会という人間のあり方の重要性が前面に押し出され、社会は人間の生を究極的に決定するものとして絶対化される。一九世紀終わりに頂点に達する、この「社会と人類との近代的同一視」を打破し、その問題性を明らかにしたのが、ニーチェに他ならない。ニーチェの時代診断の核心をなすのは、近代の社会的合理化のプロセスとは、個人が自己に固有な個別性の実現をめざす貴族主義的な個人主義を否定しつくし、個別性の均等化によって、「畜群的人間」とも言うべき平均的人間類型の支配をもたらす、ということであったが、あの「同一視」は、この近代的合理化のニヒリズム的帰結から目をそむけ、それを追認するという問題性をもっていたのである。

このようなニーチェの、いわば「反社会学」的問題提起にいかにこたえるのか、これがジンメルの社会学的研究の課題であった。ジンメルにしたがえば、ニーチェは西欧社会の近代化を個人の高貴さの追求の全面的否定としてとらえることによって、近代的社会化と個人の個別性の実現とを独立した二つのプロセスとして対立させた。これに対して、ジンメル自身は、後者を前者の中に組み入れ、これらをひとつのプロセスの、同時進行する矛盾にみちた二つの側面として捉えなおす。こうして、近代の社会化は、個人の個性（個別性）の実現とその否定という緊張関係を内包しながら展開することになる。ジンメルは、その思想的営みをとおして、近代のもつ否定性と可能性のダイナミズムを見すえ、近代の意味を問おうとしたのである。以下では、このように整理できるジンメルの思想的営みについて、『貨幣の哲学』を中心にして、見ていくことにする。

相互作用としての社会　ジンメルが社会学的研究を開始した時、既存の社会学とは、人間に関することは社会の中で生起するのだからそれらはすべて社会学の対象をなす、と考えるコント流の百科全書的社会学であり、そこでは、社会は統一的な有機体として実体化され、個人はこの全体の一分肢としてのみ意味をもつにすぎない、とされていた。一九世紀に生まれた、このような社会実在論は、実在するのは個人だけであり社会とは名目的なものであるとみなす一八世紀の社会名目論の克服として展開された。しかし、近代の社会化と個性化という問題圏へ目をむけるためには、旧来のコント流の社会学は無力であり、それを批判し、社会学をきたえなおすことが、不可欠だった。こうした意図のもと、ジンメルは、「諸部分の相互作用」という、新たな社会概念を導き出した。

ジンメルによれば、諸個人の集まりが彼らをこえた存在となるのは、そこに相互作用が成立しているからである。したがって、社会学は、方法論的には、統一体としての社会から出発するのではなく、諸個人が生み出す相互作用を第一義的に確定しなければならないのであり、社会とはこの相互作用の総和に対する名称にすぎない。こう捉えることによって、ジンメルは、社会の生成、つまり社会化へ目をむける。この観点からすると、今日の社会理論においてシステムとよばれているもの、つまり、経済、法、国家行政など、それに参与する個々の人格からの独立性をもつ客観的形象は、諸個人の直接的な相互作用がある形体へ固定化・凝固したものに他ならない。たとえば、法体系の成立を見ると、まず、人々の現実の行動があり、それらの相互作用の中から、集団の存続のための必要最小限が分化し、論理的な整合化を経て、人々の行動の形式・規範へと高められ、今度はそれが現実におこなわれる行動の規準となる。さらに、この観念としての法体系は、現実的な有効性をもつために、その内容を裁判官といった客観的機関に具体化する。こうして成立した法体系は、逆に、その「固定性と内的完結性」に

したがって、諸個人に対して「無条件の自己保存権」を要求する。こうして、相互作用概念が個人と社会との媒介項となることによって、客観的形象の自立化（システムによる社会統合）のプロセスについて、それが相互作用の担い手である個人へどのような作用を及ぼすのかという視点から、接近することが可能となるのである。

分化としての近代化　以上のような方法論的反省を経て、ジンメルは、近代化の問題性へ迫っていく。その場合の出発点となるのは、個人と社会集団とが融合した主・客未分化状態である。ここでは社会集団は狭小で、生活諸関係の数も少なく、単純である。個人はこの集団の外に生活の場を見出すことができず、集団そのものもその保存を、成員一人ひとりに大きく依存している。そして、たとえば、ある国家制度に属することによって、同時にある宗教的信仰を指示されるように、個人の生活諸関係のそれぞれが区別されることなく、融合している。このような個人の本質と集団の本質との一体性は、近代化とともに、主・客の分化、個性化と社会化の同時的進行という方向へ、解体される。

社会的分業と貨幣経済の浸透とともに、諸個人の同質性にもとづく原初的集団は、その狭小さや他の集団との間の異質性をこえてつながり、人々の生活の関心の及ぶ社会圏が拡大していく。この社会圏の量的拡大は、質的転換を意味している。原初的集団の中で出生という偶然によって他者との緊密な共存を指示されていた個人は、未分化であった生活諸関心をひとつひと

つ分化させ、「素質、傾向、活動などの事実的・内容的な同等性」をつくりあげ、それをとおして、原初的集団間の異質性をこえて、他の個人と結合するのである。たとえば、個人は、政治的関心を実現するためにひとつの社会圏に参加し、経済的関心のために別の圏に所属し、さらに、宗教的関心をもてばそのためにまた別の圏へと入っていく。つまり、諸個人の偶然的・外面的共属は、個人間の関心の同等性にもとづく事実的・内容的共属へと転換するのである。近代の社会化とは、ひとつの同じ生活内容の実現をめざす「同等な個人」へ自らを分化させつつ、諸個人が多様に社会圏を形成していくことに他ならない。そして、ジンメルは、近代の社会化がもたらすこうした事態に、人格の個性化の可能性を見る。ジンメルによれば、人格は「文化の諸要素を個性的な方法で結びつける」のであるが、この「個性的な方法」の内実をなすのは、人格が多様な社会圏に自己をゆだねることをとおして獲得する社会的・客観的な生活諸要素が、どんな量と組み合わせによって、この人格の中で統一化されるか、ということに他ならない。近代は、個人が自由に参加しうる社会圏の数を増大させることによって、個人人格の中で交差する社会圏の量と組み合わせが、一人ひとり異なるという可能性を与えるのである。

しかし、近代の社会化は、人格の個性化に対して、否定的作用を及ぼす。諸個人がその関心にしたがって多様な社会圏へ参加するプロセスは、同時に、社会全体が、政治、経済、宗教、芸術等々へ機能分化し、それぞれの領域が自立した客観的世界となるプロセスでもある。「同等な個人」の相互作用から形成された客観的世界は、個人人格をその一面的役割の担い手として取り込みつつ、おのれ固有の論理にしたがって自己展開していく。未分化状態において数も少なく単純であった生活諸内容は、近代とともに豊かで多様になり、そのことが個人の個性化の可能性を与えた。しかし、その生活諸内容は、主体としての個人からは遠ざけられ、客観化されている。個人が生活諸内容を自己のうちに同化するためには、客観的世界の中に入り、その単なる担い手へと自己を転化させなければならない。そして、諸々の客観的世界への社会全体の機能分化は、「個人ができる限り一面的であって、何らかの課題が個人をすっかりみたし、彼の衝動や能力や関心の総体がこのひとつの音調に一致するということ」を要求し、このことによって、こうした一面性を破棄して「意志や思考の諸能力の相互の交錯をとき離し、そのそれぞれをそれ自体で存続する特性へと発達させる」という「個人が全体の意味での自分の分化に対していだく関心」への抑圧となるのである。

以上のように、ジンメルは、相互作用という新たな社会概念をもって、近代の問題性をつかむ。ジンメルにとって、主・客未分化からの主・客の分化は人間生活の必然的な発展プロセスであり、近代は、矛盾を孕みつつも進歩として理解される。そして、この近代は貨幣経済社会として展開するのであり、そうであれば、人間生活にとって近代とは何かという問いは、人間生活にとって貨幣とは何かという問いへ凝縮される。この問いに対するジンメルの回答こそ『貨幣の哲学』に他ならない。この大著においてジンメルが展開した、人間生活総体の近代的あり方をつかむ壮大な試みについて、次に見ていくことにする。

▼貨幣経済社会としての近代

貨幣の哲学の考察課題　『貨幣の哲学』は「分析篇」と「綜合篇」とからなる。この構成は貨幣の哲学が二つの考察課題をもつことを示している。ジンメルにしたがえば、貨幣の哲学が成立する場は、貨幣の経済学のいわば「此岸」と「彼岸」とにおいてである。つまり、貨幣の哲学は、まず、貨幣の本質や意味の基盤となる「人間の一般的生活の諸条件と諸関係」から、すなわち、「人間の価値感情、事物に対する実践、および人間の相互的関係」から、貨幣の理念と構造を考察するという課題をもち、これにこたえるのが「分析篇」である。さらに、それは、貨幣が「人間の一般的生活の本質」、すなわち、「諸個人の生の感情や、彼らの運命の連鎖や一般的文化など」に対してどんな作用を及ぼすのかという観点から、貨幣に接近するのであり、この課題をはたすのが「綜合篇」である。こうした二つの主題をとおして、ジンメルは、「経済的事象の表層からすべての人間的なるものの完極の価値と意義にむかってひとつの基準線を引こうとする」のであるが、ここには、方法論的に見ると、史的唯物論の克服ということが意図されていた。ジンメルによれば、観念的上部構造を経済的下部構造から説明するだけでは一面的であり、後者もさらに前者から説明されるべきであって、両者の絶えざる相互作用をとおしてのみ、人間生活総体の把握へ接近することが可能なのである。『貨幣の哲学』は、マルクス主義的社会把握を念頭におき、それに「基礎工事をする」という意図をもっていた。

価値とは何か　では、ジンメルは、「人間の一般的生活」という深みから、いかに貨幣に迫ろうとしたのだろうか。ジンメルの議論は、人間の生にとって価値とは何かという問いかけとともに始まる。われわれ人間の生は、一方では、対象の認識をめざし、他方では、対象を欲求しその享受をめざす。しかし、この二つの側面からなる人間の生は、それが素朴で原初的状態にある場合、主・客未分化のままである。けれども、人間の生は、個体発生的にも、系統発生的にも、この状態をこえて発展し、主・客の分化へむかっていく。認識の場面においては、自我と対象とが融合していた素朴な表象状態の自己分裂をとおして、人間は自己を外的存在から区別し、自己自身を意識する自我となるとともに、これと相関的に、自我の外に存在する客体（客観的存在）が成立する。これと同様に、意志的実践（欲求と享受）の場面においても、人間がその時々に欲求充足の素朴で直接的な統一に身をゆだねる主・客未分化状態は、欲求とその享受との間に距離化が生じることによって分裂する。すなわち、事物は「われわれがまだ所有せず享受していないもの」として、それを欲求する主体としてのわれわれに対立し、欲求する主体とその欲求の内容としての客体（価値）とへの分化がおこなわれる。人間の生は、「まだ享受していないという隔たり」

によって、その欲求の内容を客体化し、欲求する自己に対立させるのであり、こうして、欲求の内容は、主体に欲求をひきおこすものとして規範化され、客観的価値として妥当することになる。未分化状態においては、人間の生のさまざまな欲求は相互に分化することなく融合している。この自然的状態から生は自己発展し、主体の諸欲求は、たとえば、美的欲求、倫理的欲求等へ分化自立し、これと相関して、美的価値、倫理的価値等が客観的に成立する。生は、このような自己発展をとおして、自然衝動的な享受をこえた、より高次の享受の可能性をもつことになる。経済的価値もまた、人間の生がその自己発展のプロセスの中でつくり出す客観的価値のひとつであり、ジンメルは、経済の場面では主・客の分化がどのように展開するのかに焦点をあて、経済的価値の成立のメカニズムを解明する。

交換と経済的価値　経済的価値のあり方についてのジンメルのイメージは、「経済的交通のための技術的形式は、その主観的＝個人的基礎から多少なりとも完全に分離された価値の国を創造する」という文章に、端的に表されている。ここでの「主観的＝個人的基礎」とは、個々人の欲求享受過程である。個々人は、欲求の享受を目的にして他者との経済的交換に入る。そして、交換において彼らの欲求享受過程が相互作用しあうことによって、この具体的な欲求享受過程から分離・抽象化された客観的価値が成立する。ジンメルにとって、経済的価値とは、交換という場において形成される、両当事者の主観的な欲求享受過程をこえた客観的な第三者に他ならない。

ジンメルは相互作用概念にもとづいて、社会をその生成において捉えかえそうとしたが、交換こそこの諸個人の相互作用の典型的表現に他ならない。そして、ジンメルによれば、交換は、一方的・主観的な所有変更である略奪や贈与とことなって、「一定の所与の客体変更に対して、それを双方に有利とするような形式」であり、そのことによって、主体にとっての客体の稀少性を解消して、人間により多くの欲求充足をもたらすのであり、この意味で文化の機能的進歩なのである。このような交換において、交換とともに経済的価値は形成されるのであるが、では、価値一般の成立の契機となる主体と客体との距離化は、交換という相互作用をとおして、どのように展開するのだろうか。

ジンメルは、二人の財所有者の間に成立する直接的な交換関係を分析し、そこに断念（犠牲）の二面的作用が生じていることを示す。交換当事者Aは、他方の当事者Bの所有する財bを欲求している。しかし、この欲求享受を実現するためには、自己の所有する財aを交換に提供しなければならない。こうして、Bが所有する財bに対する主体Aの欲求享受過程の間に距離化が生じ、Aの欲求は、断念しなければならない自己の財aによって表現されることになる。しかも、主体Aの側に生じるこのような事態は、主体Bの側のそれと相互補完的なものである。Bの所有する財bに対するAの欲求を表現するAの財aは、同時に、主体Bが欲しているものであり、この欲求を実現するためには、主体Bは、彼が所有し、しかもAが欲している財bを断念する必要があり、この距離化をとおして、Aの所有する財aに対するBの欲求は、自己の財bによって表現される。

このように、交換においては、距離化が二面的に作用し、二つの価値形成が相互に補完しあいながらおこなわれる。各交換主体が欲する客体は、彼の所有する客体の放棄を要求するということによって、価値となる。これは、二人の交換主体による相互規定的作用なのであるから、各交換主体の所有する客体が、それとの交換をとおして彼の欲求する客体を獲得できるということによって、価値となることである。かくして、事物は「ただ相当する対価に対してのみ手放され、このような対価と引き替えにのみ獲得されようとする要求」を、もつことになる。経済的価値とは、まさしく、事物が獲得するこうした「価値の相等性」「等価性」という力である。この価値形成は、主観の側から見ると、事物を等価とみなす判断が、二つの主観的価値評価の相互作用から、いわば超個人的なものとして成立するということである。他の価値とはことなって、経済的価値がもつ「等価性」という特徴によって、この価値には客観性が強力に刻印される。そして、この強力な客観性にもとづいて、経済的価値はその出発点に二つの主観的評価の相互作用をもっていたにもかかわらず、そこから独立し、そもそも事物自体にはじめから内属する性質として、個々の主観に対して現れることになる。

このようにして、事物があたかもその価値量を自働的機構によってのごとく相互に規定しあう「純粋に事象的な関係」の世界が成立する。ここでは、交換に入る諸個人の欲求充足の相互作用を基盤として形成された間主観的関係は、事物の中に実体化し、物の姿をとり、それ自体で存在するものとして現れるのである。このようなメカニズムをとおして、経済的世界は、欲求とその満足との間に、「中間領域」として介在する。それは、ちょうど具体的な事物の量的関係を対象とする幾何学と同様に、諸個人の具体的な対象評価過程から抽象化されたものでありながら、それでも実在する世界なのである。

貨幣の本質　以上のように、ジンメルは、交換における相互作用を起点にして「相互に交換可能なものとしての事物の相対性」としての経済的価値が成立するプロセスを描く。この直接的交換においては、事物は、交換の目的、つまり、交換主体の主観的な欲求充足の対象であるという性質と、相互の「等価性」、「交換可能性」という性質とを、自己のうちに並存させている。ジンメルによれば、交換における相互作用は、こうした段階をこえて、後者の性質を前者の性質から分化・自立化させ、経済的相対性そのものだけの純粋な表現へとむかっていく。このような「実体化した相対性そのもの」、「等価性」の象徴が、貨幣に他ならない。貨幣という中間項を媒介とすることによって、経済的交換は、二人の主体の直接的交換の限界をこえて、社会汎通的なものとなる。ここでは、直接的交換においてニつの事物間に成立した「等価性」は、交換に入るすべての事物に一様に拡大され、すべての事物が一義的に数量的関係のもとに統一化される。こうして、貨幣はその純粋概念において は、事物の価値的相対性に統一的表現を与えるべく、これら事物からなる経済的系列に対して、「静止した極」としてむきあうことになる。

しかしながら、ジンメルはこのレヴェルをこえて、貨幣の新たな側面を強調する。すなわち、貨幣は、諸客体の価値関係を表現し、それらの交換を媒介する純粋な手段であるがゆえに、それ自体が価値物ともなるのであり、このようなものとして、みずからが対立していた価値的客体の系列の中に入り込むのである。したがって、貨幣は、経済的系列の彼岸において「関係である」という役割と同時に、此岸において「関係をもつ」という役割をはたすことになる。このような「貨幣の二重の役割」、つまり純粋手段であるとともに目的でもあるという貨幣の本質における両極性を強調することによって、ジンメルが明らかにしようとしたのは、経済的系列は均衡状態へとむかうがゆえに不均衡状態を生み出さざるをえないという逆説であった。このことは、投機の過熱化において、典型的な表現を見出す。

さらに、ジンメルは、貨幣の本質を、交換をおこなう行為主体に即して考察し、以下のように言う。「貨幣は人間と人間との間の関係、相互依存関係の表現であり、その手段である。すなわち、ある人間の欲望の満足をつねに相互に他の人間に依存せしめる相対性の表現であり、その手段なのである」。人間はその相互依存関係を貨幣という客観的な制度へと受肉化させることによって、直接的な相互作用をこえて、社会全体と関係を結ぶのである。ジンメルによれば、貨幣はそれがもともと実体価値（素材価値）をもっていたから貨幣になりえたのであるが、貨幣は「人間の社会化」という本質を実現するにつれて、いわば脱実体価値化する。そして、このプロセスを支えるものが、「経済圏の緊密性」であり、さらには、その基層にある、貨幣を媒介とする社会的相互作用への信頼である。宗教的信仰に似た要素をも含む、この社会的信頼を基盤にして、貨幣は、事物の等価性の象徴的表現、社会化機能の自立化的表現として、客観的な経済世界を画定する。そして、この世界に入りきたる個人は、その欲求充足のための衝動的・主観的な行動様式を脱却し、すべての個人がそうしなければならないという意味で客観的・超個人的な行動様式にしたがわねばならない。

ジンメルは、社会の実体論的把握を批判し、相互作用という概念から出発することによって、それ自体で存在する社会に対して、その生成から、すなわち、相互作用の凝固化という観点から、接近しようとした。この場合にジンメルの念頭にあったのは、近代的社会化によって成立した様々な客観的世界がそれ固有の法則にしたがって肥大化するという事態であった。ジンメルにとって、貨幣経済の成熟は、こうした事態の典型に他ならず、社会へのジンメル独自の接近の仕方を可能としたのも、ベルリンという場において成熟していく貨幣経済の行く末に対するジンメルの透徹した眼差しであった。その透徹さをとおしてジンメルがつかみとったのは、経済は、客観的法則にしたがって進む過程となり、人間がこの過程の担い手となると、人間に対し強制的な道を歩むということ、つまり、貨幣経済という客観的制度（機関）は、諸個人がその欲求充足をより豊かに実現することをめざして、相互作用をとおして創造するのだとしても、個人に奉仕するのではなく、逆に個人を奉仕させつつ、固有の執行力をもって自己展開していくということである。こうした貨幣経済の行く末についての悲観的な見通しをいだきながら、『貨幣の哲学』の「綜合篇」において、ジンメルは、貨幣が人間生活総体へどのような作用を及ぼすのかを展開する。

非人格的依存関係と人格の自由　貨幣経済とともに展開していく人間生活の近代的あり方を端的に表現するために、『貨幣の哲学』においてジンメルが用いるのは、距離化という概念である。原初的集団の主・客未分化状態においては、人間とその生活諸内容とは素朴で自然的な統一のもとにある。しかし、近代とともに、人間と生活諸内容との間に距離化が生じ、生活諸内容は、人間から独立し、客観的存在となる。ここでは、一切の人格的な刻印が排除されており、純粋な事象性が成立する。このことは、同時に、人間がこの客観的存在に対立するもの、つまり、主体という規定をうけとることを意味している。そして、主体としての人間は、客観化した生活諸内容を自己のうちに同化することによって、自己の実現をおこなう。したがって、人間生活の近代的あり方とは、主体としての人間が非人格的・客観的な生活諸内容に対して、いかなる関わり方をもつのか、いかなる態度をとるのか、ということに他ならない。しかも、この客観化した生活諸内容の同化は、他者との社会関係を基盤にして実現されるから、人間生活の近代的あり方は、近代において、つまり、貨幣経済とともに、人間の相互依存関係がどのような特徴をうけとるのかという観点から、考察されることになる。

すでに、ジンメルは、『社会分化論』において、人間の相互依存関係の近代的なあり方の特質として、人間がその人格全体をとおして関係するのではなく、人格を背後に退かせて、その一部を媒介にして関わるという事態を、強調していた。これは、人格と事象との分離とよばれるものであるが、ジンメルは、『貨幣の哲学』において、貨幣を媒介とする人間と人間の関係についての認識にもとづいて、人格と事象との分離について、より深い分析をおこなう。

奴隷制、封建制、そして、資本主義は、階級的支配関係の歴史的変化として、理解することができるが、ジンメルは、それらを、義務者（被支配者）の義務履行の方法という観点から捉えかえし、こうした階級的支配関係の変化を貫いて、個人の人格の自由が拡大してきたことを、強調する。奴隷制のもとでは義務履行が全人格にまで及んでいたが、封建制の中での、労働地代、現物地代、貨幣地代という変化をとおして、義務者は、その人格の一部によって、義務の遂行をはたせばよいようになった。この過程は、支配の及ぶ人格の範囲が減少することを意味し、それだけ、個人が人格の自由を獲得することでもある。さらに、資本主義においては、労働者はその労働の過酷さから見て「装いをかえた奴隷」のようだとしても、ジンメルによれば、支配関係は貨幣に媒介された非人格的なものであり、労働者は人格的自由を拡大できるのである。

ジンメルは、近代における人間の依存関係が、貨幣経済の浸透によって、人格の刻印を帯びたものから、非人格的・事象的なものへ転化し、それをとおして、人格の自由が可能となると考える。貨幣経済が支配的でない社会では、人間はわずかな他者との依存関係にあるが、この他者は、特定の、交換不可能な人間である。こうした、いわば接近という要素が強調される依存関係は、貨幣経済によって解体され、距離の要素が依存関係において支配的となる。「貨幣経済の人間」は、無数の人間に依存するが、しかし、特定の人間からは著しく独立する。われわれにとって相手が意味をもつのは、彼の人格そのものではなく、彼がおこなう一面的な機能遂行であり、その限りで、この相手は特定の誰かである必要はなく、したがって、いつでも交換可能な人間なのである。そして、人格と人格との間に距離をもたらす、このような依存関係とともに、個々の人格はその独立と自由を獲得するのである。

しかしながら、この貨幣的自由には大きな問題性が内包されている。すなわち、貨幣的自由は「何ものかからの自由」を可能にしただけであり、そこには自由の実質的側面を意味する「何ものかへの自由」が欠落している。この限りで、貨幣は純粋に否定的な意味において人間の自由を実現したにすぎない。こうして、ジンメルによれば、「貨幣経済の人間」は、「多くの無節操と混乱と不満」の中で生きることになる。

貨幣と知性　人間がその生活諸内容を客観化することは、欲求充足の狭隘な自足性をのりこえて、無数の人々との非人格的な依存関係をつくり出すことであり、この依存関係を媒介にして、人間は、客観的な生活諸内容を自己のうちに統一化することができる。では、近代において、人間は、客観化した生活諸内容をどのような仕方で同化するのであろうか。この「仕方」こそ、ジンメルの言う「生の様式」であり、ジンメルは、「綜合篇」の最終章において、この問題を集中的にとりあげる。

ジンメルがまず指摘するのは、感情機能に対する知性機能の優位ということである。人間の実践においては、意志による目的の定立とその実現がめざされるが、ジンメルによれば、貨幣経済は、この過程に手段の世界として介在する。貨幣は、個人の主観的な欲求充足の間に純粋な手段として、いわば中間領域をなすのであり、これによって、欲求とその充足は引き延ばされ、目的とその実現という「目的論的系列」の長さが拡大することになる。しかも、ひとつの「目的論的系列」が長くなるだけではなく、ある系列が他の系列の手段となって相互的な結合をおこなうのであり、こうして、目的そのものが個人の視界をこえることになる。しかも、目的への志向が意志の主観的・感情的機能にもとづくのに対して、手段の冷静な計測は、知性の機能によって、もっぱら実現される。そうであれば、貨幣は、「目的行為にいたる过路と準備」とを無限に増大させ、生活の構成要素の手段への変化をひきおこすことによって、生活における知性機能の支配をもたらす。ここでは、「目的行為の最終的充足点」が背後に退き、事物の事実的連関の正確な把握が第一義的なものとなる。このことから、現代人の生活は、「無性格性」という規定をうけとる。「無性格性」とは人格や事物の質的個性への無関心であるが、質を量へ還元する貨幣経済とともに、このような「無関心」が生活の前面に現れることになる。ジンメルにとって、「法の平等の原理」、そして、とりわけ、「世界を大きな計算問題として理解し、事物の経過と質的な規定とを数の体系においてとらえる」ことをめざす「現代の計算的本質」は、まさしく、貨幣と知性がもたらす生活の「無性格性」の集約的表現なのである。

人間の文化と事物の文化　このような究極的目的の喪失と手段の意義の増大は、人間の本質的な生の自己発展から見ると、「文化の悲劇」という事態を意味している。文化とは、人間が、自然的な生の享受をこえて、その潜在力を発展させ、自己の固有性を開花させることである。しかも、このプロセスは、物的な文化財（道具、書物、機械、芸術作品など）や「人間の関係を形成する文化」（言語、宗教、法など）に対して、人間がそのエネルギーを注ぎ、それをとおして、これらのものを高めることによってのみ、実現可能である。この「普遍的な文化概念」から現代を照らし出すと、「われわれの生活を事実的に充たしとり囲んでいる事物、器具、交通手段、科学と技術と芸術の成果」は、この上なく開花していくが、人間の文化は、後退していくという問題が、浮かび上がってくる。このように、事物の文化が強大となり、人間の文化を支配、萎縮させるという事態を、ジンメルは、「文化の悲劇」と表現する。しかも、この「文化の悲劇」の根幹にジンメルがすえるのは、労働の疎外という現象である。ジンメルは、分業にもとづく労働の専門化、生産手段と労働との分離、労働力の商品化による労働とその主体との分離、さらには、「現代機械の自動的な性格」に示される労働の対象そのものの専門化をとおして、「創造される作品」が「創造する人格」からひき離され、逆に、「決定的な独立存在と固有の運動法則をもつ客体」としてこの人格を無力化する様相を描くのである。さらに、ジンメルの分析は生産の場面で終わるのではなく、消費の場面にもむかっていく。分業による生産の専門化は消費の拡大をもたらすが、しかし、ここでは、生産物は、以前の注文生産がもっていた消費の主体との人格的関係を一掃して、「匿名的な客観性」の世界として、消費の主体に立ちむかう。そして、このことはある転換を意味している。すなわち、以前に支配的であった、社会の下層が社会の上層のために労働するという構図がくずれ、下層の大衆が消費の主体として前面に姿を現し、彼らに上層の人間の労働が奉仕することになるのである。このことが可能なのは、「匿名的な客観性」の世界がこれら両者の間に介在し、両者がいかなる直接的関係からも分離されることによってなのである。

このような近代的な生産と消費にとり囲まれてわれわれは生活を営む。しかし、われわれのもとに大量の事物が殺到するとしても、それらは、われわれにとってどうでもよいもの、容易に代替できるものである。そうであれば、われわれは、多くの客体と関係をもっても、それらを、われわれの固有の人格の構成要素として同化することはできない。こうして、近代の生活においては、われわれは、「外面的なものによって圧迫されているといった感情」をいだかざるをえない。「近代文化の壮麗さと偉大さ」は、人間が魂を注ぎ込むという「入魂性の形式」の欠如を代償として可能なのであり、人間は、生産過程と生産物の双方の奴隷となる。「自然が技術によってわれわれに外部から提供するもの」が、われわれの「生の自己自身への帰属と精神的な求心性」を圧殺するという、まさしく「事物の蜂起」に、人間はさらされるのである。

けれども、ジンメルによれば、他者および事物との関係から人格的要素をすべて排除して、生活内容を客観化する貨幣の距離化の作用を媒介として、「物象化されるべきでない残余はそれだけいっそう人格的となり、自我のいっそう議論の余地なき所有物となる」ことができる。したがって、ジンメルにとっては、個人人格の「内面の確実な発展の機会」は、唯一貨幣によってのみ保証されるのである。こうして、貨幣経済社会としての近代は、人格の自己発展の可能性とその否定という宿命のもとに人間をおき入れつつ、展開していくことになる。

▼ジンメルの遺産

『貨幣の哲学』を経済学的知の中に継承していく試みは、大正期の日本においてなされた。『貨幣の哲学』は、ドイツ歴史学派経済学に精通していた福田徳三によって日本に紹介され、彼の弟子だった左右田喜一郎の経済哲学の礎となった。左右田は、評価個人からなる意味関係態としての評価社会が貨幣を存立させる論理を明らかにし、独創的な「貨幣共同体」概念を提示するとともに、経済学的諸概念は貨幣概念を中心にして再構築されるべきだ、と主張した。

しかし、このような知的試みは、継承されることはなかった。そして、経済学的知において新古典派経済学とマルクス経済学が主流となる中で、『貨幣の哲学』も忘れられた思想となっていった。けれども、このことは、逆に、『貨幣の哲学』の現代における意味を指し示している。事実、S・H・フランケル『貨幣——二つの哲学』（一九七七年）が『貨幣の哲学』の経済学的意義を再発見して以来、『貨幣の哲学』は、そこで展開された反ないし非新古典派的な貨幣把握を中心にして、評価されつつある。『貨幣の哲学』は、社会主義者からは貨幣の資本機能についての無理解という批判をうけたし、ヴェーバーもまた、貨幣経済と資本主義との同一視が『貨幣の哲学』の理論的欠陥だとみなした。しかしながら、ジンメルによる貨幣の哲学的考察は、純粋手段であるがゆえに究極目的でもあるという貨幣そのものの根源的な矛盾性を明らかにし、このような貨幣を基軸にすえて、貨幣経済社会の総体的把握をめざそうとしたのである。『貨幣の哲学』は、今日における成熟した貨幣経済社会が人間にとって何を意味するのかについて、われわれが問いかけることができるように、ジンメルがわれわれに残してくれた「遺産」に他ならない。

読書案内

ジンメルの著作はほとんど翻訳されている。『貨幣の哲学』は哲学関係の作品を集めた『ジンメル著作集』一二巻（白水社）に収められていたが、居安正新訳版（白水社）が一九九九年に刊行された。社会学関係の翻訳としては、『社会学』上・下巻（居安正訳、白水社、一九九四年）、『社会分化論・宗教社会学』（居安正訳、青木書店、一九九八年）がある。ジンメル初期の社会学論文を集めた『ジンメル初期社会学論集』（大鐘武編訳、恒星社厚生閣、一九八六年）もある。

二次文献を見ると、先に触れたS・H・フランケルの著書が『貨幣の哲学――信頼と権力の葛藤』（吉沢英成監訳、文眞堂、一九八四年）として翻訳されている。吉沢英成『貨幣と象徴』（日本経済新聞社、一九八一年）では『貨幣の哲学』の独創的読みの試みがなされている。社会学的知においてはN・ドット『貨幣の社会学』（二階堂達郎訳、青土社、一九九八年）が、『貨幣の哲学』の積極的評価をおこなっている。また、日本の社会学者による最新の『貨幣の哲学』研究として、岩崎信彦／廳茂編『『貨幣の哲学』という作品』（世界思想社、二〇〇六年）がある。さらに、居安正『ゲオルク・ジンメル――現代分化社会における個人と社会』（東信堂、二〇〇〇年）は、『貨幣の哲学』を含めてジンメルの社会理論の全体像を明らかにしている。

理解を深めるために

一、ジンメルの社会概念の特質を述べ、その現代的意味について、考えなさい。

二、ジンメルにおける貨幣経済社会の成立メカニズムについて、説明しなさい。

三、「事物の文化」と「人間の文化」という概念を説明し、その上で、現代消費文化のあり方について、自分の考えを展開しなさい。

四、ジンメルの見解をも参照にして、個性とは何かについて、述べなさい。

五、近代に対するジンメルの接近の仕方の特徴を述べ、近代の意味について考えなさい。

（岸川富士夫）

II―4

マックス・ヴェーバー

生の不協和音と歴史の悲劇

（Max Weber 1864～1920）

▼生涯と著作

マックス・ヴェーバーは、近代ヨーロッパ文化世界の子であるという「内的運命」を受け容れた。つまり、キリスト教とギリシャ的知を共に自らの「生まれでた掟」として承認した。前者は自己の信念および価値に忠実な「生き方」と「心術（信念）倫理」の貫徹を、後者は存在と当為の峻別にもとづく「知的誠実さ」ないし「責任倫理」の貫徹を彼に要請した。彼のドイツ人としての政治的使命は、この掟から派生するものであった。だが、他方、彼は「マルクスとニーチェにより刻印を受けた世界」という「外的運命」と対決した。マルクスによって刻印された世界とは、資本主義が近代的な生の「最も運命的な力」となりつつある現実を指す。それは古代ギリシャ的な意味での、人間的生のいわば全面的奴隷化の状態を意味する。また、ニーチェによる刻印とは、「神に疎遠で予言者なき時代」の生の運命を指す。それはキリスト教的意味でも、古代ギリシャ的意味でも「生の無意味化」を意味する。「思想に携わる者」として、また一個のヨーロッパ人として、ヴェーバーは、この時代の「流れに抗する」ことを自己の責務とした。

一八六四年、現実主義的な政治家である父マックスと敬虔なキリスト教徒である母ヘレーネとの間に生まれたヴェーバーは、ギリシャ人的な醒めた批判的な目を、母の姉イーダの夫ヘルマン・バウムガルテンに、キリスト教への震撼とある種の距離を、ヘレーネとイーダおよびその子オットーの生き方によって植えつけられた。

ヴェーバーの提出した近代資本主義的社会関係の「非人格化」というマルクス的なパースペクティヴは、ハイデルベルクの学生時代（一八八二～八三年）に出会った歴史学派のK・クニースから継承したものである。一八八九年の学位取得論文（法学博士）「中世商事会社の歴史」には、すでにこの観点が現れている。一八九〇年から九一年にかけて、社会政策学会から東エルベの農業労働者の調査をヴェーバーは委託される。この調査で、彼は、家父長制的支配よりも強力な資本主義的支配の下へ、労働者が喜んで飛び込もうとするのはなぜかという問題に直面する。そして彼はこの調査をとおして「資本の下への労働の実質的包摂」という、マルクスが遺稿「直接的生産過程の諸結果」（一九三三年公表）でテーマとした問題を独自に思いつく。また、ニーチェとの知的遭遇は遅くとも一八九四年に遡ることができるが、この出会いは、経済外的な（人間の心理的な）動因の経済への影響というテーマについての彼の確信を確固たるものにした。

また同じ頃、ヴェーバーはジンメルとも格闘している。ヴェーバーは、この頃から個人的にも親しくなったジンメルから知的な「多くの刺激」を受けたと述べている。後に、ハイデルベルクのヴェーバー家には知識人が集まり、「ヴェーバー・クライス」を形成したが、ジンメルもここに集った。この他に、K・ヤスパース、G・ルカーチ（W・ベンヤミンはこのメンバーではないが、ルカーチの影響を受けている）もこのサークルの一員であり、ベンヤミンを含めたこの四者は悲劇について論じている。

一八九四年、ヴェーバーはフライブルク大学に国民経済学担当の正教授として就任し、翌一八九五年に「国民国家と経済政策」と題する就任講演を行う。この講演において、彼は、動物的な生から人間の理念を引き出そうと試みる点で「適応倫理」の学ともいえる古典派経済学、さらには同じ過ちに陥ってしまった歴史学派経済学に対する批判を行った。きわめてニーチェ的なモチーフによる経済学批判といってよい。

ハイデルベルク大学に移る前年の一八九六年、彼は「古代文化没落の社会的原因」という講演を行った。この講演の要旨は、古代ローマという高貴な精神文化は、軍事的・政治的・経済的な勝利という内的な理由故に没落したとはいえ、それは新しい近代市民文化が古代文化を甦らせるための一種の巨大な治癒過程であった、というものである。この主張は、歴史を重視する点では異なるが、高貴さのデカダンスというニーチェ的モチーフにつながる論旨といえる。しかし、この講演には、古代ギリシャ的な意味で悲劇というのには、運命との競技（アゴーン）というモチーフがまだ欠けている。

ヴェーバーがこの問題圏に到達するのは、精神の病を患った後である（おそらく鬱病ではないかと思われる）。それは一八九七年の父との激論に端を発する。彼は自らの内的運命（自由への衝動）の促しに従い、外的運命（家父長制的な「奴隷の家」という自由を阻む秩序）に挑戦した。その結果、自由の経済的基礎を得るために職業労働という「鉄の檻」に自らを追いやり、その上、父を激論の末客死に追いやるという意図せざる罪をも犯してしまった。これらの重圧は彼を病に陥れた。しかし、病気転落は、ヴェーバーを仕事以外の生の内面的な諸領域とそれをも超越するユーモアへの開眼という、全く新しい生の次元に引き上げた。ヴェーバーはいわばアリストテレス的な意味での悲劇によるカタルシス（浄化）を体験した。

一九〇四年、ヴェーバーは、E・ヤッフェ、W・ゾンバルトとともに『社会科学・社会政策雑誌』の編集を引き受けた。その雑誌にヴェーバーは、病気転落と恢復の体験をとおして新しく開眼した世界を、「プロテスタンティズムの倫理と資本主義の『精神』」（一九〇四〜〇五年、以下、「倫理」論文）と題して綴った。ヴェーバーは、運命への挑戦とその帰結である悲劇を「知るに値する」出来事として追究するようになったのである。またその追究はフロイト的な意味でカタルシス（排泄）行為、つまり精神的な病の治療行為でもあった。しかし、彼の病は死に至るまで完全に癒えることはなく、たえずカタルシスという「治癒剤」を必要とした。ヴェーバーが「歴史の悲劇」の叙述に駆り立てられていった一因もここにある。悲劇の叙述とは一九一三年以降に姿を現してくる一連の宗教社会学研究を指す(これは現行版『宗教社会学論集』に収められている)。この一連の研究をとおして、ヴェーバーは近代西洋のキリスト教以外の文化諸宗教について論究している(『世界宗教の経済倫理』)のであるが、それは近代ヨーロッパ文化世界とその子である自らの自己認識のためであった。

この宗教社会学研究の前提となるいまひとつ別の系列の研究がほぼ同時に開始されるが、この研究は宗教社会学(歴史の悲劇)によるカタルシスがなければ遂行できなかったものである。そしてこの研究のための問題設定がヴェーバーを精神の病にまで至らせたひとつの原因ではないかと思われる。まずこの系列の研究は、一九〇三年の「ロッシャーとクニース」第一部に続く一連の方法論をめぐる議論において遂行される。この研究におけるテーマは、すべての価値が「呪力剥奪」されたために、(ギリシャ的な)人間性を回復する全体的な生を想定できない世界において、どうしたら人間の生と価値を守り抜くことができるかというため息のでる程偉大なものであった。研究の前提として、当為(価値)と存在(科学)が区別される必要があった。ヴェーバーは、一九〇九年の社会政策学会に始まる「価値判断論争」、および一九一〇年にF・テニエス、ジンメルらと設立したドイツ社会学会での論争に果敢に挑む。この一連の方法論研究や価値判断論争でヴェーバーは、引き裂かれ断片化された人間性の現実を見据えるための「一個の現実の学」を一方で追究した。すなわち、「科学」の「価値」からの自由を主張した。また他方で、ヴェーバーの「現実の学」は、G・シュモラーの「現実の学」が経験的研究の後に価値の調停を見出そうとしたのに対して、「神々の闘争」、すなわち競合する諸価値間の調停しがたい争いという「現実」の認識へと向かう。「価値」の「科学」からの自由をも同時に主張しているのである。

この方法論的な前提の上に立って遂行されたのが、一九〇八年に引き受けた『社会経済学綱要』(以下、『綱要』)の諸研究である。現在、これは『経済と社会』としてまとめられている。そして、一九一九～二〇年にヴェーバー自身が閲読し校正した校正刷(以下、「新稿」)が第一部に、一九一〇～一四年に主に執筆されたとされる草稿群(以下、「旧稿」)からヴェーバーの死後編集された諸論考が第二部に収められている。一九一四年プラン(構成表)の第一篇第三部の標題は『経済と社会』であり、そのヴェーバー担当部分(I)の標題が「経済と社会的諸秩序・諸勢力」である。

ヴェーバーがこうした研究に携わっていた一九一〇年代のドイツでは、既存の自然科学的一元論に生活改革と表現主義やオカルト的な神秘主義的体験を結合する運動が時代の流れとなっていた。この運動を担った若者たちは、資本主義化を運命とみなす近代主義に対して思想的・実践的に対峙した。しかし、彼らは近代の生の現実に耐えられず、学問、政治、芸術、性愛などといった「生」の一領域に過ぎないものを、キリスト教に代わる生の全領域を支配する宗教にまで高めようとする体験主義（たとえば「芸術のための芸術」）に逃避した。彼らの多くは、反キリスト教主義者として自らがみなしたニーチェや芸術宗教の担い手であるS・ゲオルゲに心酔した。だが、ヴェーバーは生の緊張に耐え抜く「悲劇的人間」（ルカーチ）の道を選んだ。この若者たちの団体である「自由ドイツ青年」が企画した「職業としての学問」（一九一七年）と「職業としての政治」（一九一九年）という講演で、ヴェーバーは、彼らに体験という代替宗教（新しい神々）を求めず、生の現実に耐えるように説いた。世界への透徹した眼差しとその悲劇の観照というヴェーバーの生と思考は、後期の作品に結晶した。一九二〇年六月一四日、ヴェーバーは五六歳で、「神々の闘争」の舞台から退き、闘争の生を終えた。

▼閉じた外枠

科学主義や体験主義に対する批判　ヴェーバーが一貫して抱いていたひとつのモチーフは、「自然主義的一元論」への批判である。そして一元論の中で最も強力であったものが史的唯物論であった。また彼の批判は、俗流マルクス主義にとどまることなく、現世内的な生の一領域を絶対神に祭り上げようと試みるすべての科学主義に対しても向けられた。

まず、ヴェーバーの批判は、当時存在したそれぞれ位相を異にしてはいるが、何らかの「生の秩序」を絶対視する経済学への批判となって現れる。第一に、貨幣利得追求という一個の自然法則から当為を取り出そうとする古典派とドイツ・マンチェスター派の双方への批判。第二に、理論と歴史を峻別したメンガーから後退し、概念実在論に陥ったオーストリア学派に対する批判。第三に、生の非合理的な領域の存在を超現世的な神の存在証明とするW・ロッシャー等の旧歴史学派への批判。さらに第四に、存在と当為を区別する唯名論的立場を首尾一貫させず、W・ディルタイの心理学主義やH・スペンサーの社会進化論の影響を受け、科学から価値を直接引き出すようになったシュモラーの「倫理的経済学」への批判、などである。ヴェーバーは、これらの「科学」が、経済という生の一領域を認識する手段を構成している限りにおいては、いずれも高く評価した。彼はその手段を「価値自由」な「理念型」と呼んだ。しかし、生の全領域の認識可能性を標榜したり、生を統一する一個の価値観（宗教）であると主張する時、これを厳しく批判した。

さらに科学主義批判は、進化主義と心理学主義にまでも及んだ。進化論もニーチェやジンメル、S・フロイト等の心理学も、自己の領域外や、生の全領域にまで支配を及ぼそうとする時、彼はそれを批判した。科学主義の反動であり、また、その必然的帰結でもあるとヴェーバーがみなす体験主義に対しても同様であった。これらの批判は、一切の「現世内的経済」を拒否するヴェーバーの知的に誠実な態度にもとづいていた。

資本主義の精神と「鉄の檻」 科学主義（経済一元論・心理学主義・進化主義）批判のモチーフにより遂行された最初の実質的な研究が「倫理」論文である。この論文において、ヴェーバーは、宗教（超現世的な力）の資本主義（現世の最も運命的な力）に対する対抗関係を追究した。宗教的な世界への意味づけによって、「資本の下への労働の実質的包摂」を可能とするような「生き方」がどのようにして生み出されたのかというのが、この論文の極めて重要なモチーフである。これは、新しい生き方の成立を経済構造の反映として説明しようとする素朴な唯物史観やニーチェのルサンチマン論のような心理学に対しての批判、さらにまたその成立を経済的淘汰から説明する社会進化論に対する批判を意味する。しかし、このモチーフは、近代資本主義社会の始源を、日常的な経済過程ではなく、経済外的な動因に求める点、そしてそのシステムを支えるものは物象化された労働者の意識であると考える点では、マルクス自身の問題意識に連なるものであったといえる。

ヴェーバーがマルクスとは異なるのは、政治的暴力にではなく、プロテスタンティズムの禁欲的エートスにこの動因を求めたことである。この点では、ニーチェの問題意識と重なる。ただし、禁欲的エートスは社会状況や利害状況の反映でも、あるいは函数でもなく、宗教の「内的固有法則性」に従って成立したとヴェーバーは考える。そして、禁欲により育成された人間の「人格」が近代資本主義という「生の秩序」に適合的な資本主義の精神、あるいはその担い手である「天職人」を生み出したのだと考えるのである。この点では、マルクスとも、ニーチェとも異なる。近代資本主義システムがいったん成立したら、物象化された意識は自動的に再生産される。つまり、システムにより、そのシステムに適合的な生き方が馴養され、淘汰される。この点の認識では、三者とも一致する。近代資本主義社会のシステムという生の秩序が、今度は人間の精神的な顔立ちを決定づけるのである。人間自身が生の秩序を意識的かつ自由に選択するのではなくて、生の秩序が人格を選ぶのである。だがその人格は、人間の全面性をもはや望むことのできない職業のみに生きる「職業人」にほかならない。それを規定する生の秩序も、経済的領域という、人間の生物的な生を支えるひとつの生の領域にすぎないのである。この一面化された人格の住む、全面化した経済的生の秩序を、ヴェーバーは「鉄の檻」と呼んだ。

この近代における個人の生の分化（一面化）とそれにもとづく生の体系化というテーゼは、ヴェーバーが病気恢復期（一九〇一年）に読んだジンメルの『貨幣の哲学』（一九〇〇年）のものである。だが、ジンメルは、人と人との間の「相互作用」が形をとって現れた貨幣経済の発展に、生の分化と体系化の始源を見ている。この点で、彼はヴェーバーと異なる。ジンメルは、あくまでも現世内的な人間相互間の諸関係が近代文化の諸問題を生み出したと考えたのに対し、ヴェーバーは、現世外的な力に突き動かされて内面から形成された人格が近代世界を生み出したと考えたのである。

経済と社会的諸秩序・諸勢力　近代社会の最も運命的な力である資本主義経済は、外的な生の秩序としては、人間の生の全面を覆うもののように見える。しかし、現実の外的な生の諸秩序はますます「断片化」し「不協和音」を奏で、また世界に対する人間の主観的な「意味づけ」にもとづく「世界像」という内的な生の秩序は、むしろ多元化しつつあるというのが、ヴェーバーの認識であった。ヴェーバーは、宗教（禁欲的プロテスタンティズムのエートス）の経済（近代資本主義の精神）に対する因果関係の追究から問題圏を拡大すると同時に、科学主義の批判ばかりでなく、体験主義の批判にも及んでいく。

これは一九〇九年以降の『綱要』の研究を通じて深まっていった問題領域である。「旧稿」では、文化諸領域が、各々の「ラチオ」＝「内的固有法則性」に従って合理化を遂げ、経済の合理化も「生の普遍的合理化の一個の特殊な部分現象」にすぎないことを明らかにしようとしている。これによって経済に対する他の社会的諸秩序・諸勢力の自律性を際立たせ、逆に経済領域の相対化を図ろうと試みている。さらに「新稿」では、政治的な「支配」の経済的な「力」に対する自律性がよりいっそう明らかになる。

これらの研究は進捗するにしたがい、ますます抽象的・類型論的になり、「歴史的な諸形象の論理的『呪力剝奪』」ともいえる「一個の論理的革命」（妻マリアンネ）が成し遂げられていくことになる。ヴェーバーは、表現主義者やS・ゲオルゲのような「超現実性の王国」を形づくるという「幻想」を抱かず、「神々の闘争」という現実を「自分がどれだけ耐えられるかを私は知りたいのだ」ということだけを、この研究で直視し続けた。ヴェーバーのこの視角は、断片化された人間を囚われない醒めた目で複数の視点から観るキュービスムの考えに近い。以上のように、すべての生の領域の呪力剝奪と相対化をとおして、ヴェーバーは、一元的思潮（科学主義・体験主義）を積極的に批判した。

ピュタゴラスのコンマとしての宗教　従来、各文化領域が各々のラチオ（理論・実践理性）に従い合理化するというこのモチーフを、一九一〇〜一二年頃から開始した「音楽社会学」の研究をとおしてヴェーバーは発見したとされてきた。しかし、この説にはいくつかの難点が存在する。第一に、すでに一九〇四〜〇五年の「倫理」論文時点で、この問題は論究されており、また、音楽・法領域の自律というモチーフは、一九一〇年のドイツ社会学会第一回大会でジンメルも言及しているという点である。第二の点は、ヴェーバー自身が一九一二年にマリアンネ宛の手紙で、合理的な「和声音楽」を持つのは西洋文化のみであり、それは「修道院制度の一作品」であると述べている点に関わっている。つまり、文化諸領域がそれぞれ内的なラチオに従って調律されたのは西洋文化のみであり、その根源は修道院（すなわちキリスト教的禁欲）にあると主張しているのである。だから、ヴェーバーによれば、現世外的な理念によって初めて現世の生の諸領域は、意義ある文化諸領域としてそれぞれ合理化を遂げることができることになる。したがって、音楽社会学をとおして発見した点があるとするならば、現世外的な力である宗教が生の全面的な合理化を生み出したということであろう。とすれば宗教をひとつの現世内的な文化領域として扱おうとする『綱要』のシェーマはかなり微妙になる。

当初、一九〇九〜一〇年の『綱要』プランでは、おそらくヴェーバーは、宗教をひとつの文化概念として扱うつもりであったと思われる。つまり、彼は宗教を他の文化領域と対等な「文化価値」の一領域として位置づけ、超現世的な秩序としては扱わないつもりでいた。すなわち、宗教も現世内的な生の諸秩序（社会的諸関係、宗教的にいえば多神教の神々）のひとつにすぎず、超現世的な秩序（その神々を支配する絶対神）が存在しないと仮定した場合に、経済的秩序と宗教を含む他の社会的諸秩序の関係はどのように見えるかを論じようとしていたのである。これに対し、音楽のラチオの発見と並行して進められたと思われる「旧稿」の「宗教社会学」では、この世のあらゆる偉大な文化諸宗教の階級的な被制約性と文化諸宗教による経済倫理の形成という双方の因果関係を扱っており、一九一四年プランもそうした構図を示している。こうして、一文化領域として位置づけられた宗教の経済に対する自律性が明らかにされている。しかし、少なくとも「主観的に抱かれた意味」において、当事者が宗教を現世外的な力とみなしていることを前提にしてのみ、宗教の経済に対する自律性が語り得るのである。というのは、宗教とは現世外的な力であって初めて経済外的な力となり、経済に対する自律性も持つことができる、とヴェーバーは考えていたからである。そればかりでなく、ここでは、現世外的な力としての宗教と現世内的な生の諸秩序との緊張も描かれている。このことは明らかに文化概念としての宗教からの逸脱を示している。

生の諸秩序と超越神・超神的秩序　以上のように、本来は現世外的な力であるはずの宗教を現世内に閉じ込めようとする理論を構築するのは困難である。しかしながら、歴史的（通時的）には現世外的な宗教（禁欲）の力の存在を承認しながらも、社会学的（共時的）にはその力自体は取り扱わないで、その力がもたらした結果（各文化領域の合理化）のみを扱うことは可能である。だが、その場合は、諸価値の衝突という「絶対的多神論」に行き着く以外にない。これは、「神に疎遠で予言者なき時代」に生きる断片化された生の現実を叙述するのにふさわしい方法である。しかもこの場合、生の諸秩序は、外的な秩序として現れてくるだけではなく、世界への意味づけ、世界像の形成という宗教が本来担うはずの機能も同時に果たす。つまり絶対神を捨象した地平にこそ、「神々の闘争」は現れてくるのである。ヴェーバーは、現世に意味を付与する現世外的な領域、すなわち宗教が存在しないと仮定すれば、多元主義を採るほかなく、現世を統一的に体系づける秩序は現世内には存在しないことを明らかにしているのである。逆にいえば、現世に意味を与え、一個の首尾一貫した世界像を示すことのできるものが存在するとすれば、それは、現世内的な似非宗教ではなく、現世外的な本物の宗教的理念以外にはないということである。

この現世内に閉じた社会学的理論（純粋に経験的に観察された絶対的多神論の現世）を、歴史的に開かれたものにするには、現世外的な力としての宗教の研究が必要となる。これが、「新稿」の「宗教社会学」から発展しつつ、それと並行して進められたと思われる一連の宗教社会学研究（『世界宗教の経済倫理』）である。ここでは、宗教と対抗する現世の生の秩序は、経済を含む生の全領域にまで拡大され、現世内的・日常的な領域である経済が、他のすべての（科学と体験を含む）現世内的な諸領域と共に、現世外的・非日常的な領域として明確に位置づけられた文化諸宗教によって相対化される。

現世の生の諸秩序と緊張関係に立つ重要な現世外的な力は三つである。第一、キリスト教的禁欲に担われた超現世的人格神。第二、インド的神秘主義に抱かれた非人格的最高存在・法則的コスモス。第三、ギリシャの騎士的戦士的英雄が耐え抜いた、神々を超える非合理的な運命の力（モイラ）。第一の禁欲が遂行した生の諸領域の呪力剝奪は、結果的にはこの絶対的多神論の世界を生み出すこととなった。この過程を、ヴェーバーは「現世の脱呪術化過程」と呼んだ。第二の神秘主義の「神なき」宗教倫理に、その歴史過程を見つめる「観照的なアリアン民族」としてのヴェーバーの眼に宿る純粋に哲学的な精神は、近接している。第三はその眼に捉えられたこの歴史を操るデモーニッシュな力である。

▼運命と悲劇

「治癒剤」としての悲劇　以上のような「時代の運命」を直視することは、「生き方の人倫的な営み全体」に対し、どのような意味を持つのだろうか。これは極めて宗教的ないし哲学的な問いである。ヴェーバーはこのトルストイ的な問いに対して正面からは答えていない。そのためK・レーヴィットは、マルクスがひとつの治療法を与えているのに対して、ヴェーバーは一個の診断を下したにすぎない、と述べた。しかし、そうだろうか。ヴェーバーは彼の作品全体を通じて、われわれにひとつのカタルシスを与えているのではなかろうか。それがヴェーバーのとりわけ宗教社会学にわれわれが魅せられるひとつの理由ではないかと思われる。ヴェーバーは自らの戒めに従い、確かに個人的な批評を施すことなく、震撼を覚えさせるような人間の運命の歩みを叙述した。しかし、ヴェーバーが震撼を覚えつつ叙述し、彼の作品に結晶した、人間の普遍史において展開される悲劇は、「神に疎遠で預言者なき時代」に生きるわれわれにヴェーバーが与えてくれたひとつの「治癒剤」と考えることもできよう。

ジンメルは、「文化の概念と文化の悲劇」（一九一一～一二年）で次のように述べている。人間の主観的な生（「魂」）は、自らを完成させる「固有の論理」である客観的精神との「相互作用」により文化を生み出す。しかし、その自らの固有の論理が生み出した個別的な客観的文化という形式が、各々の「内的論理」に従い、人間の主観的な生に対し強制力を発揮するようになり、ついには人間的生の破壊へと突き進む。ジンメルはこのような事態を「文化の悲劇」と呼ぶ。ヴェーバーの『綱要』の諸論考や宗教社会学は、このジンメルのモチーフに非常な近接を示している。だがこのモチーフはもともとニーチェのものであった。ヴェーバー自身はこれらの作品を悲劇と名付けていないが、これもまた一個の悲劇の叙述であると理解できるものである。以下、われわれはこの観点からヴェーバーの作品を解読してみたい。

悲劇の誕生する舞台　ヴェーバーとジンメルの間には隔たりがある。まず悲劇を描写する方法である。ヴェーバーは病気恢復後から、一貫してジンメルの方法論の批判を行っているが、その一因はこの点に関わるものと思われる。ヴェーバーのジンメル批判の要点は次の点にある。すなわち、「主観的に抱かれた意味」と「客観的に妥当する意味」をジンメルが区別しないばかりか、むしろ意図的に融合させてしまう点である。ジンメルにとっては、この方法が客体と主体、客観と主観の分裂という「文化の悲劇」を克服するためのものでもあった。しかし、ヴェーバーも読んだであろう「悲劇の形而上学について」(一九一〇年)でルカーチが示唆しているように、当事者の主観と認識主観を区別することは、真に歴史の悲劇を捉える前提条件である。というのは、この両者が曖昧だと、高貴な精神がその高貴性のゆえに、誠実な主観的意図(当事者の主観)とは異なる「客観的因果連関」がもたらす運命(認識主観により把握された当事者の行為がもたらす結果、つまり世界進行の意味)に陥るという歴史の悲劇のパラドックスが把握されないからである。ジンメルを心理学主義だとして、ヴェーバーが批判する一因もここにあるのではないかと思われる。

次に、両者の隔たりは悲劇の内実そのものの理解にも存在する。ヴェーバーにとっても、ジンメルのごとく「人間のまさに人間たる領域内に終始せんとする」(E・トレルチ)あり方で、人間の生の運命を見据えることは、悲劇が誕生する前提であったといえる。ヴェーバーはこれを『綱要』で遂行している。しかし、ヴェーバーにとって、現世の生の諸領域自体は本来すべて無意味なものにすぎない。この領域に終始している限りは、この領域を超越した地平に誕生するギリシャ的悲劇は成立しない。だが、ジンメルは宗教的葛藤も社会的葛藤と異なるものではないとして、超現世的な領域と現世との緊張を悲劇の舞台に据えることはなかった。この点が、ヴェーバーがジンメルとは異なる第二の点である。

また逆に、この生の緊張に耐えられず、この無意味な生の諸領域から何らかの意味を取り出そうとする、ヴェーバーにとっては弱さを示す態度も、生の緊張に耐え抜く高貴性を前提とする悲劇を台無しにする。とすれば、そうしたことを試みる科学主義と政治的・革命的・芸術的・性愛的・知性的な体験主義は、共に悲劇を誕生させないだろう。ヴェーバーが、科学主義と体験主義を斥けた理由はここにもあったのではないかと思われる。しかし、実はこれらの体験主義は、ヴェーバーを一度は捉えた生の領域でもあった。ヴェーバーはひとつの生の領域に

「普通の人間」にはないほどのめり込む性格であった。その没入は彼の生全体を危険に曝すこともあった。彼は第一次世界大戦に一時的にではあるが酔い、友人の妻となっていた教え子のエルゼ・ヤッフェと性的関係に陥った。しかし、だからこそ、「神々の闘争」を身を持って知ることも可能となり、また逆に「距離のパトス」を強調したともいえる。そしてすべての生の領域に対して、彼は「被造物神化の拒否」を敢行した。

ただしそれは超越的な「隠れたる神」の名においてではなかった。絶対的多神論という生の現実・緊張に耐え、どこまでもその現実を見据える姿勢が、ヴェーバーの生の証でもあった。しかし、それは相対主義の立場ではなく、世界の意味を探究するという点で、むしろ信念にもとづく行為であり、また、神なき宗教的行為でもあった。ヴェーバーは自らを「反宗教的でも非宗教的でもない」と語っている。彼はすべての生の秩序(神々)の支配に対し、思考によって抗する「現世拒否的禁欲」者として、あるいは「あらゆるものから同様に完全に身を引くことのできる(またそう欲する)」、リルケ的意味での一人の神秘主義者として、一切の現世内的救済を拒否したかのようである。

資本主義の「精神」からの「悲劇の誕生」　従来から、ニーチェの『音楽の精神からの悲劇の誕生』(一八七二年)と「倫理」論文との類似性は指摘されてきた。しかし、「倫理」論文のどの点が悲劇であるといえるのかについては、ようやく最近明らかにされつつあるにすぎない。

舞台は、資本主義の英雄(神人)時代である。主人公は、宗教的貴族主義に彩られた戦闘の教会に属する信仰の英雄(神人)たちに抱かれたプロテスタンティズムの世俗内的禁欲の精神である。この主人公は、超越的人格神である隠れたる神の予定に対して挑戦を試みる。そして自らの魂の救いの確信を得るために、現世内的な自然的な生の領域(とりわけ伝統主義的な経済的秩序)をその神の意志に従って合理化しようとする。この非合理的・非日常的な禁欲の精神は、合理的・日常的な資本主義の精神(職業エートス)との間の「親和力」に引きつけられ、それと「兄弟盟約」を結び、生の合理化を遂行する。しかし、禁欲の精神が自らの主観的意図を達成したかに見えた瞬間、モイラ(Verhängnis)はその盟約者を鉄の檻へと石化し、主人公を滅ぼしてしまう。しかも滅びは自己の行為の必然的な結果であったことが、ヴェーバーによって「プラグマーティッシュ」に(行為の合理的に理解できる連関から)解明される。英雄的主人公が、自らの誠実で高貴な行為の結果、自らを没落させてしまうというモチーフは、まさにギリシャ悲劇そのものである。無論、鉄の檻という外的運命自体が悲劇なのではない。それは悲劇を誕生させる外枠にすぎない。真の悲劇の「枠の力」(ベンヤミン)は主人公が高貴さ(非日常的なカリスマ状態)を持続(エートス化)するところにある。それに対して、ゾンバルト(「倫理」論文は決してゾンバルトの刺激を受けて書かれたのではないとヴェーバーは断っているが)も、トーマス・マンが指摘するように、プロテスタント的英雄とブルジョア・資本主義的企業家を結びつけているとはいえ、彼の描く英雄は経済的日常過程に最初から飲み込まれており、悲劇を生み出すものではない。同様に、非日常的とはいえ、あくまでも経済的過程の担い手であるシュンペーターの「企業者」英雄も、現世内的領域に留まっている限り、悲劇を誕生させないだろう。

ヴェーバーの禁欲の精神はニーチェの「デュオニュソス的なるもの」に相当し、同じく資本主義の精神は「アポロン的なるもの」に相当するということができるであろう。だが、ニーチェの場合、禁欲がむしろアポロン的なるものであり、禍いとしての宿命（Verhängnis）にほかならなかった。だから、ヴェーバーはニーチェの「悲劇の誕生」のモチーフを用いつつ、ニーチェの『道徳の系譜』（一八八七年）第三論文「禁欲主義的理想は何を意味するか」の批判をしているともいえる。

「脱呪術化」の悲劇　『綱要』と『世界宗教の経済倫理』では、このモチーフが、生の全領域へと拡大される。この問題を「職業としての学問」に関説しながら考えてみよう。一九二〇年改訂の「倫理」論文も含めて、大きく変化している点は、主人公が、古代ユダヤの預言者に始まるキリスト教の禁欲の精神へと拡大され、また盟約者として選ばれているのは、経済のラチオ（合理性）ではなく、ギリシャ的知（ラチオそのもの＝理論・実践理性）、つまり概念による論証にもとづく合理主義・主知主義の精神となる点である。また主人公が超越神に挑戦する動機も、自己の来世の運命を覗いてみたいという実践的・心理的な宗教的関心にもとづいているという点がより明確になる。主人公は、生の諸領域（神々）すべてから宗教的な意味づけ（呪力）を奪い、現世の脱呪術化を行う。その際、主人公はギリシャ的知を用いて、超越神の意志に従い、生の諸領域を知的・実践的に「ラチオナリジールング（合理化）」しようとする。その結果、各々の生の領域は、自己の内的固有法則性をつきつめ、それに従い合理化を遂げる。かくして、経済・政治・美・性愛・学問といった生の諸領域が、呪力を失った非人格的な諸力（神々）として、相互に、また、とりわけ絶対神であるる宗教と人間の生の支配をめぐり「神々の闘争」を繰り広げるようになる。この多元的現実の中で「役割主義」的に生きる生は断片化される。また禁欲は、ギリシャ的な主知主義の精神を体現する神学という学問（宗教的な救済所有の知的合理化）の存在によって、かえって世界の意味を悟性によって把握しようとする哲学的な知との緊張を高めていく。ついにギリシャ的知（それを究極的帰結にまでもたらしたのがニーチェである）は、自分の主人であった禁欲の精神（宗教的信仰）を脱呪術化し、非合理的な超人間的な力ではあるが現世内的な一文化領域に閉じこめる。その中で、その精神はピアニッシモを打つことになる。最後に、ギリシャ的知自身も他の文化領域や文化的生と共に無意味化する。それは生と文化を究極的に価値づけていた超現世的な神を殺すという宗教的・倫理的な罪責を犯した必然的な結果である。すなわち、文化人にとって今やすべてとなった現世内的・文化的生は死によって無意味なものとなるからである。ここに至って、ギリシャ的知は、単なる合理的認識に満足できず価値（何らかの信仰）の所有を希求する自己の必然性にもとづき、再び、非合理的なるもの（何らかの宗教）へと回帰することとなる。この次元では、禁欲の精神（「実践的合理主義」にもとづく心術倫理）の悲劇と共に、ギリシャ的意味での知的誠実さ（「理論的合理主義」にもとづく責任倫理）の悲劇も描かれてはいる。しかしここでもまた、デュオニュソス的なるものは禁欲の方である。そして生の断片化という外的な運命自体は悲劇の外枠にすぎない。

ヴェーバーは自らの作品を悲劇とは呼ばずに、タイトルと運命（Schicksal）という語の頻繁な使用からそれを暗示したにすぎなかった。しかし以上のようにその内容は、悲劇といってよい構成となっているといえる。そして、この作品をとおして、ヴェーバーはわれわれにある種の「形而上学的慰藉」（ニーチェ）を与えてくれるのである。近代の悲劇を描いたという点では、ヴェーバーは、ヤスパースがいうように確かに真正の「ギリシャ人」であったといえよう。しかし、その醒めた眼が震撼を覚えて見つめたのは、キリスト教の運命と悲劇であった。こうして、キリスト教に対して距離を置くことが困難であったマルクスやニーチェとは異なり、ヴェーバーはその文化的・精神的遺産を「客観的に」（近代ヨーロッパ文化世界の子として抱いた文化価値と関わらせて）評価できたのである。

▼マルクスとニーチェを超えて

われわれは、ヴェーバーがマルクスやニーチェの問題設定をも乗り超えて進んだのを見た。ヴェーバーは、近代ヨーロッパ文化世界に対する批判的な眼を彼らから継承したが、その世界を生み出した根源的な力のひとつであるキリスト教を、彼らのように禍いとして斥けることをしなかった。むしろヴェーバーは、マリアンネも指摘しているように、この力が生み出した歴史の悲劇にカタルシスを覚えた。さらにヴェーバーは、この力が生み出した世界からの、マルクス（革命）やニーチェ（芸術）のような現世内的救済の逃げ道を拒否し、その世界にとどまろうとした。

ヴェーバーは、価値意識が未分化なプレ・モダンと一元論的世界観に立つモダンの両者を批判する地平に立っているだけではない。彼の立場は、モダンに対し批判を加えつつも、同じく一元論的地平に立ったり、自由な意志決定を相対主義の立場から放棄する（結果的には一元論を許す）ポスト・モダンとも異なっている。つまり、彼は近代的な生の秩序の強制力を強調しながら、非合理的な領域への逃げ道を隠し持つような近代批判も、またコミュニケーションによる価値の調停可能性を信じるような近代批判への反批判も共に拒否しているのである。だがヴェーバーは、価値判断自体に関する議論が可能であり、それをとおして相手の価値判断も変わることができるという可能性を信じていた。これはコミュニケーションをとおして、価値の調停可能性が生まれるということではない。むしろそれをとおして各人がより自己の価値に忠実な生き方を選びとり、「神々の永遠の闘争」が鮮明になることを望む姿勢であった。しかしそれだけにとどまらないだろう。

　ヴェーバーは、「職業としての学問」末尾で、あくまでも近代ヨーロッパ文化世界の子であるという内的運命に踏みとどまり、しかも首尾一貫性をもとうとするならば、自ずと道は限られざるを得ないということを示唆している。その道のひとつは、禁欲的英雄を滅ぼしたギリシャ的な「知性を犠牲に供して」脱呪術化を過去に成し遂げた古きキリスト教の神に帰る道である。そして新たに原典を文字通り信仰告白する積極的な宗教人として、非日常的な「英雄倫理」の道を生き抜くことである。しかしこれは「達人芸」的な生であり、万人に真似ができるわけではない。しかもこのようなキリスト教信仰は存在し得ないというのが時代の運命である。それでは「神に疎遠で予言者なき時代」に生きる「宗教的音痴」に残されている道は何だろうか。それはギリシャ人のように自己の知のみに従い「宗教的『日常』の生を誠実に生きる道である。この地点では、ギリシャ的知の認識論レヴェルの側面ではなく、世界観および善悪、自己の究極の生き方を（死をも含め）最終決定する権限・力としての側面が強調されることとなる。これが、ヴェーバーにとっての「認識の木の実を食べる」ことの意味である。ただしこの道を歩み続けるためには、「各人の生の糸を操るデーモン」（自己の生・力への信仰）に従うことが必要とされる。ヴェーバーはこれをたやすいこととしているが、これもまた狭き「英雄倫理」の道である。ヴェーバーは、近代ヨーロッパ文化世界を生み出した「二柱の神」（キリスト教信仰とギリシャ的知）のいずれか一方を選ぶしかないのだ、と考えているのである。しかし、いずれの神を選んでも、悲劇は不可避であろう。

▼ヴェーバーとキリスト教

　以上は、ヴェーバーの価値観点から見た、いわば、彼と彼の作品の自画像である。しかも、彼が他者、とりわけキリスト者に、このように見てもらいたかったであろうと思われるそれである。ヴェーバーは、自らの知と力のみに拠り頼む生き方、責任倫理を自己の理想とした。この生き方を肯定する場合、以上のような自画像が描けるのである。彼のいう「キリスト教」や「プロテスタンティズム」「禁欲」も、キリスト教の歴史を、責任倫理の視点から見て再構成したものにすぎない。彼は、キリスト教の本質のひとつを、禁欲主義と考え、これと生涯格闘した。それが、神からの評価を求めるからである。

　では、キリスト教の聖書の価値基準から見た場合、いかに彼のポートレイトは描けるだろうか。聖書は、本来、聖書のことば、神の知恵と恵みのみに拠り頼むことを教える。したがって、聖書から見た場合、ヴェーバーの理想とする生き方は、聖書でいう罪人の姿にすぎない。また、彼の描くキリスト教、とりわけ禁欲の歴史も、そのあり方をキリスト教として正当化するものである。聖書は、こうした生き方をやめて、聖書のことばに従うことを求めているのであり、これこそ本物のキリスト教である。キリスト教の歴史も、聖書の視点から見る必要がある。この場合、何の価値もない者を、キリストの贖いにより、神を信じないという罪から救ってくださったことに感謝し、神の恵みのみに生きる人々の歴史こそ重要なものとなる。M・ルターやJ・カルヴァンなど、プロテスタントたちは、このような系譜に属する人々である。

読書案内

『宗教社会学論集』はすべて翻訳で読むことができる。主なものは次のものである。『プロテスタンティズムの倫理と資本主義の精神』（大塚久雄訳、岩波文庫、一九八九年）、同（梶山力訳／安藤英治編、未來社、一九九四年）。『宗教社会学論選』（大塚久雄／生松敬三訳、みすず書房、一九七二年）。『儒教と道教』（木全徳雄訳、創文社、一九七一年）。『ヒンドゥー教と仏教』（深沢宏訳、日貿出版、一九八三年）。『古代ユダヤ教』（内田芳明訳、岩波文庫、上・中・下、一九九六年）。『経済と社会』は創文社のシリーズで、世良晃志郎訳を中心に重要なものを読むことができる。主な方法論と「職業としての学問」は、『ウェーバー　社会科学論集』（出口勇蔵／松井秀親／中村貞二訳、河出書房新社、一九八二年）に収録されている。

二次文献は膨大にあるので、本章と直接関係する翻訳を挙げる。まずカルヴィニスト・ヴェーバー像を示すのは、妻マリアンネによる伝記『マックス・ウェーバー』（大久保和郎訳、みすず書房、新装版　一九八七年）である。ギリシャ人・ヴェーバー像を提示するのは、K・ヤスパース『マックス・ウェーバー』（樺俊雄訳、理想社、一九六五年）である。マルクスやニーチェとの関係については次のものがある。E・バウムガルテン『マックス・ヴェーバー V』（生松敬三訳、福村出版、一九七一年）。K・レヴィット『ウェーバーとマルクス』（柴田治三郎／脇圭平／安藤英治訳、未来社、一九六六年）。W・ヘニス『マックス・ヴェーバーの問題設定』（雀部幸隆／嘉目克彦／豊田謙二／勝又正直訳、恒星社厚生閣、一九九一年）。『綱要』と宗教社会学の作品史を追究したものは、W・シュルフター『ヴェーバーの再検討』（河上倫逸編、風行社、一九九〇年）である。ヴェーバーと同時代の思想家との知的交流を扱ったものは、W・J・モムゼン／J・オースターハメル／W・シュベントカー編『マックス・ヴェーバーとその同時代人群像』（鈴木広／米沢和彦／嘉目克彦監訳、ミネルヴァ書房、一九九四年）である。ヴェーバーを聖書的視点から評価したものは、『イギリス経済思想史』（小柳公洋／岡村東洋光編、ナカニシヤ出版、二〇〇四年）所収の、古川順一「リベラリズムの思想と社会学の構想」である。

理解を深めるために

一、ヴェーバーが観たマルクスとニーチェ以降の世界とはどんな世界か。
二、ヴェーバーの経済学批判の意味とその根拠を述べなさい。
三、『綱要』と『宗教社会学論集』はいかなる関係にあるか述べなさい。
四、ヴェーバーの作品がなぜ悲劇と呼べるか述べなさい。
五、近代ヨーロッパ文化世界の子ではないあなたにとって西洋の思想史を学ぶ意味は何か。

（古川順一）

II—5 レオン・ワルラス

純粋経済学の社会哲学的基礎

(Léon Walras 1834〜1910)

▼生涯と著作

レオン・ワルラスの名は、メンガーやジェヴォンズと並ぶ限界革命の担い手として知られているが、彼の経済学への最大の貢献は限界効用概念を基礎として一般均衡理論を確立した点にある。彼の主著『純粋経済学要論』（第四版、一九〇〇年）で展開された一般均衡理論は現代価格理論の出発点であり、その後の経済理論の展開に及ぼした影響は計り知れない。その一方で、ワルラスの純粋理論を支える社会哲学についてはほとんど注目されることがなかった。

レオン・ワルラスは一八三四年フランスに生まれた。彼は中等教育を受けた後、大学入学資格を得て、一八五三年に理科系のエリート校である理工科学校に入学を志願した。彼はこの受験準備中に、I・ニュートン、R・デカルト、J・L・ラグランジュ等の著作を勉強するかたわら、フランスにおける数理経済学の先駆者であるA・A・クールノーの『富の理論の数学的原理に関する研究』（一八三八年）を初めて読んでいる。ワルラスは経済学者でもあった父オーギュストによって、すでに子供時代から経済学の手ほどきを受けていたのだが、数学および力学とクールノーの経済学が、オーギュストの経済学と並んで彼の純粋経済学の形成過程に最も大きな影響を与えることになった。

理工科学校の受験に二度失敗した後、パリの鉱山学校の学生となったワルラスは、そこでの授業に興味がもてず次第に学校を怠けるようになった。一時は小説の執筆に没頭する時期もあったが、彼は少年時代に経験した二月革命の衝撃を忘れることがなく、様々な社会主義運動を目の当たりにする中で、父オーギュストから受け継いだ社会改革への意志は次第に強固なものとなっていった。労働者の恒久的貧困という問題はいかにして解決されうるか、フランス革命の平等理念はいかにして経済的分野においても実現されうるのか——このような問題に真正面から取り組むために、父の勧めに従ってワルラスが文学を捨て経済学に専念する決心をしたのは一八五八年のことであった。

ワルラスが最初の経済学上の著作『経済学と正義』を出版したのは一八六〇年のことである。プルードン批判という形式を取ったこの著作には、純粋経済学の性格がすでに明確に示されている。彼はこの中で自らの経済学体系を、自然科学としての交換の理論（彼の純粋経済学）と道徳科学としての所有の理論（後の社会経済学）にはっきりと分割しており、前者が後者の基礎理論となるべきことを主張し、そしてさらに前者は数理経済学として完成されるべきだということを、この執筆直後に確信することになった。

ワルラスに純粋経済学の創設を思い至らせた背景は次のようなものであった。まず、彼は父親から受け継いだ土地国有化の主張に科学的根拠を与える必要があった。ワルラスは他の社会主義者たちのように資本の私有と賃労働制度の廃止によって労働者が貧困から救われるとは考えていなかった。彼は父になって、各人の労働と節約にもとづく資本所有は排除されるべきではないこと、搾取の根源は土地所有のみに存在することを主張し、その根拠としてオーギュストが『社会的富の理論』（一八四九年）の中で述べた「進歩する社会の価値変動の法則」を引用している。これは価値の原因を稀少性に求めれば、資本蓄積と人口増加に伴って上昇するのは地代と地価だけで、その結果有利となるのは地主階級だけだということを素描したものであった。ワルラスはこの法則を数学的に定式化することによって初めて、厳密な経済理論にもとづく所有理論をもつ自らの社会主義こそが「科学的」だということを他の社会主義者たちに示すことができると考えたのである。さらに彼は『経済学と正義』出版直後にサン＝シモニアンから受けた批判に対し、自由競争制度の正当性を数学的に証明する必要に迫られることになった。自由競争制度こそが各人の能力にもとづいた分配を実現するための中立的かつ超越的な判定基準となり最も効率的に生産を行いうるシステムであるという主張に、理論的根拠を与えることがワルラスの課題となったのである。

ワルラスの支持する経済システムは「条件の平等、結果としての地位の不平等」というスローガンに集約されているが、これは土地国有化という条件さえ整えれば、あとは特別な分配理論を作らなくても自由競争に任せておけばよいということを意味している。このような主張を根拠づけるために、ワルラスは(1)資本蓄積と人口増加に伴う地代と地価の上昇（「価値変動の法則」）と(2)自由競争による効用の最大化という二つの定理の数学的証明を柱とする純粋経済学の創立を決意したのである。しかしワルラスが本格的に数理経済学に取り組み始めるまでには、さらに十年をまたねばならなかった。

その間にワルラスは、新聞記者、鉄道書記などを経て、アソシアシオン（協同組合）運動に身を投じ、労働者の境遇改善に奔走する。彼がアソシアシオンに託した目標は、貯蓄の促進によって個々の労働者に資本所有への道を開くこと、つまり資本蓄積と、資本家と労働者の同化を同時に促進することであり、それと共に自由競争による価格と賃金決定の原則を尊重しようというものであった。一八六八年にこの運動は挫折するが、ワルラスのアソシアシオン構想を知ることは、彼の純粋経済学、特にその方法および階級観、市場の把握方法などを考察するうえで有益である。

ワルラスが純粋経済学の構築に専念するのは、アソシアシオン運動失敗の二年後である一八七〇年に、スイスのローザンヌ大学で教職を得た後である。純粋経済学の二本の柱のうち、自由競争の効率性の証明に関しては、父オーギュストがその難しさを息子に示唆していた。しかしレオン・ワルラスは、これら二つの定理が証明されて初めて、自らの支持する経済システムが正義と効用を同時に実現しうることが示されると考えた。いいかえれば、純粋経済学はワルラスにとって公正な分配と効率的な生産の両方を約束する経済システムの基礎理論であった。

ワルラスの課題は父の稀少性概念を出発点にして自由競争の効率性を証明することであった。数年間の格闘の末、彼はクールノーの需要関数の考え方を基礎にして二商品交換の数学的理論を打ち立て、それを一八七三年「交換の数学的理論の原理」という論文にまとめた。ここでワルラスは需要曲線を導出する際に、同僚の力学の教授であるA・T・ピッカールに極大化の原理についての手ほどきをうけることによって限界効用均等の法則に辿り着いた。つまり交換者が効用極大化を目指して行動すると、均衡状態において各人の所有する商品から得られる限界効用（稀少性）とその価格の比率が等しいということが解明されたのである。交換者の商品所有量と効用関数が与えられているとき、需要曲線はそこから導かれる。ここでワルラスは、絶対需要と絶対供給の単なる比率として捉えられていた父オーギュストの稀少性概念とは異質の、彼独自の「限界効用」としての稀少性概念を獲得したのである。

ワルラスは同論文の発表後、イギリスでジェヴォンズがすでに限界効用理論の数学的定式化に成功していたことを知り、限界効用理論におけるジェヴォンズの優先権を認めつつも、自らの独自性を示すために体系の完成を急いだ。彼は交換理論の対象を二商品から多数商品へと一般化し、交換の理論から生産の理論、資本形成の理論へと次々に着手していった。そしてついに『純粋経済学要論』の初版が、一八七四年と七七年に二分冊の形で出版された。ここに展開されている理論は、すべての経済要素が相互依存関係にあることを示しており、すべての市場の需給が同時に均衡している状態を取り扱っているので一般均衡理論と呼ばれている。このような点においてワルラスはクールノーともジェヴォンズとも異なる独自性を獲得したのだが、ワルラス自身が他の経済学者たちに対して優越感を抱いていたのは、そこに登場する企業者階級の規定であった。資本家とは明確に区別された企業者を生産用役市場と生産物市場の仲介者としておくことによって、初めて彼独自の経済理論体系が完結するものとワルラスは信じていた。この企業者のアイディアの大部分をワルラスはフランスの古典派経済学者のセーに負っているが、このほかにも経済主体の等質性、生産用役論、交換としての生産の概念など、ワルラスの市場に関する考え方はセーを始めとするフランスの経済学者からの影響がたいへん大きい。

『純粋経済学要論』はワルラスの生存中は一九〇〇年の第四版まで版を重ね、彼の数理経済学はイタリアやアメリカを初めとする国で多くの支持者を得た。しかし母国フランスにおいては一生教職を得ることができず、自らの純粋経済学を学会報告や教育によって普及させようと何度も試みたが、厚い壁にはねかえされた。これは主として彼の土地国有化を初めとする主張があまりにも社会主義的だという評判が原因であった。ワルラスは一生を通じて政策提言には熱心であったが、彼の経済学体系のうち政策論にあたる社会経済学と応用経済学は、彼の努力にもかかわらず純粋経済学のように体系として完成されず、それぞれ論文集として『社会経済学研究』（一八九六年）、『応用経済学研究』（一八九八年）が出版されただけである。

ワルラスは死の直前、ローザンヌ学派と一般均衡理論の設立者としてその功績が認められるようになっても、科学的社会主義者としての初志を抱きつづけ、純粋経済学がその基礎理論であることを信じていた。しかし彼の死後、彼の評価を不動としたのはその純粋経済学の部分のみであり、それを支えていた彼の社会哲学からは一人歩きした形で一般均衡理論が継承され発展させられてゆくという皮肉な運命が待っていたのである。

▼ワルラスの純粋経済学

社会的富と階級　『純粋経済学要論』の序文でワルラスは純粋経済学の課題を「絶対的な自由競争という仮説的な制度のもとにおける価格決定の理論」と定義し、その対象は「社会的富」であるという。「社会的富」とは「有用でありかつ量的に制限されるもの」つまり「稀少性」をもつものであり、「資本」（耐久財）と「収入」（消耗財）に分けられる。「資本」は「土地」、「人的能力」、「狭義の資本財」の三つから構成される。「収入」は、物質的なものである「消費財および原料」と、非物質的なものである「消費用役」および「生産用役」を指している。

『純粋経済学要論』においてワルラスは、「交換の理論」から「生産の理論」「資本形成および信用の理論」へというように、交換のみが行われる世界から生産が行われる世界へ、そして貯蓄のなされる世界へと段階的に議論を進め、価格決定の対象を「収入」から「資本」へと拡大してゆく。ここではこれらのうち「生産の理論」における一般均衡モデルについて見てゆくことにしよう。

このモデルに登場する階級は、広義の資本家たちと企業者である。前者は「資本」である土地、人的能力、狭義の資本財を所有するものたちで、その資本の種類によって地主、労働者、（狭義の）資本家に分けられる。生産が行われる世界では、彼らはそれぞれが所有する資本が生み出す生産用役を企業者に売ることによってその市場価格を報酬として受け取っている。つまり、地主は土地の生産用役を売って地代を受け取り、労働者は労働を売って賃金を受け取り、資本家は資本財の生産用役を売って利子を受け取るというわけである。

一方、企業者は生産用役を広義の資本家たちから買って生産を行い、生産物を消費者（広義の資本家）に売り渡す。これらの関係は生産用役市場と生産物市場の連鎖として表現される。つまり生産用役市場においては、企業者が需要者、地主・労働者・資本家が供給者となり、生産物市場においては、企業者が供給者、地主・労働者・資本家が需要者となる。

階級の行動原理　さて、これら四階級はどのような原理にもとづいて行動するのであろうか。まず広義の資本家たちは自分たちの満足すなわち効用を最大化しようとする。彼らは自分の所有する資本から得られる用役（労働者なら労働にあてるべき自らの力あるいは時間）を、(1)自分のために使う部分、(2)広義の資本家たちに売り渡され、直接消費される部分（消費用役）と(3)企業者に売り渡され、生産にあてられる部分（生産用役）とに分割し、用役を他者に売り渡すことによって得た報酬で消費生産物や消費用役を購入する。ここではその用途の違いにかかわらず同質の用役についてはすべて同じ価格が成立している。個人にとって生産物や用役の価格は与えられているから、彼にとって効用を最大化する手段は用役の配分のしかたと報酬の使いかただけである。

一方、企業者の行動原理は利潤を求め損失を避けることである。彼にとっても同様に生産物や用役の価格は与えられているので、生産係数が一定だと仮定すると、販売価格＜生産費ならば生産量を減少させるかその部門から撤退し、販売価格＞生産費ならば生産量を増大させるかその部門に参入する。このような企業者たちの行動によってもたらされる均衡状態においては結局生産物の販売価格は生産費に等しくなり、企業者の実現する利潤はゼロとなる（資本家のうけとる利子はゼロではない）。このように企業者は他の三階級と違って独自の報酬を受け取らないというのがその特徴である。

モデルを構成する方程式群　次に、同モデルを構成する方程式群について見ていこう。まず生産用役市場において取引される用役がn種類だとし、土地用役を(T), (T'), (T''), …, 労働用役を(P), (P'), (P''), …, 資本用役を(K), (K'), (K''), …と表す。また生産物市場において取引される生産物がm種類だとし、生産物を(A), (B), (C), (D) …だとする。効用関数を$\gamma = \phi(q)$で表し、ある人が、(T)のq_t, (P)のq_p, (K)のq_kを処分しうると仮定する。生産物(A)を価値尺度財とし（価格は1）、それで表した生産物と用役のそれぞれの市場価格を$p_b, p_c, p_d \cdots p_t, p_p, p_k \cdots$とし、これらの価格における用役の供給量を$o_t, o_p, o_k \cdots$, また生産物の需要量を$d_a, d_b, d_c, d_d \cdots$とおくと次の方程式が得られる。

（収支均等式）（1個）

$$o_t p_t + o_p p_p + o_k p_k + \cdots = d_a + d_b p_b + d_c p_c + d_d p_d + \cdots \quad [1]$$

（極大満足式）（n個＋m－1個）

$$\begin{aligned}
\phi_t(q_t - o_t) &= p_t \phi_a(d_a) \\
\phi_p(q_p - o_p) &= p_p \phi_a(d_a) \\
\phi_k(q_k - o_k) &= p_k \phi_a(d_a) \\
&\cdots\cdots \\
\phi_b(d_b) &= p_b \phi_a(d_a) \\
\phi_c(d_c) &= p_c \phi_a(d_a) \\
\phi_d(d_d) &= p_d \phi_a(d_a) \\
&\cdots\cdots
\end{aligned} \quad [2]$$

［1］［2］の方程式から未知数 o_t, o_p, o_k…および d_a, d_b, d_c, d_dを価格の関数として与える方程式［3］および［4］が得られる。

各人の生産用役の供給量がすべての価格に依存することを表す、個人による生産用役の供給方程式が n 個

$$\begin{aligned} o_t &= f_t(p_t, p_p, p_k, \cdots, p_b, p_c, p_d\cdots) \\ o_p &= f_p(p_t, p_p, p_k, \cdots, p_b, p_c, p_d\cdots) \\ o_k &= f_k(p_t, p_p, p_k, \cdots, p_b, p_c, p_d\cdots) \\ &\cdots\cdots\cdots\cdots\cdots \end{aligned} \qquad [3]$$

各人の生産物への需要量がすべての価格に依存することを表す、個人による生産物の需要方程式が m 個

$$\begin{aligned} d_b &= f_b(p_t, p_p, p_k, \cdots, p_b, p_c, p_d\cdots) \\ d_c &= f_c(p_t, p_p, p_k, \cdots, p_b, p_c, p_d\cdots) \\ d_d &= f_d(p_t, p_p, p_k, \cdots, p_b, p_c, p_d\cdots) \\ &\cdots\cdots\cdots\cdots\cdots \\ d_a &= o_t p_t + o_p p_p + o_k p_k + \cdots \\ &\quad - (d_b p_b + d_c p_d + d_d p_d + \cdots) \end{aligned} \qquad [4]$$

次に、生産用役の総供給を O_t, O_p, O_k…, 生産物の総需要を D_a, D_b, D_c…, 関数 f_t, f_p, f_k…f_b, f_c, f_d…のそれぞれの合計を F_t, F_p, F_k…F_b, F_c, F_d…とすると次の方程式が得られる。

各用役の総供給量がすべての価格に依存することを示す用役の供給方程式 n 個

$$\begin{aligned} O_t &= F_t(p_t, p_p, p_k, \cdots, p_b, p_c, p_d\cdots) \\ O_p &= F_p(p_t, p_p, p_k, \cdots, p_b, p_c, p_d\cdots) \\ O_k &= F_k(p_t, p_p, p_k, \cdots, p_b, p_c, p_d\cdots) \\ &\cdots\cdots\cdots\cdots\cdots \end{aligned} \qquad [5]$$

各生産物の需要量がすべての価格に依存することを示す生産物の需要方程式 m 個

$$\begin{aligned} D_b &= F_b(p_t, p_p, p_k, \cdots, p_b, p_c, p_d\cdots) \\ D_c &= F_c(p_t, p_p, p_k, \cdots, p_b, p_c, p_d\cdots) \\ D_d &= F_d(p_t, p_p, p_k, \cdots, p_b, p_c, p_d\cdots) \\ &\cdots\cdots\cdots\cdots\cdots \\ D_a &= O_t p_t + O_p p_p + O_k p_k + \cdots \\ &\quad - (D_b p_b + D_c p_c + D_d p_d + \cdots) \end{aligned} \qquad [6]$$

生産係数（生産物 A, B, C, …の1単位を生産するのに必要な生産用役 T, P, K, …の量）を a_t, a_p, a_k, …, b_t, b_p, b_k, …c_t, c_p, c_k, …で表し、それらが今一定だと仮定すると次の方程式が得られる。

各生産用役の需給均等式 n 個

$$\begin{aligned} a_t D_a + b_t D_b + c_t D_c + d_t D_d + \cdots &= O_t \\ a_p D_a + b_p D_b + c_p D_c + d_p D_d + \cdots &= O_p \end{aligned}$$

$$a_kD_a + b_kD_b + c_kD_c + d_kD_d + \cdots = O_k \quad [7]$$

……………

生産物価格と生産費の均等式m個

$$a_tp_t + a_pp_p + a_kp_k + \cdots = 1$$
$$b_tp_t + b_pp_p + b_kp_k + \cdots = p_b$$
$$c_tp_t + c_pp_p + c_kp_k + \cdots = p_c$$
$$d_tp_t + d_pp_p + d_kp_k + \cdots = p_d \quad [8]$$

……………

よって［5］～［8］の方程式の数は2m＋2nだが、このうちのひとつは独立ではないので独立な式は2m＋2n－1である。他方、未知数は用役の総供給量n個、用役の価格n個、生産物の総需要量m個、生産物の価格m－1個なので、方程式の数と未知数の数は一致する。ワルラスはこのように方程式と未知数の数の一致によって均衡解の存在を数学的に示すことを「理論的解決」と呼んだ。彼自身は方程式と未知数の数が一致さえすれば必ず経済学的に意味のある解が得られるという自分の議論に何の疑問も感じることがなかったが、このような問題は一九三〇年以降、均衡解の存在の問題として二〇世紀の経済学者たちに受け継がれてゆくことになる。

模索過程　一方、自由競争制度において所与の価格から出発してこのような均衡価格が実際に達成される過程を明らかにすることを、ワルラスは「実際的解決」と呼んだ。「模索過程」と呼ばれるこの過程には、ワルラスがパリの証券取引所の取引を観察することによって得た「絶対的な自由競争」のイメージが示されている。ここでは最初にある価格が叫ばれる。その価格において需要量＞供給量ならば価格が上げられる。需要＜供給量ならば価格は下げられる。その繰り返しによってついには需要＝供給となるような価格が発見され、そのとき現実の取引が行われると仮定される。逆に言えばこのような均衡価格が発見されるまで、交換は一切行われない。交換に加えて生産が行われる世界では、均衡価格が発見されるまで生産物の価格のみならずその数量も自由に修正出来るように、ワルラスはここで「条件つき取引証書」と呼ばれるものを導入する。これはある定められた価格である量の財または用役を購入または販売するための暫定的契約書であり、その定められた価格が経済全体にとっての均衡となる限り契約が拘束力をもつとされる。このような証書の導入は、時間の不在というワルラス・モデルの特徴を象徴していると言える。以上のようなワルラスのアイディアは競争均衡の安定性の問題として、均衡解の存在の問題とともに二〇世紀の経済学者たちによって取り組まれ、ワルラスの一般均衡モデルは数学的により精緻なものに発展させられた。

▼ワルラスの経済学体系と社会ヴィジョン

純粋経済学・社会経済学・応用経済学　ワルラスは、以上見てきたようなモデルを中心とする純粋経済学が経済学のすべてだと考えていたわけでは決してなかった。ワルラスの経済学体系は純粋経済学、社会経済学および応用経済学の三つから構成されている。彼は『純粋経済学要論』の中でこれらがそれぞれ異なった原理すなわち真理、正義そして効用に支配されるという説明を行っているが、このことについてもう少し具体的に考えてみよう。

すでに触れたように、ワルラスは純粋経済学の二本の柱を(1)「価値変動の法則」と呼ばれる地代と地価上昇の法則および(2)自由競争の効率性の数学的証明と考えていた（ただし一般的に『純粋経済学要論』の本論部分とみなされているのは一般均衡理論が展開された後者のみである。前者にかんしては同書第三六章を参照のこと）。前者の法則において彼は資本蓄積と人口増加が進めば地代のみが上昇するということを示し、これを根拠に社会経済学では正義の見地から、人々の平等を実現するための政策として土地国有化論と税制廃止を主張する。彼は社会の進歩とともに増え続ける地代収入を税収に代えることによって税制が撤廃可能となり、それがさらに人々の平等を促進すると考えているのである。一方、自由競争制度が効率的であるという結論を一般均衡理論からえることによって、彼はまた応用経済学において、効用の見地からその自由競争制度を現実に組織するための方法、具体的には貨幣、独占、労働市場などの問題を扱っている。彼は純粋経済学と応用経済学との関係を純粋力学と応用力学との関係になぞらえ、純粋力学が摩擦のない状態を分析対象として応用力学に指針を与えるように、純粋経済学は組織された自由競争のもとでの理念的な価格決定を論じ、現実経済を対象とする応用経済学の基礎理論となるのだと説いている。

真理という原理にもとづく純粋経済学は、正義の原理が支配する社会経済学と効用の原理が支配する応用経済学にその政策基準を提供する先験的かつ価値自由な基礎理論である。生産力の増大と分配の公正という、フランスのエコノミストたちや社会主義者たちが別々に取り組んできた問題を、ワルラスはこのような経済学体系において同時に解決しうると信じたのである。

ワルラスの社会ヴィジョン　このような経済学体系の構造を踏まえて、ワルラスの社会ヴィジョンについて考えていくことにしよう。純粋経済学において登場する階級は、すでに述べたように三つの資本家階級――地主、労働者、資本家――そして企業者であった。彼らは一見、現実の資本主義経済に存在する四階級に対応しているかのように思われる。そのため彼らの行動原理の非現実的な規定は、『純粋経済学要論』発表当時から多くの批判にさらされた。たとえば、企業者が受けとる利潤が均衡状態でゼロであるとすれば彼は生存できない。また他に生産手段をもたない賃金労働者の労働供給関数に極大満足の原理は適用できないといったような批判である。

しかし、ワルラスは純粋経済学を現実経済の直接的な描写だと考えていたのではない。このことを踏まえて、純粋経済学の背後にある社会ヴィジョンについて考えてみることにしよう。まず純粋経済学と社会経済学の関係に注目してみよう。「価値変動の法則」が示すのは、資本蓄積と人口増加が進展すると、地代が上昇し、賃金は一定のままで、利子が低下するということである。社会の本質的な階級対立は地主と他の階級（資本家および労働者）の間に存在することになる。国家に地主の役割を担わせれば（土地国有化）、人々の経済的不平等はなくなる。従って自由競争には、国家が地主として個人と同様に参加することになる。社会は個人だけに還元されえず、個人と対等に国家という範疇が存在するというワルラス独特の社会観がここにある。しかも国家は個人から分離したものではなく、各個人の中にその国家の構成要素としての部分が存在すると考えられているのである。

土地の国有化という条件が整えば、資本蓄積と人口増加が進むにつれて、賃金は不変で利子が低下することにより、資本家の地位が低下し労働者と同化するとワルラスは考えている（このような状況を促進しようとしたのが彼のアソシアシオン運動の目標である）。すなわち、社会を構成する個人はすべて基本的に労働者であり、資本家機能は彼らによって担われる。利子収入のみで生活する資本家は存在しない。個人は独立した経済主体であると同時に国家の構成要素でもあるから、間接的には地主でもある。このようにワルラスにとって、自由競争に参加する個人はすべて基本的には労働者であると同時に資本家であり、また間接的には地主の機能も担っているものとみなされる。つまり三階級は別々の個人によって担われるのではなく、各人が三階級の機能を合わせ持つと想定されている。ワルラスが青年時代に書いた記事の中で、市場で取引される財を労働者の消費財を中心に捉え、合理的に経済行動をとる個人を奢侈とは無縁の労働者に限定していたり、また有閑階級に対して激しい批判を加えていたことを考え合わせると、彼の頭にあったのは、あくまでも自らの労働にもとづいて自由競争に参加する人々から構成される経済社会であったことが推察できる。

このようなヴィジョンを念頭において一般均衡理論モデルに戻ると、どのような社会観を読み取ることが出来るであろうか。モデルに登場する個人は、処分可能な用役のうち自分の効用が最大化されるような量を他者に提供する。これは労働を例にとれば、各人は市場の賃金水準に照らして自らの満足が最大になるよう自由に労働時間を設定する。つまり各財と各用役の限界効用の比率がそれらの価格の比率と等しくなるように需給を決定する。ここではどの用役についてもそのすべてが商品化されているわけではなく、自分のために消費される部分が存在する。さらに土地と資本の所有が特定の個人に集中しているのではないというワルラスの想定を考え合わせると、ここに描かれているのは資本主義経済とは異質の世界である。

もうひとつの階級つまり企業者階級とは何であろうか。企業者もまた利潤を追求する経済主体であるが、他の三階級とは違い、企業者は利潤がゼロとなる均衡状態において何の報酬も受け取ることができなかった。ワルラスにとってこの企業者は現実の資本主義経済において実際に生産を担う階級のモデルというより、生産物市場と生産用役市場の仲介者として、生産費＜販売価格の時にはその差額である利潤を求めて参入し、逆の場合は退出することによって、生産費＝販売価格という均衡状態を明確に描写するための理論上のフィクションである。また同時に彼は生産用役市場における広義の資本家たちの対等性、分配理論の統一化を示すシンボルでもある。ワルラス・モデルのもつ経済諸要素の相互依存性は、自由競争制度においては何者も恣意的な力を価格決定に及ぼしえないことを示すものであり、市場への参加者たちの媒介者としての役目を企業者に与えることにより彼は公正な分配メカニズムを示そうとした。従って実際の市場においては同じ機能をもたらすものであれば、モデルが前提としたように企業者は多数でなくても国家が担うことも可能だとワルラスは考えていたのである。

▼ワルラス経済学の継承

さて以上見てきたようなワルラスの経済学体系のうち、純粋経済学において展開された一般均衡理論を最初に継承し精緻化したのは、ローザンヌ大学でのワルラスの講座の後継者V・パレートであった。

パレートの純粋理論への最大の貢献は、ワルラスが前提としていた効用の可測性を一般均衡理論から駆逐し、その代わりに序数的効用だけを前提とする選択理論に置き換えることによってモデルの相互依存性をより完全なものとしたことにある。ワルラスとパレートは純粋経済学者としてお互いを高く評価しあう一方で、思想面においては前者は後者を「自由放任論者」として、後者は前者を「社会主義者」として批判していた。パレートはワルラスの経済学体系のうち社会経済学を、理論の現実への時期尚早な適用としてその講義の継承を拒否した。一方、パレートの応用経済学の講義はワルラスには極端な自由放任理論としか思えなかったのである。

このような二人の食い違いはワルラスとパレートの純粋経済学の方法の違いと大いに関連しているといえよう。ワルラスにとっての純粋経済学は、絶対的自由競争という仮説的制度のもとでの価格決定の理論であった。そこに登場する経済の諸概念は現実から借りられたものではあるけれども、そのあとは現実とは一旦切り離されて、先験的な方法で議論が展開される。そしてそこにおいて効用の最大という結論が導きだされたときから、純粋経済学に描かれた経済秩序を現実にいかに組織してゆくかという課題が応用経済学に与えられることになった。純粋経済学における経済法則はいわば現実からは超越して存在しており、それは現実経済における検証を必要としないのである。純粋経済学と現実との接点はそれを現実に適用（応用）することによってのみ達成される。ワルラスにとっての自由競争制度は、国家の強力な介入などにより人間が意識的に追求することによって、接近可能な絶対的仮説であり、その意味で彼の言う自由競争とは自由放任とは全く異なった概念である。

パレートの考える純粋経済学は、現実経済を捉えるためのひとつの方法であり、応用経済学はその逐次的接近である。彼にとってはまず現実が存在し、それを超越する永遠の経済法則などは存在しえない。現実に存在する経済体制のひとつの形態として自由競争制度を捉えるパレートの考え方は、ワルラスからすれば「自由放任」学派に属しているとしか表現しようがなかったのであろう。

ワルラスの純粋経済学の方法は彼の社会哲学と共に、その後の一般均衡理論の継承および発展の過程において脚光を浴びることはほとんどなかったが、これらが一般均衡理論を生み出す原動力として、そしてそれを支えるフレームワークとして大きな役割を果したことを忘れてはならないだろう。また同時にワルラスの純粋経済学が社会改革への意志を秘めたひとつの思想として構築されたことも忘れてはならないだろう。

読書案内

ワルラスの著作の翻訳には『純粋経済学要論』（久武雅夫訳、岩波書店、一九八三年）、『社会的富の数学的理論』（柏崎利之輔訳、日本経済評論社、一九八四年）などがあるが、これらを直接読むことによってワルラスの純粋経済学のエッセンスを捉えることは難しい。ワルラスの経済理論へのすぐれた手引書である根岸隆『ワルラス経済学入門――《純粋経済学要論》を読む』（岩波書店、一九八五年）、あるいはワルラス経済学の全体像をわかりやすく解説した柏崎利之輔『ワルラス』（日本経済新聞社、一九七七年）などを最初に読むことをお勧めする。

ワルラス経済学の歴史的意義について詳しく知るためには、ワルラス研究の世界的権威であったW・ジャッフェの『ワルラス経済学の誕生』（安井琢磨／福岡正夫編訳、日本経済新聞社、一九七七年）、日本におけるワルラス理論研究の草分けである安井琢磨の『安井琢磨著作集』第一巻「ワルラスをめぐって」（創文社、一九七〇年）などがよいであろう。特にワルラス理論の現代的解釈に興味をもった場合には、森嶋通夫『ワルラスの経済学』（西村和雄訳、東洋経済新報社、一九八三年）に挑戦すると良い。また同著者の『思想としての近代経済学』（岩波新書、一九九四年）はワルラス経済学のヴィジョンについて斬新な視点を提供している。ワルラスの経済思想とその意義については、御崎加代子『ワルラスの経済思想――一般均衡理論の社会ヴィジョン』（名古屋大学出版会、一九九八年）を参照されたい。

理解を深めるために

一、ワルラスの企業者と利潤の概念について説明し、マーシャルやシュンペーターのそれと比較しなさい。

二、資本蓄積と人口増加にともなって地代が上昇するという法則を根拠にワルラスが提言した政策と、リカードウのそれとを比較しなさい。

三、ワルラスの純粋経済学に登場する階級とその行動原理について説明し、ワルラス・モデルと現実の資本主義経済との違いについて論じなさい。

四、ワルラスが主張するような土地国有化と自由競争制度はどのように両立可能か、あなたの意見を述べなさい。

（御崎加代子）

II―6 アルフレッド・マーシャル

新古典派経済学の原像

(Alfred Marshall 1842〜1924)

▼生涯と著作

アルフレッド・マーシャルは「ヴィクトリア朝後期の大英帝国」と共に生きた経済学者である。彼は、ヴィクトリア朝の理想を自身の理想とし、ヴィクトリア朝の良心に従い、そしてヴィクトリア朝の現実と闘った。ヴィクトリア朝後期の大英帝国というのは、繁栄と貧困を両極に分解しつつ、しかし西欧近代の牽引車役にはそろそろ疲れを感じ始めるという時期に当たっていた。すなわち、一八七三年以来の大不況を背景に、国内では都市部を中心に貧困の問題が放置しうる限界に達しようとしていた。貧しき人々は、その日その日をやっとの思いで食いつなぎ、テムズ川河畔にはスラムが広がり、治安の面でも衛生の面でも深刻な状況を呈していた。加えてロンドン市内の河川はほとんど排水溝と変わらない有様となり、その放つ悪臭への対策を公約に挙げることが、当時の選挙における常識であった。

一方、産業革命以来、「世界の工場」として君臨してきた先進工業国としての地位にもいよいよかげりが見え始めていた。特に、ドイツ、アメリカの工業生産力は、一九世紀後半瞬く間に成長し、鉄鋼を中心とする重工業分野での覇権は、もはやこれら後発諸国に移りつつあった。内における貧困の累積と、外に対する競争力の喪失。一見華やかなロンドン世紀末の風景は、こうした抜き差しならぬ歴史的事態のいわば陰画にすぎなかった。そしてマーシャルは、このイギリスの抱えた二大困難に突破口を見出すべく、自らの経済学体系を構築していくのである。

しかし、マーシャルは初めから経済学を志していたのではなかった。彼はもともと数学を専攻すべく、一八六一年ケンブリッジ大学セント・ジョーンズ・カレッジに入学したのである。父ウィリアムは、息子を牧師にしたかったのだが、マーシャルはその意に従わず、伯父からの借金と奨学金とで学資を賄い、一八六五年数学トライポス（優等卒業試験）第二位の成績で卒業し同カレッジのフェローに、また一八六八年には道徳哲学の講師になっている。

マーシャルが経済学に開眼するのは、かくして大学に残ってから後のことである。彼は一八六七年非公式の知的サークル「グロート・クラブ」へ入会する。ここで彼は、この会の指導的人物で、やがて功利主義的倫理学の中心的存在となるヘンリー・シジウィックと知己になり、様々な影響を受けていく。

当時、倫理学と哲学の双方に関わる問題として、H・L・マンセルの「バンプトン講義」をめぐる論争があった。これはキリスト教の教義を純粋に哲学的基礎の上に樹立しようとしたものであり、これに異議を唱えたJ・S・ミルとの間で激しい論争が繰り広げられていた。貧困層に見られる人間性の歪みに深い関心を寄せていたマーシャルは、この論争に強く引き付けられ、自らも形而上学の研究に没頭するが、苦しい煩悶の末彼は不可知論に傾き、その関心を倫理学や心理学へ移していく。そうした折、マーシャルは一人の友人から、彼の思考には政治経済学の要素が全く欠けていることを指摘される。そこで彼は、ミルの『経済学原理』を読み、人間の内面の論理よりも、社会における「機会の不均等」がそのままに放置されていることの方が重大な問題だと、「大変な感激」をもって理解したという。

ここからマーシャルの経済学研究が始まる。彼は、得意の数学的知識を応用してミル、リカードウの体系を方程式に翻訳することから始め、一八七五年頃には後のマーシャル経済学の体系と目されるものをほぼ完成させていた。しかし、この間、心理学への関心も抑え難く、たいそう迷った末に、彼は経済学を生涯の仕事とすることを決意する。したがってマーシャルにとっての経済学は、初めから「人間を研究する学問」の一部として位置づけられており、この問題意識を見失った論理のための論理のようなものは、マーシャルにとってはおよそ無縁の代物であった。

さて、一八七五年にマーシャルはアメリカへ「保護貿易主義」の実際を知るために五カ月間ほど旅行をする。比較的短期間の旅行であったにもかかわらず、これはマーシャルに決定的ともいうべき強い影響を残す。ここで彼はアメリカの主要な工場を訪れ、保護貿易論者と討論を交わし、イギリスの置かれている歴史的位置を正確に理解するようになる。これはマーシャル経済学を理解するための鍵を提供するものであり、以下の検討もこの点と深く関わるであろう。

帰国後マーシャルは、彼の教え子でもあったメアリー・ペイリーと結婚、学則によりケンブリッジを離れ、ブリストルにあるオックスフォード大学ユニヴァーシティ・カレッジに初代学長として赴任する。ちなみに、メアリー・ペイリーという女性は、マーシャルがシジウィックと共に尽力して設立したケンブリッジ初の女性カレッジのひとつ、ニューナム・カレッジの卒業生であり、また同カレッジの経済学講師にもなった人である。

このブリストル在任中に、マーシャルは夫人と共著で『産業経済学』（一八七九年）を出版する。これはもともとメアリーに委託された初心者向けの教科書であったが、次第にマーシャルの占める比重が増し、事実上マーシャルの第一作というべきものになった。この本は大変成功し、最終的には一万五千部も売れたのだが、彼はその内容に納得がゆかず、『経済学原理』出版と同時にこの本を絶版にしてしまった。

マーシャルは学長職と教授職の双方の激務に追われ、遂に健康を害し、職を辞してイタリアのパレルモへ移る。健康状態はなかなか全快しなかったが、ここでしかし、後の『経済学原理』に結晶する諸理論が次々に生み出されていった。

そして一八八五年、H・フォーセットの突然の死去に伴い、マーシャルに後任正教授の白羽の矢が立った。こうしてマーシャルはケンブリッジに戻り、後半生の全てをケンブリッジ経済学の確立に捧げることになる。マーシャルは経済学を科学的学問として一個の体系に整備すると共に、これを大学における組織の面でも独立させることを考えた。すなわち、経済学の学位認定試験を設置し、ひとつの専攻分野として確立することを目指したのである。

その学問的体系化の証として彼が世に送ったものこそ、『経済学原理』（一八九〇年）に他ならない。限界効用にもとづく需要理論、企業組織・工場組織の事実観察に裏付けられた供給理論、その二つを統合し、かつここに時間要素を入れ込んで完成された市場理論、さらに弾力性、消費者・生産者余剰、外部・内部経済性の諸概念が加えられ、ここにイギリス新古典派経済学の基礎が固められたのである。そしてマーシャルは、これらの分析道具を足場にして、彼本来の課題である、所得分配の解明に『原理』の主題を絞っていく。マーシャルは生前八版まで改訂版を出し、文字どおりその持てる力の全てを『原理』に投じたのである。

マーシャルは生来論争を嫌い、公的な場での発言はなるべく避けてきたが、この一八九〇年代には、王立労働委員会をはじめ、各種委員会で重要な証言を行っている。そうした中、後で取り上げる関税改革論争が世上を賑わせていた一九〇三年、遂に経済学トライポスの設置が実現する。ケンブリッジ経済学の地位はこれによって決定的となり、世紀初頭のイギリス官僚のほぼ半分近くがケンブリッジ卒業生で占められ、イギリスで経済学といえばすなわちマーシャルの『原理』、という時代がおよそ一九二〇年代半ばまで続くことになるのである。

しかし、マーシャル本人は、自分に残された時間を研究の完成に向けるべく、必死の努力を重ねていた。マーシャルは一九〇八年ケンブリッジ正教授の椅子を若干三一歳の弟子アーサー・C・ピグーに譲り、体力と記憶力の衰えと闘いながら『原理』続巻の完成を急いだ。

『原理』の体系を踏まえつつ、実際の産業における制度や市場構造の変化を歴史的に跡付け、同時にそれらの経済学的意味を、アメリカ、ドイツ等と比較しながら論じた第二の著作『産業と商業』が出版されたのが一九一九年。そして産業経済とならぶもうひとつの主要課題である貨幣に関する考察を軸とした『貨幣・信用・貿易』が出版されたのが一九二三年。そしてその翌年の一九二四年、マーシャルは八二年の生涯を静かに閉じた。

「冷徹な頭脳と暖かい心」というのがマーシャルのモットーであった。その経済思想に我々はどこまで近付くことができるか。残された書物を手がかりに、あくまでも現代との関わりを関心の中心におきながら、以下、マーシャルの経済学を再考してみることにしよう。

▼市場経済の把握

経済生物学　「経済学者にとってのメッカは経済動学であるよりはむしろ経済生物学である」。これは、マーシャルが自らの経済学観を象徴的に述べた言葉で、マーシャル経済学を考える時には、常に念頭に置いておかなければならない文言である。しかし、マーシャル自身はその具体的内容についてほとんど語ることがなく、それが以後のマーシャル解釈を多様にも、また困難にもしてきたのだが、基本的にはおそらく、次のようなことを意味していたと思われる。

すなわち、マーシャルにとって「経済」とは、まず第一に内因的な動態性をもつものであったということ。つまり、経済は時の流れと共に自ら変化・変容し続けるものであって、ある一定の状態で静止してしまうとか、同じ財やサーヴィスが同じ量だけ生産され、同じ量だけ消費されてゆくような単純な反復過程を繰り返すことはない。したがって、これを分析する経済理論も、その本質的な動態性をどこかで表現しうるものでなければならない。

第二に、しかしその動態過程は、物価や利子率等の変動に集約される今日のマクロ的動態を意味するのではなくて、市場経済の組織・構造がより複雑化してゆく過程として把握されなければならない。すなわち、生産工程がより専門特化し、故に各経済主体はより多くの取引関係を持つようになり、そうした交換、取引のネットワークがますます広範な地域をつないでいく過程こそが経済の動態なのである。言い換えれば、マーシャルは、分業と協業の後戻りできない濃密化の過程として産業経済の動態を直観的に捉えていたのであって、それがあたかも生物体の成長・発達の過程に似ているというのが、先の言葉の意味なのである。

したがって、マーシャルの経済学のほぼ全てに、この経済生物学的要素を見出すことができるし、現代経済学の共有財産となった弾力性や、消費者・生産者余剰といった諸概念がこうした彼の経済把握といかなる関係にあったかを考えることも重要なテーマである。しかし、ここでは、こうした個別の問題には触れず、マーシャル経済学の核心である市場原理の再考に論点を絞り、彼が一国の経済状態を究極的に規定している要因を一体何に求めていたか、それは、部分均衡分析として理解されている今日の一般的マーシャル理解と同じであったかどうか、そして、その市場経済把握の仕方は彼のいう経済生物学的視点とどのような関係にあったのか、等について検討してみることにしよう。

四つの時間区分　マーシャルは、動態的な市場経済の姿を表現するために「四つの時間区分」という概念を導入する。これは、市場の継起的展開を表現するために設けられた一種の操作的概念で、時計時間とは何の関わりもない。一時的均衡、短期均衡、長期均衡、超長期の四つからなり、いずれも均衡概念として定義されてはいるが、それは市場の外から何らかの攪乱を被らないかぎり、その状態をいつまでも持続させるような力学的な均衡ではなく、一旦市場を外的攪乱から遮断したならば見せるであろう典型的な市場の運動を、生産者の一般的な意思決定の順序に従って、整理したものである。

一時的均衡とは、供給が今手元にある商品ストックに限定されている時に得られる均衡である。たとえば、生産者が需要の増加に直面した場合、彼はこの需要増加がほんの一瞬のことにすぎないのか、ある程度持続するものなのかの判断に迷い、直ちに生産増加を決意するようなことはしないだろう。そしてしばらくの間は今の生産量を維持したまま市場の様子を見ようとするだろう。今、ほとんどの生産者が同様の判断をするとすれば、需要の増大に対して供給は増加しないのだから、需要の増大分とほぼ同じだけ価格が上昇するだろう。すなわち、ここでは、価格水準の変化・決定がほとんど専ら需要の大きさに依存することになる。これがマーシャルのいう一時的均衡の状態である。

しかし、こうした状態は長くは続かない。先の需要の増大がある程度は持続しそうだということになれば、各生産者とも今度は生産量の増加を図るだろう。だが、それはまだ、機械設備の増設に見合うほどのものかどうかはわからない。そこで機械設備一定のまま稼働率を上げて生産増加を図るだろう。この段階が短期である。稼働率の引き上げが追加的費用を上昇させる場合には通常の右上がり供給曲線が得られる。見慣れた需給均衡図表はこうした条件下で得られるのである。従ってこの場合には、価格決定に関して需要と供給の双方が等分の役割を果たすことになる。

そしてさらに、需要の増大がなお持続するものと判断されれば、いよいよ生産設備そのものの増設が決意されるだろう。生産設備の増減を伴う段階での市場均衡、これが長期均衡である。注意する必要があるのは、市場単位で見た場合、生産設備の増加は、必ずしも既存企業による設備増設に限定されず、参入企業や新規創設企業の発生によっても等しく生じ得るということである。マーシャルの市場理論を見る場合には、この点を見逃してはならない。

最後に、残された周辺的事情のすべて、たとえば産業構造であるとか、技術水準であるとか、人々の嗜好、人口等その他要因のすべてが変化してしまう段階になればそれは超長期の問題とされる。

さて、ここで注目すべきは長期均衡論である。一連の市場展開に一応の区切りをつけるこの段階で一体何が明らかにされるのか。ここでいう資本設備の増設が全て既存企業によるものとすれば、今日の標準的な長期費用曲線論に近付くことになるだろう。しかしそのような議論は、平均的な企業の設備増設になんら支障のないことが前提できて初めて展開できる理論であろう。ところが、マーシャルが前提にしている一九世紀半ばから末葉にかけてのイギリスにおいては、株式会社がその数を増していくなかにあって、なお個人会社、パートナーシップ（合名会社）、そして合資会社といった古典的企業形態が数多く存在し、株式会社の場合も、同族内で株式を保有するプライベート・カンパニーが依然優位を占めていた。

ここでいう古典的企業形態の基本的特徴は所有と経営の未分離にある。イギリスで所有と経営の分離を伴う今日的な株式会社が急速に支配的となるのは、第一次大戦において工業生産力の遅れを痛感して後の一九二〇年代に入ってからであり、マーシャルの時代においては、株式会社がもはや無視しえない存在になりつつあったとはいえ、彼がその念頭においていたのは、(後に触れる彼の思想的背景もあって) 合資会社を中心とする古典的企業形態であった。こうした形態の企業は、所有者が同時に経営者を兼ねるわけだから、管理・経営の可能な規模は当然にも限られていた。仮に設備増設、雇用拡大が有利な環境にあることがわかっていたとしても、管理能力の限界がこれに始めから制約を課していたわけである。したがって、長期の設備増設は、既存企業の拡大を典型とするよりも、参入ないしは新規企業の出現によるものと考えた方がよい。

技術水準 そうすると次のようになるだろう。参入なり新規創業なりは、その産業における短期均衡状態が相応の超過利潤を上げているとみられることから引き起こされたものであろうが、参入等によって、この産業全体での供給が増加し、需要水準等の他の条件が不変のままであれば、価格は下落せざるを得ず、その結果超過利潤も圧縮されるだろう。ということは、価格と費用との差もそれだけ小さくなるということである。各企業は稼働率の調整等を通してその差を維持しようと努めはするだろう。しかし、いくら策を講じても、費用の最小点以下の価格には対処のしようがない。つまり、長期均衡価格はその時の最小費用を下回って実現するはずはなく、逆にこの水準が長期均衡価格を与えるということである。費用水準の最低点、すなわち、費用曲線の位置を決めるものは何か。それは言い換えれば生産性を決める要因が何かを問うことに等しいから、その最も基本的な要因はいうまでもなく技術水準であろう。つまり、長期において価格を規定するのは技術水準に代表される供給条件なのである。

こうして、価格水準は、一時的均衡では需要、短期では需要・供給の双方、そして長期では供給というように、その主要な規定要因を移していき、そして最終的に価格を規定する供給条件こそが、究極的な要因であることを自ら示していく。需要と供給は、市場の一連の展開のなかで、その果たす役割がそれぞれ違うのであり、価格すなわち需給均等という図式は、マーシャルにおいても決して単純に公式化されてよいものではないのである。この点を解明したことが四つの時間区分の本来的な意義なのである。言い換えれば、現実に近い短期では需要が一定の変動要因として作用するものの、究極的に価格を左右するのは、その国、その市場の生産性、すなわち技術水準であることをマーシャルは示しており、ここにこれから述べる政策論の焦点も絞っていく。が、その前に、長期に関しては、次のことも押さえておかなければならない。

外部経済・内部経済 マーシャルの市場理論において重要なのは費用曲線の位置である。ではこれを決める要因は何か。基本的には今も述べたように生産性を直接規定するものとしての技術水準である。だがそれが唯一の要因ではない。マーシャルは費用曲線の位置、従って生産性に影響を及ぼす要因を大きく二つにわけ、それぞれを外部経済、内部経済と命名した。

内部経済というのは、一企業の内部において生産性を規定する要因、つまりは設備そのものの工学的な技術水準、工場内の機械や人間の配置、経営者や労働者の持つ人的能力等である。外部経済というのは、各企業の努力によってもたらされるものではなく、各企業にとっては外的な事情による生産性の上昇であり、特にマーシャルが重視したのは、市場規模の成長によって間接的にもたらされる生産費の節約であった。これはすぐ後に述べるものの他に、その市場が大きくなり誰もがその商品の存在を知るようになったことで広告・流通費用が削減されたり、あるいは、原材料への需要が一定規模に達したことによって、原材料の特化生産が可能となり、それが結局生産費の削減につながるような場合も含まれる。

各企業が意図的に取り組めるのは内部経済であり、これが取りも直さず競争力を形成するわけであるが、マーシャルは、先の企業形態上の制約から、内部経済がそれほどの効果を発揮していたとは考えておらず、実際に彼の時代において進行した長期的な費用曲線の下方シフト、すなわち、収穫逓増現象は、外部経済に主として依存したものという見方をとっていた。

市場規模の拡大は、商品の標準化、すなわち、今までひとつの生産工程であったものがいくつかの部分工程に分離独立し、それぞれが特化生産を行っても採算が合うような環境を作り出すだろう。当然そこには仕入れ・搬出の関係をはじめ、様々な取引関係がいっそう密となって展開されるだろう。要するに、外部経済の展開する世界では、分業と協業のいっそうの濃密化が見られるのであり、これは先に記したマーシャルの生物体的経済把握に正しく対応する。こうした現実の姿があって初めて経済生物学というマーシャルの発想が出て来ていることを看過してはならない。マーシャルにおける生物体の比喩は、機械よりも生物の方が、雰囲気としてのリアリティを満たしてくれるという程度のものでは決してないのである。

課税・補助金　さて、こうした外部経済の展開は放っておいてもある程度は自主的に進んでゆくだろう。ところが、ここにマーシャルはひとつの政策論を持ち込む。周知の課税・補助金政策である。すなわち、収穫逓減産業には課税を行い、収穫逓増産業には補助金を支給するというのがそれである。この政策は現在では分配政策の古典的原理として理解されているし、マーシャル自身そういうものとしてまずは規定している。しかし、この政策は今までの文脈に照らしてみると次のような結果をもたらすことにも気づく必要がある。

今も述べたように、マーシャルは収穫逓増を主に外部経済に由来する現象と見ている。つまり、この産業は、今需要を伸ばしている、俗に言えば成長産業なのである。もしこれと対照的に収穫逓減産業を理解することが許されるとしたら、その原因の主たるものは需要の減退、すなわち、衰退産業化の傾向にあると考えることができるだろう。こうした過程は放置してお いても時代の趨勢として進行してはゆくであろう。しかし、マーシャルは収穫逓減産業に課税し、収穫逓増産業には補助金を出せと言っているのである。これは結果的には、衰退産業を自然なスピードよりも早く整理し、時代の需要を集めつつある成長産業をより早く伸ばすという政策に帰着せざるを得ないであろう。課税・補助金政策はしたがって、結果的に見る限り、一種の産業構造政策にもなっているのであり、そこで指向されているのは、時代の需要に合った産業構造の実現なのである。

しかし何故それほど急ぐ必要があったのか。マーシャルはこれら一連の理論・政策を通して、一体どのような理想の実現を果たそうとしていたのだろうか。

▼思想と政策――自由貿易論をめぐって

貧困の撲滅　以上見てきたように、マーシャルの経済学は、技術水準すなわち生産性が、経済活動の究極的な規定要因であることに気づかせる構造になっている。では、このようなマーシャルの理論は、彼の思想あるいは理想の実現に対していかなる方向性を与えることになったのだろうか。マーシャル経済学の基本課題との関連をここで確認しておくことにしよう。

先にも触れたように、マーシャルは当時のイギリス経済の課題を自らの課題として引き受けている。確かにマーシャルは「政治経済学」から「経済学」という一個の科学を独立させることにその生涯を費やした人間であるが、それは、経済学という学問を偏った党派性から独立させるということであって、時代の課題から目をそむけさせることを願ったわけでは無論ない。この時代の基本的課題は、冒頭でも指摘した貧困の累積と対外競争力の喪失であった。マーシャルはなかでも特に、貧困の撲滅を、若き頃より生涯の課題として自らに課してきた。『経済学原理』は、市場原理を確立する第五編までをいわば準備段階として、最終編である第六編「国民所得の分配」に全体の約四分の一を充てている。マーシャルの基本的関心はこのことだけでも明らかであろう。しかし、ここで若干注意を要するのは、マーシャルが最終的に問題としたのは、所得格差をもたらすような分配の社会的・経済的メカニズムの構造それ自体よりも、絶対的な貧困がもたらす、生活感情、習慣、人間性の崩壊という目の前の現実の方にあって、分配機構への介入は、貧困の除去に有効な限りにおいて関心を向けられたに過ぎないということである。

安楽水準・活動欲求　ここで、こうした考え方にマーシャルを導いた思想的背景について少し見ておこう。当時の流行として、人間の素行、知的能力、寛容の精神等を、すべて遺伝によって説明してしまおうとする傾向があったが、マーシャルは、そうした要素はむしろ後天的に、その人たちを取り巻く生活環境、特に物質的な余裕のあるなしによって形成されるものと考えていた。その日暮らしがやっとという生活では、人々は将来への貯蓄などに関心を向けるはずもなく、故に規則的な生活習慣も身につかず、一時の享楽に身銭を費やす生き方を己の運命のように受け入れてしまうだろう。マーシャルはこれを

「安楽水準」にもとづく生活と呼び、人間たる証は、こうした生活から脱し、それ自体に価値あるものと自覚できるような仕事を持ち、金銭が得られるから仕事をするというのではなくて、仕事の過程が同時に自己実現となりうるような「活動欲求」にもとづく生活を身につけるべきだと説いた。

マーシャルが貧困を社会悪だと規定したのは、こうした彼にとっての〝あたりまえの人間像〟が貧困によって〝はるかかなたの理想像〟へと遠ざけられてしまうからであり、従って貧しき者への単なる同情やおめぐみとしての金銭給付等は、それが善意から発したものであっても、マーシャルの取るところにはならない。彼らが活動欲求に目覚めて、一人ひとり進取の気性を身につけると同時に、自己の行動が常に社会的責任を伴うことを自覚しなければ、真の意味で貧困がなくなったとは言えない、というのがマーシャルの思想である。マーシャルが古典的企業形態に執着したのも、所有と経営の一致があればこそ、自己の決断がすべて、成功にせよ失敗にせよ自己のもとに帰結してくるからであって、自己の決定が必ずしも自分に帰ってこない所有と経営の分離した組織では、社会的倫理観が再生産されなくなるのではないか、という危惧感を捨て切れなかったからなのである。

こうしたマーシャルの思想の背景には、彼なりに解釈した形での、当時の英国における思想潮流があった。そのひとつはいうまでもなく進化論である。C・R・ダーウィンの『種の起源』が一八五九年、これを社会思想として読みかえたH・スペンサーの『第一原理』が一八六〇～六二年に出版されており、いずれも若き日のマーシャルに大きな影響を及ぼしている。

進化論はこの当時、貧困や犯罪を遺伝に由来するものとする思想を一方に生み出していたが、マーシャルはこのような形ではこれを受け取らず、人間の知性も理性も皆それを取り巻く環境に大きく左右されるという認識として吸収した。しかし、こうした考え方を取るようになれば、それは当然、もうひとつの基本的社会思想であった功利主義の考え方と微妙に葛藤してこざるを得ない。なぜなら、J・ベンサム以来の功利主義は、快楽計算にもとづく人間行為のなかに近代的合理主義の精神を付与してゆくわけだが、快楽計算の尺度ともいうべき基本的人間性については、これを先験的所与のものとして捉えていたからである。

しかし、このような大陸合理主義的色彩の濃いベンサム的功利主義は、英国においては、そのままの形で定着を見せることはなかった。ベンサムの次の世代のJ・S・ミルの段階で早くも人間の質的変容に関する議論が取り入れられ、マーシャルを先導したシジウィックは、この問題を生涯の課題として取り組んだ当人であった。こうした変容を経て初めて、功利主義は英国の知的土壌の中へ溶け込むことをゆるされたのである。

この人間の質的変容の問題はさらに、T・H・グリーン等の理想主義倫理学を唱える人々によっていっそう吟味され、それは労働者階級への教育事業の推進という形ですでに実践に移されていた。先にも記したように、マーシャルは結婚してしばらく、オックスフォードに在職していたが、そこで晩年のグリーンの講義を聞き、大いに共鳴したという。

こうして、マーシャル時代のイギリスは、貧困問題をひとつの背景に、人間性の質的変容という問題が自然科学に、あるいは哲学にそれぞれのテーマを与えており、具体的な社会政策も相応に始められていた。つまり、時代はすでに自由放任の教義から、様々な政策手段の科学へと人々の関心方向を変え始めていたのである。こうした状況の中にマーシャルもあり、彼は経済という角度からこの問題に切り込んでいったのである。では、こうした問題意識と先の経済理論とがどこで結び付くのか、ここにマーシャル経済学の全貌が示される。

関税改革問題　それを知るためには、一九〇三年の関税改革問題について検討しなければならない。これはイギリスの国論を二分した大問題であり、また経済学者という存在が一個の専門家として、その発言を社会から求められた初めての出来事としても注目すべき問題であった。

イギリスは一九世紀中葉以来自由貿易を堅持してきた。しかし、先にも述べたように、世紀末葉に至ってのアメリカ、ドイツの工業力の成長はあまりにも目覚ましく、イギリスの対外競争力は目に見えて衰え始めていた。そこへ一八七三年以来の大不況が重なり、職を失い貧困化していくものは後を絶たず、物価は低落し、利潤の圧迫も甚だしいものとなっていた。こうした状況の中、遂に一九〇三年、ジョウゼフ・チェンバレンを旗頭に、関税改革運動、すなわち、イギリスの保護貿易への移行——帝国内の自由貿易と帝国外への保護関税の設置——を訴えるキャンペーンが大々的に展開されたのである。

この時多くの経済学者がこれに同調した。特にW・A・S・ヒュインズ等イギリス歴史学派の面々はこれを積極的に支持した。しかし、これに真っ向から反対し、あくまでも自由貿易を堅持すべしとする経済学者も少なからず存在した。そのひとつのグループは、ザ・シティを後ろ楯とするマンチェスター派の面々であり、彼らの意図は、ひとつは資本の自由移動を確保することと、いまひとつは自由貿易が価格競争力の維持を必要とすることを理由に、低賃金構造を正当化することにあった。

マーシャルはこのどちらにも与しなかった。彼はまず原則として自由貿易の立場を堅持した。しかし、だからといってマンチェスター派を支持したわけではなかった。なぜなら、マンチェスター派の発想は労働者階級の犠牲の上に資本家の利益を守るものであって、貧困撲滅を第一に考えるマーシャルがこうした考えに同調できるはずがなかったからである。では、マーシャルはいかなる理由にもとづいて、イギリスの自由貿易堅持を主張したのだろうか。先のマーシャル理論の内容を知るものにとっては、これはもはや明らかであろう。

すなわち、マーシャル経済学の眼目は、生産性の向上にあったことを想起する必要があるのである。何度も繰り返すように、マーシャルの抱えた二大課題は貧困の撲滅と対外競争力の回復であった。この二つを矛盾させることなく解決する方策を考えなくてはならないのだが、その鍵を握るものこそイギリス経済の生産性である。生産性の向上が実現されれば、費用曲線の全般的低下を通して、正常費用にもとづくところの供給価格を低下させることが可能になる。これが多数の産業に及べば、物価そのものも低下しよう。マーシャルは、名目賃金はこうした動向に遅れて反応するか、もしくは現実にはかなり硬直的になっているという事実認識を持っていたから、この過程で労働者の実質賃金は上昇するだろう。加えて物価水準の下落は、他の事情が一定である限り、国際的な価格競争力の回復も意味する。マーシャルはこのようにして、直接の再分配政策としてよりも、生産性の向上を通じた実質賃金の引き上げという形で貧困問題に対処していこうとしたのである。

この傾向を助長するためには、なによりも資本設備を所有している産業資本家に技術革新への誘因を与えていかねばならない。無論、先に記したように、当時の状況としては、いまだ外部経済の助長に多くが委ねられなければならなかったとはいえ、これからのイギリスが進むべき道は、新しい技術の積極的な導入であり、倫理的な観点からはなお躊躇しつつも、株式会社形態への移行を時の必然とマーシャルがみなした理由の一端もここにあった。

では、貿易の構造はこの点とどのように関係してくるか。保護貿易への移行によって国内産業は一時の安楽を得ることはできるだろう。しかし、それはイギリスの将来にとっては致命的ともいえる技術水準の遅れを残すだろう。競争力に陰りが見え始めた今こそ、市場の圧力をかけ、費用曲線の引き下げ努力を選択の余地のないものとして、各企業に突き付ける必要がある。そのために、したがって生産性の上昇を図るために自由貿易は維持されなければならないのである。これがマーシャルにとっての自由貿易論だったのであり、それは彼の思想と、そして何よりも彼の理論と整合的であった。

問題点　だがしかし、ここで我々は一歩立ち止まって、冷静に考えてみなくてはならない。この一見経済合理性で貫かれたマーシャルの論理に、果たして落し穴はなかったであろうか。この一連の考察はある前提が満たされて初めて実現可能な議論ではなかろうか。そしてマーシャルは、その前提の有する深刻な意味合いを、果たしてどれほど承知していただろうか。

その問題とは次の一点に集約される。生産性の上昇がイギリスにとって最良の措置であるとして、その増大した生産力は一体どこへ吸収されていくのか。言い換えれば、マーシャルのこの議論は、増大した生産能力を吸収するに十分な需要の（あるいは市場の）継続的成長があって初めて実現しうるはずのものであろう。しかし何が理由でそのようなことが保証されるのか。

確かに、増大した実質賃金がその多くを吸収するだろう。また市場の成長に伴う有機体的な分業化の進展は雇用を拡大し、新たな需要源も形成するだろう。しかし、それらが、一方的に増大する生産力の全てをちょうど吸収するのに十分な規模に達するという必然的な理由はない。もしそれらが国内（ここではブリテン本国としておこう）で吸収されなければ、可能な限り外国市場への浸透を図らなければならなくなろうし、国際競争力の回復というスローガンの中に、このことはすでに入り込んでいただろう。その市場として選ばれるのは対抗国ドイツであろうか、アメリカであろうか、それともより収益の確実な植民地であろうか。あるいは、そもそも国内での投資に期待が持てなくなれば、投資先自体を外国へ移すのが合理的経済行為というものであろうが、その時選ばれるのはすでに等しく工業化の進んでいる国であろうか、それともこれから需要が生まれてくる国々であろうか。その時財産権や所有権を確保しようとすればどうするのが最も確実といえるだろうか。

マーシャル的な考え方、すなわち、生産性の強化に訴える考え方は、ただそれだけでは、その対象範囲の外側に、販路としての市場を結局のところ要請することに帰着しないであろうか。言い換えれば、こうした思考法は今問題の範囲として措定した内部（それはブリテン本国にもなろうし、大英帝国全体にもなるだろう。その線引が任意であることがそもそも問題なのだ）の矛盾をその範囲内で解消するのではなく、その矛盾を外部へ放出することによって、解決を先送りしているだけなのではなかろうか（もっともこれこそが、市場経済を存続させてきた基本的な原理なのだが）。マーシャルの考えに従うことで、確かにチェンバレン的な、保護貿易にもとづく帝国主義には対抗することもできるだろう。しかし、たとえば貿易を通じて、相手国を事実上の従属国へ変えてしまうような流れが生じたとき、マーシャルの理論はこうした動向の発生に気づかせ、これを批判してゆく能力を与えてくれるものだろうか。善意に裏打ちされたしかも合理的な思考がめぐりめぐっていかなる帰結をもたらすか、マーシャルの経済学を今日の視点で見る時、我々はこうした問題がそこに胚胎していたことを見逃してはならないであろう。

▼まとめ

以上、マーシャルの経済学を、彼の直観的経済像の特質、彼にとっての時論的課題と思想、その対峙の中から生み出された理論と政策論、といった論点に絞って整理・検討した。敢えて要約すれば、マーシャルは貧困の累積と対外競争力の喪失という現実の課題に、「生産性の向上」によって対処しようとした。しかしそれは経済合理性の基準に適う議論を提供する一方で、他国経済への侵入・依存といった問題を必ずや後に残す内容のものであった。これはマーシャル経済学のみに固有の問題というよりも、産業経済が本来有する両義的な性格を端的に示してみせたものとして理解する必要があるだろうし、J・M・ケインズの有効需要論やR・F・ハロッドの経済成長論もこうした視点から再評価される必要があるだろう。マーシャル経済学は、特に近年、その経済生物学の考え方に含まれる、内生的動態性という一種のリアリティの故に、非常な関心を呼び起こしている。それは確かに経済理論を一歩前進させるものになろうけれども、我々は、そうした感覚的リアリティを満足させることよりも、このような思考法が現実に何をもたらすか、あるいは何に対して抵抗できなかったかということを、歴史から学んでおかなくてはならないだろう。経済学史が発揮する現在的意義はおそらくこの辺りにあるはずである。

しかし言うまでもなく、以上の議論はマーシャル経済学の持つあるひとつの側面のみを照らし出したものに過ぎず、マーシャルの視野はこれよりはるかに広大なものである。限界概念や余剰分析に対する彼独自の考え方、貨幣に関する深い洞察、協同組合論等、取り上げるべきテーマは数多く残されている。そしてそのひとつひとつが先駆的業績の名に値するだけでなく、個々の専門的分野が、最終的には総合されてひとつの経済総体の把握に結び付けられていることも、身をもって示されている。マーシャル経済学は、その意義と限界の両面を同時に押さえたとき、いまだに多くのことを我々に教えてくれるはずである。

読書案内

マーシャルの主要な著作はほぼ、翻訳で読むことができる。三部作『経済学原理』（全四巻、一九八五年）、『産業と商業』（全三巻、一九八六年）、『貨幣・信用・貿易』（全二巻、一九八八年）の他、A・C・ピグー編 *Memorials of Alfred Marshall* から主要な論文を編集した『マーシャル経済論文集』（一九九一年）（いずれも永沢越郎訳、岩波ブックセンター信山社）がある。また、本文でも触れた、夫人との共著『産業経済学』（橋本昭一訳、関西大学出版部、一九八五年）も邦語で読める。

マーシャル入門書としては、馬場啓之助『マーシャル』（勁草書房、一九六一年）、井手口一夫『マーシャル』（日本経済新聞社、一九七八年）がよい。また研究書としては、いくらか訂正の必要が出てきているとはいえ、いまだにJ・M・ケインズ『人物評伝』（東洋経済新報社、ケインズ全集第一〇巻、一九八〇年）は外せない。近年のものとしては、橋本昭一編『マーシャル経済学』（一九九〇年）、井上琢智／坂口正志編『マーシャルと同時代の経済学』（一九九三年）、J・K・ホイティカー編（橋本昭一監訳）『マーシャル経済学の体系』（一九九七年）（いずれもミネルヴァ書房）、西岡幹雄『マーシャル研究』（晃洋書房、一九九七年）がある。また、S・コリーニ、D・ウィンチ、J・バロー『かの高貴なる政治の科学』（永井義雄／坂本達哉／井上義朗訳、ミネルヴァ書房、二〇〇五年）は知性史という広い視野からマーシャルを取りあげている。

入手は難しいかもしれないが、杉本栄一『近代経済学の解明』（全二巻、岩波文庫、一九八一年）、内田義彦／大野英二／住谷一彦／伊東光晴／平田清明『経済学史』（筑摩書房、経済学全集3、一九七〇年）は、日本のマーシャル研究を決定づけた書物。あらためてじっくり読み直したい古典である。なお、教科書ではないが、マーシャル経済学の再考を試みたものとして、村上泰亮『反古典の政治経済学』（全二巻、中央公論社、一九九二年）、井上義朗『市場経済学の源流』（中公新書、一九九三年）をあげておく。

理解を深めるために

一、前提する企業形態の変化は、市場理論のどこに変容をせまるか。いくつか例をあげて検討しなさい。

二、マーシャルと同時代の経済学者は、それぞれ何を時代の課題として捉えていたか。マーシャルと比較しつつ検討しなさい。

三、マーシャルとワルラスの経済学を様々な角度から比較検討しなさい。
四、現代経済学の諸概念のうちマーシャルが考案したものは何か。
五、マーシャルと社会主義との関係について整理しなさい。

（井上義朗）

II—7 ソースティン・B・ヴェブレン

経済学の進化論化と文化人類学的再構成

（Thorstein B. Veblen 1857〜1929）

▼生涯と著作

「アメリカ合衆国」は自生的にできあがった「民族国家」ではない。一八世紀末に人為的に創り出された「自由と平等」の国である。政治的・宗教的・経済的な「自由と平等」を求めて旧世界から渡ってきた人々が、彼ら自身の利益を実現するために建国し、一九世紀末まで多くの「移民」を受け入れつづけた。貧しくしいたげられた地位にあまんじていた人々が、彼らの「夢」を実現しようと身を粉にして働きつづけてできあがった国である。豊かになること、ビジネスで成功を遂げることが社会的名声を確立するための要件であった。はやくも二〇世紀はじめに世界有数の「豊かな国」アメリカが実現するが、農村的で自給自足的な社会構造は、あふれるほどの豊かさが大衆レヴェルまでひろがった都市的で流動的な産業社会＝大衆消費社会のそれへと、大変貌をとげる。

ソースティン・ヴェブレンの両親もまた、こうした「移民」としてノールウェイからウィスコンシンへやってきた。ノールウェイ系の人々は、言葉の問題もあって、他の民族よりはずっと閉鎖的でアメリカの商業文化とは隔絶した農村社会を形づくった。一八七四年にカールトン・カレッジに入学したとき、ヴェブレンは「ほとんど英語が話せなかった」とさえいわれてきた。アメリカ社会になじめずに孤独な人生を送ったことが、彼が辛辣な言葉でアメリカ人の豊かさとその俗物性とを暴露しつづけた基本的な理由だ、という説明である。だが、そうではない。

ヴェブレンの孤独は、生涯をつうじて真の「研究者」に徹しようとしたことに由来する。『アメリカの高等学術』（一九一八年）でのべたように、彼は自らの「知的好奇心（idle curiosity）」のおもむくままに人間社会を冷徹に観察し、誰はばかることなく、ひたすら「知識のための知識」を追求しつづけた。「学者」としての基本的立場を頑強に守りつつ、実用性と営利性しか眼中にないビジネスマンに管理された「大学」社会に対して、非妥協的な態度をとりつづけた。世界中で高く評価されていたにもかかわらず、一度も「正教授」になれなかったのも、理由がないわけではない。同時代の経済学者たちの名誉は、かろうじて一九二五年にヴェブレンをアメリカ経済学会会長に推薦した（ヴェブレンが固辞したため実現しなかった）ことにより、なんとか守られたが。

一八八〇年に、ヴェブレンはアメリカ最初の大学院大学ジョンズ・ホプキンスに入学し、半年後エール大学へ移り、W・G・サムサーの下で経済学や社会学の研究を続けながら、結局

「カント研究」の博士論文を提出した。しかし、懐疑主義的な傾向をもつノールウェイ人が神学的影響力が強く残る保守的な大学でポストを得ることは困難であった。体力と気力を回復させるための七年を妻エレンとともに故郷で過ごさざるをえなかった。頻発する農民運動や労働組合運動がアメリカ社会の伝統的な枠組みを根底から揺るがせ始めたときに、彼は一人西部の片田舎でそれをじっと見つめ、読書と思索に耽っていたのである。一八九一年の冬に経済学の研究を開始するためコーネル大学で特別研究生になり、二年後新設シカゴ大学で「社会主義論」の講義の準備を始めた。すでに三五歳になっていたヴェブレンの多彩な執筆活動が始まるが、昇進は遅く、助教授になったのは、一躍その名を世界にとどろかせることになった処女作『有閑階級の理論』（一八九九年）発表後のことである。

シカゴ時代は研究生活としては充実したもので、W・C・ミッチェルはじめ多くの大学院生に知的刺激をあたえつつ、一九〇四年に『営利企業の理論』を発表する。しかし、私的な生活はすでに妻エレンとの仲がうまくゆかず、「妻以外の女性」との交際を学長に厳しくとがめられ、一九〇六年にスタンフォード大学へ移った。男女関係についての規律がゆるむのは一九二〇年代後半のことである。カリフォーニアの温暖で明るい気候のもとで、数多くの文明批評的な論文を発表し、またもや数人の女性が家におしかけるままにすごした。学長が期待する意味で大学の名声を上げる役にたたず、四年後に辞職を余儀なくされ、ミズーリー大学へ移った。

身分は非常勤講師のまま、ここでは七年間過ごしたが、文化の発展の原動力を技術進歩に求めた『モノ作り本能《ワークマンシップ》』（一九一四年）を短期間で仕上げた後は、『帝政ドイツと産業革命』（一九一五年）を皮切りとして、長期的な文化発展論と時論的な政治・経済動向の分析や評論の執筆が主たる仕事になった。ビッグ・ビジネスや労働組合などの独占的な経済組織の非能率とドイツや日本に典型的に現れた軍国主義の復活に対する厳しい批判が、深い学識に裏打ちされた筆致で展開されはじめた。

一九一七年の終わりにミズーリーを離れてワシントンに行き、数カ月食料管理局で調査に従事した後でニューヨークに移り、数年間雑誌『ダイヤル』の編集・執筆に携わった。大戦後の再編成の可能性や現実性をめぐって数多くの論文が執筆され、それらはのちに『既得権』（一九一九年）と『技術者と価格体制』（一九二一年）に収録された。第一次世界大戦後のアメリカを席巻した「赤の恐怖」の非現実性を指摘し、「技術者や専門家」を担い手とする社会改革の可能性が示唆された。一九一九年に新設のニュー・スクール・フォア・ソーシャル・リサーチの「ビッグ四」の一人として再び大学に戻るが、その改組とともにポストはなくなった。最後の著作『不在所有権』（一九二三年）を出版したあと、一九二六年にはパロ・アルトに向けて東部を去った。そこに山小屋を建て、「墓も建てず、伝記の類もいっさい出版してはならない」といういかにも彼らしい遺言を残して、一九二九年八月三日の死を迎えるまで一人静かに最後の時をすごす。

▼**技術進歩と「無駄の制度化」**

技術進歩　ヴェブレンの経済社会分析の基本的特徴は、技術進歩を中心に据えた社会的な動態論であったところにある。ここでは『営利企業の理論』と『不在所有権』を中心に、その主張の要点を再構成しておこう。

「従来、経済学者が習慣的に〝産業技術の状態〟と呼んできたものは、たとえわずかの間でも、もはや静止的なものとみることはできない。産業技術あるいは産業の繁栄にかんする〝静態〟理論は、産業状況にかんする〝静態〟理論を構築するという目的のためであるとしても、まったく支持しがたい。産業状態における支配的な特徴は、利用されている諸過程の効率が漸次向上しつつあるということにある。産業技術の効率性という点にかんするかぎり、いまや連続する二年は、決して同一の水準や実質的な同一水準にとどまりはしない」。

技術進歩は「機械過程（machine process）」の発展によってもたらされるが、ヴェブレンのいう「機械過程」はたんなる機械の集合ではない。それは「土木・機械技師や船員、工業化学者」という技術者や科学者を含めて概念されている。「化学、農業、畜産などの産業も、著しく近代的な方法によって経営され、市場とうまく接触している場合には、近代的な機械的産業複合体のなかに含められなければならない」というほど、「機械過程」の概念は広い。しかも「機械」の本質は近代的な科学知識であると理解されていた。これは「資本」の本質は社会的共有知識としての科学技術だという理解につうじる。科学的な知識は人間の本能である「知的好奇心」の産物であり、人類全体が受け継ぎ発展させてゆく共有財産だという主張が背後にひかえている。

産業技術の進歩は投入労働量一単位あたりの産出物の比率を向上させ、社会全体で生産される実物的な富の比例的な増加をもたらす。アダム・スミスが「分業」の役割に注目した理由もそこにあった。この点でヴェブレンはスミスに直結しているが、もうひとつ重要な分析をつけくわえた。不断の技術進歩は「慢性的不況」を創りだすというのである。

慢性的不況の理論　「不断に効率化しつづける機械過程は、たえず低下しつづける費用でもって、産業過程それ自体を構成する機械装置と原材料とをつくりだす。その結果、機械過程が一段階発展するたびに、より低い費用でより高い効率性をもつ一過程が生みだされることになる。いまやこれは、地方的で限られた応用範囲をもち、産業上の秘密として扱われたり、永続的な格差的優位性として利用される独創的な発明にみられるような、突発的な効果ではない」。

生産効率が連続的に向上しつづけると、完全競争のもとでは、製品の市場価格もそれに応じて連続的に低下する。より高い生産効率を達成した後発企業が、つねに価格競争で勝利するからである。だが重要なことは、生産効率の低い機械設備しかもたない先発企業は、価格の下落によって投下資本元本を回収しえなくなる、という点である。先発企業の収益力は、市場価格の下落に応じて低下するばかりか、利潤の確保が困難になり、最終的には損失と資本元本の切り捨てさえ余儀なくされるであろう。

にもかかわらず、あらゆる企業はつねに技術革新を追求するほかにない。つねにより効率の高い生産設備への投資をつづけないかぎり、競争相手の企業によって容易に打ちまかされてしまう。「完全競争」とは、究極的な苦しみをもたらすことは分かっていてもなお短期的に利潤をあげて生き残り、資本価値を維持しつづけるためにさらに投資を続けさせるという体制の論理にほかならない。

「したがって、機械産業それ自体の内的な本性のゆえに、あらゆる産業企業の収益力はその初発から低下の道をたどらざるをえず、当初の予想収益力にもとづく資本化価値も、初めから次第に時代遅れになってゆくということが生じる。〝生産手段部門〞における機械過程の効率化が、費用と資本化価値との間の乖離をつくりだす。その結果、低下した収益力にみあうように資本化価値を漸次調節することが、ことの本質上要請されることになる。それはまた、ことの本質上、実行できないことだ」。

投資は貨幣ではかった利潤を入手するためになされる。利潤をもたらさない元本は、その意味では資本ではないし、等しい額の資本は等しい大きさの利潤を要求する。収益力が低下したから投下資本元本そのものを削減してつじつまを合わせるようでは、資本所有者の利益は守れない。資本主義社会では、投資元本である資本の価値はつねに増えつづけなければならない。社会的に平均的な利潤を伴って増えつづけるようにするため、人間の行動があれこれと規制される社会なのである。

こうして、あらゆる企業はつねに技術革新を追求しつづけ、ますます大量の財が、ますます安価に生産されて市場にもたらされる。実物的な生産量が急速に増加するのだから、これはまさに高度成長の経済である。だが同時に、あらゆる企業で初期の投下資本部分の回収はますます困難になる。新規設備投資のために資金を借りようとしても、以前からの借入金の返済がままならない状態に追い込まれている。つまり「不況」になる。これが「一九世紀末の四半期がそうであった」とヴェブレンがいう「慢性的不況」を生みだす基本的なロジックである。

資本価値の低下、つまり所有財産の貨幣価値がつねに減少しつづけるような体制は、財産所有者にとっては死刑宣告をうけたも同然の世界である。実物の量ではかった社会の富も個人の富もともに急激に増加しつづけるのだから、貨幣ではかった所有財産の価値低下を嘆き悲しむ所有者階級は、どうみても「情緒疾患」に陥っているとしか考えられない、とヴェブレンは揶揄するけれども。

経済の浪費化　「適正な利潤の長期にわたる喪失は、救済を要求する。救済は、以下の二つのうちのいずれかをつうじて模索されうるであろう。(1)一財貨の不生産的消費の拡大。(2)利潤を〝適正な〞水準以下に押し込めている〝激烈な〞競争の除去」。

消費には、その境界ははっきりしないが、二つの違った意味がある。たとえば自動車である。産業用の原料や材料を運搬するために用いられれば、この消費は必ず社会全体の生産効率を直接向上させるであろう。しかし、たんなる娯楽として用いられる自動車は、直接的には社会全体の生産効率の向上に役立たない。前者が「生産的消費」、後者は「不生産的消費」であるが、ヴェブレンはとくに後者を「浪費」とよぶ。

生産効率の向上と歩調をあわせて生産物の「浪費」が増加しつづけさえすれば、価格の下落は阻止できるから、「慢性的不況」は生じない。いまや持続的な「浪費」の拡大が時代の最重要課題になる。国民的な富裕を達成するためには、分業を発展させ、生産的労働の比率を高め、さらに「勤勉と節倹」が不可欠だと説いて「浪費」を強くいましめたアダム・スミスの世界とは、なんと違った世界になったことか。しかしヴェブレンは、釣合のとれた浪費の拡大は不可能だという。

「現代の産業がもっている過剰な生産性を相殺するほど十分な規模の浪費的支出は、ほとんど不可能である。私的な創意は、企業状況が必要としている点に近いところまで財やサーヴィスの浪費を遂行することはできない。私的な浪費はまぎれもなく大きいが、現代人の心には、貯蓄と抜け目のない投資をめざす企業原理があまりにも深く染み渡っているために、貯蓄率を効果的に阻止できない。この限界を越える何かが、市民政府によって、有効な浪費という形で実行されうるし、また実行されつつある。軍備、公共建築、宮廷風および外交的な施設等々は、当面の問題にかかわるかぎり、あますところなく浪費的である。それはさらに、この浪費を代表する公債が私的な貯蓄に対する魅力的な投資証券として役にたつという追加的な利点をもつばかりか、同時に、全体としてみれば、このように投資された貯蓄は純粋に擬制的な貯蓄であり、したがって利潤や価値を低下させるようには作用しない、という追加的な利点をもっている」。

一九〇四年の時点では、このような公債発行にもとづく政府による有効需要創出政策を容認するような国民的合意はまったくなかった。鉄道建設の時代には、州政府による州債発行にもとづく補助金行政が花盛りだったが、たてまえとしての政府の役割は「司法・行政・国防」であり、「安上がりの政府」こそが自由の国アメリカにふさわしいと一般的に信じ込まれていた。「浪費」を拡大させれば「不況」は回避できるが、そのためには「現代人の心」、つまり思考習慣が大きく変わる必要があるのだ。

経済の組織化　だが、たとえ浪費的消費を加速化することによって生産と消費のバランスを維持できなくても、財の産出量を減少させて管理することにより、それを維持することができる。プール、トラストなどの業者間協定にとどまらず、圧倒的な市場占有率をもつ独占的な巨大株式会社の形成をつうじて市場価格を維持・管理することが、企業の存続にとって不可欠であり、またそれができるようになりつつあった。一八九八年から一九〇二年にかけての大企業合同運動を契機に、すでにビッグ・ビジネスの体制ができあがりつつあったからである。

「現代的な産業分野で成功している企業で、そこにまったく独占の要素をもたない企業があるかというと、それははなはだ疑問である。いずれにしてもほとんど存在しないし、あったとしてもたいした数ではない。したがって、経営の永続化を望むこのようなすべての企業努力は、可能なかぎり多くの独占を確立することにある」。

もちろん生産量と価格管理を可能にするような市場支配力や、科学技術上の「特許」や「秘密」などを「完全独占」することはきわめて困難だし、たとえそれを達成したとしても、「顧客が耐え得るだけの価格」しか押しつけられない。価格と利潤の安定を確保することはできても、社会的な需要の量そのものを増加させることはできない。だが、独占の達成は間違いなく企業の予想収益力をたかめる。株式会社の「資本価値」は株式市場で評価されるが、予想収益力(=予想利潤)の上昇は必ず株式価格の上昇をもたらす。そこでえられるキャピタル・ゲインの入手が、株式会社形成だけでなく、史上最大かつ最初の企業合同(マージャー)運動を点火させた誘因でもあった。企業合同の仕掛人であった「投資銀行業者」たちが「史上例をみないほどの富」を大量の株式取得という形で瞬時に入手しただけでなく、巨大会社の株式が、きわめて安全な収益資産=金融資産としてひろく大衆的に分散所有されることになった。いわゆる「所有と経営の分離」が実現しはじめる。

ビッグ・ビジネスの体制は、株式や社債などの「所有財産から引きだすことができる不労所得に対する請求権」=「不在所有権」の価値を維持するための体制である。配当や利払いを確実にするためには、経営者は「短期的な」利益を確保しなければならず、生産調整=「意図的な効率の引き下げ」つまり「サボタージュ」を余儀なくされる。労働者もまた自らの取引を有利にするために交渉団体としての「労働組合」を結成し、ビッグ・ビジネス体制のなかにしっかりとした「既得権」を確保する。未組織労働者と農民だけが、この体制で「既得権」を確保できず、不安定なままつねに働きつづける「貧しい人々」として放置される。

だが、たとえ生産の側で以上のような組織化が完成されても、「利潤」が自動的に増えつづけるシステムは完成しない。そのためには「売上総額」、つまり商品に対する需要総額が増えつづけなければならない。需要を創りだすための広告や宣伝、組織的なセールス活動が登場する。

無駄の制度化　「広告に手を抜く企業は市場占有率を確保できなくなる」から、広告はあらゆる企業にとって不可欠なものになる。今世紀初頭の出来事だが、一九二〇年代はじめに広告費が非課税の「費用」に認められると、それは爆発的に増加した。広告は企業経営上の「経費」であるから、これは確かに相当量の所得=「雇用」を創りだす。しかし、広告がパンや衣服のような実物財をつくりだすわけではない。そのかぎりでは、広告に費やされる資材や労働力は、まったく無駄な支出なのである。

だが、この無駄な支出の発生とその爆発的な増加が、科学技術の進歩や企業規模の飛躍的発展と踵を接して生じた歴史的な事実であったという点に着目すると、世界はすこし違って見えてくる。増えつづける無駄な支出、無駄な消費をしっかりと組み込んでいったからこそ、不断の技術進歩を内包した経済社会は崩壊せずに済んでいるということである。

「現代的な企業方式による産業経営が、方向を誤った膨大な人間努力の利用と財やサーヴィスの浪費とを内包せざるをえないことは、ことの本質上避けられないが、このような様式の経済生活に特有な目標や理想というものが、このような付随的な無駄のすべてを相殺するように強く作用することもまた確かである。この金銭的な目標や理想は、たとえば人間を絶えまなく一所懸命に働かせるという点できわめて大きな効果をもっており、この理由だけでも、企業体制はおそらくその機能につきまとうあらゆる浪費をおぎなうことができるであろう。したがって、現代的な企業体制が社会の生活資料を削減しているという考え方には、まったく根拠がない。それは生産的労働に従事している人々に課せられた緊張の増加によって、自らの無駄を帳消しにする」。

しかし、そうだとすればなおのこと、この「無駄の制度化」のうえに成り立っている現代の経済社会とは、いったい人間にとってどのような意味をもっているのか、という根本的な疑問が湧いてくることにもなろう。「浪費」を助長し支えるために、ますます人間の「緊張」を増加させるというのであるから。

▼社会の進化と人間性の多層構造

能動的な人間把握　ヴェブレンの基本的な哲学はストア主義であり、平和主義であった。前者は「顕示的消費」への辛辣な批判から、後者はドイツや日本に典型的に現れた軍国主義的な文化の批判的解明からそれぞれ明らかになるのだが、彼の特徴は、それをたんなる「時論」のレヴェルで展開せず、制度や文化発展の「一般理論」の域にまで高めて論じたところにある。人間社会の文化的特徴を進化論の立場から複合的にとらえ、現代にいきる人間を、その「思考習慣」＝「制度」の累積的で重層的な構造連関として動態的に理解したからである。彼は哲学の研究から学者としての道を歩き始めたが、その目は生物学や文化人類学へも向けられており、つねに人間が「人間であること」の証を進化生物学的な視角から突きとめようとしつづけた。だから、人間を「快楽と苦痛」の「点滅式計測器」であるかのようにとらえる受動的で功利主義的な人間把握に対して、ヴェブレンはこう批判したのである。

「現代の文化人類学的研究によって補強された最近の心理学は、人間性について異なった概念を与えている。それによれば、人間であることの特徴は何かを為すということにあり、たんに一定の力の影響をうけて快楽と苦痛とを受け取るというだけのものではない。人間は、たんに環境が及ぼす力の通路におかれていることによって飽和に達するはずの欲望の集合体というよりはむしろ、尽きることのない活動のなかに実現と表現とを求める性向や習慣の首尾一貫した体系なのである。この考え方によれば、人間の活動とくに経済活動は、一定の欲望を充足させる過程に付随する事柄であるなどとは、理解されない。活動それ自体が過程の本質的事実であり、したがって活動を惹起する誘因として働く欲望とは、一定の場合に活動が展開されていく特定の方向を決定する気質という要因なのである」(『現代文明における科学の地位』一九一九年)。

一九世紀最後の四半期は、世界的にロマン主義全盛の時であった。啓蒙期以来の近代的合理主義＝冷徹な理性への絶対崇拝に対して、「熱き血」の側からの反発が生じた。それは芸術の世界だけでなく、哲学や政治の世界にまでおよぶ広範なものであった。近代的な理性ではかりしれない世界の広さと重さとに、人々は気づきはじめていた。功利主義的人間把握を「点滅式計測器」と揶揄したヴェブレンもまた、このような新しい時代の思想動向に無縁ではなかった。だが、単純なトロッピズムや情動論ではない。つづけて彼は、こう述べている。

「このような気質という要因は、従事している特定の活動における行為者としての態度に関するかぎり、それにしたがって活動している個人にとっては究極的で確定的なものである。しかし、科学の眼から見れば、それは行為者のなかにある意識構造を形づくる要素であって、しかも、祖先とその時までの生活との所産である。それは遺伝的な特質と過去の経験との産物であり、伝統、慣例 (conventionalities) および物質的環境からなる一定の体系のもとで累積的に生みだされたものであり、したがってそれは、その過程の次の段階への出発点になる。個人の経済生活の歴史は、その過程の進行とともに累積的に変化する目的に対する手段の適応からなりたつ累積的な過程であって、行為者もその環境も、つねに過去の過程の産物なのである」。

個人の行為を引き起こす誘因である欲望それ自体は、個々の行為主体にとっては「究極的かつ確定的」であっても、世代をつうじた生活過程の進展とともに累積的に変化する。行為者の意識構造は、遺伝的特質、伝統、慣例のすべてをその要素として取り込み累積していくことをつうじて変化しつづける。「人間性」は不変どころか、変化しつづけると見なければならないという主張である。「遺伝的な特質、伝統、習慣」の世界として描きだされた歴史認識の概略を、『有閑階級の理論』と『変革期の評論集』(一九三四年) に収録された初期論文を中心に再構成すれば、おおよそこうである。

モノ作り本能　人間は他の動物種と同様に、外部環境からの刺激に反応して行動する能動主体であり、習慣と性向の被造物である。さらに、人間は他の動物種よりもはるかに知的な能動主体であり、「種の保存」という淘汰的必然の求めにしたがって、合目的的活動を志向する傾向をもつ。「人間は明敏な目的意識の保持者であって、その働きによって、生活や行為におけるあらゆる無駄な努力が人間にとって好ましくないものとされる」。この「合目的的な活動を志向する傾向」ないし「生活や行為におけるあらゆる無駄な努力」を避けようとする「人間性の一般的特徴」、これをヴェブレンは「モノ作り本能」と呼ぶ。

「モノ作り本能（あるいは感覚、衝動）」という概念は、なによりもまず進化生物学的次元においてみた人間性の規定である。人間が種の一員として存続するためには、人間の生命活動維持に役立つ行為を助長し、それを阻害する行為を回避させるような感覚や意識の存在が、不可欠である。種としての人間の存続を保証するメカニズムが人間の内に埋め込まれていたからこそ、人間は生物の一員であり動物の一員として生きのびてきたという、きわめて根源的な主張なのである。後の著作『モノ作り本能』になると、「種の保存」という役割は「親としての傾向（parental bent）」に、「知的な能動主体」としての役割は「知的好奇心（idle curiosity）」つまり「目的のないたんなる好奇心」にというふうに、それぞれ細かく分けて説明される。「知的好奇心」が生み出したもののうち、「モノ作り本能」や「親としての傾向」によって役に立つものと立たないものが選別され、社会の共有財産としての「知識体系」として受け継がれ発展させられることをつうじて、生産力が高まりつづける。生産性や効率の上昇、これは人間の「本能的な」傾向に由来するとヴェブレンは捉えている。

また人間は、独居性の肉食動物（Carnivora）とちがって、流血を平然と眺めるにはかなりの訓練が必要だ。その精神的類縁はむしろ群居性動物のそれに近い。人間は競争者との「直接の対立を回避しようとする習性」ゆえに「生き残りうるような動物の一員」、つまり本質的に「平和愛好的な」動物なのである。こうして、人間が道具の発明と改良によって余剰生産物を創りだせる段階に達するまでの時期、つまり人類史の最も長かった「圧倒的な貧困故の平和という古代的状態」のなかで、モノ作り本能は人間のもっとも根源的で不可欠な「行為規範」になったのである。

このような平和愛好的原始社会の想定はロックやルソー、さらにはマルクスと共通するものがある。だがヴェブレンの特徴は、なによりもまず人間を生物学的なレヴェルで捉えたうえで、さらに文化人類学的な視角から、多面的で多層的な現代の「人間性」の累積的発展を説いた点にあった。

競争心の世界　生産力が発展し、余剰生産物の蓄積が可能になってくると、モノ作り本能という行為規範にしたがって生産物を入手するよりも、それを「略奪」によって手にいれるほうがずっと効率的になる。余剰生産物の存在が戦争を可能にし、社会集団の生存にとっては「戦闘能力」つまり「武勇」の保持が不可欠の条件になってくる。人知を越えた力、神懸り的な力を保持していることが集団の尊敬のまとになり、それはやがて「名声の基準」としては最高の「行為規範」に転成する。その反面で従来の「モノ作り本能」はだれもがもつ目立たない存在になり、「行為規範」としては格下げされる。野蛮な時代つまり「略奪社会」の登場だが、「武勇」そのものは戦場でしか目の当たりにすることはできず、「武勇の証拠」は「戦利品（トロフィー）」の量によってはかられる。戦利品としての「財産の高」が、新しい名声の基準になる。戦争は「私有財産をめぐるゲーム」に他ならない。いわゆる封建時代においてのことだ。

だが、「略奪」や「相続」にもとづくものほど「高貴で上品」ではあっても、財産そのものは、そのほかの手段によって入手できる。たとえば、安く買って高く売るという意味で「準略奪的」な商業取引による莫大な譲渡利潤がある。「労働への従事」によって財を生産し、それを「私有財産」として所有できるようになると、貧しく卑しい労働大衆まで「所有をめぐるゲーム」に参加しはじめる。彼らには長い歴史をつうじて「モノ作り本能」が染み着いており、隣人よりも少しでも多くの私有財産を保持するという意味での「競争心」の世界が自由に解放されると、社会で生産される富の量は飛躍的に増加しはじめる。しかも、「競争心」は「相手を妬ませるような比較（invidious comparison)」に由来するから、無限の推進力として機能しつづける。「勤労と節倹」のすすめを説いたB・フランクリンやA・スミスの時代の出来事である。

顕示的消費の理論　従来「下品で」「卑しい」とされた勤労が名声＝富を獲得する手段として広く社会的に認知され始めると、「所有をめぐるゲーム」は新しい段階に突入する。「蓄積された富をもっぱらより多くの賞賛をえるために顕示しようという努力、あるいは、このような効果をもたらすような努力」が必要になってくる。「顕示的消費（conspicuous consumption)」が、すべての社会成員の行為規範になる。ここでは、最高の名誉や名声の基準は、もっとも高貴で上品な「有閑階級」つまりまったく労働せずに消費だけするという意味での「顕示的閑暇と顕示的消費」にいそしむ上流階級の生活作法である。

「名声という点では、有閑階級が社会構造の頂点に立っている。だからこそ、その生活作法と価値基準が社会全体に対する名声の規範になる。これらの基準を遵守することが、たとえある程度までの近似ではあっても、等級として下位にあるすべての階級にとって義務的なものになる。現代の文明化した共同社会では、社会階級相互間の区別は不明瞭かつ一時的なものになっている。こうして、このようなことが生じるところはどこであれ、上流階級によって課せられた名声の規範がもつ強制的影響力は、ほとんど妨げられることなく社会構造の最下層にまでおよぶことになる。その結果、それぞれの階層に属する構成員は、彼らよりも一段上の階層の間にゆきわたっている生活図式こそ自らの理想的な生活作法（decency）と認識した上で、生活程度がその理想に届くようにすべてのエネルギーを傾注する、ということになる」。

新しく登場した産業都市では、大衆はすべてたがいに「見知らぬ隣人」であるから、「顕示的消費」は競争心を発揮する格好の場を提供する。どれほど貧しくても、人はつねに少しでも上の階層を羨望の眼でみつづけるから、結果的に上流階級＝有閑階級の生活様式が大衆の日常生活の中へ取り込まれてゆく。新聞や雑誌は広告の媒体としての役割を担うようになり、大衆の消費欲望そのものが尽きることなく社会的に創りだされてゆくようになる。それぞれの「顕示的消費」の基準をみたすために、労働大衆はかぎりなく働きつづけるから、この体制はかぎりなく発展しつづける。マルサスが心配したような人口の爆発的な増加も起きるはずがない。

「なんとしても他人なみの支出を実行しなければならぬ状況下にある階層の低い出生率は、同様に、顕示的浪費にもとづく生活水準を満たすという要請に起因している。子供の標準的な養育のために必要とされる顕示的消費、そしてその結果としての支出の増加は極めて大きなものであり、強力な抑止力として作用する。それは恐らく最も効果的なマルサス流の思慮深き抑制なのである」。

このかぎりでは、「競争心」に由来する「顕示的消費」という行為規範が支配する社会は、消費が無限に増加するという経済拡張プロセスを辿りながら、究極的には均衡・均一化の内的傾向をもつ。J・S・ミルのいう「定常状態」は経済成長に一定の限度があるというものであったが、ヴェブレンのいう「顕示的浪費」は、むしろ人間的定常状態とでも呼びうる世界をつくりだす。生産と消費はかぎりなく拡大しつづけるが、社会的な行為規範＝大衆の精神態度は、ひたすら「顕示的浪費」という一点に向けて収斂する。しかも競争心に駆りたてられた個々の「経済人」は永遠に「満足」できない、そういう社会である。

社会の進化と退化　しかし、この人間性を「経済人」タイプに均一化する作用がどれほど強大であっても、「顕示的閑暇と消費」が上流階級の生活方式を目標にしている以上、上流階級の「精神態度」が逆に社会全体に広く浸透してゆく。上流階級は本質的に保守的であり、過去から受け継いできた制度的遺産のすべてを守りつづける。その意味では、豊かになればなるほど、大衆の「精神態度」は上流階級に特有な保守的なそれへと近づいてゆく。古くからある思考習慣、制度、行為規範は、こうして社会的にしっかりと受けつがれる。「精神態度」あるいは「人間性」というレヴェルでみると、歴史的な進化の過程は、金銭的に合理的に行動する「経済人」への均一化であると同時に、古くからあるさまざまな思考習慣や行為規範を「累積的・重層的」に組み込んでゆく複合的な「人間性」形成の過程なのである。

だが「顕示的な閑暇と消費」は、「モノ作り本能」あるいはその系としての「知的好奇心」の自由な発現にもとづく「機械過程」、つまり科学技術の累積的な進歩・発展を不可欠の前提にしていた。科学技術の発展が社会全体をひとつの「機械過程」に統合し、かぎりない浪費を可能にする「大量生産」が実現したからである。労働者はたんなる「機械過程」の一部品にすぎないとはいえ、彼らもまた科学者や技術者と同様に、無機質な機械的因果関係を重視し理解する精神態度を身につけてゆく。統計熱力学の世界で思考しはじめる。当然この傾向は、古くからある伝統的な制度や慣例を懐疑の眼でながめる人々、伝統や慣例を遵守しようとしないという意味で「革新的」な精神態度をもつ人々を、大量に生み出しつづける。これはもっとも古くからある「人間性の一般的特徴」である「モノ作り本能」の発現でもあり、決して止まることのない文化的、制度的な力である。

　とすれば、こういえるであろう。できあがりつつあった大衆消費社会、大量生産＝大量消費の産業社会における「人間性」は決して均一的な「経済人」のそれではなく、古代的で野蛮な制度や慣例としてあらわれたさまざまな行為規範のすべてを重層的にふくむ「保守的」なものと、そのすべてを懐疑的になが め解体させてしまうような「革新的」なものとの複合体であると。単線的な「進歩」と累積的な「進化」とは異なる。進化の過程では、外的な状況次第でいつでも古くからあるさまざまな人間性や行為規範が支配的なものとして復活してくるからである。

▼ヴェブレンの遺産

　以上見てきたように、人間の社会的行動を人類史上における制度的・文化的発展過程上の一局面として理解しようとしたところに、ヴェブレンの特徴があった。人間を「何かをする」能動的な存在だとしたうえで、多面的・多層的に人間性を捉えなおす方法は、財の消費によってえられる「最大幸福」や「満足の極大化」を究極的な目標や理想であるかのように仕立てあげてしまう支配的な経済思想に対する、根底的な批判を含んでいる。経済学を、たんに計算可能な幸福と満足の「点滅式計測器」にしてはならない。人間の社会的行動の全体を理解し、説明できるような広い枠組みをもつものにしなければならない、という批判なのである。もちろんここには、あらゆる世俗的な「効用」、つまりすぐ役に立つわけでも明確な目的をもつわけでもない「知的好奇心」の自由な発現をゆるすような「自由」な体制への、ひそかな期待が込められていた。

　それだけに、ヴェブレンの思想は「批判的精神」にめぐまれた多くの知識人をひきつけてきた。現代を支配している諸制度、思考習慣という意味での先入観や偏見からの「自由」を求めつづける人々に、多くの刺激を与えてきた。ミッチェルを中心にした「制度経済学」をめざす運動の直接の源泉であったし、アインシュタインのような物理学者にいたるまで、ヴェブレンはひろく読まれ、高く評価されてきたからである。

　だが、ヴェブレンは決して自らの理想や価値判断を明確に打ちださなかった。「慢性的不況の理論」にしても、それは決して「不況対策」を明らかにしようという目的から考察されたものではない。社会分析の方法としても人間の捉え方としても「現代のヴェブレン」と呼ぶにふさわしいJ・K・ガルブレイスが示唆したように、ヴェブレンはあくまでも制度や文化の分析に身を捧げたのであって、新しい制度や文化の建設をめざす夢想家ではなかった。だがそうであるからこそ逆に、社会システムが麻痺しかけ、伝統的なパラダイムへの信頼が揺らぎ始める大きな歴史的変化の時ほど、ヴェブレンの思想が人を引きつけるのである。

読書案内

　ヴェブレンの著書は十指にあまるものがあるが、内容的には

『有閑階級の理論』と『営利企業の理論』を読めば、思想の骨格は十分につかめるであろう。前者は『有閑階級の理論』（高哲男訳、ちくま学芸文庫、一九九八年）、後者は『企業の理論』（小原敬士訳、勁草書房、一九六五年）として利用可能である。ちくま学芸文庫版『有閑階級の理論』末尾の「訳者解説」では、最新の研究成果を踏まえたうえでヴェブレン思想のエッセンスが紹介されているので、ぜひ参照してほしい。そのほかの翻訳としては、『ヴェブレン 経済的文明論――職人技本能と産業技術の発展』（松尾博訳、ミネルヴァ書房、一九九七年）、『技術者と価格体制』（小原敬士訳、未来社、一九六二年）がある。ヴェブレンが駆使する独特の言葉や概念は、語源的にも感覚的にもよく考え抜かれており、日本語に移しかえるのは容易ではない。透徹した分析をじっくりと正確に味わうためには、原文を参照しながら読むことをお勧めする。

二次文献のうち、簡便なものとして、J・K・ガルブレイス『ある自由主義者の肖像』第一部第一一章「ソースティーン・ヴェブレンとは誰であったか」（鈴木哲太郎訳、TBSブリタニカ、一九八〇年）、R・L・ハイルブローナー『入門経済思想史 世俗の思想家たち』（八木甫／松原隆一郎ほか訳、ちくま学芸文庫、二〇〇一年）、西部邁『経済倫理学序説』（中央公論社、一九八三年）、都留重人『現代経済学の群像』第一話「ソースティン・ヴェブレン」（岩波書店、一九八五年）などがある。伝記的に網羅的で、歴史的背景の考証に詳しいという点ではジョセフ・ドーフマンの『ヴェブレン《その人と時代》』（八木甫訳、株式会社ホルト・サウンダース、一九八五年）が群を抜いているが、社会分析理論としての統一性を内在的に掘りさげたものとして高哲男『ヴェブレン研究――進化論的経済学の世界』（ミネルヴァ書房、一九九一年）、制度経済学の中における位置や経済学方法論について詳しい高哲男『現代アメリカ経済思想の起源――プラグマティズムと制度経済学』（名古屋大学出版会、二〇〇四年）、さらに現代経済学の視点から再評価を試みたものとして宇沢弘文『ヴェブレン』（岩波書店、二〇〇〇年）がある。

理解を深めるために

一、ヴェブレンのいう「慢性的不況の理論」の基本メカニズムを要約し、それが現代にも適用可能かどうかを、具体例をあげて説明しなさい。

二、「顕示的消費」の概念装置をつかって、経済発展の説明をしなさい。

三、ヴェブレンの社会分析のどこが「アメリカ的特徴」をもつか、具体的に説明しなさい。

四、大衆消費社会の「浪費性」は無限に続くものかどうか、推論と判断の根拠を明確に示しながら、あなたの考えを述べなさい。

五、技術進歩と経済の組織化が進展しつづけるとすれば、社会組織や人間の「自由」はどのようになるか、理由を示しつつあなたの考えを述べなさい。

（高　哲男）

II—8 ジョン・メイナード・ケインズ

「古典派」の重力圏外への扉

(John M. Keynes 1883〜1946)

▼生涯と著作

ケインズが生まれたのは一八八三年六月五日、ケンブリッジのハーヴェイ・ロード六番地。父ジョン・ネヴィルはケンブリッジ大学の論理学および経済学の講師、母フローレンス・エイダは社会事業に関わり、後にはケンブリッジ市長も務めている。父の同僚で、ケンブリッジ学派の祖、A・マーシャルにもかわいがられて育ったケインズではあったが、イートン校、キングス・カレッジ時代の関心の中心は哲学・数学にあり、経済学に触れたのは文官試験を受験する卒業前の半年間、マーシャルの講義を受けたことぐらいだった。

ケインズの思想形成上で見落とせないのが、「ザ・ソサイエティ」という、一八二〇年代より続く由緒あるグループへの参加であり、終生交流の続いたそこでの友人たちとの議論である。G・E・ムーアの影響下、伝統・慣習にとらわれることなく、自らの理性に照らして納得できるもの以外は認めない、ケンブリッジの合理主義とでもいうべきものを彼は自然に身につける。これは後に既存の経済学の思考法とは離れたところで自らの経済学を構想していったことを思えば興味深い。当時のメンバーを中心にして、芸術・文学を語る「ブルームズベリー・グループ」が作られ、卒業後もその親密な交際は続いた。

ケインズの数学優等試験はあまり芳しくなく、卒業後は一九〇六年よりインド省軍事局に勤めたが、それで哲学・数学への道をあきらめたわけではなかった。勤務の傍ら、ケンブリッジ大学のフェロー資格論文として提出すべく「確率論」を書き始める。しかし、二年後に提出された論文はあえなく選外に落ちてしまう。失意のケインズに、マーシャルは自らのポケットマネーから、経済学優等試験受験者のための講師の口を申し出る。

こうして再びケンブリッジに戻ったケインズは、翌年にはフェロー資格を得、貨幣、信用、物価、やがては金融論を講義することになる。当初は数学・哲学に力を入れていた彼も、次第に経済学へと傾斜し、『エコノミック・ジャーナル』編集者となった後、一三年には『インドの通貨と金融』を著し、金融・通貨問題の専門家として活動するようになる。その後二三年に『貨幣改革論』を著してからは、貨幣経済を扱う理論そのものの探究に向かい、三〇年に『貨幣論』、そして三六年にはケインズの名を今日まで知らしめている『雇用・利子および貨幣の一般理論』を出版した。

第一次世界大戦中は大蔵省入りし、戦時金融問題を担当。一九年のヴェルサイユ講和会議には大蔵省首席代表として参加するが、ドイツに対する報復的な巨額の賠償案が採択されるを見るや調印を待たず辞任、帰国する。払い得ない天文学的な賠償額はヨーロッパ復興を遅らせ、将来に禍根を残すばかりである。すぐその主張は『平和の経済的帰結』（一九一九年）として出版され、一躍時論家として名を馳せることになる。現実の政治・経済とのアクティヴな関係は最後まで変わることなく、第二次大戦後の国際通貨制度の創設時には、世界中央銀行の設立を軸とする意見をもって、H・D・ホワイトのドル本位制的なプランと渡り合うが、結局は強大となったアメリカの前に退けられてしまう。そしてIMF創設期の激務の中、心臓発作が彼を襲った。一九四六年四月二一日、サセックス州ティルトンの別荘でケインズはその華麗な生涯を閉じる。六二歳であった。

▼いわゆる「ケインズ」とは

さて、ここでケインズの理論的特質を論じるべきところだが、彼自身の経済理論とは何か、目下の状況は非常に混沌としている。そこで最初にケインズの経済学とはどのようなものと思われてきたか、すなわち『雇用・利子および貨幣の一般理論』（以下、『一般理論』と略す）のメッセージはどう解釈されてきたか、簡単に見ておこう。

IS-LMモデルとその後　L・R・クラインのいう「ケインズ革命」を引き起こしたこの書物には、経済学的に興味深い事柄が数多く記されている。しかし問題なのは、それらはあまりクリアでなく、相互の論理的整合性も必ずしも明らかではないことだ。実際のところ「ケインズ経済学」普及の原動力となったのは、それを要約したJ・R・ヒックスの『エコノメトリカ』論文「ケインズ氏と「古典派」」（一九三七年）とP・サミュエルソンの教科書の四五度線図である。

一国の経済の現実の国民所得Yを決定するのは有効需要Ydの大きさである（有効需要の原理）。Ydは消費財需要Cと資本財需要Iで構成される。CはYが増加するときそのα（$0<\alpha<1$、限界消費性向）の一定割合で増加し、また$Y=0$でもc（>0、基礎的消費）だけの消費が行われるとすると、$C=c+\alpha Y$、と表される。すると、$Y=Yd=C+I=c+\alpha Y+I$から、$Y=1/(1-\alpha)\cdot(c+I)$の関係が導かれる。$1/(1-\alpha)$を乗数と呼ぶが、Iが増えるとその乗数倍の国民所得増が得られることがわかる。こうして決定されるYが完全雇用を達成するものでないならば、公共事業等で資本財需要を増やすべしとなる。これはニューディール政策等世界大恐慌時に採られた不況対策を理論面で支持するものであり、レッセ・フェール（自由放任）をよしとしたそれまでの経済学の考え方を大きく変えるものであった。

さてIは企業家がその投資から見込まれる期待収益の現在価値が資金調達費用を上回るときに実行されるものだから、これは利子率rの減少関数とみなすことができる。前述のYとIの関係と併せて考慮すれば、ここでY－r平面に、生産物市場を均衡させるYとrの組み合わせが、右下がりの曲線（IS曲線）として得られる。

一方、流動性選好説では、貨幣需要Lは、生産活動水準に比例するのでYの増加関数と考えられる取引動機にもとづく貨幣需要L_1と、債権と貨幣の間の資産選択を考えるときrの減少関数とみなされる投機的動機にもとづく貨幣需要L_2との和で構成され、LとマネーサプライMが等しくなるようにrが決まると考える。ここでM一定とすれば、Y－r平面に、貨幣市場を均衡させるYとrの組み合わせを示す右上がりの曲線（LM曲線）を描くことができる。

こうして得られたIS曲線とLM曲線の交点において、両市場の同時均衡が示されることになる。有効需要の原理だけならば、国民所得の水準を上昇させるにはただ政府支出等を増加すればよいことになるが、それはL_1を増加させるので、Mが不変ならばL_2を減少させるようrを上昇させることになり、民間投資を圧迫（クラウディング・アウト）するかもしれない。両曲線を導入することにより、こうした点も含めて考察できる。たとえばISカーブを右にシフトさせる拡張的な財政政策の効果を考えてみれば、LMカーブと交わる部分の傾斜が垂直に近いところ（古典派の領域）では、その効果は小さく、利子率を上昇させて民間部門の投資をシュリンクさせるだけの結果になってしまうが、LMカーブの傾斜が水平に近いところ（ケインズ的領域）では、民間投資を圧迫することなく、望ましい成果が得られるという具合である。このようにケインズが批判した古典派と呼ばれる人々の主張も、初期のケインジアンの主張も、ひとつの図式の中で考察することができる。

「本当」のケインズを求めて

有効需要の原理は、国民所得を「決定」するはずだった。だが、LMカーブの傾斜いかんでは、その効果はいとも簡単に減殺されてしまう。また一般均衡論風に考えるならば、貯蓄関数に利子率を変数として導入する等の「一般化」もできる。マクロ経済学の教科書はさらに、IS-LMモデルに物価水準を導入して物価水準と実質国民所得の関係を示す総需要曲線と、IS-LMモデルで落とされていた労働市場の均衡を示す総供給曲線からなる、総需要＝総供給モデルを標準的なツールとして採用するようになる。総供給曲線を導く際に貨幣錯覚を想定しなければ垂直になるため、「ケインズ経済学」が主張した政策の効果はインフレ以外に何もなくなり、ケインズ革命のインパクトは新古典派経済学のもとに完全に吸収されたように見える。ケインズの要約過程のどこかが間違っていないかというわけで、実に様々な「ケインズ」が現れた。

R・W・クラウアーは一九六五年の論文「ケインジアン反革命」で、ケインズのアイディアの核心を、価格調整と数量調整の速度を逆転させ不均衡価格での取引を容認した点に求めた。ワルラスの想定に反して、不均衡価格でも取引が行われてしまう場合、需要量か供給量のいずれかが他方を上回る。このとき、事前の最適化にもとづく取引計画を実行できるのはそのうちの小さい側（ショートサイド）だけであり、ロングサイドになった主体は取引数量の制約を考慮にいれた上で再び最適化計算を強いられる。これが再決定仮説であり、こうした考えをもとにA・レイヨンフーヴッドは『ケインジアンの経済学とケインズの経済学』（一九六八年）を著した。その後、再決定のアイディアはR・J・バロー、H・I・グロスマン、J・P・ベナシー、根岸隆といった人々によって一般不均衡理論として展開された。ただ、これらは一般均衡理論の数量タトヌマン版ともいうべき性質を持ち、必ずしも新古典派経済学に対して「革命」的とはいいがたい。

ケインズ・オリジナルを最も強く意識しているのは、ポスト・ケインジアンと呼ばれる新古典派経済学に批判的なグループである。六〇年代の資本論争においては、集計的生産関数をめぐってMITの新古典派経済学者と論争し勝利を収めたことでも知られているが、ケインズ経済学として必ずしも統一的な理論体系を打ち出しているわけではない。彼らがケインズのアイディアの核心をどこに求めているかというと、たとえばJ・V・ロビンソンは歴史的時間と呼ばれる不可逆的な時間構造を強調し、変更不能の過去と未知の将来との間にある現在においては、取り消しのできない行動を経済主体は重ねていく点をはっきりと打ち出したことであるという。ケインズは『確率論』以来、不確実性を強調しているが、これは確率分布を付与して処理できる通常の不確実性ではなく、繰り返し不能な判断を扱うものである。しかしロビンソン自身、歴史的時間にもとづく経済体系は示していない。このようなタイプの不確実性に関してよく知られているのは、G・L・S・シャックルのポテンシャル・サプライズの概念であるが、体系を成すには至らない。また、P・スラッファの影響下、資本主義の構造表現を重視するL・L・パシネッティ、P・ガレニャーニ、金融不安定性を強調するP・デヴィッドソン、H・P・ミンスキーといった人々もいる。

もちろんこの他にも、小谷―宇沢タイプをはじめとする不均衡動学、不均衡状態に関連して外部性、収穫逓増等の面から市場の失敗に着目するアイディア等、ケインズに関するモデルは様々に示されてきたが、いずれも決定版にはならなかったように見える。その一方で、政策変数は期待形成を通じて主体の行動を変えるため、過去のデータからパラメータを推計した経済モデルは政策モデルとして役に立たないという批判がR・E・ルーカスによって行われ、マクロ変数間の関係からスタートするケインズ経済学は、個別主体の最適化行動をミクロ的基礎としてもたないが故に不十分なものと考える人が多くなった。ニューケインジアンと呼ばれる人々は、ケインズの名を冠してはいても、ケインズオリジナルな主張と議論を結びつけることよりも、硬直的な価格などが何故合理的な主体行動から導かれるかを示すことに主眼をおいている。八〇年代の合理的期待マクロ、九〇年代のリアルビジネスサイクル等の流行を見ると経済学の主流はますますケインズから遠ざかっているようである。

『一般理論』のワナ?　ケインズ革命の核心とは、いったい何なのか。数多くの人々が『一般理論』に立ち返って読み直そうとした結果がこの状況である。オリジナルなケインズが一向にその姿を現さないならば、さらに『一般理論』以前、『貨幣論』や『貨幣改革論』にまで遡って、ケインズの思考がどのようなラインで展開してきたか再検討する必要がある。しかしこれはあまり効果的には行われなかった。そこには、『一般理論』のワナとでもいうべき先入観がわれわれの行く手を阻んでいるからである。第一の関門は『一般理論』序文である。やや長くなるが引用する。

「『貨幣論』を書き始めたとき、私は依然として貨幣の作用を需要供給の一般理論とはいわば別個のものと見る伝統的な考え方に立っていた。それを書き終えたときには、私はすでに、貨幣理論を全体としての産出量の理論になるところまで押し戻そうとする方向にいくらか前進していた。しかし、私が先入観から解放されていなかったことは、産出量水準の変化の影響を徹底的に取り扱うことに失敗したという、いまにして思えばあの書物の理論的部分（すなわち、第三編および第四編）の顕著な欠陥となって現われた。私のいわゆる「基本方程式」は産出量を一定と仮定した上での瞬間描写であった。それは、産出量を一定と仮定した上で、利潤の不均衡を引き起こし、したがって産出量水準の変化を要求する諸力がどのように発展するかを示そうとする試みであった。しかし、瞬間描写とは別の動態的発展の取扱いは、不完全で著しく混乱したままに残されていた。それに対して、本書は、全体としての産出量および雇用の規模の変化を決定する諸力の研究を主とするものにまで発展している」。通常はここから、『貨幣論』は産出量一定とした体系である、と主張され、さらに産出量一定なのは完全雇用が想定されているからとされる。そして『一般理論』以前のテキストには、古典派の世界にある『貨幣論』からケインズはどのように脱却したのかという考古学的関心のみが残される。しかし、その脱却した先の世界がどのようなものかさえ判然としないのに、これではケインズ・オリジナルへの手がかりを失ってしまう。

ここに書かれているのは、「基本方程式」が産出量一定とした上で描かれていること、その産出量がどのように変動していくかを『貨幣論』では描こうと試みたが、それは著しく混乱を残したものになってしまった、ということである。『貨幣論』での産出量の取り扱い方は確かに見通しが悪いが、後に見るように別に完全雇用水準で固定されていたわけではない。『貨幣論』をコンシステントな理論体系として読解する作業はそのまま残されている。にもかかわらず、明確に定義されてはいない「古典派」、セー法則の世界、等と結びつけて「産出量一定の『貨幣論』体系」のイメージを定着させてしまうのは、思想史研究としてあまりに不毛である。

これからケインズのテキスト解読に向かうわけだが、その前に、こうした見方とも関連して流通しているいくつかの通説に簡単に触れておこう。

サーカスのサポートによる古典派からの飛躍？　通説的には、古典派の世界にいたケインズを『一般理論』の革新的な世界に飛躍させる大きな力となったのが、ケンブリッジ・サーカスと呼ばれる、J・V・ロビンソン、F・カーンらのグループであり、彼らとの議論を通じて産出量一定の『貨幣論』の世界からケインズは飛躍を遂げたことになっている。これはケインズ全集の解説にも書かれ、その飛躍を跡づけることが形成史研究の大きなテーマともなってきたのだが、不思議なことにその「古典派の世界」とは何かについては、あまり明示されなかった。ケインズが「古典派」というラヴェルを貼って批判しているのは、マーシャルやA・C・ピグーの経済学、とくに労働市場のモデルであるが、それまでのケインズはそうしたタイプの議論をしたことがない。『貨幣論』そして三二年のイースター学期の講義をめぐり、ケインズとサーカスの間で長々とした議論が行われたが、両者は見事にすれ違っているし、内容が「古典派」に近いのはサーカスの方なのである。

ケインズ体系は第一公準容認・第二公準否認の上に成立している？　ケインズは『一般理論』の一頁だけの第一章に続く第二章で「古典派の二つの公準」なるものを示している。これは企業の利潤最大化の条件から導かれる第一公準と、家計の効用最大化の条件からくる第二公準のことである。前者から労働需要曲線、後者から労働供給曲線が描かれ、古典派は両者の交差する点で雇用量が決まるとするが、労働者階級は実質賃金率に関与できないとして後者を否定し、通常の労働市場のモデルは成立しないと主張する。そして第三章有効需要の原理へと進むわけだから、ケインズの考える経済学の基礎にはこの章があると考えるのは、少なくとも『一般理論』だけからは自然なことに思われる。

ところが、有効需要の原理からすれば、実質賃金率の上昇は所得→消費の乗数過程を通じて雇用量の増大をもたらすが、容認されたはずの第一公準からは実質賃金率が上昇するとき雇用量は減少することになり、両者の主張は矛盾してしまう。また、第二公準を否定する理由にしても、実質賃金率が与えられるときに効用を最大にする労働供給量を選ぶ、という命題に対して、家計の最適化を受け入れてなおかつ、労働者は実質賃金率を（認識できないのではなく）操作できないことを理由に否定することはできない。

ケインズはどのようなつもりでこの二つの公準を著書に入れたのか、執筆過程を遡ると、三二年秋から自らの企図する経済学の批判対象を議論の冒頭におくというスタイルが見られる。これは三三年春には「古典派」と名付けられ、その雇用量決定の仕組みを説明するために二つの公準が紹介され、ともに否定されている。同年秋からは否定されるのは第二公準にしぼられ、これは以後踏襲される。産出量決定に関する議論は別個の筋道で展開されているし、それ以前には二つの公準の基礎となる経済主体の最適化に関する議論は見られないことを見ると、どうやら二つの公準は「古典派」の例示として取り入れたものの、主論点との整合性の論理的な検討はなされてはいないようだ。となると第一公準容認、第二公準否認は、「ケインズ」の基本的な要件ではなかったことに気づかされる。

この他にも、先述のレイヨンフーヴッドの著書以来、『貨幣論』の「自然利子率を市場利子率が上回るとき投資が貯蓄を上回り、物価水準は上昇する」という表現は、J・K・ヴィクセルの自然利子率と市場利子率が乖離するとき上方あるいは下方への物価水準の累積的発散過程が見られるという主張に重ね合わされて、『貨幣論』の議論の基礎にはヴィクセル体系がある、という見方があってケインズ捜査を縛ってきた。ところが『貨幣論』を読んでみると、用語の定義がヴィクセルとケインズは違うし、基礎とされるヴィクセルの実物体系を『貨幣論』から構築しようとしてもその痕跡すらないことがわかる。また、こうした差異を問わず、両利子率の乖離と投資・貯蓄の動向に関する言辞だけで括るのは、現在の理論状況に対して積極的な意味があるとは思われない。

▼ケインズの思考の展開経路

してみると、ケインズの思考の展開経路を確保するはずの手がかりが、ことのほか脆いものであることがわかる。ではいったい「ケインズ」とは何だったのか。『一般理論』以前に遡り、その思考展開の軸を探ることにしよう。

『貨幣改革論』　経済学体系構築の出発点ともいえるこの書物において、ケインズが議論の出発点としたのは貨幣数量「式」であった。ある社会で何らかの支払いのために保有される即時的購買力として定義された「貨幣」(ここで保蔵される現金等は除外される)の量をn、とすれば、nはその社会の所得と習慣・制度によって決まる。このnの実質価値を適当な財の組を単位としてk単位で表し、その一単位の価格をpとしたときの式、n = pk、である。しかし貨幣数量式が「説」たりうるためには、そこに何らかの仮定を加えて、影響力のある命題を導かねばならない。nとkは独立である、という仮定を加え、貨幣量の変化は物価水準のみに影響を与えるという命題を導くのであるが、これが「数量説の不注意な信奉者がしばしば犯す誤り」だという。通常は実物体系の理論がある上に、その空白を埋めるべく貨幣数量説があるのだから、これは理論的要請とでもいうべき仮定だが、この式がまさに出発点であって、実物体系を全くもたないケインズにとっては事情が違う。「長期的には」おそらくこれが正しいであろう、と一応はいうが、それに続くのが、「長期的にみると、われわれはみな死んでしまう。嵐の最中にあって、経済学者に言えることが、ただ、嵐が遠く過ぎ去れば波はまた静まるであろう、ということだけならば、彼らの仕事は他愛なく無用である」、という有名な件りであり、財に対して現れる貨幣数量の変化を受けて経済事象はいかに継起するのか、段階を追って分析する体系への意欲が示されている。しかし、まだこの段階では貨幣数量式からの有効なメカニズム展開は認められない。貨幣数量が分配および生産へ影響を与える経路を考察するために、資産家階級・企業家階級・労働者階級の三階級が導入され、これは二分法を拒否する姿勢とともに、その後のケインズの方向を示すもので注目すべき点ではあるものの、理論としての構造を形成するには至らなかった。

ロバートソンとの関係　貨幣数量式を拡張するために最初に取り入れられた部品が経営資本であった。一財モデルで、各期の産出量のうちどれだけが経営資本として投資されるかが次期以降の生産水準に影響する。投資は企業家階級が行うが、銀行が信用創造を行って企業家に貸し付けることでより多くの貨幣が投資のために支出されれば、消費に回る財の量が減らされ（強制貯蓄）、その分投資に回る。といっても各期の投資額、消費額等をリンクする機構はなく、因果連鎖をトレースするのは無理であった。

そうした中、転機となるのが**D・H・ロバートソン**の『銀行政策と物価水準』（一九二六年）制作への協力である。特にその第五章「貨幣的波及の理論」は、著者をして「どれだけがケインズのものであり、どれだけが私のものであるかわからない」といわしめたほど緊密な協力の成果であったのだが、ケインズにとって重要なのは、ステップ・バイ・ステップ・メソッドと呼ばれる経過分析の手法を得たことである。これは不均衡下で展開される経済事象の因果連鎖を、展開の論理単位であるステップ毎に区切ってトレースする手法であり、各ステップの状態は過去のステップにおける主体行動により決定され、各ステップの行動は簡単な調整ルールで決定され実行されていく点を特徴とする。

「貨幣的波及の理論」では、公衆は各期の物価で測った貨幣保蔵高を各期の実質的産出量の一定割合となるよう調整する、という調整ルールの下、何らかのショックに対してその後の各期を通じて、公衆がどのように保蔵を調整（誘発的ラッキング）して貨幣支出量を変化させ、物価水準がどう変化するか、平衡回復までのシミュレーションが行われる。ここでは各期の貨幣支出量と物価水準の変動の様子がトレースされているが、財の産出量は外生的に与えられるにとどまる。ロバートソンにとり、それは「実物的波及の理論」の役割なのでさしたる問題ではないが、それを持たないケインズにしてみれば不都合である。ロバートソンからの離反は、この点をいかに解決するかの模索の道程でもあった。

『貨幣論』に向かう第一の改善点は、貨幣の定義の拡張である。実物財の購入に備えるものとの定義を拡張し、資産運用手段としての貨幣（貯蓄預金）が含まれるようになった。二八年九月の論文「合衆国にインフレは存在するか」では、資産部門が経常的な生産部門に加えて考慮され、資産として保有される貨幣が導入された結果、完成財の産出量とそれに対して支出された貨幣量との間で価格が定義されることになる。ここに貨幣数量全体と物価水準は切り離され、貨幣数量式は解体される。資産部門において行われる選択は、「強気」の立場で株式をとる人と「弱気」で資産としての「貨幣」をとる人の間での賭けのようなものとされる。両者間の貨幣の移動は、生産物に向けられる貨幣量には直接には影響しないが、株式の新規発行条件を変化させることを通じて、企業家の設備投資に間接的な影響を与える。そしてそうした各局面への銀行組織の関与を考察する形で、貨幣数量の生産への影響というモチーフは保存されることになる。

第二の改善点は一財モデルから多数財モデルへの拡張である。「貨幣論」のタイトルが初登場する二六年八月の草稿目次には「物価水準の複数性」という項目が現れ、これは二八年一〇月にはさらに発展して「諸物価水準の理論」という一編となり、『貨幣論』と同じ章立てが採られる。ここで生産部門は消費財と資本財の二部門構成となるが、消費財部門の独立は、『貨幣論』の基本方程式、ひいては乗数過程を論ずるための要件である。

『貨幣論』の構造　さて、これまでに導入された様々な部品は『貨幣論』においてひとつの構造を成す。その中心部、基本方程式の編を検討しよう。「基本方程式」そのものは、ケインズ自身が述べるように、売上を生産費（正常利潤を含む）と両者の差額である「利潤（超過利潤）」で書き直しただけであるから「それ自身では何事も説明することのない自明の理に過ぎない」。しかし「現実世界から外部的な諸事実を導入して生命を吹き込むとき、それは原因と結果を辿るに役立つ方法で、素材を分析・整理できる」点が取り柄である。したがって、いかにしてそのように読むかが『貨幣論』読解の鍵となる。消費財部門を表現した第一基本方程式の作り方を見よう。ある期の消費財について、

消費財売上＝消費支出額＝所得－貯蓄＝消費財部門生産費＋（資本財部門生産費－貯蓄）

ここで生産費は正常利潤を含み、所得は両部門の生産費の和として定義されるので右のように変形できる。括弧内は消費財部門の超過利潤となる。消費財価格は売上÷産出量で定義されるので、消費財数量で各辺を割れば第一基本方程式、消費財価格＝一単位あたり正常生産費＋一単位あたり超過利潤、の出来上がりである。

ここまでは単なる恒等式である。これに「生命を吹き込む」べく導入されるのが、超過利潤によって生産水準を調整しようとする企業家の行動である。そして、明確に特定化されているわけではないが、所得からの消費支出パターンである。第一二章二節（バナナ生産社会の寓話）や第二〇章演習はわかりやすいものではないが、いかに複雑に生産期間や所得からの消費パターンが設定されようと、この基本方程式に現れる他の部門の条件が変わらないとすれば、消費財部門の生産が変動していく様を描き出すことができるのであり、いくつか単純化のための仮定をおけば容易に乗数概念さえ論じうる。

括弧内（資本財部門生産費－貯蓄）＝0の状態を考える。そこに資本財部門の生産が拡大し、以後拡大した水準で保たれたとしよう。まず括弧内＞0となり、超過利潤が発生する。そこで消費財生産企業家は次期の生産量を増大すべく、次期に向けての生産量を増加させる。これは消費財部門から発生する所得の増大になり、消費支出を増加させるので、次期の売上はさらに増加し、次期の超過利潤は依然として正となる。ただ、労働者階級の他に資本家・資産家階級も想定されているので、追加的に生じた所得のすべてが消費されるのでないとすれば、超過

利潤の大きさはより小さくなっている。こうしてさらなる生産調整が行われ、超過利潤が0になるまで続く。ここで生じる生産および所得増加は、もし（資産家・企業家の消費額を一定とし労働者は所得の全額を消費する等の仮定をおくとして）前期の追加的所得の一定割合が消費されるとすれば、資本財部門の生産額増加の1／（1－社会の限界消費性向）倍として計算することができる。

しかしここで注目すべきは、そうした経済の平衡状態を記述しうる構造が潜在していることよりも、むしろ平衡状態以外の過程が経済主体の実現された行為の連鎖によって具体的に描かれていることである。そうした途上で資本財生産の水準が変更されることや資産部門の新たな動き、何らかの政策的介入等、この過程の環境条件が変化することは十分にありうる（その意味もあってケインズは単純化の仮定を入れて過程の行き着く先を論ずることはしなかった）が、それでもなお継続して過程は具体的に記述される。これは既存の均衡理論や不均衡動学には求めがたい特質である。さらに三点ばかり注意しておこう。

第一に、価格は単なる平均価格として定義されている点。一物一価の成立も、すべての財がその価格で需要されることも含意されてない。これはもはや市場の全情報を体現する価格ではない。企業家にとって重要なシグナルは、この期に実現した超過利潤である。

第二に、企業家は正常利潤の水準をガイドラインにして技術的・制度的に可能な範囲で生産調整を行うことが想定されているが、これは最適化行動を含意しない点。むしろ正常利潤率という基準をもつ満足化原理にしたがう行動とみられる。所得からの消費パターンにしても同様である。これはわれわれの日常の意味で常識的なものであり、また大きな計算量を必要としない点は、限られたタイミングで実行される不可逆的な時間の中での行動モデルとしては優れた性質である。これらは新古典派経済学との顕著な相違である。

第三に、従来の『貨幣論』解釈に対して。上に見るように、今期の消費財数量は前期までの生産活動の結果であるから、一期の基本方程式の中で一定なのは当然だが、『貨幣論』は産出量一定を想定していないのは明らかであろう。

以上、消費財部門での波及過程を見てきた。しかし変動の原動力は資本財部門の生産水準の変化であり、資本財に対して支出される貨幣の大きさである。第一〇章では、新投資物件の価格水準に関して株価と混同したような表現が見られるが、むろん二八年論文以来両者は区別されている。その先を読めば、「投資の誘引性は、企業者がその生産を金融しうるようになるために支払わねばならない利子率と比較して、彼らが現期の投資から予想する見込み所得のいかんに依存する」とされている。「正味の予想収益の貨幣タームで測った見積額（予想の誤差等を考慮した上での見積額）」を銀行の貸出「利子率」で資本還元した額と、現期におけるその投資に要する額との比較で、前者が上回るならばその投資が決断される、というわけである。これは実質的に『一般理論』の議論と変わらない。もちろん「変化の主因となるものは予想利潤あるいは予想損失である」が、期待収益の根拠となる事情の検討は、もはや景気変動の事情そのものの描写になってしまう。『一般理論』ではアニマル・スピリット等、より不確実性が強調された形で言及されるところである。

これまでに見たように、生産調整の方向を決定するのは、生産物に対して支出される貨幣量であるが、その一方で資産部門にプールされている貨幣の大きさは成熟した資本主義社会では生産部門に比して巨大なものになっており、その動向は経済体系の運行に重大な影響を持っている。これに関しては、名称を変えて『一般理論』に引き継がれる保有動機による貨幣の分類が論じられた後、そのなかで資産選択の一手段として保有される貨幣（貯蓄預金）と様々な資産保有の形態のうちとくに株式の間の選択がいかに資産家階級によって行われるか、それが株価を通じて企業家階級の設備等への投資行動にどのように影響するか、議論される。

このような経済体系への制御装置としておかれるのが銀行組織である。銀行組織は、資産家階級に対しては、株式市場への直接介入、「強気」の資産家への短期貸出金利・限度額操作、定期性預金金利操作によるコントロールを、企業家階級に対しては、設備および経営資本投資のための長期貸出金利・限度額操作によるコントロールを行う。銀行組織の記述は体系に流入する貨幣の影響経路を具体化した末に行き着いたものである。しかし『一般理論』の流動性選好説ではこれは具体像を失う。様々な資産選択はコンソル債券と貨幣に、様々な利子率は単一の利子率の名の下に、そして様々な形の信用供与はひとつのマネーサプライにまとめられる。これを前進と見るか後退と見るかは立場によって分かれるだろうが、少なくともケインズの思考の特異性を理解するためにはマイナスであろう。

ケインズの議論に登場する様々な経済主体は、それぞれのローカルな局面に応じて取り消しのできない決定を行い実行している。それぞれの経済活動は時間を通じて他の局面に影響することはあるが、体系の構成要件として市場均衡は必要とされない。もちろん系全体の平衡を考えることはできるが、それは一般均衡理論とは異質なマイクロ・ファウンデーションを持っており、なによりも体系の関心の中心は平衡にはない。

『貨幣論』から『一般理論』へ　ここでは整序・再構築した『貨幣論』を見てきたが、テキストそのものはケインズ自身が序文に認めるように混乱した叙述も多いし、用語の定義の一貫しない箇所もある。実際、下敷きとなる思考法の相違を割り引いても、身近なケンブリッジ・サーカスのメンバーにさえ理解されなかったほどである。先述の三一、三二年の彼らとの嚙み合わない議論を経て、ケインズはどのようにすれば周囲の経済学者を説得できるか考えて議論を整理し、また表現上の妥協を重ねた。その様子は残存する『一般理論』の草稿およびこれに拠る講義によって跡づけることができる。三二年以後見られるいくつかの変化について簡単に見ておくと、ひとつには、自らの議論の性格を強調するため、実物経済を扱うものとしてのマーシャル、ピグー批判が議論の冒頭におかれたことである。これは三三年からは古典派批判として定着する。また、体系の全体像を示すべく三二年秋には貨幣経済のパラメータの名のまとめが登場し、以後各パラメータに関する章が独立して詳説されるようになる。所得―消費パターンが単純な形で示されたのもこの過程である。さらに、こうしたまとめに伴い、ほぼ誰にも理解されなかった動学過程よりもその行き着く結果へ議論はシフトし始める。基本方程式の各期を結んでいた企業家の生産調整行動は次第に姿を変え、企業家が乗数過程が行き着く先の消費財需要の伸びを予測する形で一度に産出水準を確定するものとなった。

かくしてその他諸々の変更を経て著わされた『一般理論』は、ケインズ革命と呼ばれる爆発的な流通と引き換えに、IS-LMモデルに搦め捕られることになったのである。

▼新しいケインズ

ケインズの思考展開の軸を探ってみると、新古典派経済学とはきわめて異質な体系のグランドデザインが得られることがわかった。これは決して単なるメタファーではなく、操作性を十分にもった体系であることを示すために、構築の手順を説明しておこう。

ケインズの議論を理解する上でポイントとなるのは次の二点である。

・日常行われるものとして了解可能な、経済主体の判断プロセスの確定

・その組み合わせによる体系のデザイン

企業家の行動を例にとれば、正常利潤水準を基準として、それ以上（以下）の利潤が得られるとき産出水準を上方（下方）修正するような判断・行動プロセスをケインズは繰り返し強調している。このような経済主体の行動パターンをモデル化するならば、まず、局面の判断基準となる社会的相場をしきい値とし、判断時点での情報の入力がしきい値を超えるならば調整出力を行うユニットを考える。実際に観測される経済主体にとり、直面する各時点の状況は通常あいまいであり、なおかつ同時に複数の情報を考慮するものであるから、ファジィな複数の入力値を評価したものの加重和を入力として、出力だけは技術的・制度的に可能な中からの確定操作量を選ぶようなファジィ制御ユニットを考えることになる。ここで加重和を算出するときのウェイトとしきい値の初期データはその社会の相場として与えられていなければならないが、これは新規参入する企業家といえどもその業界の知識を持って行動することの反映である。当然、これらのデータは学習によって改められるが、それは制御結果を記憶スタックにおいて時間をおいて段階別にフィードバックさせることで表現できる。

生産量の変更は一度行われると、しばらくは技術的にも組織運営の観点からも変更できない。そこでひとつのユニットが調整出力を行ったとき、しばらくの期間はしきい値に大きな値が加算されて、たとえ大きな入力があったとしても反応しないよ

うにしておく。こうした形で人々の行動に見られる様々なラグを統一的に扱う。

こうして一経済主体のモデルが作られるが、経済には体系として構成するとき同種として扱ってもよい行動パターンの主体がある。勤労所得家計、消費財生産企業家、資本財生産企業家、資産家等である。同種とみなされるユニットについては単純に束ね、ひとつのマクロ・ユニットを作る。マクロ・ユニットのふるまいを定性的に考える際、それが同種のユニットによって構成されていることにより、統計力学の手法が利用可能となる。そしてひとつのマクロ・ユニット内部の個別ユニットの出力を内部入力とし、他種マクロ・ユニットの出力、政策介入、体系外部からの刺激（資源輸出入・廃棄物処理）を外部入力として分け、これらのマクロ・ユニットの組み合わせによって経済系全体を表現することになる。これは形式としてニューラルネットワークでも用いられる並列処理系と同じで、様々な経済のパフォーマンスに対応する多数の平衡状態を持つ系となる。

やや先を急ぎすぎてしまった。ケインズ経済学の名とともに受け入れられた乗数理論は、ごく一部のマクロ・ユニット（消費財生産企業家、勤労所得家計）の入出力パターンをデザインし、その他の外部刺激は一定してふるまうものとしてシミュレートしたものである。全体的な経済の動きを簡単に理解するためには、他のマクロ・ユニットの入出力パターンも含めてデザインし、シミュレーション・モデルを動かせばよい。また、ケインズの議論にでてくる様々な経済主体の行動の記述は、各局面に限定的で他の主体の行動との相互関係が明確でないが、これは欠陥ではない。一般均衡理論と違って、個々の主体がローカルな情報に反応して不可逆的な各時点で実際に行動してしまうのが並列処理系なのである。

途中でも触れたが、この体系が描こうとしているものは、すでになんらかの構造をもって存続している経済系である。したがって、生産構造、取引構造が全く決まっていない混沌状況から初期資源賦存量データだけを与えられてなんらかの合理的秩序を確定するものとは目指すところが異なっている。この記述的体系はわれわれが接している経済の具体的な動きの仕組みを理解するための直接的な方法を与える。また、経済主体の行動パターン、それらの入出力関係のデザインさえ確定できれば、対象は資本主義経済でなくともよい。封建社会の経済シミュレーションでもかまわないのであり、その意味では一般的な手法なのである。

▼思想史研究という作業

本章ではケインズのテキストから発掘しうる、整合的な全体像を持つ経済理論とは何か、という点にこだわってひとつの読解を試みた。その結果、通常学ぶケインズの姿とはずいぶん離れたところに来てしまった。

思想史とは、現在広く流通している思想を相対化する作業でもある。経済思想はわれわれの経済社会の中のわれわれ自身を了解するためのひとつのコンシステントな思考体系である。ひとつの思想を哲学的な意味で相対化するためには、別のコンシステントな体系を把握することが必要である。ケインズのテキストに対して、それがコンシステントな体系として読めるかどうかにこだわったのは、そのためである。部分的な事象の反例を挙げるだけでは、新古典派経済学というひとつの思考体系の重力圏から脱することはできない。『一般理論』の最後の部分の言葉、「経済学者や政治哲学者の思想は、それが正しい場合にも間違っている場合にも、一般に考えられているよりもはるかに強力である」は思想史研究という作業においても、十分に噛みしめられるべき言葉である。

読書案内

ケインズ自身の著作については、翻訳の進んでいるケインズ全集（東洋経済新報社）が便利である。ケインズの伝記は数多いが、ハロッドの『ケインズ伝』（塩野谷九十九訳、東洋経済新報社、一九六七年）が古いながらも色褪せない。『一般理論』形成の経緯については、R・カーンの『ケインズ「一般理論」の形成』（浅野栄一／地主重美訳、岩波書店、一九八七年）、T・K・ライムズ『ケインズの講義 一九三二―三五年』（平井俊顕訳、東洋経済新報社、一九九三年）を参照されたい。

ケインズ研究書はまさに汗牛充棟の趣。本文に関連するものに限定しても、R・W・クラウアーの論文他を収めた『ケインズ経済学の再評価』（花輪俊哉監修、東洋経済新報社、一九八〇年）、A・レィヨンフーヴッド『ケインジアンの経済学とケインズの経済学』（根岸隆監訳、東洋経済新報社、一九七八年）、ポストケインジアンの気分を伝えるJ・A・クリーゲル『政治経済学の再構築』（川口弘監訳、日本経済評論社、一九七八年）、不均衡動学に関して宇沢弘文『経済動学の理論』（東京大学出版会、一九八六年）等。生誕一〇〇年記念ではまた数多くの出版物が現れたが、別冊経済セミナー『ケインズ生誕一〇〇年』や『ケインズ主義の再検討』（早坂忠編、多賀出版、一九八六年）等は様々な「ケインズ」を見るのに手頃であろう。マクロ経済学が新古典派化する過程や近年のマクロ経済学については、吉川洋『現代マクロ経済学』（創文社、二〇〇〇年）、脇田成『マクロ経済学のパースペクティヴ』（日本経済新聞社、一九九八年）を参照。本章で紹介したケインズモデルについては塩沢由典編『経済学の現在1』第五章（日本経済評論社、二〇〇四年）を見られたい。

理解を深めるために

一、現在、ケインズ経済学としてどのようなモデルが提示されているだろうか。三つ以上調べてみなさい。

二、『一般理論』の序文を読んだ後で『貨幣論』を、『貨幣論』の序文を読んだ後で『貨幣改革論』を読んで比較してみなさい。

三、繰り返し不可能な時間構造と一般均衡理論はどこが相容れないか、考えてみなさい。

四、コンシステントな経済学体系をケインズの文章から構築するとすれば、どのようなものになると思うか。本章を含めて様々な解説にとらわれず、あなたの考えを述べなさい。

（吉田雅明）

II―9
ヨーゼフ・A・シュンペーター
資本主義のアイロニーと企業者

(Joseph A. Schumpeter 1883〜1950)

▼生涯と著作

ヴィーンの「恐るべき子供《アンファン・テリブル》」　シュンペーターは一八八三年の二月八日に、当時オーストリア領であったモラヴィア地方のトリエーシュという町で工場主の息子として生まれた。幼くして父をなくしたあと彼は母ヨハンナとともにグラーツに移るが、そこで母は退役陸軍中将フォン・ケーラーと再婚する。これは、息子に上流社会向けの教育を受けさせるための打算的な結婚だったようだが、シュンペーターはそのおかげで、ヴィーンの貴族子弟向けの名門ギムナジウム「テレジアヌム」で学ぶことができた。シュンペーターはそこで、彼が終生これ見よがしにもちつづけた貴族趣味を身につけた。ある友人の見解では、あらゆる政治的立場や見解をゲームの規則のようにマスターし、そのどれにもコミットしないシュンペーターの政治的態度も、また、このギムナジウムでの教育に由来するものであった。

　シュンペーターがヴィーン大学で学んだのは一九〇一年から一九〇六年であるが、これはヴィーン大学の経済学の講座がカール・メンガーからフリートリッヒ・ヴィーザーとベーム＝バヴェルクに移った時期にあたっている。もちろん、彼の関心は経済理論だけにとどまるものではなく、とくに経済史と統計学については、演習に出席して専門的な報告をおこなっている。しかし、彼は大学生活の半ばで「数学的方向」で経済学を研究することを決意する。ヴィーザーもその価値論において部分的に連立方程式をもちい、一般均衡理論の方向に進もうとしていたが、それはシュンペーターを満足させるものではなかった。彼はオーストリア学派の理論家のように効用を最大化する経済人を実体化するかわりに、ワルラスの方程式体系にあらわされるような一般的相互依存関係から出発しようとした。この方程式体系のもとでは、経済主体はそれを構成する関数関係の担い手にすぎないのである。このような視点からの先行する経済理論の総括作業は、一九〇八年の『理論経済学の本質と主要内容』に結実した。シュンペーターはこれによって教授資格を母校から授与され、翌年には辺境のブコヴィナ地方に新設されたチェルノヴィッツ大学に教職を得ることになる。

　しかし、シュンペーターの経済学への歩みには、いまひとつの軸線があった。それは、資本主義的な経済過程の探究である。そのきっかけは、一九〇五年夏学期にオットー・バウアーやR・ヒルファーディングらのマルクス主義者とベーム＝バヴェルクの白熱した論戦にたちあったことである。シュンペーターはマルクス主義者のベームに対する批判に賛同したわけではなかったが、彼らが資本主義経済についての動態的なヴィジョンをもっていることに魅了された。したがって、『本質と主要内容』にいたる研究のなかで、静態的な一般的均衡は利子や利潤の存在を排除するという特異な理解に到達したシュンペーターが、利子・利潤を説明するために動態的な不均衡過程におもむいたとき、彼は自分がマルクスの問題を別様に解こうとしていることに気づいたのである。

別様というのは、彼が利潤・利子について搾取論をとらず不均衡過程の産物とみなし、また、経済過程の主人公として所有にもとづく資本家ではなく革新遂行という機能にもとづく企業者をえらんだからである。このような経済の動態的発展の理論が、景気変動論にいたるまでの射程をもっていることに気づいたシュンペーターの第二作が一九一二年の『経済発展の理論』である。これは、一般均衡論成立後の段階での資本主義経済論のひとつの有力な可能性を示したものであり、その意味でシュンペーターの代表作と言える。しかし、この著作は一九二六年の第二版でかなりの量の改訂がおこなわれており、一九三四年の英語版も一九三七年の日本語版もこの改訂版がもとになっている。

経済の静態・動態の双方を論じた二著作を刊行したあと、シュンペーターはマックス・ヴェーバー編纂の『社会経済学綱要』で『経済学史』（一九一四年）を分担する。この三著作によって彼は若くして学問的名声を得たが、ヴィーンへの復帰はならなかった。『本質と主要内容』をめぐってはヴィーザーと対立し、『経済発展の理論』をめぐってはベーム＝バヴェルクと対立する「恐るべき子供《アンファン・テリブル》」だったからであろう。また、大学卒業後のイギリス旅行をきっかけに結婚した年長のイギリス人女性との関係もとうに破綻していた。一九一二年にグラーツに移って以来、彼は暇を見つけてはヴィーンに出かけるようになり、その野心は次第に世俗的な方向に向かいはじめる。彼は後年冗談めかしてこう語ったという。「若い頃、私は三つの望みをいだいていた。世界一の経済学者になること、オーストリア一の騎手になること、そしてヴィーン一の色事師になること。そのうちの一つは果たしそこなったが」。

挫折と孤独の後半生　シュンペーターの世俗的野心には政治も含まれていた。第一次大戦中にも、彼は政府首脳に外交政策のメモをひそかに送ったり、戦争終結後の施策を含む財政政策の公開講演をおこなったりしている。しかし、大戦後の一九一九年三月に彼にその野心を実現するチャンスを提供したのは、社会主義者の側であった。バウアーやヒルファーディングは、シュンペーターが戦後ドイツの社会化委員会で社会化を積極的に支持したことや、彼の財政政策のメニューのなかに財政課税があがっていることに注目して、彼を戦後オーストリアの連立内閣の蔵相に推薦したのである。しかし、戦時債務の処理を社会化に優先し、旧帝国地域とヴィーンの金融的結びつきの回復を意図していたシュンペーターが社会主義者と衝突するのは不可避であった。社会主義者は蔵相シュンペーターによる社会化妨害を非難したが、シュンペーターの方は、社会主義者たちは未成熟な条件下での社会化の失敗の責任を自分に転嫁しようとしていると考えた。論文「今日における社会主義の可能性」(一九二〇年)は、具体的な経緯にこそふれていないが、シュンペーターの側からする戦後社会化問題への総括である。

シュンペーターは蔵相をわずか七カ月で辞任したが、その後にはビーダーマン銀行の頭取になっている。彼の派手な生活は、大学教授の収入ではまかなえなかったからである。しかし、実際には、この銀行はスキャンダルがらみで経営危機におちいり、彼は莫大な借金を背負いこんでしまった。政治的挫折に加えての経済的挫折の結果、彼は祖国オーストリアからの脱出をはからなければならなくなる。これは一九二四年秋のことで、自信に満ちて世俗的成功を追い求めた彼の前半生がここで終わりを告げたといってよい。

シュンペーターにアカデミズムへの復帰のチャンスを与えたのはボン大学であった。しかし、ボンに着任早々、彼は母だけでなく結婚したばかりの新妻をなくすという不幸に出会う。彼はここに七年とどまったあとに、思い出をふりすてるようにして大西洋をわたり、ハーヴァード大学に移る。ライン河畔のボンは、異郷に生きる孤独な学者としての彼の後半生の一中継点にすぎなかった。この時期(一九二五~三一年)にシュンペーターは借金の返済のために雑誌への時事的な寄稿を多数おこなっているが、まとまった学術上の著作としては論文「社会階級論」(一九二七年)が目立つにとどまる。これは、一九一九年の「帝国主義の社会学」とならんで、シュンペーターの社会学を示す重要な論文である。しかし、彼が鋭意準備していた貨幣論の著作は刊行されなかった。ケインズが一九三〇年に刊行した『貨幣論』が、シュンペーターの理論家としての野心を打ち砕いたからである。

シュンペーターは、すべての世俗的かかわりを捨て、純粋に学問に生きるためにアメリカにわたった。たしかに、アメリカはそれを与えた。彼は、大学時代以来持ち続けた歴史と統計学への関心をいかして、景気変動の長期的波を軸に資本主義の発生以来の経済過程を描いた『景気循環論』(一九三九年)を完成することができた。これは、『経済発展の理論』では理論的に諸要素間の関連が与えられるにとどまった彼の資本主義過程論に、壮大な歴史的肉づけをほどこした大作であった。しかし、皮肉なことに今回もケインズの著作がシュンペーターの著作の光を奪う。経済学者たちの関心は『一般理論』の受容をめぐる議論に釘づけされ、長期の歴史的視野をもって書かれた『景気循環論』に目をやる余裕は失われていたからである。

シュンペーターはアメリカで学者としての尊敬を受けなかったわけではない。彼はいくつかの経済学会の会長に推挙され、また彼のアイデアにもとづく企業者史学の研究センターがハーヴァードに設立された。またキャンパスにはW・W・レオンチェフやG・ハーバラーなど多くのヨーロッパ出身の学者がいて、若々しい学生とともに学問の花を咲かせていた。その点ではシュンペーターは不満をいうことはできない。しかし、アメリカ流のラフな風俗と、それに加えてニューディール時代の進歩主義の政治的雰囲気に彼はいつも苛立ちを感じていた。戦争がはじまると、彼はアメリカ人の愛国心をさかなでするように、わざと敵国の肩をもつような発言を繰り返すようになったという。そうしたなかで、半ば気晴らしのため、半ばは生涯の探究の総まとめのつもりで書き上げられたのが『資本主義・社会主義・民主主義』（一九四二年）である。この本でシュンペーターは、彼の考察を、資本主義はその成功のゆえに――社会主義者のいうように、その失敗ゆえにではなく――社会主義に移行するという逆説的な図式にまとめた。貴族主義の心情をかたくなに守りつづけたシュンペーターは、社会主義もまた大衆民主主義も好いてはいなかった。しかし、彼はそれに向かう資本主義の歴史的傾向を承認した。それは野心を捨てたシュンペーター晩年の、「智恵の書」なのである。

シュンペーターは一九五〇年の一月八日に、アメリカで結婚した三番目の妻エリザベス・ブーディの山荘でなくなった。後には、戦争中から書きつがれた経済学史の大部な原稿がのこされたが、これはエリザベスの献身的な努力によって『経済分析の歴史』（一九五四年）として世にあらわれた。シュンペーターは経済理論の開拓者であると同時に、経済学者の営為自体をもつきはなしてみる目をもち続けていた。この記念碑的な博学の遺作は、彼が処女作に書きつけた「すべてを理解することはすべてを許すことである」という言葉にはるかにこだましあっている。

▼企業者の創造的破壊

シュンペーターというと、誰もが、イノヴェーション（新結合、革新）をおこなう企業者の像を思い浮かべる。たしかに、シュンペーターは、経済が停滞におちいらないためには、既存のやり方を捨てて新機軸を試みる人たちがあらわれることが必要で、そうした人たちだけがその名に価する企業者だと主張した。シュンペーターの生誕百周年を迎えた一九八〇年代は、こうしたシュンペーター的な企業者の人気が復活した時代であった。組織の硬直化に悩む大企業では、「会社内企業＝起業者」の育成が唱えられた。また、マルクスにも、ケインズにも信を失ったが、さりとて市場礼賛論に走ることもできない政治家や官僚たちは、企業者精神と技術革新を組み合わせたシュンペーター型の経済政策のヴィジョンを構想するようになった。

しかし、現代におけるシュンペーター復活は、シュンペーターの思想のごく一面だけを伝えるにすぎない。彼の生涯と著作の概観からもわかるように、彼はきわめて複雑な人間であった。彼の学説も、そうである。本章のシュンペーターの紹介では、紙幅の制約があるにせよ、彼の経済思想のこうした側面に注意を払いたいと思う。

静態と動態の二元論　まず取り上げるべきなのは、彼の経済学が理論的にいえば静態と動態の二元論になっていることである。

イノヴェーションをおこなう企業者というのは、もちろん経済過程が変化をみせながら進行する動態の方の現象である。それに対して、静態というのは、時間が経過しても同じ現象が繰り返されるだけで変化がない状態である。この静態の世界にあっても、労働者を雇い入れ生産を組織する「企業者」が存在しないわけではない。しかし、彼は過去とまったく同じやり方で生産をおこない、また費用法則にしたがって何らの利潤も得ることがない。彼は、経済の定常的な循環のひとつの結び目の管理者にすぎないのである。

ワルラスは、こうした静態においてすべての経済主体の行動が相互に依存しあっている状態を説明することにはじめて成功した。オーストリア学派の経済学者が開発した限界効用による消費財の価値評価の理論も、その価値を生産財に配分する帰属理論も、この一般均衡の網の目のなかに位置づけられてはじめて、社会的に整合的な価格体系を生み出すのである。したがって、シュンペーターにとっては、ワルラスの理論をふまえるかどうかが現代の経済理論家にとっての試金石であった。

シュンペーターの理論的目標が静態になかったことは明らかである。静態のもとで「企業者」に利潤がないとすれば、そこには資本主義的な経済体制は成立しえないからである。それなのになぜ、彼は直接に動態から出発しようとせずに、まず静態におもむき、静態・動態の二元論を維持したのであろうか。

その第一の理由は、純理論的なもので、彼が資本主義的諸現象を静態と対比された動態の特質によって定義しようとしたからである。シュンペーターによれば、マルクスは動態的なヴィジョンをもちながら、労働価値説のような静態的な理論によって利潤（剰余価値）を説明しようとしたため困難におちいっている。というのは、ある資本財がそれを生産にもちいることによって収益をもたらすとすれば、その資本財への需要が増加してその価格を上昇させ、最後には収益となる余剰分がなくなる状態にいきつくだろう。つまり、静態においては、生産物の価値はすべて、生産に用いられる財の価値に帰属する。生産財のなかには労働も含まれ、直接生産に用いられる労働だけでなく、機械や原料をつくるための労働も含めて考えれば、生産財の主要部分は労働である。したがって、静態のもとでは、生産物の価値のすべては本源的な財である労働に対する賃金か、そうでなければ土地に対する地代に吸収される。利潤が存在するとすれば、それはこうした価値の帰属がいきつくさない状態、つまり動態を考える以外にないと彼は考えたのである。

貨幣にしても資本にしても、シュンペーターは、それらが静態においては存在しない機能を果たす動態的な現象であることを強調する。静態的な経済循環においては、貨幣は所得の流れを計算するだけのものにすぎない。そもそも従来と異なったものを購入することがないのだから、経済循環のなかに組み込まれている価値の流れから区別される資本も存在しない。いいかえれば、購買力としての貨幣や生産財を支配する資本は、定常的な経済循環を攪乱する購買力の運動が現れる動態でなければ無意味な存在なのである。

第二の理由は、資本主義の現実の運動のなかでも、静態は非現実な抽象ではないということである。静態のもとでは、経済主体は与えられた選好と技術のもとで相互依存関係にある。これは微少な変化や衝撃に対しても復元力のある均衡状態である。というのは、個々の経済主体は緊密な相互依存関係のなかに組み込まれていて、それぞれが効用を最大化しようとすること自体が均衡の回復をもたらすからである。朝露に濡れた蜘蛛の巣を思い浮かべるとよい。露が落ちると巣は揺れるが、張力のある糸が引き合うことによって、その振動はやがておさまるのである。たとえもし、技術や選好などに変化が生じた場合でも、それを与件として新しい均衡が達成される過程は、本質的に静態的な過程なのである。

資本主義のもとでも、経済には不断に静態に向かう傾向が内在している。それは、資本主義のもとでもその行動からみて静態的と特徴づけられる主体が多数をしめているからである。静態的な経済主体というのは、基本的に効用の最大化を行動原理とする主体で、彼らの所得はその支配する生産要素に対する生産物価値の静態的帰属によって決まってくる。労働者や土地所有者がそうである。それに対して企業者は、革新の活動をおこなうことによって、帰属によらない動態的所得である企業者利潤を得る主体である。資本家は企業者のように革新活動を自分からはおこなわないが、企業に出資することによって利潤の一部を所得として得る。資本家は、地主と同類の財産所有者として見れば静態的だが、その資本によって企業者を支えるという機能から見れば動態的だという微妙な性格をもっている。

企業者自身もその全員が本当に動態的主体かというと怪しい。過去の活動から一歩も踏み出そうとしない企業者は、たとえ利潤をあげているとしても、それは自分の活動によって生みだしたものではないからである。彼はたまたま景気の局面や一時的な独占状況に遭遇することによって準地代や独占利潤を得ているにすぎないこともある。さらに、動態的所得は自己矛盾的でさえある。というのは、新生産方式の普及が進めば進むほど、当初は莫大であった利潤は減少していき、最後は新しく標準となった生産方式に対応する費用水準にまで価格が低下するからである。

このように、経済のなかには単に新しいことをするのが億劫だという心理的な不活性さだけによるものではない静態への傾向が潜んでいる。企業者の競争によって新機軸が普及し、また静態的主体がその時々の条件下で所得と効用の最大化をはかること自体のなかに、動態から静態に向かう根拠があるのである。したがって、利潤の消失する不況の局面は、新機軸の出現・普及の後の経済の新たな均衡化＝静態化の局面ともとらえられるのである。

企業者の逆説　シュンペーターの企業者に対する特有の見方も、静態と動態のこのような関係を背景において見れば理解しやすい。

彼は、企業者を何よりも、経済機構の内部にあって新機軸を遂行するという機能によって定義した。彼のいう新機軸には、新商品、新生産方法だけでなく、新しい販路、新しい原料供給源の開拓、さらには独占の形成やその打破といった産業組織上の革新も含まれるが、それらはみな静態を打破して費用を越えた利潤を創出する革新活動である。大多数の人間が慣行の軌道にしたがって身を処しているなかで、旧来にないことを実現する企業者には特有の資質が要求される。彼は、過去のしきたりや価値観にとらわれない即物的な思考法と困難に挑戦する意欲をもち、さらに万難を排して目標を貫徹する行動力をもった人物でなければならない。しかも新機軸をひとつの事業にまで具体化するためには、多くの協力者を獲得して彼らを自分の目標に向けて動員しなければならない。つまり、企業者は指導者でもなければならない。シュンペーターの考えでは、企業者は労働者に対して搾取者としてあらわれるのではないが、それでも、慣れ親しんだ労働を放棄させて新しい労働に従事させる押しつけがましい指導者ではある。

行動の人であり、他人を従えた指導者であっても、それだけでは資本主義経済のもとでの企業者とはいえない。資本主義のもとでの企業者の特質は、資本、つまり購買力を基本的な手段として革新活動をおこなうことである。革新的な生産を実現するために必要な生産財（労働および原材料、資本財）を、既存の使用先から引き抜くことを可能にする購買力がシュンペーターのいう資本である。しかし、企業者は資本を自ら所有する必要はない。この資本＝購買力を提供し、また危険負担をおこなうのは資本家の役割である。企業者自身が資本を所有する例も無数にあるが、企業者を支援する資本家の機能は、企業者の機能自体とは区別されるものである。資本家の機能に対して、企業者はその獲得した利潤の中から、利子や配当を支払うのである。

シュンペーターの経済学の理論体系の中では、資本家は影が薄い。というのは、静態の経済循環の世界では、すべての生産財および貨幣は循環のなかにくみこまれているので、企業者の必要とする資本はそこからは調達しえないからである。もちろん現実には貨幣資本の蓄積がある程度はつねに存在し、それが企業者の資金の源泉として一定の役割を果たす。しかし、原理的には、静態から動態に移る革新活動のための資本＝購買力は、既存のものではありえず、そのつど新たに創造されなければならない。そこで彼は、企業者を支える資本主義の金融機構の代表者としての銀行家をもってくる。つまり、銀行家が信用創造によって用立てる購買力が企業者の用いる資本の本質である。銀行家は企業者の企画に成功の見込みがあると判断すれば必要な資金を彼に与えるが、企業者がその企画に成功してこの資金を返済すれば、それだけの額は購買力としては消滅する。したがって、資本家に代わった銀行家も永続的な利害関係者ではない。彼は企業者の企画の意義と成功可能性を選別し、それを補助するかぎりにおいて報酬を得るにすぎない。いいかえれば、シュンペーターは、資本と資本家もまた、革新実現の手段となるという機能において定義しなおしたのである。

英雄的な企業者も、その革新活動も、単独では、経済の全体を動態に移行させるには十分ではない。しかし、信用創造は企業者の革新活動を社会的に拡大するテコでもある。ひとつの新機軸は、それが基本的なものであれば、一人の企業者だけでは追求できないほどの多くの可能性を開くであろう。しかも、成功の実例そのものによって、慣行のもつ心理的束縛力は急速に弱化していくであろう。したがって、ここで銀行家が積極的な支援に出るならば、革新の群生的出現という事態が生まれる。信用創造によって生み出された資金が企業者の革新活動を通じて経済につぎこまれるのであるから、さまざまにムラのある物価上昇がおこり、革新活動をおこなっていない企業者にも一時的な利潤をもたらすかもしれない。そこで経済活動が全般的に活発になる。この好況局面では、利潤インフレーション状況のもとで、労働者や土地所有者、官吏や年金生活者などの実質所得は下落する可能性がある。しかし、労働や土地に対する需要が増加しているかぎりは、貨幣所得はむしろ上昇の傾向を示すはずであるし、消費財の多様化や価格低下という革新による恩恵もいずれは消費者のもとに到達するであろう。

好況が企業者の革新活動が重合しあい、経済が静態的な均衡状態から乖離していく過程であるのに対して、不況の局面はその逆である。多くの革新は普及しつくしてその生産物の価格を引き下げ、革新活動の群生の波がとぎれて購買力の追加的注入はなくなる。むしろ、借り入れ資金の返済による購買力の引き上げの方が上回るかもしれない。こうしたなかで、物価は下がり利潤は減少する。それは、定着した新しい生産技術・生産組織のもとでの均衡化の過程にほかならない。それが急激におこったものが恐慌である。これは企業者にとっては苦難の時期であるが、労働者や土地所有者の実質所得はむしろ増加しているだろう。しかし、この不況は、物価を全般的に下落させ、やはり下落した貸付利子率とあわさって、企業者の活動の新しい波が生まれる条件になるのである。

シュンペーターの経済理論は、革新の金融機構というこのもっとも重要な点において未完成である。というのは、彼は経済発展における信用の役割を肯定的にとらえる点で、L・E・ミーゼスやF・A・ハイエクと対立する独自の立場を打ち出したのであるが、利子率を決定する金融市場の理論を完成することができなかったからである。それに対して、『貨幣論』のケインズは企業者の資金需要に対して銀行家がどう答えるかが経済変動論の鍵だという点でシュンペーターと出発点を同じくしたが、金融資産の所有者としての利害を考慮に入れて、シュンペーターよりも広い視野を備えた資本主義の金融機構の理論を生み出すことができたのである。

社会学的な体制移行論　いま説明したのは、『経済発展の理論』の理論の大要である。しかし、よく考えてみるとシュンペーターの資本主義は理論的に見るかぎり、かなり奇妙な資本主義である。というのは、企業者は所有者＝資本家ではなく、彼の労働者に対する関係は指導者と被指導者の関係であり、さらに資本家の代理ともいうべき銀行家は、有望な新機軸を選別するとともに融資の規模を調整することによって経済の発展の速度を調整する社会的な監督者だからである。これは、マルクスの資本家＝搾取者としての企業者像とも異なっているし、他方で経済における資産所有者＝金利生活者の利害の作用を重視したケインズの資本主義像とも異なっている。シュンペーターは、資本主義をもっぱら、経済の動態的発展とそれに対する機能という側面から描き出したからである。

もちろん企業者や銀行家に致富や威信に対する欲望がないわけではない。むしろ、それがひと一倍強烈でなければ、彼の活動を成功させることはできないだろう。しかし、革新の実質的成果がいずれは社会に還元されるものとすれば、彼らが築きあげた私的富にせよ、産業的・金融的帝国にせよ、その規模は、彼らの活動の社会的意義の指標にすぎないということもできるだろう。したがって、そうした付随的結果を無視して、彼らの活動だけに注目するならば、それは皮肉なことに社会主義のもとでも存在するような社会的機能を果たす活動なのである。

シュンペーターはこのように、理論においても、資本主義のもとに社会主義を見るいわば複眼的な視点をもっていた。現状診断と歴史的展望において、これに対応するものが、一九四二年の『資本主義・社会主義・民主主義』で提示された〈資本主義はその失敗ではなく、成功によって社会主義にとってかわられる〉という逆説的な命題である。より詳細にいえば、次のような主張である。

「資本主義体制の現実的かつ展望的な成果は、資本主義が経済上の失敗の圧力に耐えかねて崩壊するとの考え方を否定するほどのものであり、むしろ資本主義の非常な成功こそがそれを擁護している社会制度をくつがえし、かつ〈不可避的に〉その存続を不可能ならしめ、その後継者として社会主義を強く志向するような事態をつくりだす」。

注意すべきことは、これが社会主義を支持する立場から述べられているのではないということである。シュンペーターの言葉を借りるなら、「医者が自分の患者はもうすぐ死ぬだろうと予言したとしても、それはなにも医者がそうなるのを願っていることを意味しない」。

まず、この命題の経済的根拠になるものは、資本主義はその発展過程のなかで大企業と独占組織を生み出し、その管理業務は社会主義のもとでの計画業務に近くなるであろうということである。このような考えにたった社会主義必然論はとくに、第一次大戦後の社会化問題へのシュンペーターの誤解された態度の背後にあるものであった。彼は、独占体の形成が高度に進んでいたドイツに関しては、重要産業の社会化の支持にまわった。それが最善であると思ったわけではないであろうが、以前の戦争経済に代えて、労働者の支持を基礎に社会主義を試みる可能性はあると考えたのであろう。それに対して、オーストリアでの社会化は、客観的条件が成熟しているというにはほど遠かったのである。しかし、実際に所有の社会化がおこなわれない場合でも、私的企業はその立地、業態、調達、雇用、価格、販売、輸出入など、あらゆる部面について、各種の団体や政府の規制を受けている。したがって、これに加えて、生産の一般的方針を政府が指示できるようになれば、「ほぼ同様に正当に社会主義と呼んでさしつかえない指導された資本主義」になってしまうであろう。

問題は企業者の機能がどうなるかということである。『経済発展の理論』では計画経済において私的企業者にとってかわる経済指導者の動機の問題が提起されてはいるが、現実的な根拠は示されていなかった。ワンマン的な私的企業者にとってかわるものとしては、政治家あるいは官僚が考えられていたのであろう。それに対して、『資本主義・社会主義・民主主義』では、大企業の組織的発展のなかで、研究開発やモデル・チェンジなどの革新活動が日常業務化されていくことが注目されている。企業者機能の主要部分はこうして組織人としての従業員、あるいは経営専門家に譲り渡される。こうした革新活動やそれにもとづく投資に巨額な資金をふりむけることができるかぎりにおいて、独占的な大企業も決して非効率的ではないというのがシュンペーターの主張である。これは、それ自体としては、独占資本のあからさまな擁護論なのであるが、シュンペーターはそこに同時に、私的企業者が自己自身を無用化する傾向を読みとっているのである。

ところで、独占体の形成から社会主義への移行を論じたのは、ヒルファーディングやV・I・レーニンといったマルクス主義者の方が先である。彼らは、産業や金融における独占の形成は、経済の組織化の点で社会主義の一歩手前にあるとみなしていたが、それが資本主義的な独占にとどまるかぎりでは、階級対立も恐慌も克服することはできず、それに加えて帝国主義的な対立をも醸成するものだとみなしていた。しかし、シュンペーターの資本主義論では、階級も恐慌も本質的な矛盾ではないし、また、帝国主義も経済的利害を基礎としたものというより、時代遅れの軍国主義に煽られた社会現象にすぎなかった。したがって、マルクス主義者のいう資本主義の矛盾を否定するシュンペーターの体制移行論は、資本主義の達成した成功にもとづくものにならざるをえない。たとえ、同じ歴史的事象を取り上げる場合でも、解釈が違うのである。

シュンペーターの体制移行論は、社会学的あるいは文明論的な色彩が強い。経済的根拠自体がすでに説明したように社会学的傾向を帯びていた。企業者機能の組織による自動化に加えて、企業の法人化と国家規制によって、旧来の私的企業者を支えていた自由な契約と神聖な私有財産からなる秩序は形骸化している。これは、企業者をその中核とするブルジョア階級の基礎を掘り崩しているのである。

体制移行の社会学としては、これにさらに二点をつけくわえなければならない。その第一は、資本主義の発展が企業者を擁護してくれる社会階層をかえって没落させてしまうことである。イギリスで典型的であったように、貴族は資本主義的ブルジョアジーの政治的代弁者であり、また文化面における模範でもあったが、貴族の経済的基盤は現代になって急速に失われた。しかし、所詮は経済的俗物であるブルジョアは、かつての貴族のもった威信をともなった能力を自分たちでまかなうことができないのである。また、資本主義の発展は小生産者や小商人を没落させる。しかし、小規模な私有財産を生計の基礎にしている彼らこそが、私有財産の大衆的で、しかもエネルギッシュな擁護者なのである。単なる株式保有者にすぎなくなった大所有者たちは、所有の社会化がおしつけられたとしても、それに抵抗する気力も方策ももたないであろう。

いまひとつは、知識階級の反逆である。資本主義が生みだした経済的余裕は教育の向上やジャーナリズムの発展をもたらして、知識階級の拡大を可能にするが、資本主義的活動に直接携わらない彼らの関心は社会批判に向かいがちである。しかも、知識人と官僚は近しい関係にあるし、また、労働運動も知識人との連携を求めている。したがって、資本主義を倫理的に肯定できない知識人の活動も、知的遊戯にはとどまらない可能性があるのである。シュンペーターの見るところ、アメリカのニューディールも第二次大戦直後のイギリスの労働党政権もこうした知識階級の動向にもとづいた現象であった。

▼シュンペーターの認識装置

どぎついコントラストと逆説的な両義性にみちたシュンペーターの人と思想をどのように言い表すべきか。私の念頭に浮びあがるのは、アイロニー（irony）という言葉である。それは、文学の用語でいえば、幻想（イリュージョン）が育ちそれが破れることを知るなかで自分自身を嘲笑し憐れむ意識が生まれることである。また、はじめからそのようなものとして現実を二重に見るということである。自己の王国を築こうとする企業者の野望も、知識人の社会主義も、シュンペーターにとっては、こうしたアイロニーのなかで理解された。いや、名声を追い求めた彼自身をも含む経済学者の営為もそのうちにあった。

シュンペーター自身はもちろん、アイロニーといったような言葉を用いてはいない。しかし、彼は若年の頃から、こうしたアイロニカルな主観性をなかに組み込んだ社会科学観をもっていた。メンガーやヴェーバーは、その経済理論や社会理論の構築にあたっては、行為における個人の主観的意味付けから出発し、人々の行為の連関を合理的に再構成すべきだと考えた。いわゆる、方法論的な個人主義である。シュンペーターは彼らの方法論が社会科学に関する多くの誤解を除去したことを評価するが、彼らの平明な合理主義の世界にはとどまろうとしない。なぜなら、シュンペーターにとって個人は究極的な単位ではなく、個人のいだく主観的な合理性も社会科学の論理を託するには、あまりにも頼りないガイドであったからである。

彼の社会学を再構成することは冒険に属することであるが、彼が個人の資質は様々な遺伝的要素と後天的要素からなり、家族をとおして諸種の社会階級の思考・行動様式に結びついていると考えていたことは事実である。思考様式においては、慣習や模倣、そして、おそらくエルンスト・マッハ流の「思考の経済」論を取り入れていたものと考えられる。こうした、非個人主義的、非合理主義的な思考・行動様式を基礎として、シュンペーターが考えていたのは、一種のエリート周流論であろう。彼の企業者論に見られるように、指導者はその職能を果たしうるかぎりにおいては勢力と威信を享受するが、それを果たし得なくなれば、いずれ大衆のなかからあらわれる新しい指導者にその地位を奪われる。

近代の社会科学についても、シュンペーターは、それを社会学的な現象として捉えている。「学問的生活といえども、理性や認識のみによって支配されているのではない」。社会科学においてもまた、感情やスローガンが意味をもっているのであり、創造的な指導者とその共鳴板となる大衆という現象すらもまれではないのである。個々の社会科学の諸科学やその学派が存続するのは、それらが能力と情熱をもった新世代を獲得することにかかっているのである。

これは、シュンペーターの後年の経済学論でいえば、経済学のなかの「ヴィジョン」の役割についての議論に結びついている。経済学には、しばしば学者の価値観とも結びつき、究明すべき問題の設定とそのレヴェル、そしておそらく接近法をも規定する分析以前の要素がある。「それは、われわれがものごとをどう見ているかというとおりに、そのものごとの像を体現したものである」。しかし、これについては優劣や進歩を論じることはできない。

シュンペーターは、こうした社会学的現象や「ヴィジョン」に還元しえない分析道具にこそ、経済学の科学としての進歩があると考えていた。しかし、彼自身は分析道具の改良者ではなく、「ヴィジョン」を提出する経済学者であった。

読書案内

日本ではシュンペーターの主要著作はほとんど翻訳されている。若年の三部作は、大野忠男／木村健康／安井琢磨訳『理論経済学の本質と主要内容』（一九八三年）、塩野谷祐一ほか訳『経済発展の理論』（一九八〇年）、中山伊知郎／東畑精一訳『経済学史』（一九八〇年）として、いずれも岩波文庫におさめられている。後半生の大作の翻訳は、吉田昇三監修・金融経済研究所訳『景気循環論』（全五巻、有斐閣、一九五八〜六四年）、中山伊知郎／東畑精一訳『資本主義・社会主義・民主主義』（全三巻、東洋経済新報社、一九六二年）、東畑精一訳『経済分析の歴史』（全七巻、岩波書店、一九五五〜六二年）である。本文で言及した重要論文としては、一九一五年の社会科学論は、玉野井芳郎監修『シュンペーター・社会科学の過去と未来』（ダイヤモンド社、一九七二年）に、一九二〇年の社会化の総括は、大野忠男訳『資本主義と社会主義』（創文社、一九七三年）に、一九二七年の社会階級論は、都留重人訳『帝国主義と社会階級』（岩波書店、一九五六年）におさめられている。八木紀一郎編訳『資本主義は生きのびるか――経済社会学編集』（名古屋大学出版会、二〇〇一年）は、日本でこれまで紹介されていないシュンペーターの論文を遺稿とともに訳したものである。

シュンペーターの生涯と著作についての簡便な案内としては、根井雅弘『シュンペーター　企業者精神・新結合・創造的破壊とは何か』（講談社、二〇〇一年）、伊東光晴／根井雅弘『シュンペーター――孤高の経済学者』（岩波新書、一九九三年）、伊達邦春『シュンペーター』（日本経済新聞社、一九七九年）があるが、シュンペーターの社会科学の体系的理解のためには、塩野谷祐一

『シュンペーター的思考――総合的社会科学の構想』（東洋経済新報社、一九九五年）を繙読すべきである。その他、大野忠男『シュンペーター体系』（創文社、一九七一年）、金指基『シュンペーター研究』（日本評論社、一九八七年）、青木泰樹『シュンペーター理論の展開構造』（御茶の水書房、一九八七年）がある。なお、本章の筆者の『オーストリア経済思想史研究』（名古屋大学出版会、一九八八年）では、シュンペーターを二〇世紀初頭のオーストリアにおける経済理論の発展の流れに位置づけている。

理解を深めるために

一、シュンペーターは慣行どおりに経済が循環する静態と質的な変化のおこる動態の二元論をとった。それでは、人口の増加のような緩慢な量的変化については静態・動態のどちらに属すると考えるべきか。人口増加の帰結についてさまざまな可能性を考慮して考えなさい。

二、シュンペーターは大企業においては、革新活動が個人の手から組織の業務となって日常化すると論じた。この見方を、現在の日本の大企業のR＆D活動を念頭において検討しなさい。

三、資本主義から社会主義への体制移行論において、シュンペーター説は、(A)そもそも社会主義への体制移行はありえないという説と、(B)資本主義の危機の解決として社会主義に移行するという説の双方と対立している。この三説が同一の現象の異なる解釈として成立しうるような事例をさがし、その上で三説による解釈の具体的差異を説明しなさい。

四、シュンペーターとケインズ、マルクスの資本主義についての「ヴィジョン」を比較し、それが通常資本主義とよばれる経済機構のどの面に注目しているのかを説明しなさい。

五、本文では「アイロニー」と表現されているが、社会科学において現実の二重の理解はマイナスであろうか、プラスであろうか。プラスたりうる条件は何か。

（八木紀一郎）

II―10 ピエロ・スラッファ

寡黙な生涯と経済学の革新

(Piero Sraffa 1898〜1983)

▼生涯と著作

ピエロ・スラッファの沈黙　経済学が現代のように制度化され、一定のパラダイムの中での経済学者の貢献の度合が、彼らの優劣を決めるようになると、おのずと経済論文の量産による業績争いが本格化してくる。経済学の世界は、かつてのように、スミスやマルクスあるいはケインズという、百年に一度の天才をじっくりと待つだけの余裕をすでに失っている。制度化は、経済学の世界を、限りなくピースミール・エンジニアリング（漸次的工学）の世界に近づけ、かつてあった社会の全体的構想や変革への情熱を鎮静化させてしまった。現代では経済学者は、新たなパラダイムの創造よりも、むしろパラダイムの改訂作業に熱心に取り組むようになっている。

ピエロ・スラッファは、この二〇世紀の経済学の制度化の波をかろうじて免れた、最後の経済学者の一人である。彼が生涯で書き残した著作は、わずかに英文一〇〇頁にも満たない小冊子、一冊にすぎず、他の数編の論文を加えても、その執筆量は、ほぼ通常の書物一冊の中に収まる程度のものである。かりに彼が、現代の制度化された経済学の世界に投げ出されたとすれば、落後者の刻印を押されてもおかしくはないであろう。だがスラッファは、たったそれだけの仕事によって、経済学の歴史に名を残した。その意味ではスラッファは、二〇世紀の経済学世界がかろうじて許した、最後の巨大な知性だったといえよう。

だがこの寡黙な生涯は、二〇世紀前半の知性史に大きな足跡を残している。彼が公表した著書や論文はわずかではあったが、それらはそれぞれ、経済学の世界に大きな波紋を投げかけた。そしてその禁欲的な仕事の裏側には、スラッファの革新的経済思想の世界と、哲学者L・ウィトゲンシュタインやマルクス思想家A・グラムシという二〇世紀の巨人たちとの、知的交流の世界とが広がっていた。スラッファの世界を知るためには、われわれはおのずとこの沈黙の世界にまで足を踏み入れていかなければならない。

イタリア時代のスラッファ　スラッファは、一八九八年八月五日イタリア北部の都市トリノで、著名な商法学者アンジェロ・スラッファの一人息子として生まれた。高校時代、後にグラムシを彼に紹介したウンベルト・コズモの教えを受け、経済や社会への関心を次第に深めていった。コズモ自身は、イタリア文学を教えるダンテ研究家であったが、当時のトリノで、社会や社会主義への関心をいだく若者たちを惹きつけるだけの、十分な魅力をもった人物であったようだ。スラッファも、ここで何らかの社会への関心をもち始めたものと思われる。

一九一六年秋、スラッファは高校を卒業し、トリノ大学法学部に入学する。大学時代のスラッファにとっての大きな事件は、終生の友となるグラムシとの出会いであったろう。彼は、コズモを介してグラムシと知り合う。第一次大戦が終わったこの時期、トリノは、工場評議会運動のただ中にあり、グラムシが「イタリア革命のペトログラード」と名づけたような急進的雰囲気が漂っていた。その中でスラッファは、グラムシ等の創刊した雑誌『オルディネ・ヌオーヴォ』に協力し、そこにいくつかの翻訳を載せた。さらに彼の社会主義学生集団での活動も、幾人かの人物によって証言されている。

だがこの同じ時期、スラッファは、限界主義の系譜に属するルイジ・エイナウディの下で、卒業論文の執筆にも専念し、「戦中戦後のイタリアの貨幣的インフレーション」を一九二〇年に書き上げ、高い評価を受けて卒業する。卒業後は、一九二一年にロンドン・スクール・オブ・エコノミクスのリサーチ・ステューデントとなり、経済学史に造詣の深いE・キャナンの価値と分配の理論の講義には、特に強い熱意と関心とをもって出席した。後にスラッファの研究が、現代経済学の洗練化へと向かうよりも、むしろケネー、スミス、リカードウなどの古典的経済学の復興へと向かう下地がここにも窺われよう。だがその間にも彼は、イギリスで、『オルディネ・ヌオーヴォ』のために、三編の論説を執筆している。それらは、「オープン・ショップ運動」「イギリスの産業と政府対労働者」「労働運動指導者」である。彼の社会主義や労働運動への関心は、この時期一貫して、経済学研究への傾倒と並行して持続している。

スラッファは、この年の八月、知合いを介してケインズとケンブリッジで初めて対面している。これが、スラッファとケインズとの、その後、長く続くことになる交流の始まりであった。ケインズはスラッファに、戦後のイタリアの銀行問題に関する論説を書くように依頼し、それは『エコノミック・ジャーナル』（一九二二年六月）に、「イタリアの銀行危機」と題して掲載された。また『マンチェスター・ガーディアン・コマーシャル』（一九二二年一二月七日）にも、別の論説「イタリアの銀行の現状」を執筆した。

だがこの後者の論説は、二二年一〇月に政権を握ったムッソリーニの逆鱗に触れた。そこでスラッファは、ケインズの誘いに応えてイギリスへ渡ろうとしたが、ムッソリーニ政権がイギリス政府に手を回したのであろう、スラッファはイギリスへの入国が困難となる。これは一九二四年夏、ケインズの尽力によってスラッファの名が、好ましからざる外国人のリストからはずされるまで続く。

イタリアに残ったスラッファは、一九二三年一一月ペルージア大学講師の職を見つけ、そこで経済学と財政学とを講じる。その後一九二五年一一月、初めての純粋経済学の論文「生産費用と生産量との関係について」を、『アナーリ・ディ・エコノミア』に発表する。この論文は、イギリスでF・Y・エッジワースによって高く評価され、ケインズは、スラッファに『エコノミック・ジャーナル』への寄稿を依頼する。それに応えたのが、「競争的条件下での収益法則」という一九二六年一二月同誌に掲載された論文である。この論文によってケンブリッジは、蜂の巣をつついたような騒ぎになった。当時の通説であったマーシャル理論を批判し、後の有名な不完全競争理論のきっかけをつくる論点を提示したからだ。そしてこの論争の産物が、R・カーンの『短期の経済学』と、J・ロビンソンの『不完全競争の経済学』であった。

一方イタリアでは、二五年論文発表のすぐあと、スラッファは一九二六年三月、二八歳でカリアリ大学教授となる。だがこの頃から、ファシスト政権の政治的抑圧は次第に高まり、反ファシストのスラッファの友人、あるいはグラムシが逮捕され、スラッファも次第に身辺に危険を感じるようになってきた。ちょうどその頃、ケンブリッジでは、二六年論文でスラッファの能力を最終的に確認したケインズが、スラッファをケンブリッジへ招請しようと動き始めていた。スラッファはこの要請を受けて、一九二七年一〇月キングス・カレッジへ移る。

ケンブリッジのスラッファ　スラッファの講義は、一九二八年秋から始まった。ひとつは価値論の講義であり、二五年あるいは二六年論文以来のマーシャル批判がさらに発展させられ、当時のケンブリッジ費用論争の争点となった。そしてもうひとつは、イタリアとドイツの銀行制度に関する講義であった。だがスラッファの講義は長くは続かなかった。彼は次第に講義を負担に感じだし、ケインズはその免除のための手を打った。こうしてスラッファは、一九三一年にマーシャル経済学図書館の館員となり、さらに一九三九年にはトリニティ・カレッジのフェローとなって、研究のみに専念する一生をその後おくることになる。

その研究生活の成果は、一九三〇年に仕事を開始したリカードウ全集の編纂と、一九二〇年代終わり頃には中心命題が仕上がっていた、『商品による商品の生産――経済理論批判序説』(以下『商品の生産』と略記）の完成とであった。リカードウ全集が刊行を開始したのは、一九五一年であり、また主著『商品の生産』が出版されたのは一九六〇年である。スラッファの完全主義が両者の刊行を遅らせたが、その熟成期間の存在は無駄ではなかった。リカードウ全集は、その網羅性と編者の評注の的確性とにおいて完璧といってよいものであるし、『商品の生産』は、その後スラッファ派という学派の形成をともなうだけの革新的構想力をもっていた。この古典派研究と、『商品の生産』という純粋理論の創造が補完し合ったところに、スラッファ理論の特徴がある。

この二つの成果と並行して、スラッファはケインズの『貨幣論』（一九三〇年）の検討から生まれた、ケンブリッジ・サーカス（R・カーン、J・ロビンソン、A・ロビンソン、J・ミード、P・スラッファ）の一員として、『雇用・利子および貨幣の一般理論』（一九三六年）の形成に寄与している。当時ケンブリッジに生じていた二つの革新は、スラッファが引き起こした費用論争と、このケインズ理論の形成に関わる論点とであるが、スラッファはこの両者に関わりをもったわけである。ただケインズとの関係においても、またケンブリッジ・サーカスやその周辺の人々との関係においても、スラッファは一貫して、ある独立性を保った存在であったようだ。

ウィトゲンシュタインとスラッファ　スラッファのケンブリッジ生活で、見落とすことができないのは、ウィトゲンシュタインとの知的交流である。ウィトゲンシュタインは、スラッファと同様に、ケインズがその才能を高く評価し、オーストリアから呼び寄せた哲学者である。彼は当時すでに、G・E・ムーアが天才の仕事と評した『論理哲学論考』（以下『論考』と略記）を出版しており、ケンブリッジへやって来たのは、『論考』のあと中断していた哲学研究を改めて再開するためであった。そのウィトゲンシュタインに、『論考』から『哲学探求』への、哲学史に残る大転換を促した一人が、他ならぬスラッファであった。

ウィトゲンシュタインは、死後に出版された『哲学探求』の序文で、『論考』の誤りを発見するのに際して、フランク・ラムジーの貢献が大きかったが、それ以上にスラッファの長年にわたる批判に多大な恩恵を被っていると語っている。実際ウィトゲンシュタインは、スラッファと頻繁に交流を繰り返していた。そして、その対話においてウィトゲンシュタインは、「すべての枝を切り落とされた木」のように感じたそうである。この比喩は、スラッファの神秘的なまでの知力と、厳格な批判精神とを余す所なく示しているであろう。

スラッファはこの哲学的対話において、哲学者であった。そしてグラムシとの交流においては、思想家であり政治学者であった。経済学が、このように哲学や政治学との対話をもつということは、かつて経済学が長く保っていた特質である。R・ハロッドはかつて、オックスフォードの「近代学科」が哲学、政治学、経済学を含み、経済学は他の課目によって補われていることを誇っていた。これに対して、H・G・ジョンソンは、オックスフォードやケンブリッジでは、経済学が哲学主導で操作可能な科学にはなっていないと批判した。たしかにジョンソンの主張は、自然科学の文法が適用される現代の経済学にとっては至極当然の発言だが、ハロッドの側には、むしろ経済学を社会科学固有の文法によって理解していこうとする意図があった。それは人間の社会関係を、自然科学的に数量化された機械的な行為体系とはみなさないという言明でもあったろう。スラッファの知性の土壌は、明らかにこのハロッド的な環境の中にあった。

グラムシとスラッファ　スラッファは、十代において社会主義への関心をいだき、ケンブリッジでは、学生の間でマルクス学者として知られていた。またA・ロビンソンは、スラッファを、ケンブリッジ・サーカスの中での最良のマルクス学者と呼んだ。もちろんこれだけでは、スラッファとマルクスとの距離を測るのは難しいが、グラムシとの関係を通してその一端に触れることはできよう。

すでに見たように、スラッファは最初のイギリス訪問時に、

『オルディネ・ヌオーヴォ』に三編の論説を載せたが、その後スラッファと同誌との関係は疎遠になっていた。しかし一九二四年、グラムシへの書簡とそれへの返答とが同誌に掲載された。それは、ファシスト政権下での共産党の政治方針に関するものであった。スラッファは、共産党は現在は何も積極的にはできない、緊急の問題は自由と秩序であり、現在必要なのはブルジョア革命であると主張する。そしてこのことは、共産主義者であることとは矛盾しないという。それに対してグラムシは、スラッファは、民主主義的・自由主義的な知的背景、すなわち非マルクス主義的なイデオロギー的残滓を、いまだ拭い去ることができていないと批判する。これらのことから、スラッファはこの時期かなりマルクスに近いところにいたことが分かる。だがスラッファは、一度もイタリア共産党に加わったことはなく、一貫してそこから独立した立場にいた。

この後、一九二六年一一月、グラムシはファシスト政権によって逮捕される。グラムシは獄中からスラッファに、書物の援助を求める手紙を書き、それに応えてスラッファは、ミラノの書店にグラムシ名義の口座を開き、獄中での彼の読書と研究を援助する。スラッファは、この間グラムシと、イタリアにおけるユダヤ人の問題――スラッファ自身ユダヤ系であった――、グラムシが深く関わっていたベネデット・クローチェの思想の問題、さらにスラッファが当時編纂に当たっていたリカードウの思想の問題などのやりとりを書簡で行う。

一九三三年グラムシの健康が悪化し、彼はフォルミアの病院、さらにそこからローマの病院へと移送された。スラッファはこれらの病院を訪れ、グラムシに幾度か面会をしている。すでに病状がかなりすすんだグラムシとの間で、いったいどのような会話がなされたのか知ることはできない。そして、一九三七年四月にグラムシが亡くなると、スラッファは、彼の獄中ノートを、友人マッティオーリが総裁を務めるイタリア商業銀行に秘かに保管し、後にモスクワに住むグラムシの妻のもとに送り届けさせた。こうして彼とグラムシとの交友は終わりを告げる。

経済学者ケインズ、哲学者ウィトゲンシュタイン、そしてマルクス思想家グラムシ、彼らとスラッファとの知的交流は、それ自体で二〇世紀前半の知性史の一断面を明かすものである。そこでは、ヨーロッパの知性の最後の光芒が輝きを放っている。そしてスラッファは、彼らとの知的交流の一方で、ライフ・ワークであるリカードウ全集の編纂と『商品による商品の生産』の完成とに精力を傾けていた。

▼スラッファの経済理論

循環する再生産経済　『商品の生産』は、スラッファがケンブリッジへ移りしばらく経った、一九二〇年代終わり頃には、その中心命題はかたちを整えていた。標準商品、結合生産物、固定資本のような特定の論点は、三〇年代と四〇年代の初期に仕上げられ、一九五五年以降最終的に著作へとまとめられた。

このように、スラッファは『商品の生産』序文で語っている。

したがって、スラッファ理論の核心部分は、中心命題が説かれている『商品の生産』冒頭部分にあるといえる。ここですでに、彼の意図した商品によって商品が生産される、循環過程としての経済は描かれていた。

ただこの循環する経済は、そこでの相対価値と分配変数（賃金率と利潤率）の決定が不可欠であり、そのとき標準商品を想定することによって、この価値と分配の理論に対してある簡明な解決が与えられた。標準商品の利点はこの解決にあった。以下では、スラッファが中心命題と考えた循環過程としての生産と、標準商品による価値と分配の理論の解決とに注目する。

いま次のような生産方法で、剰余を含む生産が行われている経済を考えてみよう。ここでは個々の産業の生産量と、その生産に必要な生産手段量とが与えられている。

90tの鉄＋120tの石炭＋ 60qの小麦＋3／16の労働→180tの鉄
50tの鉄＋125tの石炭＋150qの小麦＋5／16の労働→450tの石炭
40tの鉄＋ 40tの石炭＋200qの小麦＋8／16の労働→480qの小麦
180　　285　　410　　1

この社会には鉄、石炭、小麦の三部門があり、たとえば鉄生産部門では九〇トンの鉄、一二〇トンの石炭、六〇クォーターの小麦を生産手段として使い、3／16の労働を雇用することによって、一八〇トンの鉄を生産している。また石炭と小麦の生産部門でも、それぞれ鉄と石炭と小麦と労働とを表記のように使い、四五〇トンの石炭と四八〇クォーターの小麦とを生産している。鉄の生産のためには、鉄以外に石炭と小麦とが生産手段として使われ、また生産手段である石炭の生産のために鉄や小麦を必要としている。このように、互いの商品が、互いの商品生産の中に入り込み、無限に循環している経済をスラッファは、「商品による商品の生産」が行われている社会と考えた。

そして、これが時間の経過の中で反復されるならば、この経済は循環する自己再生産経済となる。これがスラッファ理論の核心である。またこの社会では、鉄の生産では剰余は発生しないが、四五〇トンの石炭生産に対しては二八五トンの石炭が生産手段として利用され、差し引き一六五トンの石炭が剰余として発生する。同様に小麦生産では、差し引き七〇クォーターの剰余が生まれる。これらの社会的剰余が、国民所得として生み出された純生産物部分である。

ある人はここで、レオンチェフの産業連関論を想起するかもしれない。だが一九二〇年代終わり頃に、その中心命題を固めていたスラッファが依拠できたのは、明らかにケネーの経済表であり、マルクスの再生産表式論であったろう。経済表については、スラッファ白身『商品の生産』の中で言及しているが、あってもよいはずの再生産表式論への言及はない。ケンブリッジでマルクス学者とも呼ばれたスラッファが、それを見逃すはずはなかったであろうが、現在のところそれは推測の域をでない。

価値と分配の理論　さてこのような生産方法で、毎回再生産が繰り返されるとすれば、生産された鉄と石炭と小麦とは、市場を通して再び生産手段として補塡され、国民所得は賃金と利潤とに分割されなければならない。そしてそのときには当然、市場での商品の交換比率、賃金率、利潤率が決定されていなければならない。いま労働一単位当たりの賃金率と、各産業の利潤率とが、それぞれ均一とすれば、次のような生産方程式の体系が描かれる。

$$(90p_1+120p_2+60p_3)(1+r)+3/16w=180p_1$$
$$(50p_1+125p_2+150p_3)(1+r)+5/16w=450p_2$$
$$(40p_1+40p_2+200p_3)(1+r)+8/16w=480p_3$$

ここでp_1、p_2、p_3は、それぞれ鉄、石炭、小麦の価格であり、rとwとはそれぞれ利潤率と賃金率とである。決定されなければならない未知数は、p_1、p_2、p_3、r、wの五個だが、かりに鉄をニュメレールに選び$p_1=1$とすれば、三本の方程式に対して、未知数が四個の自由度一の体系となる。したがってrとwとのうちどちらかが決まれば、この生産方程式の体系では価格と分配変数とが決まり、再生産を継続していくことが可能となる。賃金後払い形式をのぞけば、その想定は古典派の自然価格論、あるいはマルクスの生産価格論を想起させる。

スラッファの体系とはこのように、分配変数のうちどちらかが外生変数として与えられると、循環する再生産を維持する価格と分配関係とが生産方法によって決まる体系である。前提になるのは生産方法であり、それに外生的な分配変数がひとつ与えられることによって再生産は維持される。ここでは一般均衡論と異なって、価格と数量とが同時決定されることはない。個々の産業の生産量は、すでに生産方程式において与えられている。決定されるのは価格と分配である。そして与えられるべき外生変数は、最終的には利潤率となる。

ところでいま想定している、純生産物のような剰余が発生している社会では、他の産業の生産手段に入り込まない、奢侈品のような産業が生まれる。だが、奢侈品は生産手段とはならないので、その生産方法は他の産業には影響を与えない。したがって奢侈品産業を、生産方程式の体系から分離しても、価格と分配変数の決定には影響しない。こう考えてスラッファは、奢侈品のように、他の産業の生産手段に入り込まない商品を非基礎財と呼び、直接・間接にすべての産業の生産手段となる商品を基礎財と呼んで区別した。上の基礎財の生産方程式に、

$$(\alpha p_1+\beta p_2+\gamma p_3)(1+r)+\delta w=\varepsilon p_4$$ （但し α β γ δ ε は定数）

のような非基礎財の方程式を一本加えればその意味は容易に理解できよう。したがって、問題となるのは基礎財の体系である。

収益法則について　このような、与えられた生産量で循環する再生産経済は、一見すると収穫不変の想定に立っていると思われがちだが、スラッファによると、収益法則に関するどのような想定も設けられていなかった。彼はむしろ、生産量を固定することによって、経済学が限界なり変化なりを問題とする以前の世界に立ち戻ろうとしていた。それは彼によれば、スミスからリカードウにいたる古典派経済学の立場であり、そこでは生産量の変化も、生産要素比率の変化も考えられていなかった。だがこの限界分析批判の視点は、実は一九二五年の「生産

費用と生産量との関係について」の論文以来、彼がいだき続けてきた問題意識の延長線上にあった。

二五年論文において彼は、生産費用と生産量との関係は、限界効用理論で価格と消費量との関係が問題となり、その類推から生産の側で、それと対称的な考えが生じたために生まれたと語っている。それ以前の古典派経済学者は、費用は生産量に依存しないと暗黙に仮定していた、というのがスラッファの認識であった。その上で彼は、マーシャル価値論を検討し、その収穫逓減法則も逓増法則も、部分均衡での当該産業以外の他の産業にも、同一の効果をおよぼすはずなので、部分均衡分析の場合には費用不変の想定が妥当だと主張した。たとえば土地という固定された生産要素は、それを使用するすべての産業の費用を逓増させるし、またある何らかの外部経済の利益は、当該産業以外の産業も享受するはずだからだ。したがって一般均衡論の観点からは、これらの産業間の関連が重要な問題となるとしても、部分均衡分析にとっては、さしあたって費用不変の想定をおいても構わないと彼は考えた。

だがこのマーシャル問題の解決には、収穫不変の想定以外にも、上に言及したような一般均衡論へと向かう道と、彼自身が二六年の「競争的条件下での収益法則」論文で提示した、独占の方向へと向かう道とがあった。とりわけ、この後者の独占理論の試みは、後にケンブリッジで不完全競争理論が生まれるきっかけとなったものだ。だがスラッファ自身は、自らが引き起こしたこのケンブリッジ費用論争を横目に見て、まったく新たな次元へと向かっていった。それが『商品の生産』における、固定的な生産量の想定であり、循環する再生産経済である。それによってスラッファは、限界分析の強力な磁場から逃れ、価格と分配の決定を要素投入や生産量の変化から分離することが可能となった。この飛躍によって彼は初めて、「経済理論批判序説」の実質を摑んだと確信できたのではなかろうか。

ところで、この『商品の生産』の中心命題が、一九二〇年代終わり頃に出来上がっていたとすれば、それはちょうど、ケインズが『貨幣論』から『一般理論』へと飛躍し、ヒックスが『価値と資本』へといたる道を歩み出した時期でもある。スラッファは、ケンブリッジ・サーカスの一員として、『一般理論』の成立に立ち会い、また『価値と資本』の序言ではスラッファの貢献が指摘されている。その意味では彼は、第二次大戦後の新しい経済学の誕生を目の当たりにしていた。だが彼自身は、これらの方向とはまったく逆に、まだ誰のものでもない、古典派経済学の新たな核心へと進んでいった。スラッファが、リカードウ全集の編纂をライフ・ワークとしていたことは、このことと見事に符号しよう。

標準商品の想定　さきの生産方程式で見たように、循環する再生産経済では、価値と分配の決定が必須である。そうすると、かりに賃金が変化した場合、この価値と分配の体系がどのように変化するか、このことが明らかにされなければならない。だがこの問題はリカードウ以来の難問であった。それは、賃金が変化したときに価格も利潤率も変化するため、価格変化から独立に分配関係を確定できないからであった。スラッファは、標準商品を想定することによって、この難問に挑んだ。

さきの生産方法で、鉄、石炭、小麦の生産量を、それぞれ$\frac{4}{3}$倍、$\frac{4}{5}$倍、一倍にすると次のようになる。またここでも総雇用量は1になるように設定する。

$$120t\text{ の鉄}+160t\text{ の石炭}+80q\text{ の小麦}+4/16\text{ の労働}\rightarrow 240t\text{ の鉄}$$
$$40t\text{ の鉄}+100t\text{ の石炭}+120q\text{ の小麦}+4/16\text{ の労働}\rightarrow 360t\text{ の石炭}$$
$$\underline{40t\text{ の鉄}+40t\text{ の石炭}+200q\text{ の小麦}+8/16\text{ の労働}}\rightarrow 480q\text{ の小麦}$$
$$200\qquad 300\qquad 400\qquad 1$$

この新たな生産方法では、生産手段として入る鉄、石炭、小麦の比率は、2：3：4であり、生産された生産物としてのそれらの比率も2：3：4となっている。したがって純生産物として生産された鉄四〇トン、石炭六〇トン、小麦八〇クォーターも、2：3：4の比率となる。このような体系をスラッファは標準体系と呼ぶ。そこでは、総生産手段に対する純生産物の比率（純生産物／生産手段）は、二〇％となっており、これは価格変化とは無関係に一定である。なぜならば、分母と分子とは同じ比率の商品構成から成っているため、価格がどんなに変化しても、その比率は一定だからだ。スラッファはこれを標準比率と名付ける。そしてこの体系で利潤率を考えると、

利潤率＝利潤/生産手段
＝(純生産物/生産手段)(利潤/純生産物)
＝標準比率×(1－賃金/純生産物)

となる。したがって、標準純生産物中の賃金シェア、すなわち標準純生産物で測った賃金をwとし、定数である標準比率をRとしておけば、利潤率rは

$$r=R(1-w)$$

となる。このように、賃金が標準純生産物で測られれば、利潤率と賃金との間には線形的な関係が成立する。そしてこの式の利潤率rは、本来標準体系が現実の生産方程式から導かれたことを想起すれば、もとの利潤率rと等しいはずである。したがって、いま見たように、もし賃金が標準純生産物によって測られれば、もとの生産方程式に対しても、上の賃金と利潤率との線形的関係は成立する。これがスラッファの標準商品論である。

こうしてスラッファは、リカードウ以来の難問にある解を与えるが、くれぐれも気をつけなければならないことは、この標準商品論は、あくまでもスラッファ体系にとっては、系論の位置を占めるということだ。すでに見たように、彼の中心命題には標準商品論は含まれない。

ところでスラッファによれば、この標準商品による解決は、かつてリカードウが初期の理論で採用したものであった。そこでは、農業と製造業との二部門経済が想定され、農業は基礎財、製造業は非基礎財となり、その上で農業部門では穀物が、生産手段および生存手段としての投入側と、生産物としての産出側とにあらわれるので、この部門は何の操作も必要とせずに標準体系部門となる。したがって農業部門で、物量比率（穀物比率）として利潤率が決まれば、それは製造業部門にも適用さ

れる。これが初期リカードウの穀物比率論であった。スラッファにおいては古典派研究は、『商品の生産』の彫琢と補完し合っている。彼は古典派経済学に、『商品の生産』の原型を見ると同時に、古典派を『商品の生産』の側から見ようとする。

▼スラッファによる経済思想の革新

循環と均衡　スラッファの経済学が、現代に対して意味をもつとすれば、それは標準商品論や、あるいは生産方法の切り替えという個別論点にではなく、彼が二〇年代終わりから保持し続けてきたヴィジョンの中にあろう。循環する再生産経済という、かつてケネーが唱え、マルクスが彫琢した構想がそれである。たんなる投入産出の相互依存関係というのであれば、それは社会構想の名には値しない。スラッファはここで、一種の社会のヴィジョンを提出している。彼が制度化された経済学の枠を越えるのはこの点である。それは、ウィトゲンシュタインや、あるいはグラムシの哲学と同じ地平での構想であった。

スラッファの循環する経済は、与えられた生産方法のもとで、個々の産業の産出量が変化しない経済である。そこでは、「生産規模の変化や要素比率の変化に依存しない」経済が対象となり、最初から限界概念の生じる余地はなかった。そうすると、通常問題となる、生産要素投入の変化と、企業の費用あるいは産出量の変化との関係という問題はもともと生じようがない。スラッファの経済では、生産方法は産出水準を含めて固定され、「生産は日々変わらないまま続けられた」。この限界概念の批判からは、当然新古典派経済学が想定するような均衡概念も登場してこない。産出量が与えられ、生産方法によって価格と分配が決まるならば、市場で需要と供給との力が働く余地は生まれてこないからだ。こうして、スラッファの循環する経済は、限界概念を否定することによって、均衡論をも否定した。

循環する再生産とは、互いの生産物が互いの生産手段として生産過程に入り込み、それがある生産構造を継続的に維持する経済である。そこでは、個々の生産は、最初から他の生産との有機的関連をもって、循環反復を繰り返している。それに対して、均衡によって成立する経済は、個々独立に与えられた需給の力がさまざまな市場で、同時に力の釣合を生み出すような経済である。個々の消費者、生産者の最適化の選択はそのつど集約され、市場での力の均衡をつくり上げている。この均衡論が、一般にいわれるように力学的アナロジーといえるとするならば、一定の状態の有機的反復を保持する循環論の立場は、生物学のアナロジーに近いものであろう。

限界革命以降、経済学は物理学から力学的方法を借用し、経済世界を力の均衡によって成立する世界とみなすようになってきた。だが経済学の歴史を振り返ってみれば、こういった世界観が成立してきたのは、比較的近年のことにすぎない。それ以前の経済学の中には、ケネーの経済表やマルクスの再生産表式のように、むしろ生物学的アナロジーに近いヴィジョンがあった。そこでは、それぞれの生産あるいは経済主体は、有機的関連をもったある状態の循環反復を保持していた。それは一種の関係主義的な社会観といってもよいものだった。

それに対して、限界革命以降に際立って目立つようになったのは、方法論的個人主義にもとづく経済観である。現代の経済学においては、個々の消費者は、その主観的価値基準にもとづいて、最適な消費財の組み合わせを選択し、生産者も個々にその利潤極大化のために、最適な生産要素投入と産出とを決定する。個々の経済主体の、こうしたそのつどの個人主義的選択が集約されるごとに、一般均衡は成立する。それは、当初から有機的関連性と反復とを想定した経済観とは、明らかに異なった経済観であろう。

古典的経済学の再興　スラッファは、循環する再生産経済は、かつてケネーの経済表に、そしてスミスからリカードウにいたる古典派経済学者の中にあったという。もちろんこの一連の人物の中に、マルクスを加えることにスラッファは異論はないであろう。そのときスラッファが、彼らの経済学としてイメージしたものは、ケネーやマルクスの経済表や再生産表式、あるいは古典派やマルクスの自然価格論や生産価格論であったろう。だがこれらの表現形式以外にも、リカードウの次のような商品観は、循環する再生産経済の実態をよく示している。

リカードウは、経済学が考察の対象とする商品は、絵画のように供給が限られた財ではなく、人間の労働によって際限なく供給が可能な財だという。つまり商品の必要条件は、稀少性ではなく、労働による再生産可能性だとリカードウは考えていた。だが無限に再生産可能で稀少性をもたない財は、現代の経済学では自由財となってしまい、経済学の対象から外れてしまう。この財という同一対象に対する視角の相違は、経済学のまったく異なった二つの構想を暗示している。それは、経済を再生産の視点から見るのか、それとも、欲望に対する財や生産要素の稀少性から見るのかという相違である。限界革命以降の経済学が、この後者であったことは明らかだろう。そこでは、稀少であるからこそ価格が生まれ、稀少であるからこそ経済問題が発生していた。スラッファは、この二つの構想において、明らかにリカードウの側に立つ。

だがそうはいっても、スラッファとリカードウとは、その再生産を保証する機構において大きな相違をもっていた。スラッファの場合にはその保証は、生産物が互いに生産手段として入り込む生産方法そのものにあったが、リカードウの場合には、そういった生産方法に投入される労働が、最終的にその再生産を保証していた。この古典派経済学の核心にある労働が軽視されたことは、スラッファと古典派との大きな相違を示しているだろう。スラッファが再興しようとする古典派は、あくまでも古典派の一側面であって、かつての古典派そのものではない。このことは、古典派の資本蓄積論との対比においても明らかだろう。

古典派経済学は、経済の成長や発展を資本蓄積論として展開するところに、その大きな特徴があった。スミスの分業や貯蓄にもとづく成長、あるいはリカードウの、階級間分配を問題とする資本蓄積論がそれである。だがスラッファの再生産経済は、このことについて何も語っていない。むしろその定常的な再生産経済は、一見変化を拒んでいるかのようにさえ見える。この点では、スラッファの理論は古典派と明らかに異なろう。だがスラッファの経済がもつ、こういった沈黙の部分は、彼があえて語らなかった部分といってもよかった。

▼語りうることと語りえないこと

スラッファの経済学を、新古典派経済学に対する代替理論として読むとき、不十分さを感じる人は多いのではなかろうか。ことに右の資本蓄積論のように、動学に関わる部分についてはそうであろう。またスラッファが、体系の外部から与えられるという分配変数についても、その決定メカニズムは何らかの説明が必要だろう。さらにそれに、固定されている生産量をいかに決定するのか、という問題を付け加えてもよいだろう。たしかにこういった部分は、スラッファの経済学に残された問題である。

だがそういった不満の背景に、かりに経済学の世界は全体として均質で合理的に描かれなければならない、という先入観があるとするならば、それはスラッファの採るところではなかったであろう。スラッファは、合理的に語りえる限界のところであえて踏みとどまっていた。たしかに、経済学に自然科学的手法が導入され、数量化された均質的現象として経済が描かれるようになると、一見、合理性には限界がないかのように感じられ出す。だが経済学を、数学的な明証性をもつ対象として客観的に描き切れると考えるのは、あまりにも理性を過信し過ぎた見方であろう。スラッファの経済学は、この点で合理性の限界を認識していた。

かつて古典派経済学は、経済学を歴史や制度や慣習の中におくことによって、社会科学固有の方法にしたがっていた。たとえばスラッファが問題として残した、分配変数の決定についても、それを歴史の中での慣習や制度の決定事項とする傾向があった。同様のことは、進歩的、停滞的、衰退的という経済の発展段階区分に応じた、技術や人間性向の与件化についてもいえよう。経済学の体系がこのように、その外側に社会的与件をもつということは、そこに歴史的相対性が入り込む余地を残すということでもある。スラッファの外部の設定は、こういった経済の構想の中にあった。したがって定常的な経済とは、過去の歴史の結果であるとともに、将来に対して開かれたある瞬間の「写真撮影」（A・ロンカッリア）ということができた。

もちろんこのとき、固定された生産量の決定を、ケインズ型の有効需要理論によって説明するという方法もあろうし、あるいは与件としての利潤率の決定を、ケンブリッジ方程式から導くということも考えられる。そしてこういった場合には、経済の外部は次第に埋められていくであろう。だがかりにそうであっても、それによって経済の全体が埋め尽くされることはないだろう。経済学は、つねに語りえない外部を残すであろう。

菱山泉は、この語りえない部分に、前期ウィトゲンシュタインとの類似性を見ている。ウィトゲンシュタインは、『論理哲学論考』の中で、言語と世界との関係を明らかにすることによって、言語によって表現されるもの、すなわち思考されるものの限界を定めようとした。スラッファが、合理的に語りえるものの限界に踏みとどまり、沈黙によってその外部を指し示したことは、まさにウィトゲンシュタインが『論理哲学論考』で行ったことであった。彼は『論考』の序文と末尾とで、次のような言葉を繰り返している。

「およそ語りうることは明らかに語りうる。そして語りえないことがらについては、沈黙しなければならない」。

『商品の生産』が、『論考』のアフォリズムに似た素っ気なさをもつのは、どこか両者に共通な厳格な思考スタイルがあったからではなかろうか。

読書案内

スラッファの著作は、わずかに『商品による商品の生産――経済理論批判序説』（菱山泉／山下博訳、有斐閣、一九七八年）一冊である。したがって、この著作を熟読玩味することが、スラッファ理論に精通する王道であろう。そのほかに、一九二五年と二六年の論文が、『経済学における古典と近代』（菱山泉／田口芳弘訳、有斐閣、一九五六年）としてまとめられている。スラッファの解説と評注のついた、『リカードウ全集』全一〇巻（雄松堂書店、一九六九～七八年）も、スラッファ理論の一環として読まれてもよいだろう。ただ主著である『商品の生産』は、骨格だけが示された、初心者には不親切な本である。そこで、以下の二次文献を必要に応じて読むとよいだろう。

菱山泉『スラッファ経済学の現代的評価』（京都大学学術出版会、一九九三年）と『ケネーからスラッファへ――忘れえぬ経済学者たち』（名古屋大学出版会、一九九〇年）は、日本のスラッファ研究の第一人者によるものである。ぜひとも読むことを勧める。ことに後者は、初心者にとってよい道案内となるだろう。A・ロンカッリア『スラッファと経済学の革新』（渡会勝義訳、日本経済新聞社、一九七七年）は、前もってスラッファに関して予備知識をもった上で読む方がよいかもしれない。しかしスラッファについての貴重な指摘が詰まっている。松本有一『スラッファ体系研究序説』（ミネルヴァ書房、一九八九年）は、非常に丁寧にスラッファの解説と評価を行っている。スラッファをめぐる論争が取り上げられているのが有り難い。塩沢由典『市場の秩序学――反均衡から複雑系へ』（筑摩書房、一九九〇年）は、スラッファ理論を「ゆらぎのある定常系」ととらえる。目から鱗が落ちるような本である。スラッファ理論を厳密に捉えるためには、やはりどうしても数学の助けを借りなければならない。初心者にも分かりやすく『商品の生産』を解説したものとして、L・マインウェアリング『価値と分配の理論――スラッファ経済学入門』（笠松学／佐藤良／山田幸俊訳、日本経済評論社、一九八七年）がある。もう一段高度なものとしては、L・パシネッティ『生産理論――ポスト・ケインジアンの経済学』（菱山泉／山下博／山谷恵俊／瀬地山敏訳、東洋経済新報社、一九七九年）あるいはL・パシネッティ編『生産と分配の理論――スラッファ経済学の新展開』（中野守／宇野立身訳、日本経済評論社、一九八八年）がよいだろう。さらに、有賀裕二『スラッファ理論と技術摂動』（多賀出版、一九九八年）、白杉剛『スラッファ経済学研究』

(ミネルヴァ書房、二〇〇五年)がある。

理解を深めるために

一、スラッファ理論を新古典派経済学の限界分析や均衡論と比較して論じなさい。

二、スラッファは、なぜ古典派あるいはケネー、マルクスの経済学を再興しようとしたのか、それらの共通性と相違とに留意して論じなさい。

三、スラッファの一九二五年と二六年の論文と『商品の生産』とを、収益法則の扱い方に留意して比較しなさい。

四、スラッファとケインズ、ウィトゲンシュタインあるいはグラムシとの関係を調べてみなさい。

(水田　健)

II―11 フリードリッヒ・A・ハイエク

社会の自生的秩序化作用の利用

(Friedrich A. von Hayek 1899〜1992)

▼生涯と著作

一九世紀後半から二〇世紀にかけて、経済思想の中心問題は、資本主義と社会主義のどちらが優れた体制であるかを決着することにあった。社会主義を負荷された経済学は、他ならぬマルクスによって体系的に構築された。これに対して、資本主義を擁護しつつ社会主義に対抗する学問体系は、ハイエクによって野心的に探究された。二〇世紀の経済思想にハイエクが中心的な位置を占めることは争われないだろう。ハイエクは、法学・政治学・経済学・心理学・方法論・哲学などの諸学を総合し、自由主義を中心に据えた壮大な思想体系を築いたのである。

ハイエクは、オーストリアの首都ヴィーンに生まれた。家系には学者が多く、父、弟、息子、娘はすべて自然科学系の学者である。また著名な哲学者ウィトゲンシュタインは従兄にあたる。ヴィーン大学の学生であった頃のハイエクは、フェビアン主義という一種の社会主義に共感し、主に法学を学びつつも、オーストリア学派の経済学者F・ヴィーザーの下で経済学を研究した。しかしアカデミックな学問よりも社会的・実践的な関心を持ったハイエクは、将来は外交官になるつもりであった。ところが、オーストリア＝ハンガリー帝国の崩壊（一九一八年）によって進路変更を余儀なくされる。そこで学者を目指すべく、二一年に法学博士、二三年に政治学博士を取得する。またこの時期に、E・マッハやM・シュリック（ヴィーン学団）の科学哲学などに関心をもったり、心理学に関する論文も書いている。ハイエクは将来、心理学と経済学のどちらの道に進むか迷ったというが、この心理学の論文は、約三〇年して、『感覚秩序――理論心理学の基礎研究』（五二年）に結実している。また学生の頃からハイエクはつとめて学際的な研究を心掛け、社会学者のA・シュッツなどとともに「ガイストクライス」という自主ゼミを開いたりしている。

一九二二年、L・ミーゼスの『共同経済』が出版されると、ハイエクはこれを読んで衝撃を受け、フェビアン主義から自由主義に転向する。以来、ミーゼスの下で経済学（とりわけ景気循環論）を研究し、二七年にはミーゼスの取り計らいもあって、新しく設立されたオーストリア景気研究所の初代所長に就任する。この研究所は、当初、わずか三人で出発したが、後にヨーロッパにおける中心的な景気循環研究所となっている。ハイエクは、景気循環研究所の運営を続けるかたわら、ミーゼスの景気循環論を発展させて処女作『貨幣理論と景気循環論』

（一九二九年）を刊行、また同年二月、景気循環研究所の月例報告の中で、自らの景気循環理論にもとづいてアメリカに恐慌が差し迫っていると予測した。これがみごと的中し、ハイエクの理論は世界的に注目されることとなった。

三一年には、L・ロビンズの招きでロンドン大学（LSE）の非常勤講師となり（常勤および在住は三二年から四九年まで）、また、同年末に『価格と生産』を出版する。英語で書かれたこの著作は、前年に出版されたケインズの『貨幣論』とともに大きな反響を呼び、当時の経済学界の勢力を二分した。ケインズとハイエクは『エコノミカ』誌上で論争を繰り返すが、ケインズが見解を変えて、三六年に『一般理論』を出版すると、論争はケインズの側に軍配があるとみなされるようになる。ハイエクは四一年に『資本の純粋理論』を出版するが、学界に対する影響はあまりなく、孤独な風貌であったという。この間、三七年に『貨幣ナショナリズムと国際的安定性』、三九年に論文集『利潤、利子および投資』を出版している。

三〇年代はまた、社会主義経済の合理的な運営可能性をめぐって、「社会主義経済計算論争」という大きな論争が繰り広げられた。この論争は、ハイエクの編著で『集産主義的経済計画』（三五年）という本にまとめられたが、近年になっても、論争はオーストリア学派と社会主義経済学者の両陣営で再燃している。ハイエクは、この論争を通して新古典派経済学の欠陥を認識するようになり、社会主義の問題を、狭義の経済学の問題ではなく、政治哲学や社会科学方法論の問題として考察するようになる。経済計算論争に関するハイエクの諸論文を収めた『個人主義と経済秩序』（四八年）は、また、新古典派経済学を批判する珠玉の諸論文を収めており、今日では、新たな経済学的認識を切り開いた古典となっている。

この頃、ドイツではA・ヒトラーが三四年に権力を掌握し、三九年にはついに第二次世界大戦が勃発した。ハイエクは、全体主義は社会主義思想の帰結であるという認識から、『隷従への道』という政治的書物を四〇年から書き始め、四四年に出版する。出版社をみつけることに苦労したが、出版されるとたちまちベストセラーとなって、現在では一六カ国語に翻訳されている。ハイエクのところには講演依頼が殺到し、汽車で各地を回ったが、駅に停車するたびに群衆からサインをねだられるほど、まるで映画俳優なみの待遇であったという。

しかし、当時の時代思潮は明らかに社会主義であった。ハイエクは社会主義の攻勢から自由を守るために、「モンペルラン・ソサエティ」という学会を創設し、四七年から六〇年まで会長をつとめた。学会には世界中の自由主義者たちが参加して、現在では新自由主義という大きな流れを形成している。またこの学会の成果には、ハイエクが編集した『資本主義と歴史家』（五四年）がある。この本は、資本主義の初期に労働者の暮らしが搾取によって劣悪化したという歴史観を覆す、重要な歴史研究の書となっている。

なおこの頃、ハイエクは一九二六年に結婚したヘラ・フリッシュと離婚している。そして新境地を築きたいという願いから、五〇年にシカゴ大学へ移って社会・道徳科学講座を担当し、また、終生を共にするヘレナ・ビタリッヒと再婚している。

五〇年代は、歴史の書『J・S・ミルとH・テイラー――友情と結婚』（五一年）、社会科学方法論の書『科学による反革命』（五二年）、および脳生理学的な心理学の書『感覚秩序』（五二年）を矢継ぎ早に出版した。それからハイエクは、自由論の問題に本腰を入れて取り組み、六〇年に『自由の条件』という大著を刊行する。これはM・フリードマンの『資本主義と自由』と並ぶ新自由主義の必読書となっている。この著作は、ハイエクが六一歳のときに出版されたので、通常の学者なら最後の主著になるものと思われた。しかしハイエクの研究生活は、ここからが驚異的である。

一九六二年、ハイエクはドイツのフライブルグ大学に経済政策の教授として招かれる。六七年には、祖国オーストリアのザルツブルグ大学の経済学客員教授となり、論文集『哲学・政治学・経済学研究』を出版する。六九年には、ハイエク七〇歳の誕生日を祝って『自由への道』という論文集が編集され、また、ハイエクのドイツ語で書かれた論文集『フライブルグ研究』も出版される。そして最後の大著となる『法と立法と自由』は、ハイエクの余命を懸念して、七三年の第一巻から、三分冊の計画で出版されることになった。

翌七四年、ハイエクはG・ミュルダールとともにノーベル経済学賞を受賞する。初期の景気循環論に関する業績と、社会・経済制度の比較研究に先駆的な業績をあげたことが評価されたためである。これがきっかけとなって、ハイエクは再び世界の学界から注目され、精神的にも肉体的にもよみがえったかのように精力的な研究を続けていく。ハイエクは、ケインズ主義批判を再開し、他方で自らは『貨幣発行自由化論』（七六年）という斬新な貨幣政策を提案する。また論文集として、『哲学・政治学・経済学・思想史の新研究』（七八年）をまとめ、七九年には『法と立法と自由』を全三巻に完結させるという偉業を成し遂げた。齢、八〇歳のときである。

八〇年代になると、ハイエクの新自由主義思想は、アメリカのレーガン政権、イギリスのサッチャー政権、および日本の中曽根政権の経済政策に具体化され、「新自由主義の時代」が形成された。ケインズ主義政策の失敗と相俟って、ハイエクの復活が大きく議論されるようになるのはこの頃である。

晩年のハイエクは、思想的にも現実的にも弱体化した社会主義に対して、最後の決着をつけたいと願っていた。そこで、自由主義陣営と社会主義陣営の論客を集めて、大討論会を開こうと考えた。しかし、社会主義者として誰を招くことができるのか思案に暮れ、結局この企画は実現しなかった。代わりに、ハイエクは自由経済の基本原則を記した宣言をまとめ、『致命的なうぬぼれ――社会主義の誤り』（八九年）を出版することにした。なおまた、現在、書簡類を含めた『ハイエク全集』がラウトレッジ社から刊行中である。

社会主義を打倒することに生涯を捧げたハイエクの人生は、

ソ連や東欧の社会主義諸国が崩壊するという歴史的事件をもって劇的な幕切れをする。ハイエクはこの一連の事件を見届けてから世を去ったのであるから、歴史は、一人の思想家の人生にドラマを与えたと言うことができるだろう。

▼市場の擁護

合理主義批判　政治や経済活動の全体を合理的にデザインすることができるなら、どのような制度が望ましいだろうか。浪費を伴う市場競争は避け、過剰な宣伝や広告を廃止し、社会的に必要な財とサーヴィスを公平に配分し、諸個人には能力に応じて最適な職業を与え、最も差し迫った政治的目標から優先的に解決していく。このように、市場のような自然発生的な制度は人間の共同的・人為的・意識的な管理によって合理化することが望ましい、と合理主義者は考えるだろう。こうした発想は、マルクス主義やケインズ主義、あるいは経済人類学者の多くに共通しているので、近代特有の合理主義を形成している。しかしハイエクが反対するのは、まさにこの種の合理主義に他ならない。まず、ハイエクの市場の擁護論から見ていこう。

近代的な合理主義者は、ある目的が与えられた場合に、その目的を最も効率的に達成する手段を合理的なものと考える。たとえばある企業組織（ないし消費主体）において、合理的な行為とは、利潤（効用）最大化原理に従って、特定の目的を達成するために最適な手段を選択することである。しかし市場全体を考えてみると、そこでは目的がさまざまな経済主体に分散しており、市場全体の単一目的など存在しないので、合理的な手段というものも存在しない。合理的な手段を選択することができなければ、市場は、非合理的で秩序のないものに見えてくるだろう。だがハイエクによれば、市場は単一の目的に導かれていないからこそ、すぐれた制度たりえている。その理由の第一は、市場は、諸個人が共通の目的をもたなくても敵対することなく調和させ、異なる信念をもつ人々を最も平和的にむすびつけることができるからである。市場は単一の目的をもたないから非合理的だという発想は誤っている。市場は、さまざまな個人の相異なる目的を達成する共通の手段（多目的道具）だからこそ、優れた制度なのである。

局所的知識の有効利用　市場が優れた制度である第二の理由は、時と場所によって変化する断片的な知識を、価格シグナルという情報を通じて、社会全体として有効に利用できることにある。たとえば、森林資源が稀少になり、その価格が上昇したとしよう。すると、価格が上昇したというシグナルは、それを需要する業者に対して、代替的な生産手段の模索や生産工程の改良といった行動をするように誘発するだろう。市場は、このように価格シグナルによって経済主体に最適な行為をするよう促し、全体として動的な秩序化を達成することができる。これに対して、経済制度をデザインしようとする合理主義者は、財に関する情報をすべて中央当局に集めて、最適価格と最適な生産量を総合的に決定するほうがいっそう効率的であると考えるだろう。しかし知識（情報）は刻々変化するし、また各人のカンやコツに体現されたノウ・ハウとしての知識は暗黙知に留まるので、知識を完全に集計することはできない。市場システムであれば、知識を集計しなくても、価格シグナルを使って分散した知識を有効に利用することができる。各人は必要な価格シグナルだけに注意を集中して、そこから最適な経済活動を選択することができるし、またそのことによって市場は、無数の個人の目的を調和させることができる。すなわち市場は、もしそれがなければ中央当局が行わなければならない複雑な情報処理を、諸個人の意思決定に分散して解決しているのである。市場が優れたシステムであるのは、新古典派が想定するような完全情報の世界が成立して効率的な需給の一致が達成されるからではない。むしろ、不完全で分散した知識を価格シグナルの伝達によって有効に利用するからなのである。

競争の意味　市場が優れている第三の理由は、競争過程を用いることにある。通常、市場は完全競争を達成すれば最適なメカニズムであり、そうでない場合はさまざまな市場介入が必要だとされる。たとえば独占企業は、完全競争による最適化という基準を満たさないので批判される。しかし、完全競争という考えは、非現実的であるだけでなく、市場の機能を判断するうえで誤った基準である。完全競争とは、生産者が市場動向と財についての完全な知識をもっていると仮定し、ある財の価格が採算のとれる最低水準になるまで下がり、それ以上は技術改良によるコスト削減や品質競争などが行われない状態を意味する。しかしこの想定は、実際には、あらゆる競争の不在であり、競争の真の意義を捉えていない。ハイエクによれば、競争とは、新しい知識を発見し、人々の意見を形成する手続きである。企業家は、人々のニーズを見出し、そのニーズを満たそうと努力する。さらにまた、新たな市場を開拓することによって利益を上げようとしたり、従来よりも安いコストで生産する技術を取り入れようと努力する。しかしどの企業家が最もすぐれた商品を提供できるかについては、市場競争という発見手続きを通して人々の意見を形成していくほかない。市場が優れているのは、不完全な情報の下でこの発見手続きを有効に用いるからであり、完全競争という状態に近似するからではない。したがって独占について言えば、市場における新規参入が認められている限り、正当な競争の結果として生じた独占企業は、最も優れた生産をする企業として認めなければならない。

自生的な市場過程　完全競争概念を批判するハイエクは、同様の理由から「均衡」概念をも批判する。通常、均衡という概念は、技術革新がなく、利用可能な生産手段の完全な情報があって、消費者の選好は所与であるという静学的な状態を想定している。このような想定のもとでは、合理的な資源配分の達成は論理的・数学的な問題となり、市場経済であろうと計画経済であろうと、おなじ効率性を達成することが証明される。しかし現実には、中央当局は諸個人に散在する知識を合理的に集計処理することができないから、社会主義経済の合理的運営は不可能である。他方で市場経済は、完全情報を想定する均衡状態からは程遠いので、欠陥だらけの制度に見えてくる。そこでハイエクは、経済学の中心問題を次のように立てている。すなわち、知識が散在するにもかかわらず、どうして市場がある程度うまく作動するのか。これに対するハイエクの回答は、市場が自生的な秩序化作用をもっているという点にある。市場は、完全にではないが、そのプロセスを通じて諸個人の期待を一致させるという秩序化の作用をもっている。この市場の自生的な秩序化作用を理解するなら、市場の不完全さを人為的に統御するよりも、むしろ逆に、この秩序化作用がうまく用いられるように市場を培養するほうが望ましいだろう。ハイエクは、単に市場が自生的であるというのではなく、この自生的な秩序化作用を社会的に有効利用しようとするところに政策的含意をこめている。ハイエクによれば、経済政策は、庭師の態度をもって、できるかぎり市場を育てることでなければならない。自由社会における公共政策は、単一の公共目的を市場に押しつけることではなく、逆に諸個人の多様な目的を達成する機会を保証するものでなければならない。

ケインズ批判と貨幣政策　ハイエクは、市場を育成するよりも管理しようとするケインズに対して、主として三つの批判をしている。第一に、総雇用量や総需要量といった集計概念のみに注目して、生産財と消費財の相対価格や生産部門間の構造的差異という関係を軽視するケインズの理論は、科学主義的偏見を抱かせ、誤った経済運営を導くことになる。第二に、伝統や慣習を否定して社会的正義を主張するケインズは、デカルト的合理主義や功利主義の誤りを共有している。第三に、自由放任主義（レッセ・フェール）と福祉国家を対比するケインズの思想図式には、「法の支配にもとづく自由主義」という立場に正当な位置が与えられていない。

第一の批判は、景気循環を抑えて経済を安定させるための貨幣政策にかかわる論点なので、ここでさらに検討しよう。ハイエクによれば、市場が円滑に作動するためには、人々は誤った価格シグナルに反応してはならない。しかし貨幣の供給量の人為的な増加は、誤った価格シグナルとなって景気循環を発生させてしまう。それは次のような経過を辿るだろう。何らかの原因で貨幣量が人為的に増加すると、資金はまず製造業部門に流れ込む。すると、各製造業者は生産を拡大するために、新たな設備投資をすると同時に、賃金を魅力的なものにして人材を集めるだろう。投資ブームの部分的発生である。すると、製造業部門で働く労働者の人口が増え、賃金が上昇し、消費財に対する需要が増大する。しかし、貨幣供給の増加が一時的なものであれば、銀行の資金は底をつき、消費財部門にまで資金が回らない。さらに、労働者は製造業部門に移動してしまったので、消費財の生産と供給は乏しいものとなり、消費財部門は不況に見舞われることになる。すると一方では消費財の需要が供給を大きく上回り、物価上昇、すなわちインフレーションが発生する。他方、消費財部門は需要超過で高い収益のチャンスがあるので、やがて資金が流れこみ、好況に転じるだろう。しかし問題は、この間の景気循環は必然的に避けられないということである。ケインズであれば、貨幣供給量は、物価水準の維持と完全雇用を達成するように人為的に操作することが望ましいと考えるだろう。しかしハイエクによれば、いかなる貨幣量の変化も諸財の相対価格の変化をもたらし、生産構造の歪みと景気循環をもたらしてしまう。それゆえ望ましい政策は、ケインズ的な物価安定政策ではなく、貨幣供給量を一定に保つような中立貨幣政策である、とハイエクは主張する。

また、失業の解決策として、有効需要の増加やインフレの容認というケインズ的な手段は誤っている。失業の原因は、「総需要の分布状態」と「労働と諸資源の配分状態」の乖離にあり、とりわけ労働組合の存在によって、労働の円滑な移動と相対的賃金の調節が市場において阻まれていることにある。それゆえ失業対策は、労働市場を円滑にするような政策でなければならない。

ところでハイエクは、後に中立貨幣政策を放棄し、貨幣発行の非国有化政策を主張している。ハイエクによれば、貨幣は本来、形容詞的な存在であり、商品と貨幣の明確な区別をすることはできない。また、貨幣の形態が高度化するにつれて、政府は最適な貨幣供給を管理することが困難になるから、貨幣は市場の進化を通じて自由に発行させたほうが望ましいようになるだろう。貨幣発行自由化の下では、貨幣は政府が発行してもよいし、民間の企業や銀行あるいは個人が発行してもよい。どのような貨幣がうまく流通するかは、市場の競争過程を通じて判断していくのである。人々が価値の安定した貨幣の供給を望むなら、そのような貨幣を発行し管理できる業者の貨幣が生き残るだろう。EC通貨統合について言えば、通貨を人為的に統合することは望ましくない。むしろ多くの貨幣を流通させて、そこから市場の淘汰圧力にかけることのほうが結果として優れた貨幣の供給を可能にする、とハイエクは主張している。

社会主義批判　次に、自由市場経済に代わる代替案を検討しよう。今世紀の知識人の多くは、近代特有の合理主義にもとづいて、社会主義や社会民主主義の立場に魅力を感じてきた。最近では社会主義に対する魅力は失われつつあるが、社会民主主義は依然として魅力的な制度案である。以下、これら二つの立場に対するハイエクの批判と市場の擁護論を見ていこう。まず、社会主義に対する批判から。

ハイエクは、社会主義の諸理念が、価値として邪悪であるとか劣っていると非難しているのでは決してない。問題は、小規模な共同体ではさまざまな社会主義の実践が可能であるとしても、大規模な民主主義社会において経済計画を集産主義的に実行した場合、はたしてそれは社会主義者の望むような理想を達成することができるかどうか、という点にある。この問題に対するハイエクの批判的回答は、次のようにまとめられる。

まず第一に、社会主義が最適化計算にもとづいて完全な計画経済を求めるとすれば、それはすでに述べたように、そのために必要な知識（情報）を収集する時点で実践的な困難に直面する。第二に、では、経済計画の全体を民主的に議論して決定するという理想を掲げる場合はどうか。この場合、議会は、経済計画の目標設定や手段の選択をめぐって膨大な論点を論争する場となり、短期間では議論を尽くした決定をなすことが不可能になるだろう。こうした状況では、計画をすみやかに実行するために強力なリーダーシップを求める声が高まり、権力を個人にゆだねて独裁的な決定をする方向に道を開くだろう。すなわち、民主主義の下での社会主義は、全体主義的な政治形態に転化する傾向をもつのである。もし全体主義を望まないとすれば、経済計画の全体を各部門の官僚機構に分散して委ねるしかない。しかしその場合には、そこにさまざまな圧力団体が出てきて、裏で権益に与かろうと活動しはじめる。裏取引が横行し、官僚制は腐敗せざるをえない。こうして社会主義は、全体主義か官僚制の政治形態へと意図せずして移行し、民主的な討議という理想を達成できなくなる。

第三に、かりに官僚制の問題が片付いたとしよう。しかしその場合でも、どのような経済計画であれ、それはその時点での技術・知識水準にもとづいて計画されるので、将来の技術や知識の進歩によって節約できる生産の可能性を排除してしまうことになろう。したがって、長期的な効率性という点からいえば、計画経済は市場経済よりも優れているわけではない。

第四に、ここで次のような計画経済擁護論を考えてみよう。すなわち、計画経済は、必要な財を標準化して大量生産する点で、競争に敗れて売れ残る商品を絶えず生み出すような市場経済に比べれば、効率的である、という理説である。しかし、もっと長期的に考えれば、計画経済は市場における商品のテスト過程を放棄することによって、同時に、生産を絶えず見直したり洗練したり革新するための誘因をも失うことになる。それゆえ、計画経済の効率性は一時的なものに過ぎず、その経済運営は次第にずさんになり、経済成長は望めなくなるだろう。この点において、計画経済は市場経済よりも劣っている。

社会的正義の幻想説　見てきたように、社会主義の経済は、一方で全体主義や官僚政治を招き、他方で経済活動の効率性を失ってしまう。このような悪しき帰結を回避するためには、ある程度まで市場競争の利点を見直す必要があろう。そこで、社会民主主義という考え方が登場する。社会民主主義とは、市場経済を取り入れつつ、そこに社会的正義（所得の平等かつ公平な再分配）という価値を実現しようとする福祉国家型の政策思想である。しかしハイエクによれば、この思想は、幻想にもとづいている。というのも、社会的正義なるものは、大規模な社会においては正義の基準を満たさないからである。正義は、その言葉の用法において、なんらかの一般的ルールにもとづいて判断しなければならない。しかし社会的正義は、一般的・普遍的に通用するようなルールに訴えることなく、諸個人の特定の事情（職種や健康状態や社会環境など）に応じて所得を再分配しようとするので、正義の基準を満たさない。したがって社会的正義は、かりにそれが望ましいとしても、正義とは別の、何らかの共同体的な価値を満たすものと考えるしかないだろう。

そこで次にハイエクは、大規模な社会では、所得の再分配という政策が以下のような困難を抱えると批判する。第一に、所得の再分配が望ましいとしても、具体的な再分配の目標については意見が対立してしまうので、実際の政治においてはその時々の党派的な要求を満たすほかなく、一貫した再分配政策は望み得ない。このような状況の下では、人々は一般的なルールというものに対して不信を抱くようになり、すべての基準をその時々の政治的影響力によって刹那的に決定しようとするだろう。こうした社会の運営は、大規模な市場社会を維持するために必要なルールを掘り崩す破壊的な力となる。第二に、所得の再分配によって、お金持ちがいなくなる場合を考えてみよう。ハイエクによれば、お金持ちは、まだコストが割高な新商品を実験してみるという機能を担っている。自動車であれコンピュータであれ、最初はそれが高価な時にまずお金持ちが購入して、その商品のよし悪しを試してみる。そしてその商品が優れていることが判明するなら、それをさらに開発してコストを低下させ、誰もが買えるようになる。これに対して、もし所得を平等に近づけるなら、新商品を試す人々は減少し、結果として新商品を開発する誘因を挫いてしまい、市場の成長を阻害するだろう。第三に、相続税の税率を引き上げることで所得の平等を達成しようとする政策を考えてみよう。この政策は、親から子供への所得移転を禁止することで、子供が人生の同じスタートラインに立つようにと目論んでいる。しかし、親は子供に金銭以外の面でさまざまな配慮をするから、完全にスタートラインを平等にすることはできない。これを完全に平等にしようとすれば、家族に対する政府の介入が増大して、誰もが望まない強大な権力形態へと導くだろう。また、多くの文化的資質は二〜三世代をかけて達成できるものであるから、親から子供への財産の継承を認めないなら、そうした文化的資質は開花しないことになる。それゆえ文化的な価値を増大させるためには、親が子供に何かをしてやりたいという本能的な欲求をうまく利用することが望ましいだろう。ハイエクは、家族内の道徳を維持するような社会を望ましいとし、これを否定してバラバラな個人から社会を契約的に構成しようとする立場を「偽りの個人主義」と批判している。

以上のような理由から、所得の再分配は経済や文化の成長と矛盾することが分かる。最後に、経済成長を失ってでも所得の公平を実現しようとする立場について考えてみよう。そのような論者は、多くの場合、勤勉に働いた人々が損をしたり、勤勉でない人が大儲けをしたりするようなことがあってはならない、と主張する。すなわち、再分配の目標は、各人の価値を正当に評価して報酬を与えることだと主張する。しかし、いかなる人間も、他の人間を正当に評価する絶対的な基準をもってはいない。それゆえ正当な報酬は、その時々の政治的権威によって決定するほかない。この立場は、まず第一に、ネイションを超えて実現することができないだろう。第二に、労働に対する評価を政治的・一元的に決定するなら、労働を低く評価された人間は人格的にも低く評価されたと見なされ、耐え難い社会となろう。第三に、人間の価値には、努力以外にも人徳とか天性などがあるが、これらの価値を一元的に評価することは本来的に困難である。こうした理由から、正当な報酬を目指す社会は、市場社会よりも優れているとは言いがたい。

自由主義　社会的正義を徹底的に拒否するハイエクは、しかし市場経済を野放しにしろと言っているのではなく、市場を育むための国家介入を多く認めている。防衛、警察、疫病や自然災害の予防、義務教育といった事柄だけでなく、道路建設のための土地の強制収用、職業ライセンスの許可制度など、多くの規制を認めている。ハイエクは、「一層多くの自由が達成されるならば」という理由で、一定の自由を抑圧することを認めているのである。それゆえハイエクの立場は、自由主義と言っても特殊であることに注意されたい。図式的に言えば、自由主義は、国家の介入をどの程度認めるかによって、無政府資本主義、最小国家論、古典的自由主義および新自由主義の、三つのレヴェルに区別される。また、自由を正当化する仕方によって、自然権論、帰結主義、社会契約論の三つに分類される。ハイエクの立場は、国家の役割を多く認めて自由社会の新たな制度を積極的に提案する「新自由主義」を、「帰結主義（制度の妥当性をその結果から判断する立場）」によって擁護する立場として位置づけられる。

なおまた、アメリカで自由主義という場合は福祉国家主義を意味し、ハイエクの自由主義は「保守主義」とされることにも注意されたい。ただしハイエクは、社会哲学上の保守主義を全面的には評価しない。保守主義は、社会発展の速度に関心を示すだけで、その方向については問題にしないので、実際、社会主義と妥協してきた。また保守主義は、民主主義を酷評したり、社会の自生的で新しい変化を恐れる点でも、ハイエクの自由主義と対立する。ハイエクが保守主義を評価するのは、社会の合理的な改革を懐疑し、伝統的な慣習や道徳に価値を見出す点である。

▼拡張された秩序の基礎理論

自生的なものの類型　哲学的なレヴェルにおけるハイエクの功績は、自生的な社会制度の存在を、自然と作為の二分法を超えて適確に位置づけた点にある。市場や言語や慣習といった社会制度は、特定の人間によって人為的・意図的に設計されたものでもなければ、われわれの本能的・自然的な欲求にもとづいて発展させてきたものでもない。それは、人間行為の意図せざる結果として成長してきた制度である。ハイエクはこれを「自生的秩序」と呼び、人為的に設計された秩序である「組織」や「本能的自然」と区別している。自生的秩序に関する洞察は、B・マンデヴィル、D・ヒューム、A・ファーガソン、A・スミス、E・バーク、C・メンガーといった人物に継承され、ハイエクに至っている。

ところで、人間の理性によって社会を統御しようとする合理主義者は、自生的秩序をすべて「組織」に改革しようと欲するだろう。しかしハイエクは、こうした態度を「設計主義的合理主義」と呼んで批判する。この立場は、百科全書派やJ-J・ルソー、フィジオクラート、サン＝シモンとA・コント、J・ベンサム、そしてK・マルクス、F・エンゲルスへと継承されている。しかしハイエクによれば、設計主義は、認識論的・方法論的な誤りにもとづいている。ハイエクはその理由を詳細に探究しているが、その要点は、人間の意識的な理性によって、理性の存立基盤を明確に認識したり設計することはできない、という点にある。歴史において人間は、理性的であったがゆえに新しいルールを採用したのではない。むしろ人間は、偶然にも一定のルールに服することによって、はじめて理性的な存在になったのである。それゆえ自生的秩序を組織に変革するなら、さまざまな障害が生じ、われわれの理性の基盤が失われるだろう。言い換えれば、設計主義的な態度によって、誰もそのメカニズムを十分に解明していないようなルールに従う態度を失うなら、非理性的で野蛮な社会を招来してしまうだろう。

ルールの価値　そこで、ルールに関する洞察が重要となってくる。ルールには、意図的に設計された明示的なルール、明示化しえない暗黙的なルール、および、明示的でないものを明示化したルール（たとえば慣習法）がある。合理的なものにしか価値を見出さない合理主義者であれば、あらゆるルールを言語化して合理的に設計しようとするだろう。しかし人間の理性には限界があるから、すべてを合理化することはできない。たとえば「よい日本語」というルールは、一定の諸個人の言語感覚に体現された暗黙的なルールであるといえる。同様の例として、正義感覚やフェア・プレイといったルールがある。これらのルールは、なぜ合理的で有用であるのか明確でないから従う必要はない、と考えるのは賢明ではないだろう。理論的には合理的でなくても、実践的に体得することによってその有用性を理解することができるからである。市場秩序の諸ルール（たとえば私的所有制度）についても同じことが言える。これらのルールは、各世代ごとに受け継がれてきた産物であり、各世代は、ルールの全体を合理的に把握しなくても、実践的にはそれに従いつつ部分的な修正を加えることによって、結果としてすぐれた社会秩序を形成することに成功してきた。すなわちこれらのルールは、歴史の進化論的な淘汰過程を生き抜いてきたのである。それゆえ非合理的に見えるルールでも、進化論的な観点から一定の価値を認めて保持する態度がなければならない。

無知と自由　設計主義のもうひとつの誤りは、今や社会の秩序が拡張され複雑になったので個人の自由を制限して社会を秩序だてる必要がある、と発想する点にある。これに対してハイエクは、社会が複雑になったからこそ、諸個人を自由に活動させる必要があるのだと主張する。ハイエクのいう自由とは、強制からの自由であり、各人が自分のもっている知識を自分で用いる自由である。われわれは、誰がどのような知識をもっているかすべて把握することはできないし、新しい着想や商品が将来どれほどの有用性を発揮するかについて事前には知らないから、諸個人の自由な活動を通じて優れたものを発掘しようとしなければならない。事前に有益な結果をもたらすことが分かっているような場合にだけ自由を認めるという政策は、自由の機能を誤認している。自由の機能は、予測できるような結果ではなく、全く新しい発展をめざすことにあるからである。このように、われわれが無知であるからこそ自由を必要とするというハイエクの議論は、ソクラテス流の「無知の知」を社会哲学に発展させる独創的な試みであるといえよう。

法の支配　設計主義の第三の誤りは、「法」による非人格的な支配を人格的な支配に置き換え、無制限な権力形態への道を開いてしまう点にある。「法」とは、政府の公共的活動を制約する一般的なルールであり、行政上の措置である「立法」とは区別される。それゆえ、立法をもつ社会のすべてに「法の支配」があるわけではない。法の支配する社会では、そこにおいて裁判官が、法を発明するのでなく発見し、法の内的整合性を調べ、「メタ法規的なルール」に従って法を改正する。そしてこのメタ法規的なルールの存在を承認することが、真の意味での「法の支配」を保証するのである。ハイエクは、法を「特定目的を指示するために人為的に作成された法（テシス）」と解釈する法実証主義の立場を批判して、特定の行為を禁止するノモスとしての法の領域が重要であることを示している。

部族社会への回帰願望　設計主義の第四の誤りは、それが部族社会への回帰願望をもつことである。なるほど、伝統的な道徳や法律を破棄して合理的なものに作り替えていくという営みは、近代社会を築くうえで不可欠な作業であったように思われよう。しかしハイエクの見るところ、すべてを合理化しようとする設計主義は、拡張された秩序を維持・発展させるための基礎であるどころか、むしろ部族社会への回帰願望から生じている。とりわけ、諸個人の個別的な事情に応じて実質的な福祉を実現しようとする「社会的正義」の理想は、部族精神の表出である。すべてを把握して設計することができるのは小規模な部族社会に限られており、拡張された秩序においては、もはや望み得ない理想だからである。われわれの開かれた社会は、過去の共同体の道徳を取り戻すという部族社会的な本能を抑制し、新たな道徳を獲得していかなければならない。宗教について言えば、キリスト教の一神教的信念は、多くの点で開かれた社会に有益な道徳を発展させてきたが、不寛容である点では多神教の仏教に比べて劣っているとハイエクは考える。

▼ハイエクの評価

以上に見てきたハイエクの思想には、一貫した思考の流れがある。すなわち、人間が「無知」であるという事実から社会哲学的な意義を引き出す試みである。人間は、個としては無知で無力であるが、そこに自生的な秩序を形成することによって賢明な存在となる。また、諸個人は無知であるからこそ、自由な社会が要請される。さらに、社会思想における設計主義批判や、経済学における均衡論批判、あるいは本章で論じることのできなかった、認識論における物理主義批判、方法論における科学主義批判と実証主義批判、政治における功利主義批判など、ハイエクの無知論は、近代に特有の合理主義を批判する体系的な議論を展開しているところに特徴がある。

合理的なもの以外はすべて疑うという合理主義は誤りである。この種の合理主義は、人間が無知であることの含意を理解できないので、開かれた社会を維持するような道徳を発見することができず、市場社会を批判して閉じた社会の道徳を取り戻そうとしてきた。なるほど、閉じた社会の歴史は一万年以上に及ぶのに対して、開かれた社会の歴史は非常に浅い。だから、過去の共同体に戻ろうとする人間の本能的な欲求は簡単に払拭できるものではないだろう。しかし社会はすでに開かれてしまったのであり、これを閉じようとする行為は自殺的な結果を招くことになる。われわれは、開かれた社会の道徳と価値についてまだあまりよく知らないが、これを発見する以外に文明を築く道はない。ひとつだけ言えることは、自由主義は、そのような道徳を発見するのに最良の環境基盤だということである。

ハイエクの思想は、マルクスに似て、戦闘的なイデオロギー対決を迫ってくる。それゆえ、なるべく価値から自由でありたいと望むような人は、ハイエクに対して一方的な嫌悪感を抱いてしまうだろう。しかしハイエクの見るところ、「あらゆる価値判断を避けるべきであるという公準は、しばしば、誰も傷つけたくなく、したがって自分の好みを隠そうとするような臆病者の、単なる弁解にすぎなくなってしまった」。イデオロギー上の問題を合理的に把握しようする試みは、ヴェーバーのいう価値自由の公準に抵触する営みではない。社会科学は価値上の争点を問題にしうるのであり、ハイエクの立場に反対する人も、このことだけはハイエクから学んでおかねばならない。

読書案内

ハイエクの著作は、『ハイエク全集』（第I期全一〇巻、春秋社、一九八六年以降）として刊行されている。第一巻：『貨幣理論と景気循環』および『価格と生産』。第二巻：『利潤、利子および投資』。第三巻：『個人主義と経済秩序』。第四巻：『感覚秩序』。第五～七巻：『自由の条件』。第八～十巻：『法と立法と自由』。入門として適しているのは、ハイエクの経済思想に関する諸論文を集めて翻訳した『市場・知識・自由』（田中真晴／田中秀夫編訳、ミネルヴァ書房、一九八六年）、およびインタヴューを含んだ『新自由主義とは何か』（西山千明編、東京新聞出版局、一九七七年）である。このほか、『隷従への道』（一谷藤一郎／一谷英理子訳、東京創元社、一九九二年）＝『隷属への道』（西山千明訳、春秋社、一九九二年）、『科学による反革命』（佐藤茂行訳、木鐸社、一九七九年）、『貨幣発行自由化論』（川口慎二訳、東洋経済新報社、一九八八年）、インタヴュー集として、スティーヴン・クレスゲ／ライフ・ウェナー編『ハイエク、ハイエクを語る』（嶋津格訳、名古屋大学出版会、二〇〇〇年）が翻訳されている。

二次文献について。簡単な紹介は、E・バトラー『ハイエク――自由のラディカリズムと現代』（鹿島信吾／清水元訳、筑摩書房、一九九一年）。ハイエクに関する研究書として、古賀勝次郎『ハイエクと新自由主義』（行人社、一九八三年）、古賀勝次郎『ハイエクの政治経済学』（新評論、一九八一年）、N・バリー『ハイエクの社会・経済哲学』（矢島鈞二訳、春秋社、一九八四年）、嶋津格『自生的秩序――ハイエクの法理論とその基礎』（木鐸社、一九八五年）、J・グレイ『ハイエクの自由論』（照屋佳男／古賀勝次郎訳、行人社、一九八九年）、落合仁司『保守主義の社会理論――ハイエク・ハート・オースティン』（勁草書房、一九八七年）、間宮陽介『ケインズとハイエク』（中公新書、一九八九年）、R・ツィントル『ハイエクとブキャナン』（井上孝／古賀勝次郎／中島正人訳、行人社、一九九一年）、橋本努『自由の論法――ポパー・ミーゼス・ハイエク』（創文社、一九九四年）、渡辺幹雄『ハイエクと現代自由主義』（春秋社、一九九六年）、江頭進『F・A・ハイエクの研究』（日本経済評論社、一九九九年）、平井俊顕『ケインズ・シュムペーター・ハイエク――市場社会像を求めて』（ミネルヴァ書房、二〇〇〇年）、G・R・スティール『ハイエクの経済学』（渡部茂訳、学文社、二〇〇一年）、スティーヴ・フリートウッド『ハイエクのポリティカル・エコノミー』（佐々木憲介／西部忠／原伸子訳、法政大学出版局、二〇〇六年）がある。また、雑誌『現代思想』一九九一年一二月号はハイエクを特集しており、その中に国内の「ハイエク研究文献目録」が収められている。最後に、ハイエクの伝記的紹介として、橋本努「F・A・ハイエク――人間像の考察」（橋本努編『経済思想 第8巻 二〇世紀の経済学の諸潮流』日本経済評論社、二〇〇六年、所収）を参照されたい。

理解を深めるために

一、ある道徳家は、ハイエクを自由放任主義であると非難するが、逆に、ある自由放任主義者は、ハイエクを社会主義者であると糾弾している。そこで、ハイエクが容認する社会福祉政策や統制政策を整理し、自由の「条件」について考察しなさい。

二、ハイエクの新古典派批判について整理し、そこから新たな経済学を発展させてみよう。ネオ・オーストリア学派（I・M・カーズナーなど）の見識が参考になる。

三、コスモス、ノセス、ゲーム、ルールといった概念について、ハイエクの用法と他の論者の用法を比較しなさい。

四、ハイエクは、自生的なものがすべてよいといっているのではない。また自由社会に必要な諸制度のすべてが自生的に発展してきたとも考えていない。そこで、ハイエク理論体系における反自生的な要素について、検討しなさい。

五、ハイエクは近代合理主義を批判するので、古典的自由主義の不死鳥と呼ばれたり、あるいは、ポスト・モダンと親近性があると言われる。そこで、前近代・近代・ポスト近代の区別を明確にし、ハイエクは近代をどのように批判ないし支持したのかについて、他の論者と比較検討しなさい。

（橋本　努）

II—12 カール・ポランニー

実体＝実在としての経済を求めて

（Karl Polanyi 1886～1964）

▼生涯と著作

ヴィーンからブダペストへ　カール・ポランニーは、ユダヤ系ハンガリー人の父ポラチェク・ミーハイとユダヤ系ロシア人の母セシリア・ウォール（セシル・ママと呼ばれた）の次男として、一八八六年一〇月二五日、ヴィーンで生まれた。父ポラチェク・ミーハイは、チューリッヒのスイス技術大学を卒業後、鉄道技師としてスイス鉄道に勤務し、イングランドおよびスコットランドでさらに研修を重ねて、一八八〇年頃ヴィーンの郊外鉄道建設のためにヴィーンに赴いた。セシル・ウォールと出会ったのはこのときであった。セシルは、ロシア皇帝の臣下でラビ養成大学の学者であった父アレックス・ウォールから、宝石商見習いとしてヴィーンに送り出されていたのであった。二人は一八八一年に結婚し、カールを含む六人の子供をもうけたが、そのうちの一人は夭逝した。

一八九〇年代に、ミーハイは鉄道建設請負人として独立することになり、家族とともにブダペストに移り住むことになった。彼は、家族のハンガリー社会への帰化をすすめるために、ハンガリー語でポラニー姓を名乗らせた。ただし、ミーハイの祖先はポーランドからの移民であり、自分自身は終生ポラチェクという姓で通した。ちなみに、カール・ポランニー（姓のアクセントは第二音節）は英語読みであり、ハンガリー語ではポラニー・カーロイ（姓名ともアクセントは第一音節）となるが、本章では英語読みで統一することにする。

ミーハイは、子供たちが一二、三歳になってギムナジウムに通うようになるまで家庭で教育を行った。ハンガリー語、ドイツ語、英語を完全に習得させるとともに、ラテン語やギリシャ語などの古典語も早いうちに学習させ、息子たちには体育の指導も行った。なお、『暗黙知の次元』の著者マイケル・ポランニーはカール・ポランニーの五歳年下の弟である。

知的刺激に満ちた少年時代を過ごしたカールであったが、この間にポランニー家の暮らし向きは下降線を辿ることになった。一八九〇年、事業に失敗し倒産した父ミーハイは、負債の全額を自力で支払おうとしたため、家族は経済的に苦しい生活を強いられることになったのである。ミーハイは、その後シュトゥットガルトやフランクフルトで職を見つけ、家族に仕送りを続けたが、一九〇五年に亡くなった。

一九〇四年秋、カール・ポランニーはブダペスト大学に入学し、そこで法学と政治学を学ぶことになる。折しも、ブダペスト大学では、カールの兄アドルフや従兄弟たちが中心となって、社会主義学生運動を指導し、労働者教育に力を入れているところであった。彼らの影響を受けて、カールもまた社会主義への関心を高めていった。しかし、一九〇八年には学内の反動的勢力と衝突し、カールは停学処分を受けることになった。そこでカールはコロスバール大学に籍を移し、博士論文を提出、翌一九〇九年に法学博士となった。

ガリレイ・サークル　ところで、ポランニー家の青年たちが社会主義に目覚めた背景には、セシル・ママの存在があった。彼女は、進歩的な知識人や文人、芸術家をポランニー家のサロンに招いては知的談義に花を咲かせたのだった。その自由な雰囲気が、ポランニーの社会主義観に影響を与えたことは想像に難くない。ポランニーは、一九〇五年のロシア革命に多大な関心をよせていたが、教条的マルクス主義には疑問を感じていた。後年になってポランニーは、一九〇八年にマルクス主義への興味を失ったと述懐しているが、それは社会主義そのものに対する関心の喪失を意味するものではなかった。個人の精神的な自由を通して、既存の価値体系の中に新しいものを盛り込もうと考えていたポランニーは、知識人や学生が社会の中で進歩的勢力になりうると判断し、一九〇八年、ガリレイ・サークルを結成した。

ガリレイ・サークルにはブダペスト大学の学生を中心に約二千人が結集し、ポランニーは初代代表となった。ポランニーは、ハンガリーや諸外国の著名な学者をガリレイ・サークルに招き、講義や討論、研究会を通して若い知識人を教育した。また、メンバーによる労働者教育や「農村調査」競争もガリレイ・サークルの重要な活動をなしていた。一九一〇年には、ポランニーはサークル代表の座を後進に譲って、労働者教育のための活動に専念した。ガリレイ・サークルは、ハンガリー自由思想家協会の下部組織であり、ポランニーをはじめとするガリレイ・サークルの指導者たちは、一九一一年に創刊された同協会の機関誌『自由思想』の編集にも参加し、次々と反権威主義的な論文を発表した。他方で、ポランニーは生活の資を稼ぐため、一九一二年に法廷弁護士の資格を獲得し、伯父の法律事務所でしばらく働くことになる。しかし、良心的な弁護活動は収入に結びつかず、ストレスが多い上に体調も崩す始末であった。

ポランニーの政治的立場については、特定の政党に属したことはないというのが通説であるが、例外として、第一次世界大戦中の国民急進ブルジョア党（National Radical Bourgeois Party）への参加がある。一九一四年、同党の設立に加わったポランニーは、書記として指導的地位を占めたが、それは、ガリレイ・サークル以来、マルクス主義とは一線を画しつつ、ハンガリーで自由社会の実現をめざそうとした実践的活動のひとつの帰結でもあった。

第一の転機　こうした中で、ポランニーの人生に最初の転機が訪れる。一九一五年、オーストリア＝ハンガリー二重帝国の陸軍大尉として、ポランニーは戦争に加わった。二八歳の時のことである。そして、一九一七年に負傷し、軍の病院に入院、療養生活に入ることになった。ポランニーの娘カリ・ポランニー＝レヴィットによれば、戦争への参加は、民族的自覚というよりも、むしろ弁護士活動の疲れから逃れてのことだったのではないかという。それはともかく、一九一八年から一九年にかけて、ハンガリーに革命が起こり、共産党率いる人民共和国、そしてソヴィエト共和国が成立した。この間、ポランニーは療養中で、直接政府のメンバーとして活動することはなかったが、好意的に革命の成り行きを見守っていた。しかし、革命政府の崩壊と反革命の成立により、ハンガリーにとどまることが困難になると、ポランニーは複雑な思いでヴィーンに向かった。

一九一九年にポランニーはヴィーンの病院で手術を受けた。三二歳であった。そして翌二〇年、郊外の療養所で、後に妻となるイロナ・ドゥチンスカと出会った。イロナは、若い世代のガリレイ・サークルの出身であり、ハンガリー共産党の党員であったが、「ルクセンブルク主義者」のレッテルを貼られて党から除名処分を受け、ヴィーンでオーストリア社会民主党の活動に加わっていた。そして、最初の夫との離婚が正式に成立した一九二三年、ポランニーと結婚し、同年、娘のカリが生まれた。

ヴィーンでのポランニーは、亡命ハンガリー人による政治活動にジャーナリストとして参加するかたわら、研究者として重要な仕事を行うようになった。その手始めとして一九二二年、ポランニーは学術雑誌『社会科学と社会政策のアルヒーフ』に「社会主義計算論」を発表し、社会主義経済には合理的根拠がないとするL・E・ミーゼスの主張に真っ向から反対する見解を展開した。後述するように、当時の社会主義者とその批判者の大半は、ともに中央集権的社会主義を前提として論争を行っており、ポランニーはこうした論争の無意味さを明らかにしつつ、分権的社会主義の可能性を理論的に示そうとしたのだった。ミーゼスとの批判の応酬は二五年まで続き、その後は論争から離れて、現実の市場経済の行方を追うことになった。二四年に週刊誌『オーストリア国民経済』の国際情勢および外交政策の担当顧問となり、国際政治経済の現状分析を中心に論評を書き続けた。そして一九三三年には、同紙創刊二五周年を記念する増刊号に「世界経済恐慌のメカニズム」という長文の論文を発表した。

第二の転機　同年、ポランニーが四六歳の時、人生の第二の転機がやってきた。折しも、前年に成立したキリスト教社会党のドルフス内閣によって、ナチスおよび左翼勢力双方への弾圧が始まっていた。ポランニーもまた、九年間勤めた『オーストリア国民経済』の職を失うことになった。ポランニーはヴィーンを去りイギリスに渡った。ポランニーは、イギリスから引き続き『オーストリア国民経済』に世界政治経済に関する時事論文を寄稿し、一九三八年まで筆を休めなかった。この間、一九三五年には「ファシズムの本質」という論文を著し、民主主義の危機をめぐる思想的哲学的な考察を行っている。

この頃からポランニーは、しばしば各地の大学で講義を行うようになった。一九三七年にはオックスフォード大学やロンドン大学で課外講座を担当したほか、三九年から四〇年にかけて、労働者教育協会の組織する大学講座で講義やゼミを行った。また彼は、三六年にアメリカに講義の旅に出かけ、その後四〇年から四三年にかけて、アメリカ国際教育協会の招きにより、ヴァーモントのベニントン大学で講義を行った。この間にポランニーは、ロックフェラー財団から奨励金を得て『大転換』の執筆を行った。そして、四四年に『大転換』初版がニューヨークで出版された。ポランニーはこのとき五七歳であった。『大転換』でポランニーは、一九世紀文明に支えられた市場社会は労働力と土地の商品化という虚構の上に成り立つ特殊な社会であり、一九二〇年代から三〇年代にかけての大転換期において、その歴史的使命を果たし終えて、舞台から退場するに至ったことを論じた。

第三の転機　一九四三年にアメリカからイギリスに戻ったポランニーは、『大転換』をさらに発展させる方向で研究を続け、四七年に「時代遅れの市場志向」を著した。ポランニーは第二次世界大戦後ブダペスト大学で教えることを望んだが、ハンガリーへの入国を許されず、結局、ニューヨークのコロンビア大学の招きでアメリカに行くことになった。ポランニーはすでに六〇歳になっていた。彼の人生における第三の転機である。なお、妻のイロナ・ドゥチンスカは、ハンガリー共産党員の経歴のためアメリカへの入国が許されず、ポランニー夫妻はカナダのトロント近郊のピカリング市に居を定め、ポランニーはここからニューヨークに通った。

コロンビア大学では、ポランニーは「経済諸制度の起源」を主題とする大型研究プロジェクトを組み、本格的に経済人類学の研究を始めた。このときの教え子の中から、すぐれた経済人類学者が輩出することになった。一九五三年、ポランニーはコロンビア大学を退職したが、引き続き弟子たちと「制度的発展の経済的側面」に関する学際的研究に取り組んだ。ポランニーはこの研究を通して「一般経済史」を構築しようとしており、同年コロンビア大学に提出した研究プロジェクトの標題は「一般経済史の意味論」となっていた。そして、その成果の一部が、五七年に『初期帝国における交易と市場』となってあらわれた。それには「アリストテレスによる経済の発見」や「制度化された過程としての経済」など、ポランニーの経済人類学の基本的な枠組みに関する論文が、弟子たちの論文とともに収録されている。また、この年にポランニーは、「貨幣使用の意味論」と題する論文を発表しており、初期社会における貨幣、交易、市場の制度的分析に関して、さらに踏み込んだ研究を続けようとしていた。

ところで、ポランニーはまた、現代文明の行方についても思いを巡らしていた。「時代遅れの市場志向」において示された産業主義批判の立場は、現代における技術のあり方についても再検討を促すことになり、経済人類学の研究と並行して技術論に関する研究も行っていた。たとえば、一九五五年にはミネソタ大学で「自由と技術」と題する講演を行っており、その後も弟子たちを相手に繰り返しこのテーマを論じた。他方、故郷ハンガリーへの思いも冷めることなく、六三年には、ハンガリー詩人の詩を集めたアンソロジー『鍬とペン』を妻と共に発行している。そしてこの年にハンガリーを訪れている。

一九六四年、ポランニーは新しい雑誌『共存』(*Co-Existence*)の編集に乗り出す。そしてその年のうちに第一号が刊行されたが、ポランニーはそれを待たずに、同年四月二三日他界した。享年七七歳であった。ポランニーの没後、六六年にはA・ロートシュティンによって『ダホメと奴隷貿易』、そして、七七年にはH・W・ピアソンの手によって『人間の経済』という二つの遺著が出版された。

▼制度化された過程としての経済

経済の社会からの「離床」　ポランニー経済学の最大の特徴は、市場経済を人間の経済にとって外的な形式と見ていることである。すなわち、市場経済は、人間の生活の営みの中から自然に発生し成長してきたものではなく、特殊歴史的な要因が重なり合って、生活の外部から人間の経済に押しつけられたというのである。したがって、市場経済が持続可能であるためには、人間の経済を市場システムに強制的に取り込まねばならず、そのために人間が労働力として商品化され、また、人間の生活の場である自然環境が土地として商品化されなければならないという。ところが、労働力も土地も通常の経済財とは異なり、商品として生産されるわけにはいかない。労働力は人間の生命力の一部であり、土地は生態系の一部にほかならないからである。本来商品生産とは無関係の次元に属するこのような対象を、あたかも商品生産の結果として生まれてきたものであるかのように見せかけるためには、特別な装置を必要とする。それが、フィクションとしての労働市場であり、土地市場である。これに、貨幣を商品として取り扱う貨幣市場が加わるとき、人間の経済は市場システムのもとに統合されるというわけである。

擬制商品としての労働力や土地の取引には人間の生活を破壊する力がある。人間はこの力に対抗してさまざまな抵抗運動を試みてきたが、ポランニーはこれを「社会の自己防衛」と呼んでいる。ポランニーによれば、社会の自己防衛は市場経済の成立とともに生じており、企業組織や労働組合などをも含めたさまざまな団体や制度の形成を通して、労働力や土地が無制限に市場取引に晒されることを防いできたのである。市場経済は、いわば自己調整的な市場システムと自己防衛的な人間社会との緊張関係の上に成り立っており、両者のバランスが崩れれば持続不可能とならざるを得ない。ポランニーは『大転換』においてこの点をみごとに描き出している。

ところで、ポランニーはマルクスのように「疎外」あるいは「物神化」といった抽象概念を用いてはいないが、経済の社会からの「離床」という表現を通して、労働力および土地の商品化の無理を説明しようとしている。すなわち、ポランニーによれば、人間の経済はもともと人間の社会生活の中に埋め込まれていたのであり、物質的な欲求の充足だけが単独の目的として現れたり、ましてやそれが節約原理あるいは最大化の公準に従って編成されたりするなどということは考えられないことであった。伝統的な社会では、審美的な理由、信仰上の理由、威厳、ジェンダー、その他さまざまな非経済的な理由によって人間の経済は方向付けられ、非経済的な社会的制度によって支えられてきたのである。このような社会においては、経済過程は概して安定しており、外部から圧力を受けるのでなければ、崩壊するには至らない。

これに対して市場経済では、経済過程が最大化の公準のもとで編成される。つまり、経済を方向付けるのは経済的な合理性であり、経済過程を支えるのは市場システムである。ところが、先述のように市場システムは人間社会とは緊張関係にあり、市場システムの法則を貫徹しようとすれば、生身の人間と生きた自然に対する商品化圧力が許容限度を越えて高まることになって、やがて人間社会を破壊しつつ機能不全に陥ることになる。ポランニーは、第一次世界大戦後の世界経済において国際金本位制が崩壊し、大恐慌と大不況が先進資本主義諸国を席捲するという事態を、このような視点から捉え、「大転換」と呼んだのである。自己調整機能を失った市場システムのもとでは、世界経済は危ない綱渡りをするほかない。一九三〇年代の大不況から第二次世界大戦にかけての世界経済は、まさにそのような状態にあった。産業革命以来続いた機械の時代は、広島・長崎への原爆の投下という狂気を防ぐこともできず、統制力を欠いたきわめて危険な段階に突入していた。ここで、人間の経済を市場システムから解放し、ふたたび安定した社会的な諸制度のもとに埋め戻すことが何よりも重要な課題として浮かび上がってくる。ポランニーは経済人類学の研究をこの方向ですすめたのであった。

経済人類学　ポランニーは、さまざまな社会における経済過程の制度化の仕組みに大きな関心を寄せる。経済過程とは、物質的な欲求充足をはかるために人間が自然およびその仲間に対して働きかける行為の全過程を意味しているが、この過程は、決して裸のままでは姿を現さない。市場経済においては、それは商品交換という形式を通してしか把握することができない。他方、伝統的な農村経済では、それは共同労働や賦役・貢納といった、共同体の構成員のあいだの横や縦の人間関係を通してはじめて明らかになる。また、集中的な権力の存在しない原始経済では、儀礼的な贈与の網の目を通してようやく経済過程が識別される。ポランニーは、B・K・マリノフスキーやM・モースの先駆的な業績に学びながら、こうした経済過程の制度化の仕組みを大きく三つのパターンに分類整理した。すなわち、「互酬」「再分配」「交換」である。

互酬とは、形式的に見れば、社会を構成する二つの対称的な集団のあいだの財やサーヴィスのやりとりである。ここでは、二つの集団が対称的な位置関係を占めていること、そしてこの二つの集団のあいだのやりとりが継続して行われることが前提されている。このような関係は、通常、経済的な取引として単独で現れることはなく、対称的に配置された親族のあいだの血縁関係、あるいは隣接した集落や島々のあいだで結ばれる地縁的な関係の中に埋め込まれている。互酬は、婚姻や出産祝いなどの通過儀礼、あるいはトロブリアンド諸島に見られるクラのような儀礼的な相互訪問の慣習など、非経済的な行事に付随して行われることが多い。財やサーヴィスが三つ以上の集団にわたって移動する場合でも、基本は同じであり、それぞれの集団が対称的な位置を占めていれば互酬が成立する。

再分配は、社会を構成する成員と権力を持った中央とのあいだの財やサーヴィスのやりとりである。再分配においては、財やサーヴィスが非経済的な目的にしたがってやはり非経済的な手段によって中央に集められ、ふたたびそこから社会のすみずみに分配される。たとえば、伝統的な農耕社会において支配者が農民から貢租を集め、収穫祭や大祭を催してそれを農民に分配したり、治安の維持に努めたりする場合や、大衆社会において国が消費税を徴収し、これを国民の福祉目的に支出する場合など、さまざまなケースに再分配パターンを当てはめてみることができる。

交換は、ここでは市場交換のパターンに限定して考えられている。市場交換を支える社会的構造は市場社会そのものである。市場社会は、最大化の公準＝節約原理にしたがって合理的に選択し行動する孤立した個人、すなわち「経済人（ホモ・エコノミカス）」から構成されており、交換は、この「経済人」のあいだにおける自由な財とサーヴィスのやりとりとして現れる。このような社会では、経済過程は純粋に経済的な動機によって引き起こされ、経済的な手段によって遂行され、その結果も経済的に評価される。

経済統合のパターン　ポランニーは互酬、再分配、交換を経済統合の三つのパターンと呼び、いずれも人間の経済を考える上で等しく重要な意味を持つと見ていた。その考え方の背後には、経済学におけるアダム・スミス以来の「交換性向」神話への痛烈な批判がある。「交換性向」神話によれば、人間には生来、交換を求める性向が備わっており、原始の時代から人間は物々交換を通して豊かになるすべを知っていたということになる。また、市場交換は物々交換の発展した形態であり、したがって市場交換を妨げる制度はこの発展の障害物であるということにもなる。これに対してポランニーは、人類学の成果に依拠しつつ、原始経済や古代経済において行われていたのは物々交換ではなく、むしろ部族を単位とした互酬や再分配であったこと、市場交換は基本的には共同体の外で行われたことを強調し、個人的な性向から出発することの誤りを指摘した。

ポランニーによれば、個々の人間の性向を単純化して示すことは許されない。交換性向が成り立つならば、互酬的な性向や再分配に向かう性向も同様に成り立たねばならない。利己心と利他心についても同様である。個々の人間を特定の行動に導く要因は、個人の中に内在しているのではなく、社会の側にある。社会が対称的に配置された集団から成り立っているとき、その成員は互酬的に行動する。社会の中心に権力が存在するとき、その成員は再分配のパターンにしたがって行動する。社会が市場システムによって成り立っているとき、その成員は交換をとおしてコミュニケーションを行う。

このように考えると、経済過程を支えているさまざまな制度、市場や貨幣それ自体をも含めた具体的な経済的諸制度の比較経済史的分析と、それを基にした一般経済史の構築が必要になってくることがわかる。なぜなら、われわれは市場についても貨幣についても、市場経済における分析用具しか持ち合わせておらず、古代経済における市場の機能や原始経済における貨幣の使用について、それらの社会的コンテキストにまで踏み込んだ分析を行うことができずにいるからである。ポランニーは、市場経済をもその一部として含む一般的な経済制度の分析枠組みを求めていた。

貨幣使用の意味論　しかし、このことはポランニーが抽象的な一般経済理論を打ち立てようとしていたことを意味するものではない。ここで、「貨幣使用の意味論」を例にこの点を確認しておこう。ポランニーは、貨幣を一般的に定義することは不可能であり、無理なことであると考える。貨幣の諸機能について経験的に導き出される事実の列挙で満足すべきであるとも述べている。ポランニーは貨幣を、言語や度量衡と同様にシンボルの一種とみなす。そして、それとともに、貨幣によって示される価値の内容は多様であり、そのシンボルとしての完成度も社会ごとに異なっているとしている。ここでひとつの可能性として、こうした相違を捨象して、貨幣の象徴作用を一般化する道が残されていると言うことはできよう。しかし、ポランニー自身はその道をすすまなかった。それは、彼の研究が未成熟であったというより、むしろ、そうした一般化が自らの思考に反すると見ていたからではなかったか。

ポランニーの貨幣論では、市場経済における貨幣使用と非市場経済における貨幣使用とが対比され、前者では貨幣が「全目的貨幣」として現れるのに対し、後者では「特殊目的貨幣」として現れることが示されている。全目的貨幣は市場システムを前提しており、貨幣使用と市場取引とは同義である。ところが、非市場経済では、非市場的な支払手段として用いられる貨幣や、純粋に価値尺度として用いられる貨幣、計算貨幣、価値保蔵手段としての貨幣など、機能ごとに別々の貨幣が存在し、相互に通約不可能な場合がある。このような「特殊目的貨幣」は、社会の中に埋め込まれたままで非経済的な用途に用いられ、結果的に経済過程を媒介することになる。貨幣を交換手段として捉えていたのでは、こうした貨幣の用法を理解することはできない。

ポランニーにとって、貨幣が「特殊目的」に用いられるのか、それとも「全目的」に用いられるのかという相違は、単にシンボル体系としての貨幣の完成度が低いか高いかという程度問題にとどまるものではなかった。この相違には、貨幣が社会的に意味を付与された経済制度のひとつとして社会の中のしかるべき場所に位置づけられるか、それとも自己調整的な市場システムと一体になって社会そのものをこのシステムの付属物にするかという、質的な相違が含まれていた。しかも、先に見たように、市場経済における経済過程の制度化は、労働力と土地という本来商品生産されないものを擬制的に商品化することによって行われるのであるから、市場交換という経済統合パターンそのものが、互酬や再分配の場合とは異なり、現実性を欠いたフィクションということになる。われわれが日常、「市場経済」と呼んでいるものは、すでに述べたように自己調整的な市場システムと自己防衛的な人間社会の妥協の産物にすぎない。

「大転換」を経て、今や自動調節装置を失った市場経済は、その歴史的使命を終えて舞台を去ろうとしている。放っておけばやがて産業主義の破壊力がはたらいて、人間の経済は回復不可能なまでに打ちのめされるであろう。何とかして産業社会の徹底した民主化を図り、技術の発展に新しい方向性を与えなければならない。晩年のポランニーは、こう考えつつ、市場交換に代わる経済統合のパターンを追究したのだった。

なお、ポランニーの経済人類学研究に関連して、つけ加えておくべきことがある。それは、「経済的」という語の形式的意味と実体＝実在的意味の区別についてである。ポランニーは、カール・メンガーの『経済学原理』第二版によりながら、節約原理に代表される「経済的」の形式的な側面は、本来、物質的な欲求充足に代表される「経済的」の実体＝実在的側面と何ひとつ共通するものを持たないことを認めていた。実体＝実在的に見て「経済的」な現象は経験的な事実であるが、形式的に見て「経済的」な現象は論理的次元に属している。市場経済では、たまたまこの二つの側面が重なっているけれども、このようなことは自生的に起こるものではない。ポランニーはこうした観点からも、市場経済が人間の経済の一般的なあり方の中できわめて例外的な位置を占めていることを示そうとしたのである。

▼複合社会における自由

社会の現実　ところで、ポランニーは『大転換』の第三部で、複合社会における自由の問題を論じている。ポランニーによれば、一九世紀文明の崩壊とともに市場経済も崩壊した。ところが、一九世紀を特徴づける産業文明そのものは市場経済が過去のものになった後も存続するという。産業革命とともに始まった機械の時代は、市場経済の終焉とともに第一段階を終了しただけであり、いま始まりつつある機械の時代の新しい段階においては、産業文明を非市場的な基礎の上に移行させることが求められている。「もし産業主義が人類を消滅させるものでないとすれば、それを人間本来の要求に従わせなくてはならない」。これまでの一世紀間、人間は自分たちの生命そのものと機械の使用とを、盲目的に市場メカニズムにゆだねてきたが、いまや人間はその「生活」を取り戻しつつあるのであり、機械の使用についても直接責任を負う立場にある。だが、いったい人間は市場システムに代わってどのように自らの生活を律し、産業主義の行方を見定めることができるのだろうか。市場経済の自動調節メカニズムを失うことによって、われわれは自由をも失うことになりはしないか。ポランニーはこの疑問に対して、過ぎ去った市場経済の再興を求めた自由主義の試みこそがファシズムをもたらしたという立場から、社会主義的自由の可能性を論じた。

ポランニーによれば、西ヨーロッパ人の意識の中で、自由の認識は新約聖書に記されたイエスの教えを通して形成された。自由は、個人の唯一性を貫き人類の一体性を追求することによって獲得することができる。一九世紀的自由主義は、それが私有財産の不可侵と自由な企業活動の保証を通して可能になると信じた。ところが、実際には自由は財産を持つ少数の人々が享受するにすぎず、大衆には失業の自由と飢えの恐怖が残された。自己調整的市場が崩壊した後になっても、自由主義者は市場メカニズムを規制し統制するさまざまな動きに反対したが、それは市場経済の機能不全をさらに悪化させるものであった。時代錯誤的な自由の追求は、結局、人間を死に追いやるものでしかない。

ここにおいて人間は道徳的宗教的な選択に迫られる。生存のために自由意志を放棄し権力に服従するか、それとも、権力の存在を認めつつ不服従の権利をつらぬくか。ポランニーは前者をファシズムの道とし、後者を社会主義の道とした。ファシズムも社会主義も自由主義的市場経済を否定する点では共通している。いずれも、経済過程に積極的に介入する権力の存在を認めている。そもそも権力と強制のない社会などはありえない。この認識の上に立ってはじめて、社会の現実が見えてくるのだ。ポランニーの言説はきわめて悲観的である。それは本人も認めるように「諦念（resignation）」によって彩られている。しかし、諦める（resign）という言葉には、同時に、あるがままの現実を回避できないものと見定めて受け入れるという意味もある。ポランニーの諦念は決して現実の放棄ではない。個人の自由に最高の価値を認めるとき、権力による統制も計画化も恐れるにはおよばない。ファシズムは、自由が空虚な言葉であり、人類の生存を破壊する誘惑であるとしたが、社会主義は、社会の現実を直視した上でなおかつ、自由を主張し、社会の中でそれを実現しようと試みる。そもそも「社会主義とは、自己調整的市場を意識的に民主主義社会に従属させることによってこれを乗り越えようとする産業文明に本来内在する傾向のことである」。

機能的社会理論　では、社会主義的な自由の追求は具体的にはどのようにして可能になるだろうか。ここで、彼が一九二〇年代に考えた機能的社会理論のモデルがふたたび重要な意味を持って現れてくることになる。機能的社会理論とは、一点集中的な集産主義のモデルに対して、機能的に役割を分担する複数の団体による交渉と協議をとおして生産と分配を決定する非市場経済モデルにもとづいた考え方である。複数の団体は、さまざまな生産部門・生産分野ごとに重層的に組織される諸生産団体と、やはり重層的に組織される諸消費団体を含んだ政治的組織としてのコミューンに大別される。コミューンは生産手段を所有しているが、その具体的な処分は諸生産団体が行う。コミューンと諸生産団体との交渉によって、消費者が必要とする財やサーヴィスの価格が決定される。

中央集権型社会主義経済と異なるのは、消費者のニーズがコミューンを通して直接生産者側に伝わる点である。中央集権的な意思決定では、消費者のニーズは資源配分の技術的な問題として処理することしかできない。地域の文化に支えられた消費者の多様なニーズをすくい上げるためには、地域単位のコミューンとその連合組織がなければならない。他方、地域の生活文化を支える上で必要とされる財やサーヴィスが、公正な価格で十分に消費者にゆきわたるようにするためには、アルコール飲料や武器が生活必需品とならんで無差別に市中に出回る市場経済でもいけない。市場経済は、地域の生活者をその社会的なコンテキストから切り離して孤立した個人としての「経済人」にしてしまうからである。市場経済においては、経済過程は利潤追求を基本的な原動力として制度化される。技術革新もまた、その限りにおいて行われる。その結果、人間の生活にとって本来必要な技術がおろそかにされ、人間の生活を脅かすような技術が過剰に開発される場合がでてくる。

機能的社会理論では、諸生産団体による情報の集積によって技術的に可能な限り生産力の増進が図られる一方で、コミューンが社会的公正の見地から、実際に必要とされる生産方法を選択していくことになる。したがって、技術的な効率の追求が自己目的化することにはならない。機能的社会理論においても市場は依然として重要な意味を持っている。ただし、市場経済とは異なり、市場は労働や土地を含まない。賃金はコミューンによって決定され、土地はコミューンが所有している。労働や土地以外の通常の商品だけが、今や諸生産団体とコミューンの協議・交渉によって境界を定められた市場の中で取引される。

ポランニーは、機能的社会理論のモデルを構築することによって、市場それ自体を自己調節的な市場システムから切り離して認識し、分析する道を開くことができた。『大転換』においてポランニーは、自己調節的な市場システムが崩壊する過程を描きつつ、それが基本的には土地・労働・貨幣市場の崩壊であることを確認して、次のように述べている。「市場社会の終焉は、けっして市場がなくなることを意味しない。市場は、さまざまなかたちで、ひきつづき消費者の自由を保証し、需要の変化を指示し、生産者の所得に影響を与え、会計手段として役立ち続ける」。市場経済においては、政府間の協力も国民生活の組織化も自由貿易の足かせをはめられて、国民の意のままにはならなかった。しかし、市場経済の崩壊によって、現にそうなりつつあるように、土地・労働・貨幣が社会の側に取り戻されるならば、経済過程の制度化を市場システムに任せる必要はなくなる。「政府間の協力と国民生活を意のままに組織する自由」は、人間の手元に戻されるのである。

動機の統一性の回復　ここで、機能的社会理論のモデルにしたがって、あらためてポランニーのいう権力と統制の意味を考えるなら、それは国家権力でも中央計画局の指令でもない、生活者としての人間がその目的に沿って組織する多様な機能的諸団体によって代表される意見であり計画化であると言えよう。だが、ポランニーは未来社会に関してそのような社会主義の青写真を描く代わりに、前節で見たように歴史的に現れたさまざまな社会の経済制度を比較研究する道を選んだ。ポランニーが願ったのは、「生産者としての毎日の活動において人間を導くべき、あの動機の統一性を回復することであり、経済システムを再び社会のなかに吸収すること」であった。そのためには、非市場社会において人間を導いてきた動機の統一性がいかにして維持されたのか、経済システムはどのようにして社会に埋め込まれていたのかを明らかにする必要があった。過去に学ぶことは過去を取り戻すことと同じではない。ポランニーの目標はあくまで、「われわれの生活様式を産業的な環境に創造的に適応させること」である。

産業的な環境への創造的な適応、それは、自己目的化した技術進歩に受動的に身をゆだねることではない。「今日われわれが直面しているのは、技術的には効率が落ちる社会になっても、生の充足を個人に取り戻させるというきわめて重大な任務」なのである。ポランニーは、「時代遅れの市場志向」で、機械を社会の中に吸収するために、社会における産業の位置を変える企てが必要になるかもしれない、と述べている。技術の問題を市場システムに任せきりにしてきた結果、産業主義は原爆にまで行き着いてしまった。はたしてわれわれは、機械の挑戦を正面から受けとめつつ、内的な自由を保証する新しい制度を築くことができるだろうか。晩年のポランニーにとって「自由と技術」は、非市場経済と並んで解明すべき重要なテーマのひとつであった。

▼「大転換」の転換

一九二〇年代から三〇年代にかけて、確かに、市場経済の大幅な後退と機能不全が見られた。ポランニーはこれを「大転換」と呼んだ。しかし、第二次世界大戦後にはＩＭＦ体制が形成され、冷戦構造の枠組みの中ではあったが市場経済が復活したように見えた。そして一九八〇年代の末に冷戦構造が崩壊して、市場経済はふたたび世界に広がりつつあるかに見える。ポランニーはもはや時代遅れになったのだろうか。社会主義は時代錯誤の思想になったのか。

一九八六年一一月、カール・ポランニーの生誕一〇〇周年を祝う人々がブダペストに集まった。そこには、ポランニーの娘カリ・ポランニー＝レヴィットを始めとするポランニー家の人々、ポランニーの弟子たち、そしてポランニーに関心を持つ世界各地の研究者たちの姿があった。彼らは記念コンファレンスを開き、それまで各自ばらばらに行ってきたポランニー研究の成果を発表し、交流を深めた。これを機会に、カリは同僚とカール・ポランニー政治経済学研究所の設立を計画し、一九八八年、カナダのモントリオールにあるコンコーディア大学に同研究所が設置されることになった。そして、その年の一一月、同大学で第二回目のポランニー・コンファレンスが開かれた。その後も、二年おきにミラノ、モントリオールで第三回目、四回目のコンファレンスが開催され、九四年には、『大転換』出版五〇周年を祝う第五回目のコンファレンスがヴィーンで開かれた。九六年モントリオール、九九年リヨン、二〇〇一年メキシコシティ、〇三年モントリオール、〇五年イスタンブールというように、世界各地で開催され、回も一〇回を重ねるに至った。

ポランニー・コンファレンスは、回を重ねるごとに参加者が増え、発表された論文も千を超えている。また、それらを編集した論文集は現在までに一〇冊以上出版されている。カール・ポランニーへの関心は、世界的に見れば、ここ二〇年ほどの間に着実に高まってきているのである。もし、ポランニーの思想が時代遅れであるならば、今日、これほどまでに世界の研究者の注目を集めることができるだろうか。

東ヨーロッパの人々は、自由放任の市場経済が自分たちの求めていた自由を保証してくれないのではないかと疑い始めている。先進資本主義諸国の人々も、市場システムのほかに、生活者の様々なニーズに応えうる社会的ネットワークを模索しつつある。多くの人々が、社会の現実を見つめつつ、実体=実在としての経済を持続的に支える制度を求め始めている。ある意味では、ソヴィエト型の社会主義が崩壊したことによって、われわれは社会主義の新しいモデルを自由に考えることができるようになったのかもしれない。もっとも、そうした新しい非市場社会モデルに社会主義というレッテルを貼る必要はもはやないのかもしれないが。それはともかく、ポランニー・コンファレンスは、産業社会の徹底的な民主化を望み、それを通して自由な社会を追求しようとする人々によって支えられてきた。いま、そのような考え方が世界的に広く受け入れられるようになったのではないだろうか。

読書案内

ポランニーの代表作は、やはり何といっても『大転換』（吉沢英成ほか訳、東洋経済新報社、一九七五年）である。本文でも示したように、ポランニーの経済思想はこの本に凝縮されている。また、経済人類学関連の主要論文を集めたものとしては、『経済の文明史』（玉野井芳郎・平野健一郎編訳、ちくま学芸文庫、二〇〇三年）がある。経済人類学の方法を用いてダホメ社会の分析を行ったものとして『経済と文明』（栗本慎一郎・端信行訳、サイマル出版会、一九七五年、一九八一年新版）、また、古代ギリシャ社会の分析を含む遺稿集として『人間の経済』I・II（玉野井芳郎ほか訳、岩波現代選書、一九八〇年）がある。

日本語で入手可能な関連文献としては、栗本慎一郎『経済人類学』（東洋経済新報社、一九七九年）、吉沢英成『貨幣と象徴』（日本経済新聞社、一九八一年）、玉野井芳郎『等身大の生活世界』（学陽書房、一九九〇年）、佐藤光『ポラニーとベルグソン』（ミネルヴァ書房、一九九四年）、佐藤光『カール・ポランニーの社会哲学』（ミネルヴァ書房、二〇〇六年）などを始めとして、多数存在する。また、栗本慎一郎『ブダペスト物語』（晶文社、一九八二年）は、ブダペスト時代のポランニーについて紹介しており興味深い。

なお、本文で述べたように、諸外国でのポランニー研究は質量ともに充実してきており、本章作成に当たっても、Kari Polanyi-Levitt ed., *The Life and Work of Karl Polanyi*, Montreal: Black Rose Books, 1990 所載の諸論文、および、*Papers on the History of Hungarian Sociology, ＃2, Karl Polanyi*, Budapest, 1986 所載の伝記、年表、出版目録を利用したことを付記しておく。

理解を深めるために

一、「経済的」という言葉の形式的意味と実体＝実在的意味は、どのような条件のもとでそれぞれ単独に現れるだろうか。具体例をあげて説明しなさい。

二、資本主義の捉え方に関するポランニーとマルクスの見解を比較して、共通点と相違点を明らかにしなさい。

三、非市場経済における市場の意味を明らかにし、現代における市場システムとの違いを論じなさい。

四、現代において特殊目的貨幣は成立するか。また、成立するとした場合、貨幣市場はどのように変容するか。あなたの考えを述べなさい。

五、現代社会において、互酬が意味を持つとすればそれはどのような領域においてであるか。労働力や土地のあつかい方に留意しつつ論じなさい。

（丸山真人）

II―13

ポール・サミュエルソン

経済学を「科学」にすること

(Paul A. Samuelson 1915〜)

▼生涯と著作

ポール・アンソニー・サミュエルソンは、一九一五年、アメリカのインディアナ州ゲイリーで、ドラッグストアを営む薬剤師の父フランクと母エラの間に生まれた。一九二三年にサミュエルソン一家はシカゴに移り、一九三二年一六歳のとき、サミュエルソンはシカゴ大学に入学する。当時のシカゴ大学は、かのフランク・ナイト、ジェイコブ・ヴァイナーのほかに、計量経済学で有名なヘンリー・サイモンやヘンリー・シュルツ、コブ・ダグラス関数で有名なポール・ダグラスなど錚々たる教授陣をそろえていた。そして一九三五年二〇歳のとき、サミュエルソンはシカゴ大学を卒業し、シカゴ大学のもっとも優秀な経済学部卒業生八人に与えられる社会科学研究振興会の特別奨学金を得る。そしてこの特別奨学金が他の大学の大学院に進学することを条件としていたため、サミュエルソンは、シカゴ大学を離れ、ハーヴァード大学の大学院に進学することになる。当時のハーヴァードには、教授陣にアルヴィン・ハンセン、ヨーゼフ・シュンペーター、ワシリー・レオンチェフ、そしてサミュエルソンが大いに尊敬し数学者であり物理学者であり生物学者であり数理経済学者であったエドワード・ウィルソンがいた。また、大学院生には、アーロン・ゴードン、アラン・スウィージー、ポール・スウィージー、ウォルフガング・ストルパー、エイブラム・バーグソン、ケネス・ガルブレイス、リチャード・マスグレブ、そして日本の都留重人がいた。さらにその後まもなく、この大学院生のリストには、ジェイムス・トービン、リチャード・グッドウィン、ロイド・メッツラー、ロバート・トリフィン、などの名前が付け加わることになるのである。

このサミュエルソンのシカゴからハーヴァードへの移動は、彼に当時新しく登場してきた三つの経済理論における革命に親しく触れる機会を与えることになった。ひとつは、ケインズ革命、ひとつは不完全競争革命、そして最後に厚生経済学の革命である。一九三六年にサミュエルソンは修士課程を終え、一九三七年から三年間、分析哲学者のオーマン・クワインらとともに、いっさいの義務を免除され研究生活を保障されるジュニア・フェローに任命される。さらに一九三八年には同じ大学院生であったマリオン・クリフォードと結婚し、後に六人の子供をもうける。この頃サミュエルソンは『経済分析の基礎』のほとんどを書き上げる。そしてこの『経済分析の基礎』は、一九四一年にハーヴァード大学の博士号、同じ一九四一年にハーヴァード大学のデヴィッド・A・ウェルズ賞、一九四七年にアメリカ経済学会第一回ジョン・ベイツ・クラーク賞、そして一九七〇年にはノーベル経済学賞を彼にもたらすことになったのである。一九四〇年、サミュエルソンはハーヴァード大学経済学部の助手（instructor）に任命される。しかし、マサチューセッツ工科大学はよりよい条件を提供し、サミュエルソンは、一九四〇年にマサチューセッツ工科大学の講師（assistant professor）、一九四四年に助教授（associate professor）、一九四七年に教授（professor）、そして一九七〇年には自分の希望通りに講義スケジュールを組む権限を持った特任教授（institute professor）となるのである。

この間にサミュエルソンはまさしくありとあらゆる分野で一級の専門論文を書き続ける一方、ジョージ・アカロフ、ジョゼフ・スティグリッツ、ポール・クルーグマン、ロバート・マートンなどの優秀な弟子を育てあげる。またサミュエルソンは、ケネディ経済諮問委員会の委員となり、一九六〇年代初頭には八％以上あった失業率をほとんどインフレを起こすことなく四％以下に圧縮し、アメリカ経済をまさしく黄金成長経路に導くことに成功する。だが、何といっても彼の名を世間一般に知らしめるきっかけとなったのは、一九四八年に出版された教科書『経済学』である。この教科書は爆発的に売れることになり、六人の子供を抱えるサミュエルソンに子供の養育費をはるかに上回る巨額の富と一般的な名声を与えることになった。そしてこの『経済学』は一九八五年の第一二版からウィリアム・ノードハウスを共著者に迎え、現在では二〇〇四年七月に出版された第一八版を数えるまでに至っている。そして二〇〇六年七月現在、サミュエルソンはいまだ存命であり、しばしば現政権の経済政策に異議を唱えるなどの活発な活動を行っているのである。

▼経済学を「科学」にすること

ポール・サミュエルソンが経済学の世界の中で行おうとした仕事は、一言で言えば、経済学を「科学」にすること、である。しかしサミュエルソンの言う「科学」とは、いったい何のことなのだろうか？　これを理解するために、少しサミュエルソン自身の言葉を借りてみることにしよう。

「いろいろな理論の中核をなしているものの間に類似点が認められるという事実は、そこに個々の理論の底を貫いて流れ、しかもそれぞれの中核を互いに結び付けている一般理論が存在することを示唆している」。「これらの各分野には、本質的に類似した方法から導かれ同一の形を有する意味ある諸定理が存在する」（『経済分析の基礎』邦訳三ページ）。

「わたしは意味ある定理という言葉を、単に理想状態のもとでのみ反証が可能な経験的データについての仮説という意味で使っている」（『経済分析の基礎』邦訳五ページ）。

ここでサミュエルソンは、経済学におけるさまざまな分野にある共通する「方法」「一般理論」が存在し、このある「方法」「一般理論」が、カール・ポパーの言う意味での「意味ある定理」、すなわち、「理想状態のもとでのみ反証が可能な経験的データについての仮説」を導き出すことができるのだということを述べている。

では、サミュエルソンの言うある「方法」=「一般理論」とは、いったい何のことなのだろうか？　一言で言えば、その第一は、経済理論における均衡条件はある数量の極大化（極小化）の条件にほかならないというおなじみの「最適化仮説」のことであり、その第二は、サミュエルソンのいう「対応原理（Correspondence Principle）」のことである。サミュエルソンは、この最適化仮説あるいは対応原理が意味ある定理、すなわちある理想状態のもとで反証が可能な経験的データに関する仮説を導くことができると述べ、このような意味ある定理を導き出す手続きのことを比較静学の方法と呼んでいる。以上のことを理解すれば、サミュエルソンの言う「科学」が何を意味するのかはもはや明らかであろう。たとえば、数学を構成するすべての定理は、厳密にある一定の公理系から導き出されなければならないはずである。それと同様に、サミュエルソンは「厳密科学」を構成するすべての意味ある定理は、ある一定の方法あるいは一般理論から導かれなければならないはずであると考えていた。要するにサミュエルソンは、もし経済学が「厳密科学」であろうとするならば、経済学はこのような比較静学の集合体となっていなければならないと考えていたのである。逆に言えば、このような比較静学の集合体となっていないサミュエルソン以前の経済学は、「科学」ではなく、むしろある種の「文学」にすぎないというわけなのである。

サミュエルソンのこの経済学に対する考え方が正しいのか間違っているのかを断定することをとりあえず脇に置くとすれば、サミュエルソンのこの態度が経済学という学問の性質を根本的に変えてしまったということだけは間違いない。サミュエルソンのこの態度は、サミュエルソンが彼の代表作である『経済分析の基礎』という学位論文を書いていた一九四〇年代には、まったくの少数派に過ぎなかった。当時の経済学の世界では、現在言うところの経済に対する歴史分析や制度分析のほうがはるかに多数派だったのである。だが、現在では、サミュエルソンのこの態度は、経済学の世界では絶対に疑うべからざる公理と言うべきものとなった。サミュエルソンはまさしく経済学に革新をもたらしたのである。そしてそれはこのようなことである。

▼最適化仮説と「意味ある定理」

サミュエルソンは、消費者や生産者が効用や利潤を極大化しているとみなすこと、彼らの行動の均衡条件が極大行動の結果であるとみなすことは十分に可能であると考えていた。それゆえサミュエルソンは、最適化仮説から意味ある定理を導くことができるという比較静学の手法のことを、次のように明快に説明することができたのである。

「問題となっている一般的手法はきわめて簡単に述べることができる。われわれの変数の均衡値が極値（極大あるいは極小）問題の解とみなすことができる場合には、われわれの解の値のパラメーターの変化に関する質的行動を変数の数とは関係なく明確に決定することがしばしば可能である」。

このことをサミュエルソンのあげている簡単な例を取り上げて説明してみよう。いま、ある企業に価格の産出量の関係を表す需要関数、ならびに総費用と産出量の関係を表す生産費用関数が与えられているものとしよう。また企業の産出量一単位当たり t 円の税が課せられるものとしよう。このとき、この産出量一単位当たり課税の増加は、産出量を増加させるのだろうか、あるいは減少させるのだろうか。この問題を考えるために、いま x をこの企業の産出量、$p(x)$ を需要関数、$C(x)$ を費用関数とすると、企業の利潤は、

$$\pi = \text{総収入} - \text{総生産費} - \text{総課税額}$$
$$= xp(x) - C(x) - tx$$

と表すことができる。

先ほど説明したように、企業は利潤が極大となる産出量を選択すると仮定されるから、企業の産出量の均衡値は単純な極大問題の解とみなすことができる。この利潤最大化の必要十分条件は、一階の条件として利潤を産出量で一回微分した値が〇になることであり、二階の条件として利潤を産出量で二回微分した値の符号が負になることである。

$$\partial\pi(x, t)/\partial x = 0$$
$$\partial^2\pi(x, t)/\partial x^2 < 0$$

この利潤最大化の一階の条件を具体的に書けば、

$$\partial[xp(x) - C(x)]/\partial x - t = 0$$

である。われわれは均衡産出量 x のパラメーター t に対する変化率を知りたいわけであるから、この式を t に関して微分しなければならない。すると

$$(\partial x/\partial t) = 1/\{\partial^2[xp(x) - C(x)]/\partial x^2\}$$

であるが、利潤最大化の二階の条件より右辺の分母の符号は負であるから、最終的に

$$(\partial x/\partial t) < 0$$

であることがわかる。すなわち、われわれはめでたく「産出量一単位当たりの課税の増加は産出量を必ず減少させる」という「意味ある定理」を導くことができたのである。

この「意味ある定理」を導くに当たりもっとも重要な役割を果たしたのは、企業の産出量の均衡値は単純な極大問題の解とみなすことができるということ、すなわち最適化仮説である。じっさい、この定理を導くに当たりもっとも重要な役割を果たしたのは、$(\partial x/\partial t)$＝(右辺)の分母の式の符号が負になるということであるが、このことは、利潤最大化の二階の条件によって保証されていたのである。

そして、もちろん、この比較静学の方法を用いたもっとも代表的なものは、消費者の右下がりの需要曲線の導出、ならびに生産者の右上がりの供給曲線の導出、である。われわれは、消費者が効用を最大にするように財に対する需要量を決定するとき、当該の財がギッフェン財でない限り消費者は財の価格が上昇したときその財に対する需要量を必ず低下させることを示すことができる。同様にわれわれは、生産者が利潤を最大にする

ように財に対する供給量を決定するとき、生産者は財の価格が上昇したときその財に対する供給量を必ず増加させることを示すことができるのである。

われわれはここでは、サミュエルソンの言う比較静学を説明する際に、通常の微分法を使用した。しかし普通に考えれば、ほとんどの財は自然数を最小単位とするものであり、それゆえ文字通りに考えれば微分可能ではない。だとすれば、普通に考えれば、効用関数や生産関数は通常微分可能ではないはずである。しかし、実は、最適化仮説から意味ある定理を導き出すことができるという比較静学の方法それ自体は、消費者の効用関数や生産者の生産関数の微分可能性の条件に依存しているわけではない。サミュエルソンはこのように効用関数や生産関数が微分可能でないときに、最適化仮説から意味ある定理を導き出す方法、「有限大の変化の分析」と呼ばれる方法を用意しているのである。

たとえば、生産者の理論における有限大の変化の分析はこのようなものである。いま価格 p_0 に対して利潤を最大にする産出量を x_0、費用を $C(x_0)$、価格 p_1 に対して利潤を最大にする産出量を x_1、費用を $C(x_1)$、としよう。このとき、仮定から、

$$p_0 x_1 - C(x_1) \leqq p_0 x_0 - C(x_0)$$

$$p_1 x_0 - C(x_0) \leqq p_1 x_1 - C(x_1)$$

の二式が成立するはずである。もちろんこの二式は、それぞれの価格とそれに最適な産出量の組み合わせ、たとえば p_0 と x_0 の組み合わせが、他の産出量との組み合わせ、たとえば p_0 と x_1 の組み合わせより利潤が高いということを意味している。この二式を足し合わせると、

$$(p_1 - p_0)(x_1 - x_0) = \Delta p \Delta x \geqq 0$$

であるが、もし (p_0, x_0) と (p_1, x_1) が異なる点であると仮定するならば、等号は取れて

$$\Sigma \Delta p \Delta x > 0$$

となる。もちろんこの式は、Δp すなわち価格の変化の方向が正であれば、Δx すなわち産出量の変化の方向は正であることを意味している。いいかえればわれわれは、財の無限小分割可能性を仮定することなく、それゆえ微分法を一切使用することなく、足し算と引き算だけを用いて、最適化仮説そのものから、財の価格の上昇は、その財に対する供給量を増加させる、という意味ある定理を導き出すことができたのである。

▼「顕示選好の理論」

そしてこの有限大の変化の分析を消費者の理論に適用し、より徹底したもの、それがあの有名な顕示選好の理論である。いま、消費者は、もし消費 x_0 を消費 x_1 より選好することを表明したのであれば、逆に消費 x_1 を消費 x_0 より選好することを表明してはならないものとしよう。この条件は顕示選好の弱公理（weak axiom of revealed preference）と呼ばれる。おどろくべきことに、われわれはこの消費者の選好の一貫性だけを要求する簡単な条件のみから、需要関数が価格と所得の一意的な関数となる、であるとか、需要関数が価格と所得の一次同次関数とな

る、などの、スルツキー方程式の代替項（スルツキーマトリクス）の対称性を除く、通常の効用最大化仮説から導出できるすべての需要法則を導出することができる。さらに、いま、消費者は、もし消費x_0を消費x_1より選好することを表明し、消費x_1を消費x_2より選好することを表明し、……、消費x_{k-1}を消費x_kより選好することを表明してはならないものとしよう。すなわち顕選好することを表明するならば、消費x_kを消費x_0より選好することを表明してはならないものとしよう。この条件が顕示選好関係に推移律が成立するものとしよう。このときには、われわれは、ある付帯的な二条件を付け加えるならば、通常のパレート・ヒックス型の序数的効用による需要理論と顕示選好理論とは、理論的には完全に等価であるということを示すことができる。そしてこのサミュエルソンの顕示選好の強公理（strong axiom of revealed preference）と呼ばれる。このときには、われわれは、ある付帯的な二条件を付け加えるならば、通常のパレート・ヒックス型の序数的効用による需要理論と顕示選好理論とは、理論的には完全に等価であるということを示すことができる。そしてこのサミュエルソンの顕示選好の理論は、一見するよりはるかに重要な方法論的意味を持っているのである。それはこのようなことである。

一般的に、ワルラス型の消費者の理論からパレート・ヒックス型の消費者の理論への移行は、「基数的」な効用概念から「序数的」な効用概念への移行であるとみなされている。もちろんこのこと自体は間違いではない。しかしこのワルラス型の消費者の理論からパレート・ヒックス型の消費者の理論への移行をより本質的に特徴付けるのは、消費者の理論を、「効用」最大化の理論から「選択」の理論へと転換したということである。ワルラス型の消費者の理論では、消費者は単純に効用を最大にする商品の組み合わせは何か、と聞かれる。他方、パレート・ヒックス型の消費者の理論では、消費者は他の全ての商品の組み合わせyより選好される商品の組み合わせxは何か、と聞かれる。ワルラス型の消費者の理論では、効用の概念は必要不可欠であるが、パレート・ヒックス型の消費者の理論では、効用の概念は必要不可欠ではない。そしてサミュエルソンの顕示選好の理論とは、パレート・ヒックス以降に成立した試み、消費者の理論から効用という「主観主義的」要素をできる限り追放しようという試みをより徹底し、経済学における消費者の理論の公理を、効用という「主観的」で「観察不可能」なものではなく、むしろ価格と数量という「客観的」で「観察可能」なデータのみにもとづかせようとしたものである。そしてこのことこそが重要なのである。それはこのようなことである。

もし消費者の理論において、効用の概念が必要不可欠なものであるならば、消費者の理論は効用という直接的に観察不可能な概念に依存していることになる。しかし生産者の理論は、利潤という直接的に観察可能な概念のみに依存しており、観察不可能な概念はそこでは使われてはいない。消費者の理論が効用の概念を使用する場合には、消費者の理論と生産者の理論は、厳密にはシンメトリカルではないのである。このサミュエルソンの顕示選好の理論は、消費者の理論を、生産者の理論の有限大の分析の理論と同様に、徹頭徹尾「行動主義的」にあるいは「最適化仮説自身」にもとづいて構成しようとした試みであるとみなすことができる。だとすれば、このサミュエルソンの顕示選好の理論は、消費者の理論と生産者の理論を、より本質的なレヴェルで、シンメトリカルなものにしようとした試みであるとみなすことができるのである。

▼サミュエルソンとアロー——厚生経済学

サミュエルソンもK・J・アローも、経済学の世界では最も代表的な新古典派経済学の主導者である。しかし、同じ新古典派の経済学者であるにもかかわらず、サミュエルソンとアローの間には、重要な問題に関して、意外に大きな差異が存在している。ここでは厚生経済学をめぐるサミュエルソンとアローの見解の相違を考えてみよう。

一般にサミュエルソンの社会的厚生関数の議論は、アローの不可能性定理の登場によって、ある種の死亡宣告を与えられてしまったと考えられているようである。しかし、このような認識は正確に言えば事実ではない。サミュエルソンの社会的厚生関数の議論が扱っている問題と、アローの不可能性定理が扱っている問題は、厳密に言えば同じ問題ではないからである。

いま、たとえば、どのような所得分配の状態が社会的に一番望ましい状態であるのかというような問題を考えたいとしよう。このような問題に対して、伝統的な経済学は大きく分けて二種類の回答を用意してきた。ひとつは、功利主義の回答、もうひとつは新厚生経済学の回答、である。

素朴な功利主義の唯一の原理は最大多数の最大幸福である。いま、効用の概念が基数的であり、異なる経済主体の間の効用を互いに足し合わせることができると仮定しよう。また各経済主体の所得に対する選好はまったく同じであり、所得の限界効用は逓減的であると仮定しよう。このとき、各経済主体の効用の総和を最大にするためには、各経済主体の所得の限界効用を等しくすることが必要であり、そのためには各経済主体の間に平等に所得を分配することが必要である。要するに、功利主義は、各経済主体の間に平等に所得が分配されることが社会的に一番望ましい状態であると考えるのである。

これに対してパレート以降の新厚生経済学の唯一の原理は、パレート効率性の条件である。パレート効率性の条件とは、ある経済主体の厚生を他の経済主体の厚生を下げることなく上げることはできないという条件のことであり、純粋交換経済に関して言えば、異なる経済主体の間で限界代替率が互いに等しくなっているということである。そして問題は、このパレート効率性の条件は、どのような所得分配の状態が社会的に一番望ましいのかというような問題を扱うことができないということである。所得が著しく不平等な状態も、所得が完全に平等な状態も、異なる経済主体の間で限界代替率さえ一致していれば、ともにパレート効率的でありうるからである。

サミュエルソンは、素朴な功利主義のように、効用の概念を基数的であると仮定したり、すべての経済主体の所得に対する選好はまったく同じであると仮定することができるほど、素朴な人間ではなかった。しかしそれと同時にサミュエルソンは、パレート以降の新厚生経済学のように、所得分配の問題は守備範囲外でありわたしは知りませんと頬被りをしてしまえるほど、無責任な人間ではなかったのである。素朴な功利主義とパレート以降の新厚生経済学をともに止揚すべく考え出された概念、それが一般にバーグソン・サミュエルソンの社会的厚生関数という概念である。

バーグソン・サミュエルソンの社会的厚生関数というのは、各経済主体の社会状態に対する選好「順序」をもとに、社会状態を順序付ける効用関数のことである。いま、各経済主体の社会状態に対する効用関数をU_iとし、この各経済主体の効用関数U_iを元に社会状態を順序付ける社会的効用関数をUとしよう。このときバーグソン・サミュエルソンの社会的厚生関数Uとは、

$$U=(U_1,\ U_2,\ \cdots\cdots U_n)$$

のように表すことができる。このバーグソン・サミュエルソンの社会的厚生関数が従わなければならない条件は、パレート原理と呼ばれる条件、すなわち、全ての経済主体が社会状態xをyより選好しているのであれば、社会状態xをyより上位に順序付けなければならないという条件だけである。

そしてこのバーグソン・サミュエルソンの社会的厚生関数が、素朴な功利主義をもパレート以降の厚生経済学をも止揚しているというのは、このようなことである。このバーグソン・サミュエルソンの社会的厚生関数では、最適な社会状態を決定するためには単にそれを極大にすればよい。その意味では、この概念は素朴な功利主義の利点をそのまま引き継ぐと同時に、パレート効率的な点の中からは最適な社会状態を決定できないというパレート以降の厚生経済学の欠点を免れている。それと同時にこのバーグソン・サミュエルソンの社会的厚生関数では、徹頭徹尾序数的な効用概念のみを使用している。その意味では、この概念はパレート以降の厚生経済学の利点をそのまま引き継ぐと同時に、基数的効用の概念に依存せざるをえない功利主義の欠点を免れているのである。

「倫理的価値判断が科学的分析に入ってはならないと主張することが、現代の経済学者の流行である。とくにロビンズ教授はこの点を強調し、今日では、経済学者としてのロビンズの純粋な分析と市民としての彼の宣伝、非難および政策的勧告とを区別することが習慣となっている。……しかしこのことから「厚生経済学」という名称のもとに含まれる問題に対して経済学が立ち入る余地はないと結論することは妥当ではない。さまざまな価値判断の結果を検討することは、その理論家が同じ価値判断を持っていようといまいと、経済分析の正当な課題である。……ある倫理的信念――慈悲深い専制君主、あるいは完全に自分本位な人間、あるいは「善意に満ちた人」、厭世家、国家、民族、あるいは群集心理、神等――の倫理的信念の特徴を表わすと考えられる組織に属する全ての経済的量の関数を、その源泉をただすことなしに、われわれの議論の出発点としてとろう。いかなる可能な倫理的信念も、私自身のも含めて、容認される。……われわれがここで必要とするものは、経済組織の一つの形態が他の形態よりも「よい」か「わるい」かまたは「無差別」であるかという問題に関して明確な答えを与えるよ

うな信念があるかということだけなのである。また、これらの関係が移行的であること、すなわちAがBよりもよく、BがCよりもよければ、AがCよりも良いことを意味するなどの関係だけが必要なのである。関数は序数的に定義されるだけでよい……」（『経済分析の基礎』邦訳二二六～二二八ページ）。

サミュエルソンの言うように、このバーグソン・サミュエルソンの社会的厚生関数は、各経済主体の選好順序をもとに、パレート原理を満たしさえすれば、どのように社会状態を順序付けることも可能である。このバーグソン・サミュエルソンの社会的厚生関数は、社会状態を順序付けるのに、いかなる価値判断——慈悲深い専制君主、あるいは完全に自分本位な人間、あるいは「善意に満ちた人」、厭世家、国家、民族、あるいは群集心理、神等——を採用することも可能なのである。いま、サミュエルソンに倣って、この各経済主体の選好順序をもとに社会状態を順序付ける手続きのことを、構成関数（constitution function）と名付けることにしよう。サミュエルソンは、パレート原理を満たしさえすれば、この構成関数としていかなる価値基準を採用することも可能なのであり、この構成関数としていかなる価値判断を導入するのかという問題は、経済学の守備範囲外の問題であると考えていた。そしてサミュエルソンとアローを隔てるのはまさにここなのである。そしてこのことを説明するためには、アローの不可能性定理を簡単に解説しておかなければならない。

いま、アローに倣って、各経済主体の選好順序をもとに社会状態を順序付ける手続きのことを、今度は社会的選択ルールと呼ぶことにしよう。アローの不可能性定理とは、よく知られているように、以下のような条件のもとでは、各経済主体の選好をもとに社会全体の選好を構成することはできないこと、各経済主体の選好を社会全体の選好に統合することは不可能であること、社会的選択ルールは存在しないことを証明した定理である。

- 「広範性」——社会的選択ルールは、各経済主体の選好がどのようなものであれ、これに対応する社会的選好順序を形成できなくてはならない。
- 「パレート原理」——すべての経済主体が社会状態xをyより選好する場合には、社会的選好順序は同様に社会状態xをyより選好しなくてはならない。
- 「情報的効率性」——各経済主体の選好順序の任意の二つのリスト（R_{11}, R_{12}, ……R_{1n}）、（R_{21}, R_{22}, ……R_{2n}）と任意の社会状態x、yを考える。もしすべての経済主体の間でR_{1i}とR_{2i}が社会状態x、yに関して一致するのであれば、$R_1=(R_{11}, R_{12}, \ldots\ldots R_{1n})$と$R_2=(R_{21}, R_{22}, \ldots\ldots R_{2n})$は同様に社会状態$x$、$y$に関して一致しなければならない。
- 「非独裁性」——社会的選択ルールは、独裁者の存在を許してはならない。

サミュエルソンの言う構成関数とアローの言う社会的選択ルールはまったく同じものである。それゆえアローの不可能性定理とは、もしサミュエルソンの言う構成関数にパレート原理に加えて以上の三条件を満たすことを要求するならば、バーグソン・サミュエルソンの社会的厚生関数は存在しないことを示したものなのである。

サミュエルソンの言う構成関数に、サミュエルソンのようにパレート原理だけを要求するか、あるいはアローのようにより厳しい条件を要求するか、これはまさしく見解の相違としか言いようのない問題のように思える。

サミュエルソンにとっては、構成関数の構成の仕方を詳細に議論することは、構成関数としていかなる価値基準を採用するかという問題と同値であり、それゆえそれは経済学の問題ではなく、せいぜい数理政治学の問題である。

「この不可能性定理が数理政治学に与えたインパクトは、算術体系の不完全性を証明したゲーデルの不完全性定理が数学基礎論に与えたそれと同様である」(*The Collected Scientific Papers of Paul A. Samuelson*, vol. 4, p. 935)。

このサミュエルソンのコメントは、一見するとアローの不可能性定理を最大限に評価しているように見える。しかし実際にサミュエルソンが言っているのは、アローの不可能性定理は、数理政治学に対しては、ゲーデルの不完全性定理が数学基礎論にもたらしたインパクトと同様の破壊的なインパクトをもたらしたかもしれないが、経済学には、あるいはバーグソン・サミュエルソンの社会的厚生関数には、何のインパクトももたらしてはいない、ということなのである。

他方アローにとっては、構成関数の構成の仕方を詳細に議論することは、まさしく経済学の問題である。

「厚生経済学を社会的選択の理論から分離しようという試みは恣意的であると言うほかはない。少なくとも、厚生経済学は、それがどのように定義されるにせよ、経済政策の公的な受容と関連しているのであり、社会的意思決定の形成に関する研究が、厚生経済学にとって「どうでもよい」あるいは「関係がない」と考えることは困難である」("Uncertainty and the Welfare Economics of Medical Care", *American Economic Review*, vol. 53, 1963, p. 108)。

サミュエルソンが正しいのか、アローが正しいのか、すくなくとも理論的なレヴェルで判断することはできない。ただ、その後の厚生経済学の進展は、効用の強度を導入したりアローの不可能性定理の要求する条件を緩めたりと、サミュエルソンからもアローからも離れていこうとしているように見えるのは興味深いところである。

▼サミュエルソンとアロー——一般均衡の存在証明

前節では、同じ新古典派の経済学者であるにもかかわらず、サミュエルソンとアローの間には、厚生経済学に関して、意外に大きな差異が存在していることを説明した。ここでは一般均衡の存在証明をめぐるサミュエルソンとアローの見解の相違を考えてみよう。

一般均衡解の存在証明とは、いうまでもなく、すべての競争的市場における需要と供給を一致させ、すべての競争的市場を同時に清算するような価格ヴェクトルがじっさいに存在するのか否かという問題である。新古典派経済学では、すべての需要と供給は消費者と生産者の最適化行動の結果である。それゆえ一般均衡解が存在するか否かという問題は、競争的市場という分権的な経済において、すべての経済主体の最適化行動を互いに整合的なものにすることができるか否かという問題に等しい。ワルラスは、連立方程式の本数とその変数の数が一致していることを確認しさえすれば、一般均衡解の存在を証明できたものと考えた。しかし、もちろん、連立方程式の本数とその変数の数が一致しているということは、解が存在するための必要条件でも十分条件でもない。サミュエルソンは、この一般均衡の存在証明の問題にまったく無関心であったように見える。他方、アローは、一九五四年にドブリューとともに、この一般均衡の存在証明の問題を解決した。

その基本的なアイディアは、今から見ると拍子抜けしてしまうほど簡単である。それは、ゲーム理論におけるナッシュ均衡と一般均衡理論における一般均衡の性質が実は平行しているということにあった。ゲーム理論におけるナッシュ均衡の状態とは、すべてのプレーヤーがお互いに最適な戦略を採りあっており、それゆえ自らの戦略をこれ以上変更する必要がないような状態のことである。他方、一般均衡理論における一般均衡の状態とは、すべての経済主体が互いに最適な需要と供給を表明しており、それゆえ自らの需給をこれ以上変更する必要がないような状態のことである。それゆえ、もしある数学的な手続きがナッシュ均衡の存在を証明できるのであれば、それはそのまま一般均衡の存在を証明できるはずである。一般均衡の存在証明の問題の解決を必要以上に難しくしていたのは、それを連立方程式の解の存在証明と同一視していたからなのである。そして皮肉なことは、一般均衡の存在証明の問題を解決するためにもっとも大きく寄与したのは、ゲーム理論の概念であったということである。そもそもゲーム理論とは、ワルラス流の一般均衡理論を批判すべく、ノイマン＝モルゲンシュテルンによって考案されたものだからである。

サミュエルソンは一般均衡の存在の問題に無関心であり、逆にアロー・ドブリューはこの問題に関心を持った。この両者を隔てる認識論上の壁はいったいどこにあるのだろうか？　実は、一般均衡解の存在を証明できれば、何らかの比較静学の結果が得られるというわけではない。一般均衡解の存在証明は、意味ある定理の導出にはなんら寄与しないのである。しかし、一般均衡解の存在を証明できれば、一般均衡理論という経済学の内部に矛盾のないことを示すことはできる。一般均衡解の存在証明は、一般均衡理論という経済学の無矛盾性の証明には大いに寄与するのである。要するに、サミュエルソンの考える「科学」とは、通常の経験的な自然科学のように、「意味ある定理の集合体」のことであった。しかしアロー・ドブリューの考える「科学」とは、ヒルベルトの形式主義における数学のように、「無矛盾な公理系」のことであったのである。

▼新古典派経済学とケインズ経済学

新古典派経済学とケインズ経済学の関係に関して、サミュエルソンはどのように考えていたのだろうか？　サミュエルソンは、新古典派総合という考え方を提唱したことで有名である。しかし、この新古典派総合というのは、平たく言えば、経済が完全雇用状態に到達するまではケインズ経済学が、完全雇用状態に到達して以降は新古典派経済学が有効であるということを述べているにすぎない。これはなんら総合ではなく、せいぜい継ぎ接ぎである。逆に言えばサミュエルソンは、ケインズ経済学を新古典派経済学に回収しようなどとは夢にも思わなかったのである。

これに対して、現在のスタンダードな経済学では、経済主体の最適化行動というミクロ的基礎を持たないマクロ経済学は、マクロ経済学とはみなされない。もちろんケインズ経済学もその例外ではない。たとえば、ニューケインジアンの経済学と呼ばれるマクロの理論を考えてみよう。このニューケインジアンの経済学は、ケインズ的な状況を、経済主体の間に何らかの外部性（独占的競争、収穫逓増などの）が存在する結果、均衡がパレート最適以下の点に落ち込んでしまうことであると考える。それゆえ、この経済学は、ケインズ政策を、たとえば政府のような経済外的な主体が、この経済主体の間に存在する外部性を解消すべく経済に介入し、均衡をパレート最適な点に移動させることであると考える。しかしよく考えてみれば、このように経済主体の間に存在する外部性を解消すべく政府が経済に介入すべきであるという考え方は、まさにケインズの論敵であったピグーの考え方（ピグー税、補助金）であり、ケインズの考え方ではない。現在のマクロ経済学では、ケインズがピグーに、ケインズ経済学が新古典派経済学に回収されてしまっているのである。

理論的には新古典派経済学とケインズ経済学を総合することは不可能であるはずである。新古典派経済学とケインズ経済学はそもそもまったく目的を異にする、互いに相容れない異質な経済学なのである。じっさい、新古典派経済学とは、理論的には、生産要素の賦与量を外生変数とし、生産要素に対する需要がこの外生的な生産要素の賦与量に等しくなるように生産要素の価格が内生的に決まる経済学である。他方、ケインズ経済学とは、理論的には、マクロ的な需要制約を外生変数とし、生産要素の稼働率が内牛的に決まる経済学である。サミュエルソンは正しいのである。

サミュエルソンは、あるときには新古典派の経済学者であり、あるときにはケインズ経済学者であった。結局のところ、サミュエルソンは経済学を彼の考える「科学」とすることに関心があったのであり、新古典派に固執するつもりもケインジアンに固執するつもりもなかった。それゆえこれはもちろん、サミュエルソンの優柔不断さをあらわすものなのではなく、むしろ彼の原理的な態度をあらわすものなのである。

読書案内

サミュエルソン自身のほとんどすべての論文は、全七巻の予定の *The Collected Scientific Papers of Paul A. Samuelson*, 7vols., The MIT Press, 1966- に収められており（第六巻まで刊行済み）、その中の主要なものは『サムエルソン経済学体系』全一〇巻、篠原三代平／佐藤隆三編、勁草書房、一九七九～九一年に日本語に翻訳され収められている。

またサミュエルソンの学位論文であり、後のサミュエルソンにノーベル経済学賞をはじめとするさまざまな栄誉を与えることになったのは *Foundations of Economic Analysis*, Harvard University Press, 1947 である。以下の日本語版は、一九八三年に出版された増補版の日本語訳である。『経済分析の基礎』（佐藤隆三訳、勁草書房、一九八六年）。またドーフマン、ソローとともに出版した以下の本は、単に線形計画法の経済学への応用にとどまらず、経済思想史上重要な理論家の仕事に対する固有の洞察を数多く含んでおり、経済思想に興味のある読者にも大変参考になる。*Linear Programming and Economic Analysis*, with Robert Dorfman, Robert M. Solow, McGraw-Hill, 1958.

『線型計画と経済分析』（安井琢磨／福岡正夫／小山昭雄／渡辺経彦訳、岩波書店、一九五八～五九年）。サミュエルソンは一九四八年に初めて経済学の教科書 *Economics: An Introductory Analysis*, McGraw-Hill, 1948 を出版する。この教科書はベストセラーとなり、次々と版を重ねることになった。そして一九八五年の第一二版からはウィリアム・ノードハウスを共著者に迎え、最新のものは二〇〇四年に出版された第一八版である。ただし現在入手可能な日本語訳は第一三版の翻訳である。『経済学』（都留重人訳、岩波書店、一九九三年）。

この教科書以外に、サミュエルソンが比較的一般の読者向けに書いたものに *The Samuelson Sampler*, T. Horton, 1973（『サミュエルソン・サンプラー』佐藤隆三訳、勁草書房、一九八四年）*Economics from the heart: a Samuelson sampler*, edited and with introductory remarks and notes, by Maryann O. Keating, Harcourt Brace Jovanovich, 1983（『サムエルソン　心で語る経済学』都留重人監訳、ダイヤモンド社、一九八四年）。

また経済政策などの時事問題を論じた論文を集めて翻訳したものに、『経済学と現代』（福岡正夫訳、日本経済新聞社、一九七二年）がある。

理解を深めるために

一、サミュエルソンの言う科学とはどのようなものなのか説明しなさい。

二、適当な消費者の理論あるいは生産者の理論に関して、比較静学を実際に行ってみなさい。

三、厚生経済学ならびに一般均衡の存在証明に対するサミュエルソンとアローの間の見解の相違を説明しなさい。

四、新古典派経済学とケインズ経済学の関係に対する現在のスタンダードな経済学者とサミュエルソンの間の見解の相違を説明しなさい。

（荒川章義）

II—14

J・K・ガルブレイス

時代の不安に切り込んだ通念批判者

(John Kenneth Galbraith 1908〜2006)

▼生涯と著作

「経済学を評価する最終的な決め手は、それが時代の不安を浮き彫りにしてくれるか否かである」という信条のもとに、数多くの異端的な問題提起を続けてきたジョン・ケネス・ガルブレイスが、二〇〇六年四月、世を去った。日本の各新聞はこぞって彼の死去を報じ、異端の人、通念批判の人、象牙の塔をはみ出した文明批評家としての彼の活動を論評した。ガルブレイスが生まれたのは一九〇八年、カナダのオンタリオ州にある小さな村アイオナステーションで、両親は、ともにスコットランド移民の子孫であった。一九二六年、ガルブレイスはオンタリオ農業大学に入学、専攻は畜産学であった。大学時代は、とりたてて経済学らしい経済学を勉強をしたというわけではない。ただ、英作文担当の二人の教師の目にとまり、懇切な文章添削を受けたという。文章力にはそれなりの自信があったらしく、大学新聞の編集に関わったり、オンタリオ州の地域紙に寄稿することもたびたびあった。転機は一九三一年、オンタリオ農業大学を卒業し、カリフォルニア大学のジャニーニ財団農業経済研究所の研究員に採用されたときに訪れた。彼は大学院にも籍を置き、そこで初めて本格的に経済学を研究することとなった。一九三四年、「カリフォルニアの郡財政」のテーマで博士号を取得、この年の秋に、ハーヴァード大学の講師に採用された。

一九三〇年代のハーヴァード大学は、J・A・シュンペーター、W・レオンチェフ、A・ハンセン、E・H・チェンバリン、P・M・スウィージー、R・グッドウィン、P・A・サミュエルソン等、錚々たるメンバーが名を連ねていて、「ハーヴァードの黄金時代」を迎えていた。ガルブレイスは、大学での研究と教育のかたわら、学生寮の指導教員をも務め、そこで、後に大統領となる大学生J・F・ケネディと出会う。当時のハーヴァードでは、若手研究者を中心にケインズの『一般理論』への関心が高まっていた。もちろん、ガルブレイスが影響を受けたのは、ケインズ経済学だけではない。それに先立って、T・B・ヴェブレンの制度派経済学、J・ロビンソンの不完全競争論、E・H・チェンバリンの独占的競争論、A・A・バーリ、G・C・ミーンズの所有と経営の分離論もまたガルブレイスの重要な関心領域であった。そうした中でたまたま一九三七年、ロックフェラー財団のヨーロッパ留学奨学金制度によってイギリス留学の機会が与えられ、ケインズの下で研究するためにケンブリッジに向かうこととなった。

ところが、ケンブリッジに到着したガルブレイスを待っていたのは、ケインズが心臓病療養のため休職中という知らせであった。でも幸いなことに、R・F・カーン、J・ロビンソン、P・スラッファ、M・カレツキ等との交流を深めることによって、ケインズ経済学の核心にじかに触れることができた。さらに、スウェーデンでのミュルダール夫妻との出会いは、彼らが後にアメリカの黒人問題を分析した『アメリカのジレンマ――黒人問題と近代民主主義』（一九四四年）を書く契機となったし、その後も長く交流が続くこととなった。スウェーデンでの見聞で特筆すべきは、生活協同組合の意義を確認できたことである。当時のスウェーデンでは生協活動が盛んで、独禁政策とは異なる独占対処法があるのを知ったことは、後の拮抗力論へとつながる貴重な経験であった。

物価管理局から『フォーチュン』へ　一九三八年、留学から帰国したガルブレイスではあったが、ハーヴァード大学での彼の終身在職権の獲得は、思うようには進まなかった。一九三九年の秋、意に添わぬまま彼は、プリンストン大学の助教授に転任する。しかし一九四〇年には、農業連合会の仕事をするためにプリンストン大学を休職。大学の外の活動で特に重要だったのが、一九四一年からの物価管理局での仕事であった。とりわけ第二次大戦時の物価安定策に政策責任者として関わり、インフレ抑制に貢献できたことを、彼は終生誇りにしていた。しかしその一方で、産業界との厳しい対立と軋轢の中で消耗し、一九四三年、彼は物価管理局を退職する。産業界の面々と渡り合う中で、抽象的な経済理論がどのような現実的な有効性をもちうるかを、あらためて考えさせられることとなった。次いで一九四三年、ジャーナリズムの世界へと転身する。雑誌『フォーチュン』の編集に携わることとなったのである。大企業が社会経済的に厳然たる意味をもっているという認識を編集部として共有できたことも、ガルブレイスのその後の経済学形成に少なからぬ影響を及ぼした。それに、雑誌というスタイルを通じて文章術と説得術を徹底的に訓練できたことも大きな収穫であった。一方、一九四五年には、米国戦略爆撃調査団の一員としてドイツと日本を訪れ、アメリカによる戦略爆撃が対独、対日の勝利をもたらしたわけではないとする報告書を書き、軍部と対立する。こうした経緯を通じて彼は、軍部が独立した巨大な権力として存在していることを確信し、次第に「軍事的ケインズ主義」への懐疑を強めてゆく。

闘う経済学者　ガルブレイスがハーヴァード大学に戻ったのは一九四八年、農林業および土地利用に関する政策の担当者としてであったが、後にE・S・メイソンから産業組織論の担当を引き継ぐこととなる。そして一九四九年、終身在職権のある教授となり、一九七五年に退職するまでの二六年間、ハーヴァード大学教授として数多くの著書、論文を通じて経済学上の通念批判を続けることとなった。注目をあびた『アメリカの資本主義』（一九五二年）を皮切りに、『ゆたかな社会』、『新しい産業国家』、『経済学と公共目的』、『権力の解剖』、『満足の文化』といった話題作を通じて、主流的経済学を厳しく問いただすことになる。一方、一九七一年末には、一九七二年度のアメリカ経済学会会長に選出され、その会長受諾の学会で、ガルブレイスが招待したJ・ロビンソンが「経済学の第二の危機」と題する講演を行って注目を浴びた。

しかしガルブレイスの活動は、経済学アカデミズムの中だけにとどまらなかった。すでにニューディール時代にルーズヴェルト政権支持の立場を鮮明にしていたし、戦後も、A・スティーブンソン、J・F・ケネディ、Y・マッカーシー、G・マクガバンなどの民主党大統領候補への支援活動を展開してきた。そしてケネディ政権時の一九六一〜六三年には、インド大使として、軍部と国務省に果敢に挑んでリベラル派としての立場を貫いている。一九六〇年代後半には、率先してヴェトナム戦争反対の運動に参加し、一九八八年には、P・A・サミュエルソン、W・レオンチェフ、J・トービン、K・J・アロー等と共に、「兵器削減のための経済学者同盟」を結成して、反戦平和を訴えた。一方、書き手としてのガルブレイスの一面を示すのが、三冊の小説、『マクランドレス博士の法則』、『幻の勝利』、『ハーヴァード経済学教授』である。建築や彫刻等の造形美術にも一家言をもち、写真家としても素人の域を脱した才能の持ち主で、著作『インドの絵画』（M・S・ランダワとの共著）がある。一九八二年、アメリカ芸術文学アカデミーの会員に選出され、さらに一九八四年には会長に選出された。

▼『アメリカの資本主義』

ガルブレイス流の問題提起が広く注目されるきっかけになったのが『アメリカの資本主義』（一九五二年）における拮抗力論である。アメリカ経済は、終戦直後のマイナス成長の時期を経て、一九五〇年前後にはプラス成長が定着し、次第に経済成長への軌道に入りつつあった。しかし、いつ一九三〇年代のような不況に襲われるかもしれないという「不況恐怖症」が社会を支配していた。新古典派によれば、市場が競争的であれば効率的な資源配分が達成され、さらには技術革新を促してより低い費用での生産が可能となる。したがって、独占や寡占を競争的市場に近づけるための独禁政策が積極的な意味を持つとされる。これに対してガルブレイスは、むしろ独占や寡占の肯定的な役割を強調する。なぜならば、現代の技術は複雑高度化していて、それを実際に導入し活用できるのは、豊富な資金をもつ大企業に限られると見るからである。独占や寡占に対するこうした評価は、必ずしもガルブレイスの独創というわけではない。彼が影響を受けたシュンペーターにそうした独占観がすでにあった。

拮抗力　市場支配力を持つ大企業が高い価格を設定し生産量を抑制する、あるいは技術革新を促す競争圧力から免れがちだといったマイナス効果を、ガルブレイスも見ていないわけではない。しかし、そうしたマイナス効果を、競争市場の圧力によってではなく、拮抗力によって解決するというのが彼の立場である。彼はこう述べている。「私的権力に対する新しい抑制装置が競争にとって代わり出現した。だがそれらは、市場の同じ側ではなく反対側に、競争者の間にではなく、顧客であれ仕入れ先であれ、まさに相手側に出現した。こうした、競争とは対照的なものを拮抗力（countervailing power）と呼ぶ」と。

そうした拮抗力の例として、彼は次のものをあげる。第一に、消費財の分野で大企業が登場した場合、それに対抗して、小売業の分野での組織化が進む。たとえば、チェーン・ストアやスーパーマーケットなど、強力な小売業が登場することによって売り手である大企業に対抗し、価格の引き下げや技術革新への圧力を及ぼす。消費者協同組合もまた、そうした役割を果たす。第二に、生産財の分野でも、たとえば、U・S・スティールのような鉄鋼大企業に対しては、それのユーザーであるジェネラル・モーターズのような大企業が、売り手の支配力を抑制するよう機能する。第三に、労働組合もまた拮抗力として機能する。大企業が膨大な利潤を獲得したときに、労働組合が賃上げを通じてその分け前を要求する。大企業と労働組合の併存する現代の資本主義を、拮抗力を軸に説明づけるのである。このような抑制力は、ある意味で「双方独占」や「双方寡占」に類似しているが、それとは区別される。なぜならば、「双方独占」や「双方寡占」は、市場の偶然的なケースとして存在するのに対して、拮抗力は市場支配力に対抗して市場の反対側に必然的に発生する抑制力だと見るからである。

一方、ガルブレイスによれば、政府の最も重要な役割のひとつが拮抗力の育成である。拮抗力は元来、強力な市場支配力を相殺するために形成されるのであるが、すべての分野にわたって自生的にそれが形成されるわけではない。拮抗力が形成されない分野、あるいはたとえ形成されてもその力が弱い分野に対しては、政府が意識的に拮抗力の育成を進めなければならない。たとえば、労働組合の結成を法的にバックアップしたり、消費者協同組合運動を後押ししたり、チェーン・ストアやスーパーマーケットが拮抗力として機能するのを支援するといったぐあいにである。

しかし、拮抗力が調整力として万能かといえば、もちろんそうではない。経済がインフレ状態に陥った場合には、拮抗力はうまく機能しない。なぜならば、経済全体で需要圧力が強くインフレ状態にあるならば、売り手市場的な状況が生まれて、売り手に対して買い手の拮抗力としての力が弱まるからである。労働組合に対しても、インフレは同様な作用を及ぼす。かりに労働組合が賃上げを勝ち取ったとしても、経済がインフレ状態にあるならば、企業は賃上げ要求に応じつつ他方でそれを価格に転嫁することが容易となる。かくして、賃金・物価の悪循環が生まれることとなる。そして一九五〇年代後半、さらに六〇年代以降のアメリカ経済は、ケインズ政策が成功したその代償として、インフレーションが定着することとなった。

▼『ゆたかな社会』

ガルブレイスは『ゆたかな社会』（一九五八年）において、インフレーションを「新しい病い」と位置づけている。一九五〇年代半ばのアメリカは、経済成長路線上にあって、大戦直後の「不況恐怖症」からはすでに脱していた。このことは単にアメリカだけではなく、日本も含めて大方の資本主義国に共通する現象であった。それに伴って、ガルブレイスのいう「古い病い」が解消に向かっていた。「古い病い」とはすなわち、(1)物質的な貧困、(2)所得分配の不平等、(3)経済的危機（crisis）ないし経済的不安定、である。

そして戦後のアメリカ経済は、この三つの「古い病い」を、経済成長によって解決することに成功したのだという。すなわち、(1)ＧＤＰの成長によって物質的な貧困のもつ意味が薄れ、(2)社会保障政策によって経済的不平等が改善され、(3)ケインズ的な財政金融政策によって景気の調整が可能となった。かくして、経済成長が社会的通念として受け入れられるようになった。そうした資本主義の変貌に着目して展開されたのが、いわゆる「現代資本主義論」であった。しかしガルブレイスによれば、経済成長によって「古い病い」を解決するその過程で「新しい病い」が発生したという。「新しい病い」とは、すなわち(1)「依存効果」、(2)「インフレーション」、(3)「社会的バランスの喪失」、である。

依存効果　従来の経済学では、消費者の欲求は、消費行動が始まる時点ですでに消費者の内部で確定しており、欲求がどのようにして形成されるのかは分析の対象外とされる。それに対してガルブレイスは、欲求そのものが経済システムの中で形成されるそのプロセスを問題にする。つまり、所与の欲求を前提にして、それを満たすために生産を増大させることが、ただちに福祉の向上につながるとする社会的通念への批判である。生産は単に財やサーヴィスを生産するだけでなく、広告・宣伝を通じてその財やサーヴィスの購入を促すような欲求それ自体をも生産していると見るのである。このように欲求形成が生産に依存している関係を、彼は「依存効果（dependence effect）」と呼ぶ。もしもそうであるとすれば、「生産の拡大は、経済的進歩や、とくに社会的進歩の満足な尺度とはいえない」ことになる。

ガルブレイスの他にも、欲求の自立性への疑問を提示した論者がいなかったわけではない。たとえばＴ・Ｂ・ヴェブレンの「顕示的消費」がそうであった。ただし、ヴェブレンの場合には、ガルブレイスの依存効果のような生産者と消費者との関係ではなく、「見せびらかしの消費」という意味での消費者間における差異化をめぐる外部効果に着目したものであった。さらに、Ｊ・Ｓ・デューゼンベリーの「デモンストレーション効果」があるが、これは、流行現象に見られるように、消費者間における同質化のプロセスに関わる外部効果を論じたものという点で、やはり依存効果とは区別される。

「新しい病い」としてのインフレーションは、かつてのインフレーションとは異なる。かつてのそれは、たとえば第一次世界大戦後のドイツのインフレーション、フランス革命時のインフレーション、南北戦争時のインフレーションのように、平時ではない異常時での物資不足の下で発生するインフレーションがほとんどであった。一方、戦後アメリカのインフレーションは、平時において発生しているだけでなく、急激なそれではなくゆるやかで恒常的である点に特徴がある。

社会的バランスの喪失　ガルブレイスは言う。「ケインズは総生産ではなくてその構成が決定的な問題となる時期がまもなく来るであろうことを、予見していなかった。もし彼が生き長らえていたとすれば、彼の追従者たちが生産の増大というただひとつの目標にだけ政策の重点をおく傾向にあることに、頭をなやましたにちがいない」と。GDPで示されるような総体としての生産は拡大したものの、その内訳ないしバランスは重視されてはこなかった。そこで彼は「私的に生産される財・サーヴィスの供給と、国家によるそれとの間の関連を示唆する用語を社会的バランス（social balance）」と呼ぶ。民間部門で生産される私的な財・サーヴィスに比べて、公共部門で生産される財・サーヴィスが立ち遅れているために、われわれの生活がバランスを失ったものになってしまったことを、彼は強調する。

以上のような「新しい病い」への対策として彼が提唱するのが、売上税の設置である。売上税によって、依存効果的な消費にブレーキをかけ、それによって得られる税収を公共部門に投入する。売上税を通じて、私的な部門から公共部門へと資源配分を変え、社会的バランスの回復を図るというのである。消費者信用と依存効果によって拡大する私的消費は、本来的に不安定な要素を含んでいて経済変動の原因ともなる。一方、公共支出は私的な需要の変動を調整し、経済を安定化させることができると見るからである。「社会的バランスの喪失」へのもうひとつの対策としてガルブレイスが提示しているのが、所得と生産との分離である。経済成長が通念として社会的に受け入れられている理由のひとつは、生産の増大そのものを求めるからというよりは、生産の増大によって雇用と所得が確保されるからである。そこで彼は、不必要な生産の増大を抑えるために、雇用と所得を生産から切り離すべきことを提案する。生産の縮小によって生じる失業と所得の減少は、失業保険制度によって社会的に保障するというのである。

▼『新しい産業国家』

『ゆたかな社会』は、いわば「部屋の窓」を通してアメリカ経済のある側面に光を当てた著作であったのに対して、その「部屋全体」の分析を試みたのが『新しい産業国家』（一九六七年）である。現代の大企業は周到な「計画化」を軸に行動している。「計画化」が必要とされるのは、次のような理由による。すなわち、(1)何を生産するのかを決定する最初の段階から、最終的に製品となって市場に出まわるまでの懐妊期間が長くなっていること。(2)生産に必要な資本が巨額となっていること。(3)資本設備および時間が固定化され、他部門への流動性が小さくなっていること。(4)専門化した人的資源が重要性を増し、しかもそれらは、個人ではなく組織として存在していること。(5)膨大な資金を投入し多数の人材を抱え長時間を要する生産が、市場の不確実性に支配されるのは避けなければならないこと、以上である。

そしてガルブレイスによれば、「計画化」には次の三つの戦略がある。すなわち、(1)「市場の止揚」と呼ばれる垂直的統合。原材料や部品を供給する企業を統合する後方垂直的統合と、販売会社等を統合する前方垂直的統合。いずれも、それまで市場関係であったものが企業内の関係に変わることによって、不確実性を避けることができる。(2)「市場の統制」と呼ばれる戦略で、大企業が売り手に対して買い手独占的な、買い手に対して売り手独占的な交渉力を持つことによって、価格や数量の面での不確実性を避けることができる。(3)「市場機能の停止」と呼ばれる戦略で、企業間で長期的な売買契約を結ぶことによって、価格や数量の変動を避けることができる。

テクノストラクチュア 以上のような特徴を持つ「計画化」の担い手がテクノストラクチュアである。ガルブレイスによれば「企業を指導する知性、すなわち企業の頭脳となるのは、広い範囲の集団であって、経営陣の小集団ではない。集団によるデシジョン・メーキングに参与するすべての人々、あるいはこれらの人々が形成する組織に対しては、今までのところ名称が存在していないので、この組織をテクノストラクチュア(technostructure)と呼ぶ」と。すなわち、経営者はもちろん、各分野の専門家を含む知的集団の全体を指すものとしてテクノストラクチュアが位置づけられているのである。

現代の大企業ではテクノストラクチュアが実質的な支配力を握っているとガルブレイスは見るのだが、一般的に「支配力は、入手がいちばん困難な要素、あるいは代替のいちばん困難な要素に付与される。その限界的な供給が最も非弾力的である要素に、支配力は宿る」とガルブレイスは言う。たとえば、封建社会では農業が経済活動の中心であり、土地が他の生産要素に比べて限界的な供給が非弾力的で、土地の所有者である地主が支配力を握る。次いで資本主義社会では、生産の中心が農業から工業へと移行し、工業生産の中で最も重要で供給が非弾力的な要素は土地から資本へと移行し、資本の所有者である資本家が支配力を握る。さらに現代の経済では、資本はかつてに比べて相対的に豊富となり、供給の最も非弾力的な生産要素はさまざまな分野の技術や知識であり、それを所有するテクノストラクチュアが支配力を握るというのである。

ところで、大企業体制の下では、企業の行動目標はどうなるのか。テクノストラクチュアは、自らの存続を確保するために、まずは最低限の利潤を確保しつつ、売上高成長率の最大化を求める、とガルブレイスは見る。そして、その目標を達成するにあたって、管理価格の設定が不可欠なものとされる。なぜならば、管理価格は独占的な市場支配のためではなく、市場の不確実性を回避する計画化の手段であると見るからである。したがって、独禁政策による管理価格の規制は不要のものとして退けられる。

一方、管理価格によって価格変動を回避したとしても、その価格水準での需要量が現実にどのくらいになるのかは不確実である。『ゆたかな社会』では、依存効果によって消費者の欲求管理が行われると見たのに対して、『新しい産業国家』では、「個別的な需要管理」という表現でそのことが指摘されている。

すなわち、「管理価格」と「個別的な需要管理」によって売上高成長率の最大化を実現するよう計画化が実施されると見るのである。ただし、依存効果は、「新しい病い」のひとつとして克服されるべき対象であったのに対して、「個別的需要管理」は、テクノストラクチュアの計画化のために不可欠のものと位置づけられている。

政府の役割　政府の役割についても、従来のガルブレイスとは異なる視点が示されている。『アメリカの資本主義』では、拮抗力育成の主体として政府を位置づけ、『ゆたかな社会』では「新しい病い」を克服すべき主体として政府の役割が強調されたのに対して、『新しい産業国家』では、そうした政策志向が後退している。「大企業体制は国家と不可分に結びついている。いくつかの注目すべき点で現代の法人企業は国家の一翼をなしている。そして、いくつかの重要な事項に関し、国家は大企業体制の道具（apparatus）になっている」。P・A・サミュエルソンやA・ハンセンのように、現代の資本主義を、民間部門と政府部門とが併存する「混合経済」ないし「二重経済」と見るのではなく、大企業による政府支配の体制と見るのである。

そのようなものとしての政府の役割を、ガルブレイスは四つあげている。すなわち、(1) 個別企業が「個別的な需要管理」を行うのに対して、一国全体の総需要を管理すること。そのことによってテクノストラクチュアの計画化を支えること。(2) 賃金・物価の悪循環を規制すること。大企業体制の下では、企業は賃金上昇を価格に転嫁する傾向があり、経済がインフレ的体質となってテクノストラクチュアの計画化に支障をきたすからである。(3) 現代の大企業は、企業内部で技術を開発研究する人的・資金的な余裕を持ってはいるものの、巨大なリスクを伴う新しい技術の開発研究には、個別企業だけでは対処しきれない。そのために政府のサポートが必要となる。(4) 大企業体制が必要とする人的資源であるテクノストラクチュアを、教育を通じて供給すること。

計画化の空隙　以上のような役割を政府が担うことによって成り立つ「新しい産業国家」は、どのような課題を抱えているのだろうか。テクノストラクチュアの計画化を軸に経済活動が展開されるとしても、その計画化によっては覆い尽くすことのできない領域が残ってしまう。そうした「計画化の空隙」によって、人間の「審美的次元」に関わる活動と生産が立ち後れてしまう、とガルブレイスは言う。ただし、『ゆたかな社会』で「社会的バランスの喪失」を克服するための政策が主張されたのに比べて、この「計画化の空隙」論は、いかにも消極的な位置づけにとどまっている。そしてこの点は、『新しい産業国家』におけるガルブレイスの論理展開のスタイルそのものとも関連している。すなわち、『新しい産業国家』は、テクノストラクチュアの計画化が一元的に進められた時に、どのような経済体制が成立するのかをいわば極限的な形で描いたものであり、計画化に反対に作用する諸力を排除したときに成立するであろうひとつのモデルとして理解すべきであろう。新古典派の論者の多くが、消費者主権論に関しても独禁政策の有効性に関しても、あるいは市場の調整機能全般に対しても、ガルブレイスがあまりに極端な否定的評価をしていると論難しているのもこのことと関連する。

▼『経済学と公共目的』

現代の経済は、もちろん大企業からのみ構成されているわけではない。圧倒的な多数を占めるのは、むしろ中小企業であり、そうした中小企業の分野をガルブレイスは「市場体制（market system）」と呼ぶ。アメリカ経済に対する彼の印象派的な表現によれば、市場体制にはおよそ一、二〇〇万ほどの中小企業が存在し、「大企業体制」にはおよそ一、〇〇〇ほどの企業が存在するという。そして、『経済学と公共目的』（一九七三年）で分析されるのは、これら二つの分野の不均等発展と、それを是正するための公共政策である。『新しい産業国家』では後景に退いていた政策対応が中心に据えられ、「産業国家」と「公共国家」とが対比されている。

不均等発展とその是正　大企業体制と市場体制とは、均等には発展しない。一方は市場の不確実性を回避する力を具えているのに対して、他方はそれに支配される。そして、二つの体制の格差は拡大している。『ゆたかな社会』における「社会的バランスの喪失」が、民間部門と公共部門との間のバランスの喪失であったのに対して、ここでは、大企業体制と市場体制との間の不均等発展が取り上げられる。そして、市場体制の力を強め大企業体制の力を抑える公共政策が提案される。たとえば、所得の平等化のために、市場体制の賃金に対しては最低賃金制を拡充して所得を増大させ、大企業体制に対しては価格の面でも賃金の面でも上限枠を設けて規制する。さらに、インフレ対策に関しても、大企業体制では賃金・物価の悪循環に対して所得政策を実施する一方、市場体制に対してはその適用除外とする。

こうした市場体制の強化策は、ある意味で拮抗力論の再生ともいえる。もちろん、本来の拮抗力とは、市場の反対側に自生的に発生する対抗力であるから、ここでの議論はあくまでも拮抗力「的」な発想というべきであろう。『アメリカの資本主義』では、拮抗力の弱い分野あるいは拮抗力の発生しにくい分野に関して、政府が側面から拮抗力の形成を支援すべきものとされた。そこに政府の重要な役割があった。そして『経済学と公共目的』で、大企業体制に対して市場体制を強化すべきだとされているのは、ガルブレイス独自の市場体制への評価があるからである。

すなわち、市場体制は画一的な財・サーヴィスを大量生産するのではなく、個性的で多様なものを生産する分野を含んでいる。『新しい産業国家』の用語でいえば、「審美的次元」を具えた財・サーヴィスを生産する分野である。「長い目で見れば、美術品をはじめ芸術的成果を反映する製品は、経済の発展にますます重要な地位を占めてくるだろう。科学技術の成果こそ人間の生活を豊かにする究極の拠りどころであると、はじめから決めてかかる理由はどこにもない」。「芸術は今後とも個人および小企業の主要な拠りどころとして存続する。経済生活の中でもますます拡大していく部門になっていく」と見るからである。一方、大企業体制には属さず、また市場体制にゆだねることも難しい分野がある。具体的には、住宅や教育や医療や交通などのシビル・ミニマムに関わる分野であり、これらは、公有化によって公共的なコントロールの下に置くべきだとし、それを彼は「新しい社会主義」と命名する。

▼『権力の解剖』他

『権力の解剖』（一九八三年）は、ある意味で『アメリカの資本主義』への回帰ともいえる。新古典派流の完全競争を中心とした経済学には、権力ないし支配力は正面切っては登場しない。その意味で、権力を軸に経済学を振り返ることは、新古典派経済学への批判的立場を再確認したものでもある。『アメリカの資本主義』では、独占的支配力はそれを相殺する拮抗力によって調整されることが指摘された。一方、『権力の解剖』では、支配力の集中化に焦点が当てられている。支配力ないし権力が存在するとき、それに対抗する新たな権力が生まれる。ガルブレイスはこれを「権力の弁証法」と呼ぶ。しかし、その新たに生まれた権力が当初の権力を相殺するのは、極めて困難であることが指摘されている。『アメリカの資本主義』では「拮抗力によって均衡状態がもたらされるという楽観的な見通しをもっていたが、それは間違っていた」とガルブレイスは言う。

彼がこう認識するに到ったのは、独立した権力としてその存在を示し続けてきた軍事権力を強く意識してのことにちがいない。『権力の解剖』には「軍事権力」と題する一章が設けられている。

彼は、権力の具体的形態として次の三つをあげている。すなわち、(1)「威嚇権力（condign power）」、(2)「報償権力（compensatory power）」、(3)「条件付け権力（conditioned power）」である。威嚇権力は、最も単純なタイプの権力であり、物理的ないし精神的な苦痛を与えることによって相手に従属を強いる力である。報償権力は、金銭や地位などプラスの見返りを与えることと引き換えに、相手を従属させる力である。そして、この両者は、権力を行使する側もそれに従属する側も、その所在をはっきりと自覚している。これに対して条件付け権力は、権力に従属する側がそのことを自覚していない点に特徴がある。

条件付け権力　「条件付け」とは心理学の用語で、I・P・パブロフの犬の実験がよく知られている。犬にえさを与える前に必ずベルを鳴らすという手順を繰り返していると、ベルを鳴らすという「条件付け」によって、犬は無意識のうちに唾液を分泌するようになる。人間の社会的行動においても同様の関係が見られる、とガルブレイスは言う。たとえば、広告・宣伝による「説得」や教育を通じての方向付け、あるいは文化的ないし宗教的文脈を通じて間接的かつ意識されずに行われる方向付けがそれである。

現代の権力は、柔構造の体質をもっていて、対抗権力の存在を容認した上で巧みにそれをはぐらかし、権力の集中化の実体を見えにくくするという手法を具えている。B・グロス『笑顔のファシズム』（一九八〇年）で指摘されているように、古典的なファシズムとは異なり、複雑微妙な政治、経済、文化の網の目を通ずる、意識されることなしに展開される権力行使の新しいあり方である。権力の側が、むしろ意図的に対抗権力を容認して、さもなければ明確になるであろう権力の所在を不明にしたまま、いつの間にか人々を従属させてしまうというのである。『満足の文化』（一九九二年）においても、「軍部の拡張」と題する二章を設けてこうした権力の集中化が論じられている。

満足せる選挙多数派　ガルブレイスは『ゆたかな社会』の第四版（一九八四年）の「序文」で、「ゆたかな社会」が政治的な保守化を生み出すことを指摘している。そして、この問題を展開したのが『満足の文化』であった。アメリカは民主主義の社会である。しかしその民主主義は、有権者たる国民全体のものというよりは、現実に投票行動をする人たちの民主主義になっている。豊かな人々は、その豊かさを維持するために投票行動でその意思を表明する。自分たちがいま手にしている既得権益を護るための政策、その既得権益を侵すものを排除する政策を求める。政府が現実に押し進める政策も、そうした「満足せる選挙多数派（the contented electoral majority）」の意向に沿うものに傾きがちである。

機能上不可欠な下層階級　もちろん、「ゆたかな社会」といえども、貧困を根絶したわけではない。豊かな人々が嫌う3K的な仕事に携わる多くの貧しい人々がいる。そうした仕事は「満足の文化」が存続するのには不可欠であって、それを担う人々をガルブレイスは『機能上不可欠な下層階級（the functional underclass）」と呼ぶ。彼らはしばしば外国人労働者であったり、国内の後進地域から流入した人々であったり、都市のスラム住人であったりする。そして、彼らの要求は、投票を通じて政策に反映されることは稀である。選挙権を持っていなかったり、かりに持っていたとしても、自分たちの要求が政策として容易には受け入れられないことを知っているがゆえに、彼らは投票所には行かない。現実の政策として採用されるのは、「満足せる選挙多数派」の意向ということになる。

「機能上不可欠な下層階級」の窮状を改善するとなれば、財政支出の増大は避けられないし、そのための増税も必要となろう。その負担は「満足せる選挙多数派」に振りかかる。もちろん、彼らは増税には反対であるし、貧困問題解決のための財政支出を含めて、一般的に「大きな政府」に反対する。さらには、豊かな人々を優遇する減税を要求する。レーガン政権下で採られたのがそうした政策であった。一九八〇年代を通じて、豊かな人々と貧困者との格差は拡大した。そうした状況を、市場による調整の帰結として受け入れるべきだとする議論が繰り広げられた。市場の調整機能を重視するサプライサイド・エコノミクス、マネタリズム、合理的期待形成仮説が脚光をあびた。もちろんガルブレイスは、そうした経済学には批判的である。既得権益を維持しようとする「満足せる選挙多数派」とスは言う。

「軍部の独立的権力」の壁はいぜんとして厚い、とガルブレイスは言う。

『アメリカの資本主義』に始まるガルブレイスの議論は、大きくらせんを描いて再び権力の問題へと回帰している。そしてここでのガルブレイスは、狭い意味での経済学アカデミズムの住人であることを越えて、鋭い文明批評家の顔をもってたち現れている。P・A・サミュエルソンが「私たちノーベル賞受賞者の大半が図書館のほこりをかぶった書棚の奥に葬り去られてしまう時代になっても、ガルブレイスは忘れられることなく読まれ続けるだろう」と述べたのも、恐らくはそうしたことを意識してのことかもしれない。

読書案内

ガルブレイスの主要な著作の翻訳としては、『ガルブレイス著作集』第一～九巻、別巻一（ティビーエス・ブリタニカ、一九八〇～八三年）があるが、この著作集に収められていないもので重要なものとして、山本七平訳『権力の解剖』（日本経済新聞社、一九八四年）、鈴木哲太郎訳『バブルの物語』（ダイヤモンド社、一九九一年）、中村達也訳『満足の文化』（新潮文庫、一九九八年）等がある。なお、ガルブレイスの詳細な著作リストとその翻訳について知るためには、中村達也「ガルブレイス――飽くなき通念への批判者」（橋本努編『二〇世紀の経済学の諸潮流』日本経済評論社、二〇〇六年、所収）を参照してほしい。

経済学アカデミズムを越えて幅広い社会的活動を繰り広げたガルブレイスの伝記に興味のある人は、R・パーカー『ガルブレイス――闘う経済学者（上・中・下）』（井上廣美訳、日経BP社、二〇〇五年）が、とても興味深い。その他、著作集の第九巻『回想録』や『ガルブレイス　わが人生を語る』（日本経済新聞社、二〇〇四年）も有益である。なおガルブレイス経済学の全体を論じたものとして、比較的古いものでは、経済同友会編・小原敬士著『ガルブレイスの経済思想』（鹿島出版会、一九七〇年）、比較的新しいものでは、中村達也『ガルブレイスを読む』（岩波書店、一九八八年）、同「ガルブレイス――飽くなき通念への批判者」（前出）、根井雅弘『ガルブレイス』（丸善ライブラリー、一九九五年）、P・ラムソン『ガルブレイス』（八木甫訳、プレジデント社、一九九二年）がある。

理解を深めるために

一、競争メカニズムと拮抗力のメカニズムとを比較し、ガルブレイスが独禁政策に対して否定的な理由について説明しなさい。
二、消費者主権が成り立つための条件を考え、それに対して依存効果がどのような意味をもっているかを論じなさい。
三、GDPの成長がただちには豊かさの増進に結びつかないのはなぜなのかを、ガルブレイスの社会的バランス論に関連づけて論じなさい。
四、現代の大企業は何を目標に行動しているのかを、テクノストラクチュア論と関連づけて論じなさい。
五、政府は経済に対してどのような役割をはたしているのか、ガルブレイスの考え方を混合経済論と比較しながら論じなさい。

（中村達也）

II―15 アマルティア・セン

近代経済学の革命家

(AFP=時事)

(Amartya Sen 1933〜)

▼生涯と著作

これまでのノーベル経済学賞受賞者で、人々の人生観（How to live their lives）や世界観（How to see our world）に直接訴えかけることのできた人がどれ程いただろうか。そしてこれからもどれだけいると期待されるだろうか。一九九八年にノーベル経済学賞を受賞したアマルティア・センは、人々の人生観や世界観に直接訴えかけることのできる稀有な経済学者である。大中小の三つのバッグ（コンピュータとジョギングシューズ、書きかけの原稿と行く先々で手渡された書籍の入った）を抱えて世界各地の空港から空港へ飛び回るセンは、国境というボーダーを越え、専門というボーダーを越え、学問と実践というボーダーを越えて、深い洞察と鋭い知性、ウイットに満ちた語り口と朗らかな笑い声で、世界中の人々を魅了し続けている。

センは一九三三年、インドのベンガル地方のシャンティニケタンで生まれた。同地のカレッジで二年間、数学と物理学を学んだ後、経済学に転じ、一九五三年にカルカッタ大学プレジデンシー・カレッジで経済学士号を取得する。同年、ケンブリッジ大学トリニティ・カレッジに留学し、一九五九年には、同カレッジで博士学位を取得した。ケンブリッジ時代のセンに強く影響を及ぼした経済学者としては、モーリス・ドップ、デニス・ロバートソン、ピエロ・スラッファを挙げられる。カルカッタのシャダプール大学に着任した後、デリー大学・スクール・オブ・エコノミックス、ロンドン・スクール・オブ・エコノミックス（LSE）、オックスフォード大学ドラモント政治経済学、ハーヴァード大学などの教授を歴任し、近年はケンブリッジ大学トリニティ・カレッジの学長を務めた。現在は、ハーヴァード大学の哲学・経済学教授である。また、この間に、エコノメトリック・ソサエティの会長、アメリカ経済学会の会長、国際経済学会の会長など、世界の主要学会の会長職を務めてきた。

センの学問的功績は、社会的選択理論・厚生経済学・開発経済学・経済計測理論・インド経済理論など経済学の領域を超えて、哲学・倫理学・政治学・法学など多領域にわたる。現在までに、『集合的選択と社会的厚生』（一九七〇年）、『不平等の経済学』（一九七四年、一九九七年増補改訂）、『貧困と飢饉』（一九八一年）、『福祉の経済学』（一九八五年）、『経済学の再生』（一九八七年）、『不平等の再検討』（一九九二年）、『自由と経済開発』（一九九九年）、『合理性と自由』（二〇〇二年、現在、その続編『自由と正義』を執筆中）など数多くの名著と百を超える学術論文を生み出している。

もともと数学と物理学を専攻していたセンが経済学に転じたきっかけは九歳の時、およそ三〇〇万人の犠牲者を出したと言われるベンガル大飢饉を目撃した体験にあるという。以来、彼のまなざしは不遇な人々の境遇とそれをもたらすメカニズムの究明、新たな社会・経済制度の構築に向けられる。社会的選択理論でのセンの業績は、専門分野の発展に寄与するのみならず、権利と社会的目標、自由と民主主義をめぐる政治哲学上の難問に挑む理論として注目された。また、彼が厚生経済学でなした貢献は、自由な競争市場の優れた性能に配慮する一方で、貧困や社会的不正義の除去に有効なアプローチとして、UNDPの「人間開発指標」などで実践的に応用されている。

だが、彼がノーベル経済学賞を受賞する道は決して平坦ではなかった。著名な主流派経済学者はこぞってセンの受賞に反対し続けたと言われる。センが専門とする社会的選択理論は、一般均衡の存在証明で著名なケネス・アローが創始した理論であり、厚生経済学は顕示選好や新古典派総合で著名なポール・サミュエルソンらによって展開された分野である。これらの分野に多くの独創的な貢献をなしたセンを表立って主流派経済学から追放することはできないはずだ。にもかかわらず、彼らがセンの受賞に執拗に反対し続けたのはなぜだろうか。その理由は、伝統的な近代経済学との距離のみならず、情報経済学やゲーム理論、行動経済学との間の、近いようで遠い距離から理解される。

近代経済学における位置　ノーベル経済学賞受賞後、センは、権利、民主主義、人権、グローバルな正義、自由と文化などの政治的イシューをテーマとして世界各地で精力的に講演活動を開始した。それらは、政治哲学一般からフェミニズム、多文化主義などに対して理論的インパクトを与えるとともに、大学や政府・NPO機関を舞台に、公共的討議と活動の創出という、実践的な役割を果たしてきた。だが、センの真の貢献は、やはり経済学にあるといえよう。なぜなら、彼の議論の背後には、常に、経済および経済学と格闘した痕跡がくっきりと残されているからである。彼は、経済学的な思考方法の利点を熟知した上で、それを越えた理論の構築を志向してきた。センの「経済&哲学」には、人々の現実の行動を記述するに留まらない、不正義に抗して経済システムを改変するための理論と分析ツールが内包されている。

センの研究領域は大きく二つに分けられる。ひとつは、経済システムのあり方、とりわけ資源配分方法に関する研究であり、不平等・貧困・開発・福祉が主要な関心とされる。他のひとつは、経済システム構築・再構築プロセスに関する研究であり、個々人の意思を尊重しながら、経済システムのあり方を決めていく社会的選択プロセスを関心とする。センは、これらの研究を相互に関連づけながら、近代経済学の枠組みと方法を大きく転換した。均衡解の存在や一意性の証明を主眼とし、内的一貫性（internal consistency）と完備性（completeness）を自明の要求とする、高度に抽象的で自己完結的な一般理論を解体し、代わりに、外的視点との対応性（external correspondence）

を明示的に組み入れた個別具体的で開かれた理論へと経済学を再構築する。

近代経済学と一定の距離を保ちながら、その理論的前提や定式化を批判する経済学者は少なくない。だが、センの特徴は、いわば近代経済学のハートにありながら、その中心部に体当りしてきた点にある。彼によれば、近代経済学の最大の難点は、モデルの定式化に対する過度な志向性にある。そこで描かれる個人は、——合理的で、自律的な選択主体ではあるものの——内的に完結したモデルにおける一変数以上のものではない。たとえば、市場というシステムの中で、あるいは、超長期的な適応と進化の仕組みの中で、理論的に予測されたメカニカルな動きや推論（reasoning）を遂行する受動的な存在にすぎない。だが、本来、経済学が依拠すべき個人の推論や合理性は、形式的な内的一貫性に留まるべきものではないはずだ。また、経済学が考慮すべき個人の自由とは、形式的な自律性の尊重に留まるべきものではないはずだ。

ところで、内的一貫性を超えて人の推論や合理性を理解するためには、本人が受容する外的な目的や価値との対応関係を見る必要がでてくる。また、個人のより実質的な自由を考慮するためには、本人の選好や利益を直接精査するアプローチが必要になってくる。いずれにしても、定式化されたモデルの内的完結性を打ち破る外的視点の導入が避けられない。かくして、センの哲学・倫理学研究は、経済モデルで考慮されるべき外的視点の内容的検討に向かった。また、社会的選択理論研究は、外的視点の相違による個人の選好や選択行動の相違を多層的に捉える方法的考察に向かった。だが、この外的視点の導入こそは、近代経済学が一貫して回避しようと努めてきたことだった。センの経済学の革命性は、ひとことで言えば、経済学理論の中に、この外的視点を奪回する試みに看取される。

以下では、このようなセンの革命性を浮き彫りにしていきたい。はじめに、センが批判的に捉えた近代経済学の基本的枠組みを検討していこう。

▼近代経済学の革新と保守

自己利益最大化のみを行動動機とする合理的経済人（ホモ・エコノミクス）の想定は、およそ、個々人の集合的な行動が変数とされるあらゆる社会事象の分析において、広範囲な影響力をもってきた。たとえば、異なる社会政策の効果を比較評価する際に、また、個人の権利や権原の実効性を理解する際に、個々人がそれらを所与として、合理的に私的効用を最大化しようとしたら、はたして、集合的にどんな帰結がもたらされるかが、経済学的分析の主要な関心とされた。犯罪や結婚、争いなど一見、経済学とは無縁な個人の行動や集団的行動、その他、社会現象一般にも、近代経済学の理論は広く応用されていった。

その一方で、経済学に対する批判の矛先も、多くこの想定に向けられてきた。人の行動動機は私的利益最大化に留まらないはずだ、他者への共感や利他的動機にもとづいて行為する場合もあれば、制度に適応して行為する場合、道徳法則や正義原理に従って行為する場合もあるだろう、と。また、人はさほど合理的に行動できるものではないはずだ、人の能力は限られているから、合理的予測や利得計算を回避して、慣習にただ従おうとする場合もあるだろう、と。このような批判は、経済学の外だけでなく、一部、経済学の内部からも湧き起こり、理論の発展を大きく促してきた。

だが、行動動機の拡張や合理性要請の緩和それ自体は、近代経済学の根幹を揺り動かす「革命」とはならなかった。近代経済学は、個々人が事実として、私的利益――本人の快苦・願望充足・幸福など――の最大化を行動動機としていること、それらを完全な合理性のもとで追求していることを前提とするものではないからだ。むしろ、近代経済学の眼目は、ひとつに、あらゆる財・サーヴィスが取引される普遍的な市場において、価格を所与とする無数の経済主体の経済行動によって、すべての財・サーヴィスの需給がバランスする一般均衡がもたらされること、そして、均衡が「効率性」というよき性質を満たすことを説明することにあった。つまり合理的な個人の私的利益の最大化行動という想定は、相互に分離された経済主体間の対称性を実現し、一般均衡の存在と効率性を保証するためのひとつの理論的仮定――「外部性」が存在しないこと――に他ならなかった。

近代経済学のもうひとつの眼目は、個々人の選択行動（およびそこに顕示された選好）を情報的基礎の最小単位とし、それ以上の情報――背後にある行動動機や選好の性質など――を求めないことにあった。人々の選択行動（およびそこに顕示された選好）に想定されている「合理性」とは次のようなものだけである。すなわち個々人は、いつも、本人の選好――序数的で個人間比較不可能な順序（反射性・推移性・完備性をみたす）――に照らして、外的制約条件（本人の初期状態、本人以外の人々の評価、その他共通の環境要因）が許す限り、もっとも高いランクの選択肢を選ぶだろうというものである。顕示選好理論（revealed preference theory）と呼ばれるこの考え方は、技術的には選好の基数性や個人間比較可能性を要請しない点に特徴をもつ。それは、経済事象の記述や予測を促進するとともに、分析者の恣意的判断が入り込む外的視点を注入しないという価値中立性の要請、より小さな前提から結論を導出するという方法的要請、あるいは、情報利用を節約するという情報の効率性などの観点から利点をもつと考えられた。

しかも、顕示選好理論は、個々人は自発的な選択行動の背後にある評価の内容に干渉されないという意味での個人の自律性が尊重され（手続き上の利点）、また、いずれの個人も、外的制約条件を所与として、本人の評価に照らして最大のランクを達成している点で、個人間の対称性が保証される（結果的な利点）という規範的観点からも擁護された。後者の観点は、自由な競争市場のように、無数の経済主体がフラットなポジションで行動する――どの経済主体も単独では価格を動かす力をもたない――場合には、そのまま、他の人々の効用を下げることなくしては、どの個人の効用を高めることもできないという、パレート効率性（Pareto Efficiency）につながる。かくして、顕示選好理論は、自由な競争市場制度を手続き的・結果的公正性の観点から正当化するとともに、市場ときわめて親和的な自由の観念を強力に流布することになった。

顕示選好理論は、ケネス・アローの創設した社会的選択理論を通じて、その射程を広げ、政治学、法学、社会学などの分野にも積極的に移入されていく。たとえば、多数決投票や審議会での意思決定プロセスの分析、個々人の支払い意思（willingness to pay）にもとづいた環境アセスメント（Contingent Valuation: CV法）などである。さらに、市場とは異なる問題状況も新たな分析対象とされるようになった。たとえば、情報の非対称性や不確実性が存在する状況、一人の個人の行動が直接、他の個人の利得や行動に影響を与える状況、価格のように誰もがアクセス可能な公共情報が存在しない状況、あるいはまた、情報収集や推論、予測を行う能力の限界が人々の選択行動を著しく制限する状況、個々人の制約付き最大化行動が社会的なパレート効率性の実現につながらない状況などである。

このような顕示選好理論の分析対象の拡大は、他分野との交流を助けとして、現実を記述し予測する近代経済学の理論領域を大きく拡張することになった。ゲーム理論や情報経済学、行動経済学と呼ばれる分野を中心に、市場では想定されていなかった個人間の直接的な相互依存関係や個人の限定的合理性を内生的に分析するツールが開発されていった。かくして、顕示選好理論は次のように人間行動を記述することになる。すなわち、個々人は、外的制約条件——ただし、それは人の能力に関する生物学的あるいは心理学的制約も含む——のもとで、本人の評価——ただし、それは他者への関心や慣習の優先、超長期的な適応行動なども含む——にもとづいて、できる限り本人の厚生——ただし、それは他者の利得や効用への関心なども含む——を高めるように行動するだろう、と。その一方で、社会科学は、個人の選択行動（そこに顕示された評価）の内容や性質を精査する外的視点を導入すべきではないという前提、ならびに、顕示された個人的評価を分析の最小単位とし、個々人の評価の形成理由や内容、個人間格差やそれをもたらす制度的諸要因に関する批判的精査は自粛するという、顕示選好理論の基本的スタンスは残された。センが挑むのは、このような近代経済学の到達点である。次節では、経済と経済学に対するセンの基本的認識を明らかにしたい。

▼経済と経済学に対する基本的認識

社会的不正義と経済システム　先述したように、センが経済学に転じた理由の根底には、幼い頃に目撃した飢饉に対する義憤があった。経済と経済学に対する彼の関心は、常にその義憤——換言すれば、不正義に抗する視点——によって裏付けられていたといっても過言ではないだろう。たとえば、市場での「合法的な」取引の結果、貧困状態に陥る人々が出現するとしたら、あるいは、取引に際して、初期賦与量や交渉能力など、個々人の外的制約条件の実質的中身に著しい非対称性が存在するとしたら、経済学はそれらを放置できるだろうか。

『貧困と飢饉』（一九八一年）の中で、センは次のように記述する。近年発生した多くの飢饉では、利用可能な食物が社会的に不足していたわけではなかった。むしろ、特定の集団や地域では食物の余剰が存在していた。また、略奪、詐欺、横領等による所有権の侵害が発生していたわけでもなかった。むしろ、所有権が合法的に保護された貯蔵庫の前で、多くの人々が死んでいったのだ。その人々は、また、合理的な選択に失敗した――日頃馴染みのない食物の購入を忌避した、あるいは自ら就労を拒絶して稼得手段を失った等――わけでもなかった。物理的には確かに存在した食物を、合法的・合理的に入手しようとしても、入手する術のなかった人々が飢えたのである。たとえば、土地を所有しないがゆえに自己の生産した作物を消費できなかった人、供給が過剰であったために、自己の所有する財を食物と交換する術を持たなかった人、需要が減少したがために非自発的に失業し、所得の獲得手段を失った人、その結果、飢饉に見舞われた人々から他の人々へ、最小限の必要が充たされない地域からより豊かな地域へと、残されたわずかな食物が流出する現象すら出現したのである。このように、ある特定の集団において、合法的・合理的に取得できる財の範囲が極端に狭まったことが、飢饉の発生の最も主要な原因であった。「交換するものをあまり所有していなければ、多くのものを需要することができない。そこで、さほど切迫した必要がないものの、より強い権原（entitlement）を持つ人との競争に敗れることになる」。

権原とは、人の経済活動の多様な局面で発生するさまざまな所有形態（ownership）を、合法的な諸ルールによって相互に関連づける概念である。たとえば、私が一切れのパンを所有するとしよう。この所有はなぜ容認されるのか？　それは自分のお金と交換したから。お金の所有はなぜ容認されたのか？　それは自分の竹の傘を売ったから。竹の傘の所有はなぜ容認されたのか？　それは自分の土地で採った竹を素材として自分の労働で作ったものだから。土地の所有はなぜ容認されたのか。それはお父さんから受け継いだものだから。かくして、個人の取得可能な財バンドルの集合が総体として正当化されることになる。センによれば、私的所有制のもとでは、次の四つの権原が承認され、相互に関連づけられて、「権原関係のネットワーク」を形成しているという。すなわち、(1) 交易にもとづく権原、(2) 生産にもとづく権原、(3) 労働所有にもとづく権原、(4) 継承と移転にもとづく権原である。この視点は、個々人を襲った飢餓や飢饉は、決して偶然的な事故あるいは災害ではなく、無数の「合法的な」権原の連なりがもたらした帰結のひとつに他ならないこと、それは経済システムが内蔵する構造的特質の突出部分にすぎず、根底には、慢性的貧困や窮乏など目には見えにくい深刻な問題が横たわるという事実をあぶり出す。

システム改変の武器としての社会的選択理論　このような問題関心からセンが注目したのが、アローの創始した社会的選択理論だった。彼は、社会的選択理論に次のような可能性を見出す。

「社会的選択理論のテーマは次の通りである。どのような場合に多数決ルールは明晰かつ整合的な決定をもたらすことが可能であるか。社会構成員たちのきわめて多種多様な諸利益を考慮に入れるとき、社会は全体として善く機能しているという判断はいかにして形成されるのだろうか。社会を構成している様々な人々の多種多様な窮地や悲惨さを考慮するとき、貧困はどのように測定されるべきだろうか。個々人の選好に適切に配慮しながら、彼らの権利や自由を調整するためにはどうしたらよいのだろうか。自然環境や公衆衛生などの公共財に関する社会的な価値評価をいかに形成すべきだろうか。この他にも、直接的には社会的選択理論に属するものではないとしても、集団的決定に関する研究の成果（たとえば、飢饉や飢餓の原因と予防、ジェンダー間の不平等の形態と影響、あるいは「社会的コミットメント」とみなしうる個人の自由の諸要求など）によって理論的に促進された調査研究が少なからず存在する。社会的選択理論の到達地点及び関連領域はまことに広いといえよう」（Sen, *Rationality and Freedom*）。

すなわち、センにとって、社会的選択理論とは、個々人の行動やテクノロジー、経済環境を規制する人為的な制度や法を、人々自身の力で創り変えるための理論的道具となるべきものだった。先述したように、アロー自身は、プラトン的実在説への反発と近代経済学への強固なシンパシーから、序数的で個人間比較不可能な選好概念をもとに、あらゆる選好パターンとあらゆる選択肢集合に関して、個人的評価のプロファイルから一定の社会的評価を導出する集計手続き（パレート条件と独裁性、情報効率性を満たす）の存在可能性を問うという、極度に一般的・抽象的な理論を構想するに留まった。社会的選択理論におけるセンの功績は、不可能性定理を導出したアローの理論的前提をひとつひとつ吟味する作業を通じて、その理論的発展に努めながら、実のところ、近代経済学全般に共通するその基本的前提と枠組みに挑んでいたといっても過言ではない。その中心は、次の「推論」と「合理性」の再検討におかれた。

▼「合理性」概念再考

一貫していることはよいことか？　われわれはしばしば、ひとは、あらかじめ（選択に先だって）、いろいろな種類の財やサーヴィスに対する好みを持ち、それに従って一貫した選択をなすと想定する。たとえば、友人は、家でCDを聴くより旅行の方がはるかに好きだが、たまたま航空チケットの価格が高騰したために、CDの購買に切り替えたのだろう、彼らは、もともとあくせく働いて稼ぐより、自由な余暇を楽しむことが好きだから、そこそこ暮らしていける所得補助がなされたら、働こうとはしないだろう、など。

確かに、このような推論は、特定の状況で限られた選択肢に関しては、当てはまることも多いだろう。だが、周囲の状況や選択肢のメニューが複雑に変化するとしたら、それによって、配慮しなくてはならない事柄が増えたとしたら、どうだろうか。たとえば、周囲に働きたくても働けない人々が増加したとしたら、しかも、障害をもちながら働くことのできる条件が揃ったとしたら、働けるあいだは余暇を少し減らしてよけいに働こうかと考えるようになるかもしれない。あるいは、かえって安価な労働力として使われることを懸念して、まったく働かないことを選択するかもしれない。

近代経済学の特徴は、あらゆる状況であらゆる選択肢（と選択肢集合）に関して、一貫した選択を仮定した点にある。その要請は、たとえば、次のように定式される。

［選択の二項関係性］　あらゆる非空集合Sに対して、集合Sから選ばれる選択肢xは次のような性質をもつ。xはSに属し、かつSに属するあらゆる選択肢 y と少なくとも同じくらい選好される。すなわち、

$$C(S)=[x|x\in S\&\forall y\in S : xRy]$$

ただし、Cは選択関数を、Rは、想定されるあらゆる選択肢集合上で反射性、推移性、完備性の性質を満たす選好順序を表す（推移性は非循環性〔acyclicity〕に緩められる）。「選択の二項関係性」は、サミュエルソンの「弱顕示選好」を任意の集合に関して拡張したものであり、次の要請を含意する。すなわち、選択肢x、yが含まれているある集合で選択肢yが選ばれないとしたら、選択肢x、yが含まれている他の集合からもyが選ばれることはない。センはこの要請を「メニュー独立性の要請」と呼んだ。また、選択の二項関係性などを「内的一貫性（internal consistency）」と呼んだ（不確実性のもとでの「確実性の原理〔sure things principle〕」なども含まれる）。

だが、はたして内的一貫性は合理性の十分条件と言えるだろうか。センは否という。なぜなら、内的一貫性は選好順序の理由を問わないからだ。たとえば、選好順序がそっくり逆向きになったとしよう。それでも内的一貫性は保たれる。だが、それが合理的であるとただちにいえるだろうか。それでは、内的一貫性は必要条件といえるだろうか。センはやはり否という。なぜなら、たとえ選択肢集合〈x、y〉からxを選び、選択肢集合〈x、y、z〉からyを選ぶとしても、各選択が異なる規範や目的・価値とそれぞれ合理的に対応している可能性があるからだ。あるいは、選択肢集合（メニュー）の変化それ自体が新たな情報を提供し、合理的に選好を変えた可能性があるからだ。センはこの点を次のような例で説明する。

たとえば、ある個人が、あまり親しくはない知人にお茶に招待され、〈お茶を飲みに出かける、出かけない〉という二つの選択肢集合に直面して、お茶を飲みに出かけることを選んだとしよう。次に、そのあまり親しくはない知人によってコカインパーティにも誘われ、〈お茶を飲みに出かける、コカインパーティに参加する、出かけない〉という三つの選択肢集合に直面して、今度は出かけないことを選んだとしよう。はじめに、お茶を飲みに行くことを選んだのは、その人がお茶に誘ってくれたことに感謝し、その人とより親しくなることを望んだからで

あった。それに対して、次に出かけないことを選んだのは、その人がコカインパーティを開くような人であることを知って失望し、その人とのつきあいを警戒したからであった。

あるいはまた、ある医師がひとつの薬を二人の患者のいずれに投薬するかの選択を迫られたとしよう。一方の患者は他方の患者よりもその薬によって助かる見込みが若干高く、薬は分割できないとする。もし直ちに投薬することを迫られたとすると、彼は助かる見込みのより高い方の患者に投薬することを、選ぶかもしれない。その選択行動は、医師としての評判を高め、期待効用最大化の観点からも正当化されるだろう。だが、もし彼が、くじ引きすることを許されたとしたらどうだろうか。もしかしたら彼は、助かる見込みの高い患者に確率一で薬が渡るトリビアルなくじよりも、二人に同確率で薬が渡るくじの方を選択するかもしれない。自分の手で、もう一人の患者の生存の可能性を決定的に奪うよりも、二人の運を天に任せたいという理由から。彼らをはたして不合理だと言えるだろうか。

思考の規律としての合理性　その一方で、センは、正義論や進化的ゲーム理論にも疑問を投げかける。理性は、私的利益最大化の仮定の対極にあって、常に正義原理に従うことを要請するのだろうか。あるいは、超長期的な利益に従う適応行動が事後的に観察されるだけで、理性による事前的な判断の余地はないのだろうか。これらの見解は——私的利益最大化の仮定と同様に——、確かに、特定の状況で特定のメニューに関して、個々人が選び取る行動動機のひとつと考えられる限り、見逃すことのできない重要な議論を提起する。だが、あらゆる状況であらゆるメニューに関してあらゆる個人にあてはまると主張された瞬間、それらもまた、上記の内的一貫性への批判を免れられない。「選好」という語は、もともとのアローの定義がそうであったように、嗜好（taste）とも価値評価とも「評価についての評価も含めた評価体系全体」とも、さらには、進化が埋め込まれた本能とも書き換えられるからである。

それでは、センの考える合理性とは何だろうか。センは、それは思考の規律のひとつであるという。そして、推論とは、選好評価の理由となる目的や価値そのものを問い返し、状況に応じて自分の採用する行動動機それ自体を吟味し、情報に応じて選好評価を作り変える営みであるという。センによれば、このような理性の営みは、限定合理性の考え方あるいは長期的な進化のプロセスという考え方と矛盾するものではないが、それらによって、無効にされるものでもないという。それはまた、人々の間に共有された自我や判断様式が存在するという考え方、あるいは固定的な制度のもとでイデオロギーが形成されるという考え方とも矛盾するものでもないという。だが、いかに深く強い制約があろうとも、人が推論する余地は確かに存在し、この点を認めることは、個人の自由の理解に関わってくるのだ、とセンは主張する。リベラルパラドックス以来、センは、経済学で、自由を論じ続けた。それこそは、センの経済学の核心といえるかもしれない。

▼自由再考

センにとって、合理性は、いわば経済の枠（frame）を規定するキイ概念だとしたら、自由は、センにとって、まさに経済の的（object）となるキイ概念だった。センによれば、経済は、資源や財を利用して――人の厚生を高めるだけでなく――人の自由に資するものでなければならない、という。

かつて哲学者アイザイア・バーリンが、個人が何かを達成する能力を阻む外在的要因と内在的要因に着目し、自由の平等な保証は、外在的要因の除去を意味する消極的自由に限られるべきだと主張したとき、若きセンはバーリンに嚙み付いた。川に人を突き落とすのがいけないとしたら、川に溺れそうな人を見過ごすことがなぜ許されるのか、人から食べ物を奪うのがいけないとしたら、飢えている人を見過ごすことがなぜ許されるのか、たとえ他者からの拘束から逃れることができたとしても、実際に何かを実現することができないとしたら、はたして人は自由であるといえるのだろうか、と。

かくしてセンは、バーリンが追放した積極的自由の概念を回収し、より広義な自由概念を構成する。センによれば自由とは、「本人が価値をおく生を生きられる」こと、より正確には、「本人が価値をおく理由のある生を生きられる」ことを意味する。それは、自己にも他者にもその理由をつまびらかにしながら、ある生を価値あるものとして選び取っていくという個人の主体的かつ社会的な営みが、実質的に可能であることを意味する。センの経済学は、このような広義の自由を人々に平等に保障すること、そのために必要な制度的な諸条件の整備――生存を支える物質的手段の保障から個人の主体的な生を支える社会的諸関係や精神的・文化的諸手段を整えることまで――を的（object）とした。

だが、自由の実質的保障を唱えようとした途端、人はたくさんの課題を引き受けなくてはならなくなる。たとえば、バーリンは、積極的自由を実現するためにはカント的な意味での自律――理性による傾向性のコントロール――が要請されるが、それが個人の内面を越えて社会的に要請されるとしたら、全体主義・管理主義を招来するおそれがあると憂慮した。また、リバタリアンは、自由の実質的保障には資源に余裕のある人から困窮した人への移転を伴うが、それはまさに財産権の侵害ではないかと批判する。さらに、近代経済学者は、生存ぎりぎりのラインを越えて「本人が価値をおく理由のある生」を保障することは、人々の勤労意欲を低め、福祉依存を強めることにつながらないかと問いかける。他にも、個々人を別個の目的として扱うことは、個人間で分割不可能な共同的目的を実現する途を閉ざしてしまうのではないか、というコミュニタリアンの批判が存在する。はたして、センはこれらの批判にどのように答えるのだろうか。センの考える自由の保障とは具体的にどのようなかたちをとるのだろうか。

はじめに、「本人が価値をおく理由のある生を生きられる」という言葉の意味を検討しよう。それは、個人が選択主体であることに注目するのか、利益主体であることに注目するのか。

この問題に関して、センは次のような議論を展開する。個人の選択を尊重するとしても本人が自分でなした選択が本人の意思を正しく示す保証はないし、本人の示した意思が本人の利益を正しく伝える保証もない。長い抑圧経験をもつ人は、他者からの批判を恐れて、自分の意思からかけ離れた選択をなしてしまうかもしれない。あるいは、自分の真の利益から目をそらすことが習い性になってしまっているかもしれない。そうだとしたら、本人の選択や意思はひとまず留保したうえで、本人の利益を直接、社会的に保障しながら、本人が自分の真の利益に適う選択をなすために必要な力（合理性や推論、想像力、共感）の修得機会、あるいはそのような力の発揮を支える条件の整備を行う方が妥当ではないか。

だがその一方で、何が真に本人の利益であるかもまた自明ではない。たとえ個々人に共通に有益な財が特定化されたとしても、個々の特殊な文脈においてその意味が異なってくる可能性を否定できない。人にとって飢えないことがかならず利益になるといえるなら、食料を給付すればよいだろう。移動することがかならず利益になるなら、移動手段を提供すればよいだろう。けれども、人の利益や関心は途方もなく多様であって、他に何かの目的があり、それとのひきかえで、いまは飢えを忍ぶことが、あるいは、ある箇所に留まることが彼女自身の利益に適うかもしれない。個々人は、外からは容易にうかがいしれない固有の事情をもち、独自の希望をもつとしたら、本人の意思を越えて本人の利益を知ることはきわめて困難であると覚悟せねばならない。

加えて考慮しなくてはならないことは、個人の評価が多層的であるという事実である。個人が配慮する対象は、自分自身の私的利益に限られない。また、個人の選択は、私的利益に対する関心にもとづくとは限らない。たとえば、個人は、親しい家族や隣人の利益に広く配慮する場合もあるし、特定の他者との関係性を越えて、何が正しいかという問いへストレートに向かう場合もある。そして、何が正しいかがストレートに関心事となる場面では、あえて自分の私的利益（たとえそれが真の利益であろうとも）を差し控え、それとはかならずしも一致しない選択をなす可能性がある。あるいはまた、自己の有する知識や情報が不確かな事柄については、自分の意見が公共的に等しい重みでカウントされることを恐れて、あえて選択しないことを選ぶかもしれない。

このような困難に対処するために考案されたものが、潜在能力アプローチ（capability approach）である。ある個人の潜在能力（capability）は、財やサーヴィス（より厳密には、財やサーヴィスのもつ「特性〔characteristics〕」）を利用して達成可能となる諸機能（functionings, すなわち、さまざまな行いや在りよう）の集合として定義される。潜在能力の中から何を実際に選ぶかは、本人が「価値をおく理由のある生」をもとに決められるとしても、選ぼうと思えば選べたはずの諸機能が不足していると判断された場合には、社会的に補填する手立てがとられなくてはならない。最終的に選ぶのは、本人だという枠組みを残しつつ、実際に選ぶことを可能とする条件を整えることは、社会の義務とされる。この議論は、はたして、本人が選ぶ局面をどこに設定し、「実際に選ぶことを可能とする条件」に何を入れ込むかによって、まったく異なる様相を呈する可能性があるものの、選択主体と利益主体をともに尊重する枠組みを示した点で画期的である。以下では、潜在能力アプローチの要点を示そう。

▼潜在能力アプローチ

新厚生経済学は、近代経済学の落とし子である。その特徴は、効用の基数性と個人間比較可能性を完全に否定し、個人の選好の性質を識別する視点を排除しようとする点にある。そこでは、たとえば、厚生経済学がもっていたニーズ（needs）観念は、理論的関心の外におかれた。はたして、競争均衡において実現される資源配分が個々人のニーズを満たすに十分なものであるか、あるいは、そもそも個々人の選好が本人のニーズを適切に反映しているかについては問われることがない。それに対して、センの潜在能力アプローチは、このニーズ観念を復活させるものでもあった。ただし、それは、前述したように、選択肢の集合と関連の深い概念であり、しかも、公共的討議を通じたニーズの発見——自分にとってのニーズ、自分たちにとってのニーズ、自分以外のより一般的なニーズを評価しようとという個々人の内省的かつ公共的な営みの中を通じて、次第に形をとっていく——という考え方を背後にもつ点で、特定の性質やメニュー——たとえば、所得弾力性の小さい財やサーヴィス——を理論先験的に仮定する厚生経済学での議論とも近年のベーシック・ニーズ論とも袂を分かつ。

潜在能力理論の真髄は第一に、本人が実際に選択した状態、あるいは、本人の評価にもとづいて最大とみなされる状態のみならず、本人の評価から離れて、本人が達成可能である状態の集まり、すなわちその機会集合（潜在能力）に着目する点にある。人には、自己の福祉以外の事柄——介護してくれる人々の福祉や効用、あるいは国や自治体の財政状況など——を考慮して、あえて評価の低い福祉を選択する可能性がある。あるいは、慢性的な疾患をもちながらも医療費と仕事を休む機会費用を懸念して、ときおり酒を仰いで働き続ける可能性もある。これらの場合、彼らの状態は本人のある評価にもとづいて最大ランクに位置しているからといって、あるいは、現在、彼らが達成できている福祉はさほど低くないからという理由で、社会的に放置してよいことにはならないだろう。機会集合への着目は、個々人が自己の福祉に関してどのような評価を形成する機会をもっているか、あるいは将来にわたってどのような状態が達成可能であるかにも関心を払うことを意味する。

潜在能力理論の真髄は第二に、財やサーヴィスの配分を、効用（utility）ではなく、個々人のより客観的な状態である福祉（well-being）の観点から評価することにある。もちろん、自己の福祉に対する本人の評価は、本人の主観にもとづく点で効用と共通する。ただし、効用は、多様な評価観点をひとくくりにする概念（快、願望の充足、幸福その他）であるのに対し、福祉に対する評価は、評価の観点と理由を明示的に区別する点において、効用とは異なる。評価の観点と理由の明示化は、本人以外の異なる評価者との間の了解可能性――受け入れるにせよ、受け入れないにせよ――を高めるとともに、財に対する本人の評価それ自体を複層的に捉える道を開くだろう。たとえば、ある個人は自己の福祉を損ねることを自覚しながら、病院に行かずに酒を買いに走るかもしれない。あるいは、自己の福祉に対する他者の評価――心配、配慮、非難など――を払拭できずに、酒屋の前で立ち尽くすかもしれない。このような彼の行動を効用情報だけで理解することは困難だろう。

潜在能力の真髄は第三に、ニーズと自由を不可分の観念とする点にある。ある個人に対してどんな潜在能力を保障すべきかは、本人の意思だけでは決められないとしても、本人の意思からまったく離れて定められる事項でもないはずだ。それは、人々の主観的評価に還元されはしないが、人々の認識や評価を超越した客観的事実として理論先験的に与えられるものでもない。それは、社会を構成する人々の社会的な選択によって決められなくてはならないだろう。ただし、ここでいう社会的な選択とは投票プロセス――たとえば多数決のような――だけを意味するものではない。上述したように、個々人の関心は多層的な構造をもち、個々人の意思もまた単一ではないとしたら、選択にあたって個々人は、自分の関心を振り返る作業を余儀なくされるだろう。潜在能力の社会的保障といった問題を決めるうえで最も重要なことは、自己の持ちうる多様な関心や自己のなしうる多様な選択の中から、公共的な判断により相応しいものを選択しようという、個人のメタ評価の営みであり、そのような評価を形成する理由を広く公共的に問うような討議プロセスではないだろうか。かくして、ニーズと自由は結び合う。「市民的・政治的自由の権利は、人々に対して自分自身のために行為する機会を与えるのみならず、自分以外のより一般的なニーズに対して関心を抱く機会、あるいは他者に対して公共的行為を要求する機会を与えるものである」（『自由と経済開発』）。

このように、センの潜在能力理論は、社会的選択の視座を伴って、個人の社会性を尊重しながら福祉を保障する手立てを決定し、福祉を保障する手立てを講じながら個人の主体性を尊重するという、離れ業に挑むものだった。その背後には、個人の主体性と社会性・公共性との関わりについての深い洞察が読み取れる。人には、選択することを通じて選択する力自体を高め、自分の位置や他者との関係や自他に対する責任を自覚し、自分のなした選択と真の利益とのギャップに気づいていく側面がある。だが、その一方で、〈自分にとって〉価値ある生は何かという主体的な問いは、〈人々にとって〉価値ある福祉は何かという社会的・公共的な問いとの関連で、より深く吟味される側面、他者に対して説明する努力を通じて、理由がより明確化される側面があることも確かではなかろうか。

▼近代経済学からの批判に答えて

以上、アマルティア・センの近代経済学への批判とそれに代わるセン経済学の構想を展望した。社会的選択理論&潜在能力アプローチに結実したセン経済学の要点は、次の二点にある。第一に、経済システムの分析にあたって、個々人を定式化されうるモデルの一変数としてではなく、状況やメニューの変化に配慮しながら、複数の外的視点——異なる行動動機や基準——との対応で評価を形成し、改定していく主体として捉えること、第二に、経済システムを分析・評価・構築する際に、広義の自由の保障——意思・利益・評価主体である個人の尊重——を外的視点として明示的に導入することである。

最後に、本章の「自由再考」の節の冒頭で紹介した近代経済学の問いを検討して結びに代えよう。近代経済学は、生存ぎりぎりのラインを越えて「本人が価値をおく理由のある生」を保障することは、人々の勤労意欲を低め、福祉依存を強めることにつながらないだろうかと懸念する。それに対して、センは次のように答える。確かに、潜在能力の保障に関して、政策意図を裏切る帰結の可能性は残るだろう。だが、それはむしろ個人が動かざる受動体（motionless patients）ではなく主体的な行為者であることの証左に他ならない。自由の保障の目標は、個人の主体的な活動性の回復にあるが、個人の選択行動が選択の状況やメニュー、目的や価値、他者との関係などに応じて多様な展開を遂げるものであるとすれば、政策意図とずれがでるのはむしろ自然なことではないか。たとえずれがでたとしても、個人が、自己や他者との対話の中で「本人が価値をおく理由のある生」を見出したとすれば、自由の保障は確かな成果をもたらしたといえるのではないか、と。

読書案内

(1) 現在邦訳のあるセンの著作は以下の通りである。
Sen, A. K., *Collective Choice and Social Welfare*, San Francisco: Holden-Day, 1970（志田基与師監訳『集合的選択と社会的厚生』勁草書房、二〇〇〇年）; Sen, A. K., *Poverty and Famines: An Essay on Entitlement and Deprivation*, Oxford: Clalendon Press, 1981（黒崎卓／山崎幸治訳『貧困と飢饉』岩波書店、二〇〇〇年）; Sen, A. K., *Choice, Welfare and Measurement*, Oxford: Basil Blackwell, 1982（大庭健／川本隆史訳『合理的な愚か者——経済学＝倫理学的探究』勁草書房、一九九〇年抄訳）; Sen, A. K., *Commodities and Capabilities*, Amsterdam: North-Holland, 1985（鈴村興太郎訳『福祉の経済学——財と潜在能力』岩波書店、一九八八年）; Sen, A. K., *On Ethics and Economics*, Oxford, New York: Basil Blackwell, 1987（徳永澄憲／松本保美／青山治城訳『経済学の再生——道徳哲学への回帰』麗澤大学出版会、二〇〇二年）; Sen, A. K., *Inequality Reexamined*, Oxford: Clarendon Press, 1992（池本幸生／野上裕生／佐藤仁訳『不平等の再検討——潜在能力と自由』岩波書店、一九九九年）; Sen, A. K., *On Economic Inequality*, expanded edition with a substantial annex by James E; Foster and Amartya K. Sen, Oxford: Clarendon Press, 1997（鈴村興太郎／須賀晃一訳『不平等の経済学』東洋経済新報社、二〇〇〇年）; Sen, A. K., *Devel-

opment as Freedom, New York: Alfred A. Knopf, 1999（石塚雅彦ほか訳『自由と経済開発』日本経済新聞社、二〇〇〇年）.

(2) 本章で参照した他の文献は以下の通りである。

Arrow, Kenneth J., and Harn, Frank, *General Competitive Analysis*, San Francisco: Holden-Day, 1971; republished, Amsterdam: North-Holland, 1979; Kahneman and Knetsch, "Valuing Public Goods: The Purchase of Moral Satisfaction," *Journal of Environmental Economics*, vol. 22, 1992, pp. 57-70; Robbins, L., *An Essays on the Nature and Significance of Economic Science*, 2nd ed., London: Macmillan, 1935; Samuelson, P. A., "A Note on the Pure Theory of Consumers' Behavior," *Economica*, 5, 1938, pp. 61-71; Samuelson, P. A., *Foundations of Economic Analysis*, Cambridge, MA: Harvard University Press, 1947; Sen, A. K., "The Impossibility of a Paretian Liberal," *Journal of Political Economy*, vol. 78, 1970, pp. 152-157; Sen, A. K., "Choice, Orderings and Morality," in Korner, ed., *Practical Reason*, Oxford: Blackwell, 1974; reprinted in Sen 1982; Simon, Herbert, "A Behavioral Model of Rational Choice", *Quarterly Journal of Economics*, 59, 1955; Sen, A. K., *Rationality and Freedom*, Cambridge: Harvard University Press, 2002.

(3) センの理論の研究書としては、鈴村興太郎／後藤玲子『アマルティア・セン――経済学と倫理学』（実教出版、二〇〇一年〔二〇〇二年改装新版〕）、後藤玲子『正義の経済哲学――ロールズとセン』（東洋経済新報社、二〇〇二年）、若松良樹『センの正義論』（勁草書房、二〇〇三年）、絵所秀紀／山崎幸治編『アマルティア・センの世界――経済学と開発研究の架橋』（晃洋書房、二〇〇四年）などを参照のこと。

理解を深めるために

一、選択の二項関係性（あるいは弱顕示選好）において、選好概念を、商品に関する嗜好や政治家を選出する判断、異なる医療保険制度の改革案に対する評価などにあてはめて、その含意を考察せよ。

二、近代経済学の「合理性」概念に対するセンの批判と行動経済学における「限界合理性」の概念との違いを考察せよ。

三、道徳や正義などに関するセンの倫理学の特徴を考察せよ。

四、アマルティア・センの潜在能力アプローチは、結局のところ、潜在能力の拡張を求める経済成長型の議論にすぎないという批判を考察せよ。

五、アマルティア・センの理論は、個人の権利に注目するがゆえに、人の共同性や社会性を無視する議論であるという批判を考察せよ。

（後藤玲子）

終章　経済学の冒険

――「考えるとは、踏み越えることである」
（E・ブロッホ『希望の原理』）

のポリティカル・エコノミー　時代はいまや、大きく動こうとしている。かつてJ・ロビンソンが「経済学の第二の危機」を語ったのは、一九七一年のことだった。それから三〇年以上も経った今日、経済学の新紀元を画するようなラディカルなパラダイムが生まれたという話は寡聞にして知らない。それどころか、マルクス経済学においては、〈八九年〉という世界史的事態にもかかわらず、その後、真摯な理論的反省と在来の学問体系の革新を自覚的に追究してきたとは思われない。だが、この事態は新古典派に代表される現代経済学にも応分の反省を迫っていたはずである。ガルブレイスが言うように、経済学は「時代の不安」を免れえないからである。もし経済学がなんらかの意味で歴史的社会と繋がりをもち、歴史的社会のなかであれやこれや思考するという態度と無縁ではないとすれば、「経済学の危機」はそのまま経済の危機、いや〈社会についての危機〉であるとさえいえるだろう。経済学は新旧を問わず、また方法における立場の違いにかかわらず、社会の科学の王道を征くものと自認してきたからである。

しかし分配の不公平を訴えていたJ・ロビンソンに呼応するかのように、社会的公平と経済学の可能性を執拗に追究するA・センを読み終えたいま、改めてエコノミーとは何であったのか、あるいは何でなかったのかと問うことができる。さらに言えば、近代経済思想の歴史（ヒストリー）からどのような物語（ヒストリー）を読み取ることができるか、経済学の知見や作法によって「考える」とはどのような事態へと踏み出すことなのかと反問することも許されるだろう。

さて、われわれはすでに経済学が歴史上、ポリティカル・エコノミーとして出発したことを知っている。「人間の学」を標榜したヒュームは、近代性のモチーフが「経済的合理性」と「道徳的妥当性」というひと組みの秩序問題をはじめから抱え込んでいることを明確に自覚していた。これは、秩序の形成と富の消費や産出が同一の社会システムにおいてどのように実現されるのか、その可能性の条件はどのようなものかを問うていると言い換えることができる。A・スミスやJ・ステュアートが富の消費や産出を問題としながら、同時に権力の強制や知の政治性に深い関心を示していたのは、社会秩序はいかにして可能かというホッブズ的問題を意識していたからであろう。近代社会の不安や不確実さに深い洞察を示したステュアートの孤独や、慣習や日常意識に潜む経験の自己膠着が社会存立の制度的条件たることを見抜いていたスミスの慧眼はそのままポリティカル・エコノミーのスケールと危うさとを示唆している。

かりにもしそのような企てを経済学からの逸脱であり、知領空侵犯であるとみなすとすれば、それは不幸なことといわねばならない。逸脱や違背と見えるものも、社会的な拡がりと奥行をもつ公共性の次元に胎まれる未決定の領域を逆に示していると見てよいからである。経済的効率と倫理的規範といった問題が今日に至るまで繰り返し提出されるのも、われわれの近代社会が自己決定されない未完結の領域を抱えざるをえないという認識があるからだと考えられる。この観点から見れば方法論的個人主義を標榜するハイエクの「自生的秩序」論は、近代的理性の可能性をギリギリの限界点で掬いあげる試みという意味で、いわば最後の〈理性の賭け〉に踏み込んだというべきだろう。それは、全体認識と部分知の狭間に苦悩したB・パスカルの「賭け」に類似した思考の影をさえ引きずっているといえるかもしれない。

ポリティカル・エコノミーとは本来、このような社会秩序の可能性の問題から出発したはずだったのである。だが、経済学の冒険にはそれに相応しい海図が必要であった。

ダイコトミーの功罪　経済学の古典時代はモノと貨幣とを截然と区別する二分法的思考をもって最大の特徴とした。いな、今日まで、そうした思考は支配的であるといってもよいだろう。エコノミーを実体経済（実物分析）と貨幣的経済（貨幣的分析）とに二分し、そのうえで両者の関連を問うといった二分法（ダイコトミー）はなるほど、現実のエコノミーを順序よく理解できるような説明の便法という方法的な配慮ではあろう。二分法によって截り取られたエコノミーのそれぞれの断面はあくまで方法論的射影であって、現実のエコノミーはそうではなく、貨幣とモノとの複合システムであり、渾然たる複雑な構造であるといわれよう。だが、二分法は単なる認識の方法や便法にすぎないといって済まされる性質のものではないだろう。それはエコノミーについてのわれわれの思考手続きとしてほぼ汎通的に認められ、日常的な思考の態度として制度化されている。たとえば「地獄の沙汰も金次第」が「命あっての物種」の反語かどうかは知らないが、この俚諺が世過ぎ身過ぎの便法を示しているとすれば、それは、「金」と「命」の使い分けがわれわれの生活世界のある種の「場」で一定の有効な調整機能を演じていることを意味するだろう。このケースは、エコノミーにかんする二分法的思考がいかにわれわれの日常の具体的な経験観念として定着しているかを示しているといってよい。もしそうだとすれば、この事態は、まず「自然」（身体）の世界を機械論的な力学システムとみなし、そのうえで身体に制約されぬ意識の主体を確保しようとするいわゆる心身二元論、このデカルト以来の近代認識の一般的な態度と無関係ではないことを示唆しているだろう。実際、われわれはいたるところで、二分法の支配に服属し、しかもこの二分法を思考の習慣（ハビトゥス）としているのではないか——精神と身体、モノと言語、主体と客体、実体と表象、聖と俗、個と全などなど。

だが、それにしてもなぜ貨幣とモノとはこのように分離されて思念されてきたのだろうか。ここで、それに十分に答えることはできない。だが、ひとつの仮説を立てることはできる。貨幣とモノという経済学的二分法は、なにものかを産出する「生産的理性」の優位にたいする信頼にもとづいて形成されたのではないかという仮説である。いま、モノを「直接に」生み出すとみなされる生産ないし労働行為や、さらに産出行為とモノとの繋がりを循環ないし持続の観念で了解することによって、それを「費用」の産出と回収のプロセスとみなす態度ないし理念を、広い意味で産出する生産的理性と呼ぶことにしよう。社会秩序を自己創造的な人間の産出行為とその回収にしたがったハイアラーキーとみなす秩序意識やなにものかを創造し、この創造するという行為において自己決定能力を行使できる意識の主体といった規定などは、そのような産出する生産的理性から派生したヴァリアントといえるだろう。そして、この生産的理性による秩序への志向がリアル・エコノミーと貨幣とを截然と分離させたと考えられないだろうか。しかも、このような二分法的思考はそのおもむくところ、社会秩序の安定と持続を志向する均衡の美学と緊密に手を携えてきたとはいえないであろうか。

事実、経済学の古典的な成立とは、モノと貨幣とを截然と区分する方法論的配備によってポリティカル・エコノミーを顕在化させることにあった。富の相対的移動を説くいわゆるマーカンティリズムに対して、実物としての富の産出を可能にする生産的資本の蓄積を対置し、この資本の蓄積をエコノミーの発展へと架橋しようと試みたのが、古典的世界の一般的な態度だった。それは、既存の富の布置をたんに力学的に移動させるのではなくて（その場合、この力学的移動の作動と調整は貨幣によって遂行されるとみなされた）、その布置のシステムそのものをシフトさせる条件をいわゆる労働生産力に求めるという立場である。〈自然の生産力〉を技術的理性によって支配可能だと考えたフィジオクラシーの理念やA・スミスにはじまる〈労働の思想〉は、生産的理性の代表的なケースであった。そしてこの発想は、技術の思想と容易に結びついたのである。

もちろん、このような生産的理性に制御された〈労働の思想〉をエコノミーの発展と社会秩序の基軸におくという思考がまったくの誤謬であり不毛であるといっているのではない。産出する生産的理性への期待はむしろ近代のエコノミーが負わねばならぬひとつの宿命だったとさえいえる。生命の維持と再生産が、なによりも肉体のそれにほかならないと考えられる根拠は十分にあったからである。いわゆる自然権とはそのような近代におけるエコノミーの宿命を表す名辞というべきかもしれない。だから、生命体（人間の身体）と社会体のアナロジーがホッブズ以来の常套とみなされたのは、当然であった。しかも、生産的理性の優位は近代思想の理念たる人間中心主義（ヒューマニズム）の動向にぴったり踵を接していた。近代が発見した「人間」（M・フーコー）なるものはこの意味で、産出する生産的理性とアナロガスであるということができる。

そして、経済学にとってとくに問題となるのは、このような産出する生産的理件の概念に応じて、市場という制度が認定されていることだろう。市場は生産的理性の自己発現の「場」として機能するという想定が、エコノミーを自己規律的な秩序化機能をもつ市場システムへと実体化させ、貨幣的秩序の動態は二次的なものにカテゴライズされたのではないか、ということである。

たとえば、方法論的個人主義の想定するいわゆるホモ・エコノミクスには高度な選択能力をもつ合理的理性への信頼が前提となっているだろう。たとえ「合理性の限界」や「有限な人間の知識」を自覚しているとしても、その限界領域は選択や予想の合理性が局所的には可能であるという見通しに制約された、生産的理性にとっての限界という性格を色濃くもっていると考えられる。そこに、貨幣的秩序の動態がもたらす無秩序は端的に、想定されていない。貨幣的秩序は時空をつうじて、生産的理性の期待や予想をはるかに越えて予期しえぬ無秩序を生み出す可能性が高いからである。伝統的経済学の主流では、貨幣が安定と均衡を攪乱する付帯ないし部分現象として二次的にしか扱われていないのは、社会秩序の安定と持続の制度化にあたって、生産的理性の制御能力に過度の期待を寄せるからだろう。いわゆる貨幣の中立性仮説はこのような生産的理性への確信にもとづいているといってよい。

もとよりそれは、ひとり伝統的経済学の責任であるとばかりはいえない。近代自体にはらまれる二分法的思考からわれわれも端的に自由ではありえないということだろう。だが、それでことが済むわけではない。

われわれの日常の意志決定や選択が有効でありうるのはすでに社会的に認定された一定の定型や類型に、また少なくとも過去に体験した経験的知識の効果に、それが対応しているばあいだろう。このとき、ある種の意志を決定し特定の選択ができるのは、貨幣的秩序による普遍的な制約が公共性という「場」の次元で慣習として作動しているからではないかというのが、われわれの仮説である。そしてこの持続する慣習の強制は、さきに見た生産的理性が自己発現する「場」としての市場制度とは異質なもののはずである。ケインズが資本主義経済に潜む制度化作用として注目していたものは、このような慣習の強制であろう。そのことは、彼の消費性向論を見れば明らかであると思われる。

均衡の美学の隘路　方法論的二分法を経済思想史のうえで明示的に採用した経済学者は、一般均衡論の体系を確立したワルラスをもって代表とするといってよい。ワルラスが制度的な諸関係から独立させた「自然的」なエコノミーを仮定し、この方法的前提のもとで相互依存の一般的体系を数学的に説明しようと試みたことは、よく知られている。そのばあい、規範や道徳や慣習などから隔離されたエコノミーの世界は普遍言語としての数学的理性に対応した、高度に組織された透明な市場にほかならない。いわゆる相対価格論の世界がそれである。一般均衡論で扱われる市場においては、財と貨幣は双方に交換される対称性をもつと想定されるから、貨幣制約による市場の機能不全という事態は起こりえない。一般の財から截然と区別される貨幣（紙幣や鋳貨）が体系のなかに存立する余地はなく、財と財はたがいに交換できるという想定である。言い換えれば、一般均衡体系においてはすべての財がすでに貨幣というポジションをえているということになる。したがって、この体系に貨幣を持ち込めば、貨幣に貨幣を重ねるのだから、体系にとっては余剰が発生するだろう。これは体系が完結しないということである。エコノミーを自己の配下に置こうとする産出する生産的理性にとって、そのような非決定項を残す未完結のシステムは排除されるほかはない。

なるほどワルラスは、富の分配は「正義」の規範にしたがって遂行されるという「社会経済学」によって開かれる規範の領域を無視しているわけではない。均衡価格体系とは異なる、社会的規範や道徳的秩序に制約されるエコノミーの局面があることを認めていたことは事実であろう。それならば、ワルラスがエコノミーは現実にはつねに規範意識や道徳秩序に制約される、非決定の流動的な社会的プロセスと考えていたかというと、そうともいえない。エコノミーは「正義」を規範とする道徳的秩序と機械論的メカニズムの力学的秩序へと分断されたにすぎない。そして後者の力学的秩序とは、市場に貫かれる均衡の秩序なのである。

もちろんワルラスには均衡の秩序に至りうる市場プロセスにかんする議論がある。競売人の価格オリエンテーションによる均衡価格への収束過程がそれである。しかし「模索」と呼ばれるこのプロセスを収束させる競売人は〈市場〉から超越した全能の調整者にほかならず、当事主体の選択環境としてはそれは特異なケースだろう。この市場プロセスは模索と呼ばれてはいるが、一定の収束点が予め予期されている高度に組織された市場にほかならない。これは、エコノミーを説明する論理としては、やはり一種の目的論的な構成となっているだろう。余談ながら、いわゆるナッシュ均衡モデルは、ライヴァルの出方の探り合いの果てに一定の均衡状態が成立することを論理的に見込むような構成となっている。だから、それは、市場の構成としては、ワルラスの模索過程とアナロガスであるといっても、大過ないだろう。いずれも、市場はある均衡点への収束システムと捉えられているといってよいからである。これは、市場の目的論的構成と呼ぶことができるだろう。そしてこの市場の目的論的構成はまさに、産出する生産的理性の〈能動性〉に対応したモデルなのである。

だが、経済主体に直接に開かれた市場という「場」はむしろ、この「場」そのものがそれを舞台とする当事者にたいして一定の決意や選択をいわば実践的に要請するという性格をもっている。市場の目的論的構成はもとより、この「場」が均衡やバランスを可能にする環境システムと考えるところから出発している。しかしそこには、予め想定された到達点へと至る扁平な構造しかなく、「ゆらぎ」や「コンフリクト」への配慮も局所的・一時的な夾雑ファクターとしてしか扱われていない。けれども、実践的世界に開かれるわれわれの決意や選択は、市場の目的論的構成論や一般均衡論が想定するほど、主体的な自由の意志に従っているのだろうか。われわれが直接に関与しうる実践的世界における選択はむしろきわめて限定された幅でしか遂行されえない。われわれとしては、この限定された選択の幅は予め貨幣的秩序によって枠付けされていると考える。個々の経済主体の行動は流動性のもっとも高い貨幣の制約に深く規定されているのではないか。もしそうなら、この貨幣制約という事態がかえって流動性の保持と放棄とをつうじて主体の行動に一定の意味と限界を課すことになるだろう。そしてそのような貨幣制約による選択や決意が非決定の流動的なプロセスを調整させるのではないかと考えられる。貨幣はこのような意味で、秩序形成の効果をもっているのである。この秩序形成効果は〈そうならざるをえない〉というような予測不能の、いわば構造のもたらす制度的な効果であるところに、最大の特性がある。これは、市場の目的論的構成とははっきり異なる点である。

しかし、注意しなくてはならない。このような貨幣的秩序は単にいわゆるミクロ・レヴェルの調整プロセスにおいて形成されるだけではない。それは同時に、〈全体としての〉エコノミーにかかわる制度ないし構造において作動するネットワークであるという点がむしろ重要だろう。そしてもしエコノミーの〈総体〉がこのような貨幣的秩序を抜きにしては成り立たないとすれば、いわゆるマクロ・ミクロの区分はそれ自体の権利根拠を失うだろう。貨幣的秩序のネットワークを認めれば、エコノミーを〈構成する〉と見られる各項は貨幣量の程度ないし秩序の強弱という差異の結節として意義をもつにすぎないからである。ここでは、いわば差異のゆらぎや戯れが支配する。近代社会のマネーゲームとは、そういうものだろう。均衡論パラダイムは、このような貨幣的秩序（無秩序の秩序）への関心を理論的に断念したところにはじめて成り立つモデルではないかと考えられる。そしてこの断念によって生じた〈空白〉は、産出する生産的理性の自己組織的な〈能動的合理性〉とそのヴァリアントによって充塡され、エコノミーにある種の完結性が与えられるわけである。そのようなエコノミーが実は近代の経済学が提示してきた経済というものであった。

再生産と制度　貨幣的秩序の際立った特性は無秩序の秩序という点にあるが、それはひとつには貨幣が時間の観念と内密に関連しているからである。そして近代のエコノミーにおける時間の問題は一定のシステムの再生産はいかにして可能かというプロブレマティックに関わっている。再生産は時間の経過においてはじめて生じる事態であり、しかもこの時間的推移は非可逆的な歴史的時間にほかならないからである。とすれば、エコノミーの再生産は歴史的時間の経過において、またそれとともに実現されるものだろう。われわれのエコノミーはおそらく、そうした非可逆的な歴史的時間において推移する貨幣的秩序のダイナミズムを措いて、営まれることはありえない。問題は、このような事態をどのように理論化するかということだろう。

そのばあい、伝統的経済学が近代学問理念に棹差して当初は注意深く括弧に入れ、やがては排除した慣習や規範、道徳意識や政治権力、さらには知や学問の権力などといったいわゆる〈非市場的要素〉の形成と波及をどのように扱うかが、ひとつの論点になりうるだろう。再生産という事態を厳密に考えようとすれば、すくなくとも〈市場〉をその他の〈非市場的要素〉から分離して、実体化することは許されない。実体化された市場メカニズムは、歴史的時間の推移のなかで持続し定型化される再生産システムと外生的に関連させる以外にないだろう（逆もまた然りであろう）。慣習や規範意識などの形成・波及・定着には、それらを価値的に支え・同調し・有効なものへと転ずるノルマリザシオン・プロセス（規範形成過程）が要件となるはずである。それは、企業・消費・教育・国家などのさまざまな水準で不断に産出される行動ノルム（規範）の制度化といってよいだろう。なるほど諸制度とは「基本的社会諸関係の成文化」にほかならないが、歴史的時間の経過のなかで再生産の動態をモデル化しようとするばあい、この成文化の制度化、つまりノルマリザシオン・プロセスの分析がひとつの論点となるのではないかと考えられる。それは、マルクスやジンメルが指摘していた物象化の問題につながっているといってよいだろう。さらには、進化と制度をキーワードとする進化経済学あるいは制度経済学の最近の展開も、この成文化の制度化に関するひとつの、有力な応答であるといえよう。本章の観点からいえば、知識・行為・システムの、各々の位相と間依存性との生成プロセスを分析するにあたっては、慣習的制度化と自己組織的制度化との制度化の二つの層を考慮する必要があろう。そのばあい、制度形成の〝自然発生性〟と知識＝学問の制度的関与性とが、秩序の秩序化においてどのように働いているかが、ポイントのひとつになりうると思われる。

貨幣的秩序と物象化の論理とを、再生産の動態論においてどのように具体的に展開できるか――これはわれわれの今後の課題となるに違いない。もとよりこの課題設定は、われわれの仮説から出発したひとつの所見にすぎない。

だが、その前に、伝統的経済学のすべてを一旦は括弧に入れて、それをひとつひとつ具体的に洗いなおすことが肝要だろう――可能性に賭けた新鮮な海図を描くために。

（大田一廣）

執筆者および所属一覧（＊は編者）

序章	「経済学」と経済思想史	＊鈴木信雄（千葉経済大学）
	第Ⅰ部　経済学の古典的世界	
Ⅰ-1	D. ヒューム	坂本達哉（慶應義塾大学）
Ⅰ-2	J. ステュアート	八幡清文（フェリス女学院大学）
Ⅰ-3	F. ケネー	＊大田一廣（阪南大学）
Ⅰ-4	A. スミス	鈴木信雄（千葉経済大学）
Ⅰ-5	J. ベンサム	市岡義章（千葉経済大学短期大学部）
Ⅰ-6	リカードウとマルサス	千賀重義（横浜市立大学名誉教授）
Ⅰ-7	J. S. ミル	松井名津（松山大学）
Ⅰ-8	K. マルクス	石塚良次（元専修大学）
Ⅰ-9	K. G. A. クニース	小林　純（立教大学）
	第Ⅱ部　現代経済学の諸相	
Ⅱ-1	W. S. ジェヴォンズ	井上琢智（関西学院大学）
Ⅱ-2	C. メンガー	内田　博（藤女子大学）
Ⅱ-3	G. ジンメル	岸川富士夫（名城大学）
Ⅱ-4	M. ヴェーバー	古川順一（日本文理大学）
Ⅱ-5	L. ワルラス	御崎加代子（滋賀大学）
Ⅱ-6	A. マーシャル	井上義朗（中央大学）
Ⅱ-7	T. B. ヴェブレン	＊高　哲男（九州産業大学）
Ⅱ-8	J. M. ケインズ	吉田雅明（専修大学）
Ⅱ-9	J. A. シュンペーター	＊八木紀一郎（摂南大学）
Ⅱ-10	P. スラッファ	水田　健（東日本国際大学）
Ⅱ-11	F. A. ハイエク	橋本　努（北海道大学）
Ⅱ-12	K. ポランニー	丸山真人（東京大学）
Ⅱ-13	P. サミュエルソン	荒川章義（立教大学）
Ⅱ-14	J. K. ガルブレイス	中村達也（中央大学名誉教授）
Ⅱ-15	A. セン	後藤玲子（立命館大学）
終章	経済学の冒険	大田一廣（阪南大学）

人名索引

ア　行

アインシュタイン（Einstein, Albert）　231
アカロフ（Akerlof, George Arthur）　303
アディソン（Addison, Joseph）　11
アドルノ（Adorno, Theodor Wiesengrund）　49
アリストテレス（Aristoteles）　7, 10, 38, 182, 291
アロー（Arrow, Kenneth Joseph）　308, 310-312, 317, 328, 331-333, 335
アンダーソン（Anderson, James）　73
ヴァーグナー（Wagner, Adolf Heinrich Gotthilf）　136
ヴァイナー（Viner, Jacob）　302
ヴァンダーリント（Vanderlint, Jacob）　21
ヴィーザー（Wieser, Friedrich Freiherr von）　154, 156, 247-248, 274
ヴィクセル（Wicksell, Johan Gustaf Knut）　239
ウィトゲンシュタイン（Wittgenstein, Ludwig）　260, 263-264, 269, 271-272, 274
ウイリアムソン（Williamson, Alexander William）　143
ヴェーバー（Weber, Max）　2, 36, 131, 136-138, 162, 165, 167-168, 179, 181-193, 248, 257, 286
ヴェブレン（Veblen, Thorstein Bunde）　220-224, 226-228, 230-231, 315, 319
ウォーレス（Wallace, Robert）　15, 20
宇沢弘文　236
エッジワース（Edgeworth, Francis Ysidro）　76, 261
エルヴェシウス（Helvétius, Claude Adrien）　39, 66, 68
エンゲルス（Engels, Friedrich）　113-114, 283
オーエン（Owen, Robert）　67, 100, 107
オースティン（Austin, John）　67

カ　行

カーライル（Carlyle, Thomas）　100
カーン（Kahn, Richard Ferdinand）　238, 262, 316
カウダー（Kauder, Emil）　163
ガリアーニ（Galiani, Ferdinando）　93
ガリレイ（Galilei, Galileo）　3
ガルブレイス（Galbraith, John Kenneth）　231, 302, 315-326, 343
カレツキ（Kalecki, Michal）　316
カンティロン（Cantillon, Richard）　21, 93
カント（Kant, Immanuel）　167-168, 221, 336
キケロ（Cicero, Marcus Tullius）　38
ギボン（Gibbon, Edward）　12, 65
キャナン（Cannan, Edwin）　261
キュヴィエ（Cuvier, Georges Léopold Chrétien Frédéric Dagobert）　94
クールノー（Cournot, Antoine Augustin）　149-150, 195, 197
クーン（Kuhn, Thomas S.）　3
グッドウィン（Goodwin, Richard M.）　302, 315
クニース（Knies, Karl Gustav Adolf）　126-139, 181, 183
クラーク（Clark, John Bates）　127, 139, 303
クライン（Klein, Lawrence Robert）　231
グラッドストーン（Gladstone, William Ewart）　144, 146, 151
グラムシ（Gramsci, Antonio）　91, 260-264, 269
グリーン（Green, Thomas Hill）　214
クルーグマン（Krugman, Paul）　303
グルネ（Gournay, Jean Claude Marie Vincent de）　40
クローチェ（Croce, Benedetto）　264
グロート（Grote, George）　67
グロスマン（Grossman, Herschel Ivan）　236
クワイン（Quine, Willard van Orman）　302
ケインズ（Keynes, John Maynard）　21, 28-29, 36, 75, 80, 96-97, 118, 217, 233-240, 242-245, 249-250, 255, 260-264, 271, 275, 279-280, 313, 315-316, 318-319
ゲオルゲ（George, Stefan）　184, 186
ケネー（Quesnay, François）　1, 24, 26, 38-49, 52, 115, 261, 265, 269-270
ケネディ（Kennedy, John F.）　317
コールリッジ（Coleridge, Samuel Taylor）　98, 100
ゴッセン（Gossen, Hermann Heinrich）　149
ゴドウィン（Godwin, William）　81, 94-95
ゴルトン（Galton, Francis）　146

コルベール (Colbert, Jean Baptiste)　40-41
コンディヤック (Condillac, Etienne Bonnot de)　39, 93
コント (Comte, Isidore Auguste Marie François Xaviér)　98, 148, 169, 283

サ 行

サイモン (Simon, Henry Calvert)　302
サミュエルソン (Samuelson, Paul Anthony)　2, 231, 302-313, 315, 317, 322, 326, 328, 334
サムナー (Sumner, William Graham)　220
サン=シモン (Saint-Simon, Claude Henri de Rouvroy, Comte de)　49, 98, 283
シーニア (Senior, Nassau William)　149
ジーベル (Sybel, Heinrich von)　126
ジェヴォンズ (Jevons, William Stanley)　66, 76, 142-153, 195, 197
シジウィック (Sidgwick, Henry)　206-207
シスモンディ (Sismondi, Jean Charles Léonard Simonde de)　48
シャックル (Shackle, G. L. S.)　236
シュッツ (Schutz, Alfred)　274
シュモラー (Schmoller, Gustav von)　135-139, 156, 167-168, 183-184
シュリック (Schlick, Moritz)　274
シュルツ (Schultz, Henry)　302
シュンペーター (Schumpeter, Joseph Alois)　21, 48, 89-91, 191, 247-258, 302, 315, 317
ショーペンハウアー (Schopenhauer, Arthur)　168
ジンメル (Simmel, Georg)　167-180, 182-186, 188-189
スウィージー (Sweezy, Paul Marlor)　302, 315
スターク (Stark, Werner)　71
スティグリッツ (Stiglitz, Joseph E.)　303
ステュアート (Steuart, James)　1, 22, 24-36, 43, 75, 343
ストルパー (Stolper, Wolfgang F.)　302
スペンサー (Spencer, Herbert)　148, 167, 184, 214
スミス (Smith, Adam)　1, 10, 12, 21-22, 24, 27, 30, 45, 51-63, 65, 70, 73, 75, 79-83, 87-88, 90, 93, 96, 101, 112-113, 115, 126, 130, 134, 136, 146-147, 149, 151, 222, 224, 229, 260-261, 266, 270, 283, 294, 343, 345
スラッファ (Sraffa, Piero)　48, 96, 115, 236, 260-272, 316, 327
セー (Say, Jean Baptiste)　48, 75, 88, 95, 118, 197, 237
セン (Sen, Amartya)　7, 54, 327-329, 331-337, 339-340
左右田喜一郎　179
ソクラテス (Sokrates)　5, 285
ゾンバルト (Sombart, Werner)　137, 182, 190

タ 行

ダーウィン (Darwin, Charles Robert)　167, 214
ダグラス (Douglas, Paul H.)　302
玉野井芳郎　165
ダランベール (D'Alembert, Jean le Rond)　12, 39
チェンバリン (Chamberlin, Edward H.)　315
チェンバレン (Chamberlain, Joseph)　153, 215, 217
チュルゴ (Turgot, Anne Robert Jacques)　12, 22, 39-40, 73
ツェラー (Zeller, Eduard)　167
都留重人　302
ディケンズ (Dickens, Charles John Huffam)　100
ディズレーリ (Disraeli, Benjamin)　142
ディドロ (Diderot, Denis)　12, 39
ディルタイ (Dilthey, Wilhelm)　184
デヴィッドソン (Davidson, Paul)　236
デカルト (Decartes, René)　3, 39, 48, 195, 279
テニエス (Tönnies, Ferdinand)　168, 183
デフォー (Defoe, Daniel)　11
デューゼンベリー (Duesenberry, James S.)　319
デュクロ (Ducrot, Auguste Alexandre)　39
デュピュイ (Dupuit, Arsene Jules Emile)　149
デュポン・ドゥ・ヌムール (Du Pont de Nemours, Pierre Samuel)　38, 40
デュルケーム (Durkheim, Emile)　167
トービン (Tobin, James)　302, 317
ドッブ (Dobb, Maurice Herbert)　327
ドブリュー (Debreu, Gerard)　312
トリフィン (Triffin, Robert)　302
トルストイ (Tolstoi, Lev Nikolaevich)　188
トレルチ (Troeltsch, Ernst)　189

ナ 行

ナイト (Knight, Frank Hyneman)　302
ナッシュ (Nash, John F., Jr.)　312, 347
ニーチェ (Nietzsche, Friedrich Wilhelm)　167-169, 181-182, 184-185, 189-192
ニュートン (Newton, Isaac)　3, 10, 18-19, 68,

ハ 行

マ・ヤ行

ラ・ワ行

新版 経済思想史

2006年9月10日　初版第1刷発行
2012年9月10日　初版第2刷発行

定価はカバーに
表示しています

編　者　大 田 一 廣
　　　　鈴 木 信 雄
　　　　高　　哲 男
　　　　八 木 紀一郎

発行者　石 井 三 記

発行所　一般財団法人　名古屋大学出版会
〒464-0814　名古屋市千種区不老町1名古屋大学構内
電話(052)781-5027/FAX(052)781-0697

印刷・製本　㈱クイックス　ISBN978-4-8158-0540-1